図解

最新版

症状でわかる医学百科

監修／(財)癌研究会有明病院総合内科部長　関根今生　牛山医院院長　牛山　允

主婦と生活社

この本を読まれる方へ

忙しい現代社会は、さまざまなストレスに満ちあふれています。そんな日常生活のなかで、心身の不調を訴える人が増え続けています。

あなたご自身が、あるいはご家族の方が突然、体調をくずしたとき、それが病気なのかどうか、医者に診せるべきなのかどうか判断に迷ってしまうものです。とくに、症状がいくつも重なってあらわれたり、反対にはっきりあらわれなかったり、あるいは一時的なものだったりした場合には、病名を特定することは素人にはなかなかできません。

本書は、そのような場合、すぐに知りたい情報が引き出せるように、徹底した「症状主義」にもとづいて編集されています。長年、数多くの患者さんに接し、さまざまな症状を診てこられた臨床現場の先生方に、監修をお願いしたのもこのためです。

からだに異常を感じたときや、とっさの判断に迷ったときは、さっそく本書を開いてください。現代医学の最新知識にもとづく正しい対処法がすぐにわかります。「読む医学書」から「使う医学書」へ、本書の最大の特長はここにあります。

なお本書は、二〇〇二年発行の『新編　症状でわかる医学百科』を全面的に見直し、時代のニーズに即応できるよう大幅に増補・改訂・改版し、最新版としたものです。

お子さまからお年寄りまで、ご家族全員の健康管理のために、本書を幅広く活用していただけることを願っております。

主婦と生活社

この本の使い方

●自己診断の目安に

本書は、からだにあらわれた症状をもとに、自己診断の目安を示すものです。そのために、それぞれの病気にともなってあらわれる代表的な症状をピックアップし、「はい」「いいえ」で答えるチャートで構成しました。

その症状からはどんな病気が疑われるのか、その病気は何科の担当なのか、また、すぐに病院へ行くべきなのだろうか……といった疑問も、このチャートをたどることで解決します。

●使い方のポイント

①目次で該当する症状を選び、そのページを開きます。

②最初の質問から一つもとばさずに、順次「はい」「いいえ」で答えていくと、診断結果にたどりつきます。

③チャートに続いて、診断結果に出てきた病気の解説が掲載されています。そこに解説がない場合は、最後の「その他の病気」を見ます。

質問

症状についての詳しい質問があり、すべて「はい」「いいえ」の矢印でつながっています。当てはまる矢印の方向へ進んでいくと、症状の診断結果にたどりつきます。

対象

チャートは、「大人の症状と病気」と「子どもの症状と病気」に大別されます。ここでは16歳以上を大人、それ以下の年齢を子どもとしています。大人の症状は、さらに「全身症状」「部位別症状」「心にあらわれる症状」、そして「男性特有の症状」「女性特有の症状」に分けられています。

症状タイトル

全身、およびからだの各部位によくみられる症状です。とくに部位別症状は、調べたい症状を引きやすいように、からだの上から下の方へと順にページを構成しました。ほかに症状があるときは、その症状のチャートも試してみましょう。

「急げ！」マーク

早急に手当が必要な場合や、症状が比較的重いと考えられるとき、あるいは生命にかかわる病気が疑われる場合です。このマークがついているときは、見た目の症状が軽くても一両日中に受診しましょう。

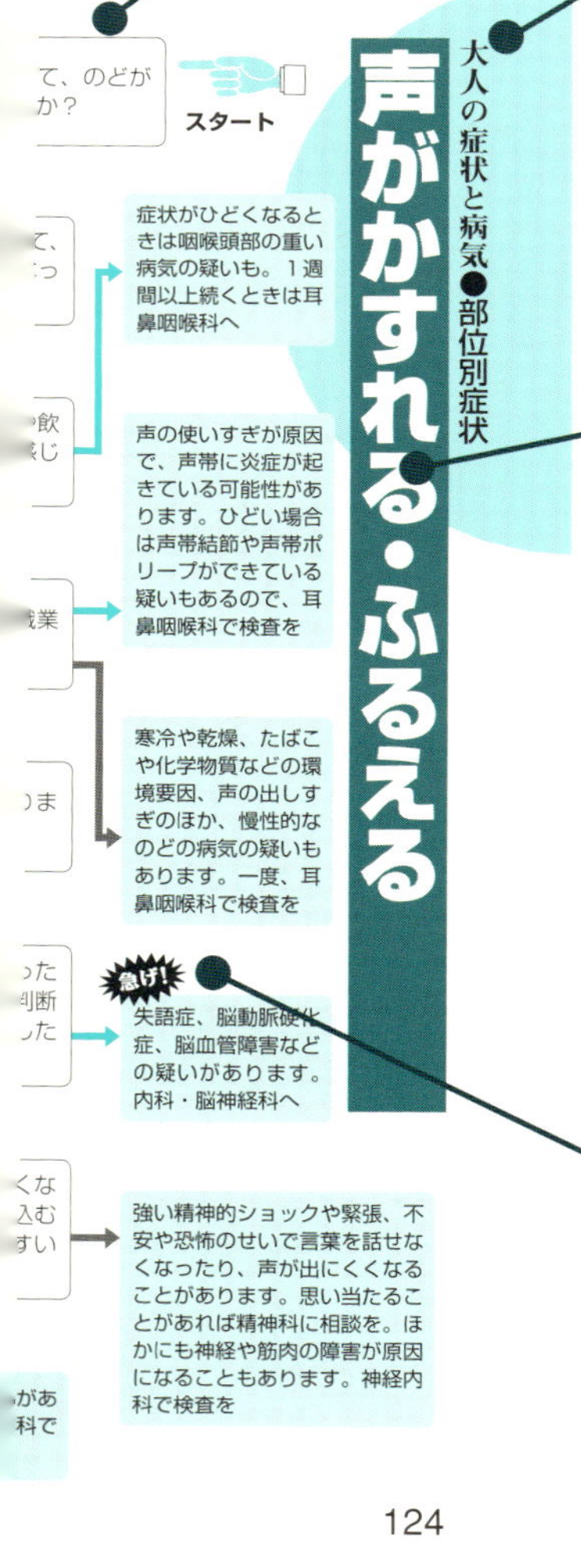

大人の症状と病気●部位別症状
声がかすれる・ふるえる
スタート

て、のどがか？

症状がひどくなるときは咽喉頭部の重い病気の疑いも。１週間以上続くときは耳鼻咽喉科へ
声の使いすぎが原因で、声帯に炎症が起きている可能性があります。ひどい場合は声帯結節や声帯ポリープができている疑いもあるので、耳鼻咽喉科で検査を
寒冷や乾燥、たばこや化学物質などの環境要因、声の出しすぎのほか、慢性的なのどの病気の疑いもあります。一度、耳鼻咽喉科で検査を
急げ！
失語症、脳動脈硬化症、脳血管障害などの疑いがあります。内科・脳神経科へ
強い精神的ショックや緊張、不安や恐怖のせいで言葉を話せなくなったり、声が出にくくなることがあります。思い当たることがあれば精神科に相談を。ほかにも神経や筋肉の障害が原因になることもあります。神経内科で検査を
124

その他の病気

考えられる病気のうち、このページで解説したもの以外の病気をあげてあります。（　）内のページに病気の解説があるので、そちらを参照してください。

コラム・図解

症状や病気についての周辺情報や、生活の注意、からだのしくみなどを、コラムやイラストで解説してあります。

病気の解説

チャートの診断結果に出てきた病気を、「症状」「原因」「治療」などの項目に分けて、わかりやすく解説してあります。これを読めば、自分の症状についてさらに詳しい自己診断ができます。

診断結果

症状から疑われる病気と、受診すべき診療科を掲げました。「至急」「大至急」と書かれている場合は、一刻も早く受診すべきです。「すぐに」とある場合も一両日中には受診し、「心配ありません」とある以外はなるべく早く、近日中に受診することが望まれます。

はい → 発熱やくしゃみ、せき、鼻汁、鼻づまりなどをともないますか？
→ かぜが原因の喉頭炎の疑い。安静にして、蒸気吸入などをすれば症状がやわらぎます。長引くときは耳鼻咽喉科へ

↓ たばこの吸いすぎや、お酒を飲みすぎたときなどに起こりますか？
→ たばこなどの刺激による喉頭炎の疑い。原因を取り除いても改善しないときは耳鼻咽喉科へ

↓ カラオケで歌いすぎるなど、声を使いすぎていますか？
→ 空気の乾燥や気温の急激な変化、ほこりや刺激性のガス、光化学スモッグ、建築資材に使われる化学物質などの環境要因によっても起こります。症状が激しいときは耳鼻咽喉科へ
↓ うがいや蒸気吸入などをして、声を出さずに安静に。長引く場合は耳鼻咽喉科へ

声がふるえるのですか？
→ 過度に緊張したときや、寒冷下で起こる場合など、一時的な声のふるえなら心配ありません。手足の小きざみなふるえをともない、持続性があればパーキンソン病などが疑われます。内科・脳神経科へ

言葉がもたつくときは「言葉・会話の異常}（→P186）、ほかに症状があればそれぞれのチャートへ

◆◆考えられる病気◆◆

声帯ポリープ 声帯結節

声帯の縁に小さな突起ができることがある。この突起を声帯結節と呼び、職業として声をよく使う歌手などに多いことから謡人結節ともいわれる。これが大きくなってキノコ状になったものは声帯ポリープと呼ばれる。

●症状と原因●ともに声がかすれたり、しわがれ声となる（嗄声《させい》）。ほとんどの場合、声の酷使が原因で、これに上気道炎（かぜなど）などの悪条件が重なると、声帯全体が大きくむくむようにはれることがある。

●治療●患部が小さければ声を出さずに、蒸気吸入や薬剤吸入を行なうが、多くは切除手術が必要になる。

声帯まひ（反回神経まひ）

声帯を動かす筋肉とかかわりのある反回《はんかい》神経がまひする病気で、発声に障害を生じる。

●症状●声帯が閉じなくなるため、声が急に出なくなったりする。通常、まひは片側に生じ、息もれの強い嗄声《させい》（しわがれ声）が特徴で、誤嚥《ごえん》を起こしやすい。両側の場合は呼吸困難に陥る。

●原因●神経炎など神経自体の病気でまひすることは少なく、多くは脳、頸《けい》部、縦隔《じゅうかく》、食道、気管、甲状腺《こうじょうせん》などの病気、とくにがんなどによる圧迫や浸潤《しんじゅん》が原因となる。食道や甲状腺の手術で反回神経が障害されることもある。

●診断と治療●喉頭《こうとう》鏡や喉頭ファイバースコープで観察し、まひの状態を診断する。原因疾患の治療が先決だが、まひが残った場合は手術が行なわれる。

片側まひでは、声帯を内転させる手術で嗄声を改善する。両側まひの場合は、逆に声帯を外転させたり、声帯の一部をレーザーで焼き切るなど、発声を犠牲にしても呼吸を楽にする療法がとられる。

●声帯のしくみと働き●

咽頭側から見た声門部

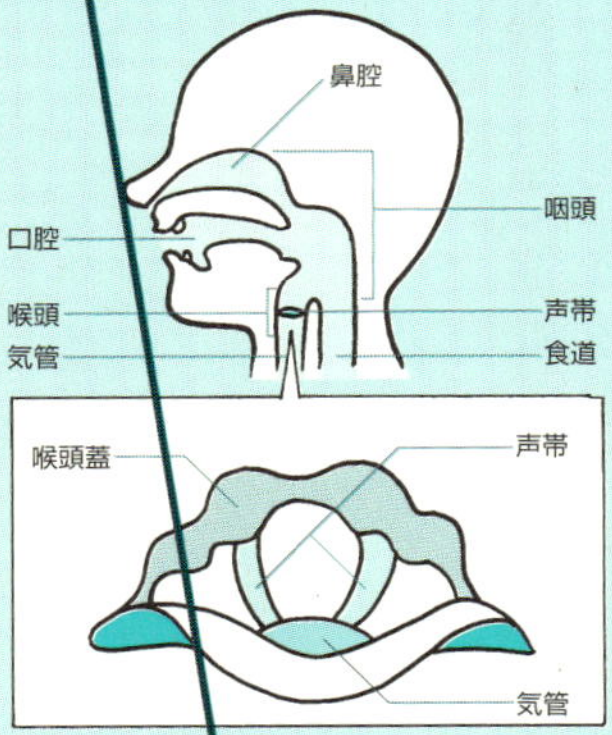

喉頭《こうとう》は気道の一部で、鼻や口から入った空気は喉頭を通って気管に入る。喉頭は中・下咽頭《いんとう》などの食べ物の通り道に接しているので、喉頭の入り口は、咽頭から食道に送られる食べ物が、肺に通じる気管に入り込まないように、物を飲み込むときに閉まるようなシステムになっている。この閉まる部分を声門といい、発声をつかさどる声帯はこの部分に位置している。

呼吸時には空気を通過させるために声門は開くが、発声するときには声門は閉じる。このとき声帯は肺から出る空気によって振動して音を出すことができる。こうして声帯の振動によって生じた音は、咽頭や口腔《こうくう》、鼻腔《びくう》に達し、さらに舌や歯、唇などと協力して、言葉として発声されることになる。

この声帯の大きさや形は、人によって異なるが、一般に成人男性は、女性に比べて太くて長い場合が多い。そのために振動数が少なくなり、成人男性の声は太くて低い声になる。

その他の病気

かぜ／かぜ症候群（→P120）
喉頭炎（→P122）
動脈硬化症（→P63）
パーキンソン病（→P180）
失語症（→P189）

最新版　図解　症状でわかる医学百科●目次

大人の症状と病気

大人の症状の見方

全身症状

部位別症状

子どもの症状と病気

異常を感じたら医者に行く前に自己診断

大人の症状と病気

だるい・疲れやすい・食欲がない…など、ふだん何げなく見過ごしている症状の裏に、重い病気が潜んでいることも少なくありません。自分のからだの異常をいち早く発見することこそ、健康を維持するための第一歩です。もし、少しでも異常を感じたら、その症状を冷静に観察し、安心してよいものなのか、それとも医師に診せる必要があるものなのか、この自己診断チャートでチェックしてみましょう。

症状を正しくつかむには

健康なときにはあらわれなかった心身の異常を、症状と呼びます。症状を医師に正確に伝えることは、病気の診断にとってたいへん重要です。

これだけは伝えたい症状のチェックポイント

次のようなことをポイントに、感じたままの異常を、隠さず、忘れず、自分の言葉で要領よく話しましょう。

・いつから始まったか？
・どのように始まったか？
・どの部位に起こったか？
・その後どのように続いているか？
・ほかにも症状があるか？

生活習慣病やがんなどの重い病気は、自覚できる初期症状がみられないことがあります。尿や便、精神の状態などにも注意し、微細な徴候も見逃さないようにしましょう。

部位別の主な症状

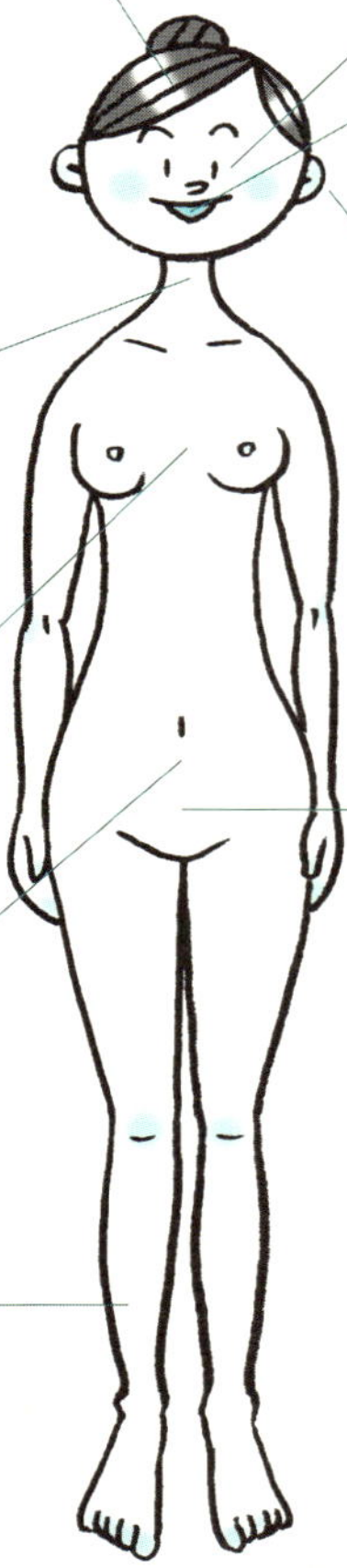

[全身症状]
●だるい・疲れやすい
●食欲不振・やせる・太る
●眠れない
●発熱・寒け・冷え・のぼせ
●むくみ・はれ
●皮膚のかゆみ・発疹・色などの異常
●意識・言葉・行動の異常
●めまい

[頭部・顔面]
●頭痛
●顔色・肌つやが悪い
●顔がゆがむ・表情が変わる

[目]
●痛み・かゆみ・目やに
●白目の濁り・充血
●視力や視野の変化

[歯・口]
●口内・歯・歯ぐきの痛み・はれ・出血
●唇・舌の色や触感の異常
●口内の乾燥・できもの
●口が開きにくい

[のど]
●せきやたんが続く
●痛い・つかえる感じ・飲み込みにくい
●声のかすれ・ふるえ

[耳・鼻]
●痛み
●鼻血・鼻水・鼻づまり・耳だれ
●においがわからない
●聞こえにくい・耳鳴り

[胸]
●痛い・締めつけられる感じ
●動悸・息切れ

[便・尿]
●色の異常
●便秘や下痢を繰り返す
●量・回数の異常
●排尿痛・尿が出にくい

[胃腸]
●腹痛・腹が張る
●胃のもたれ・胸やけ
●吐く・吐き気がする
●便通異常

[手足]
●関節・筋肉の痛み・はれ
●しびれ・まひ・ふるえ
●だるい・むくむ・動かしにくい

[男性と女性の症状]
●陰茎・陰嚢の痛み・はれ・かゆみ・しこり
●乳房の痛み・しこり
●月経の異常・おりものの異常・不正出血

急を要する症状

　ふだんから健康状態に気をつけていても、ある日突然、予期せぬ症状に襲われないとは限りません。運悪く、生命にかかわるような状態に陥ったときでも、とっさの判断を誤らなければ、大事に至らずにすみます。

　次のような症状があらわれたときは、重い病気が疑われます。すぐに救急車を呼ぶなど、早急に医師の診断と治療を受ける必要があります。

意識障害

大声で呼びかけても反応しない、または反応が弱い

高熱

40度以上の高熱が出る。または38度以上の熱が3日以上続く

けいれん

発作がなかなかおさまらない。運動まひや意識障害をともなう

吐き気・嘔吐

激しい嘔吐を繰り返す。頭痛・腹痛・発熱をともなう

脈拍の異常

安静時の脈拍数が1分間に100以上または50以下。リズムが乱れる

激しい頭痛

吐き気・めまい・発熱・意識障害をともなう

顔色に血の気がない

顔色が真っ青で冷や汗が出たり、手足が冷たく意識がもうろうとしている

吐血・下血・血便・血尿

少量でもすぐ病院へ。コーヒー様の褐色のこともあるので注意

激しい胸の痛み

締めつけられるような痛みがある。呼吸困難をともなう

激しい腹痛

吐血をともなう。吐物に便臭がある

呼吸困難

呼吸数が1分間に40以上または10以下。浅い呼吸と深い呼吸を繰り返す。ゼーゼーいう

下痢

血便や発熱をともなう。激しい下痢では、体内の水分が失われる脱水症状が起こるので危険

尿が出ない

水分を摂取しているのに長時間排尿がなく、だるさや吐き気、意識障害などをともなう

体温の低下

顔色が悪く、唇が紫色、冷や汗が出る、手足が冷たい

がんの危険信号

がんは日本人の死亡原因の第一位で、死亡者全体の約三分の一を占めています。

そのなかでも近年、増える傾向にあるのが、肺がん、大腸がん、前立腺がん、乳がんです。食物を中心とした生活環境の欧米化や、年齢構造の変化などが原因と考えられています。

一方、胃がんや子宮がんの減少は、集団検診や健康診断が地域や職場に浸透してきた結果とみられています。実際これらの検診では、ほとんどが、がんがほかに転移しない初期の段階で発見されています。

がんは、初期には無症状のことが多く、進行してから気づく場合が少なくありません。しかし、現在の医学では、早期発見・早期治療を行なえば、かなり多くのがんが完治するようになっています。

したがって、年に一〜二回は健康診断を受け、自覚症状が出ない早期の段階でがんを見つけることが大切です。男性は四〇歳以上、女性は三五歳以上になったら、がんの早期発見に努めましょう。

部位別がんの症状と治療

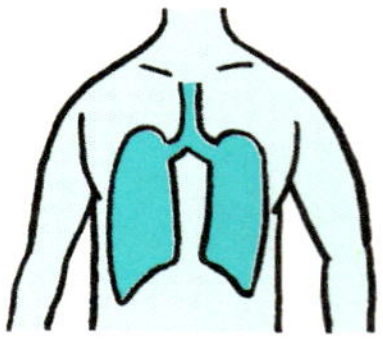

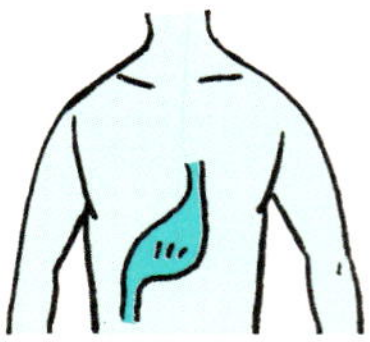

	肺がん	胃がん
症状の特徴	●せき、たん、血たん ●胸痛、背痛 ●息切れ、呼吸困難 ●発熱 ●食欲不振、体重減少 ●進行すると声がかれることも	●みぞおちのあたりがシクシク痛む ●胸やけ、胃もたれ ●胃が重苦しい、張る ●食欲不振、体重減少 ●ゲップ、吐き気、嘔吐 ●食物がつかえる感じ
危険因子と日常生活の注意	●たばこ、アスベスト（石綿）、大気汚染、放射線被曝 ●四〇歳以上の喫煙者、周囲にヘビースモーカーがいる非喫煙者は、定期健診を	●たばこ、化学物質、塩分の多い食事、慢性胃炎、ヘリコバクター・ピロリ ●繊維質やビタミン、大豆たんぱく質や牛乳・乳製品などを十分にとり、塩分を制限してバランスのよい食生活を
治療法	●手術を中心に、化学療法、放射線療法などを組み合わせる。抗がん剤がよく効くタイプも ●手術を受けた場合の五年生存率は全体でほぼ五〇％	●手術が基本。粘膜層内にとどまっている早期がんは、内視鏡的粘膜切除が可能 ●五年生存率は全体で七〇％以上、早期がんでは約八五％

大腸がん	肝臓がん	膵臓がん	胆道がん （胆嚢がん・胆管がん）
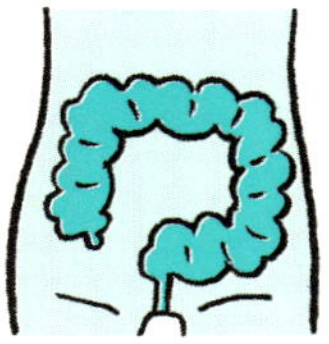	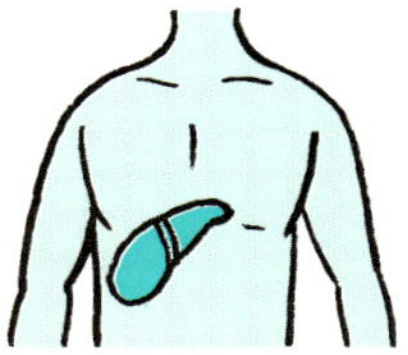	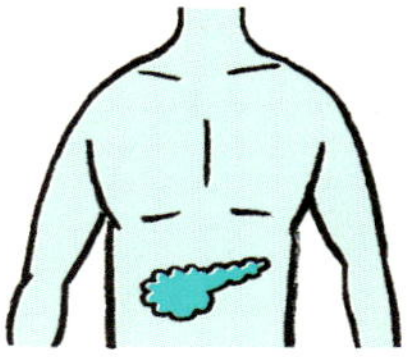	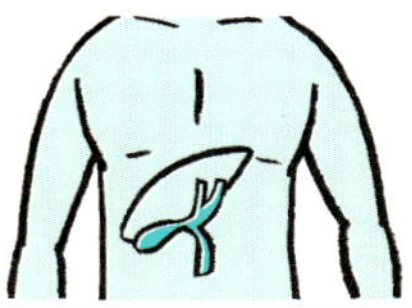
●血便、粘液便、下血 ●便が細くなる ●下痢と便秘を繰り返す ●腹痛、腹部の張り・不快感 ●吐き気	●上腹部や背中の鈍痛、不快感、重圧感、膨張感 ●全身の倦怠感 ●食欲不振、体重減少 ●長引く微熱 ●黄疸 ●進行すると右上腹部にしこりを感じることも	●腹部の鈍痛 ●背中が重苦しい ●食欲不振、体重減少 ●黄疸 ●進行すると上腹部にしこりを感じることもある	●みぞおちから右の肋骨にかけての痛み・しこり ●発熱 ●体重減少 ●黄疸
●高脂肪、高カロリー、低繊維の欧米型の食事 ●動物性たんぱく質や脂肪、加工食品などの片寄った食事を避け、野菜や果物など、繊維性食品をバランスよくとる	●肝炎、喫煙、大量飲酒 ●五〇～六〇歳代の男性 ●たばこは控え、お酒はほどほどに。五〇歳以上の男性、肝炎にかかっている人は定期健診を	●喫煙、高脂肪・高たんぱく食、コーヒーの多飲、糖尿病 ●動物性脂肪を減らし、緑黄色野菜を増やす。たばこ、コーヒーは控えめに ●糖尿病の人、四〇歳以上の人は積極的に検査を	●胆石、胆道の良性ポリープ、膵管と胆管の接続部分の合流異常 ●胆石症の人、五〇歳以上の人は定期健診を
●手術が基本。肛門括約筋温存術により、肛門の機能を残せる例が増えている。早期がんは内視鏡的粘膜切除が可能 ●早期がんの五年生存率は約九〇％	●がんの進行度と肝障害の程度によって、一人一人に合った治療法が選択される。切除手術、肝移植、エタノール注入法、肝動脈塞栓術、動注化学療法などがある ●切除手術を受けたあとの五年生存率は、約五〇％	●基本は手術。切除不能の進行がんに対して、また手術後の再発防止に、抗がん剤や放射線などを組み合わせた治療が行なわれる ●早期がんで切除手術を受けた場合の五年生存率は、六〇％以上	●完全に治すためには手術が必須。がんの部位や広がり方によって、肝臓や膵臓、十二指腸なども一緒に切除することがある ●超早期の胆嚢がんの五年生存率は、ほぼ一〇〇％

	食道がん	乳がん	子宮がん	白血病
	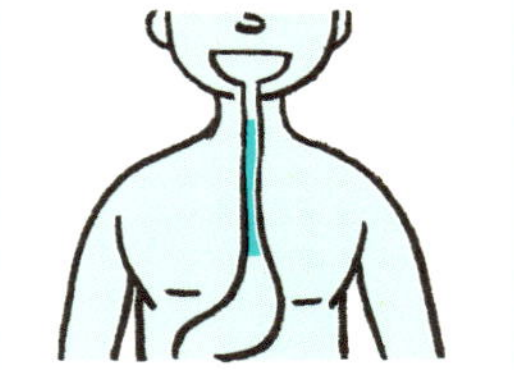	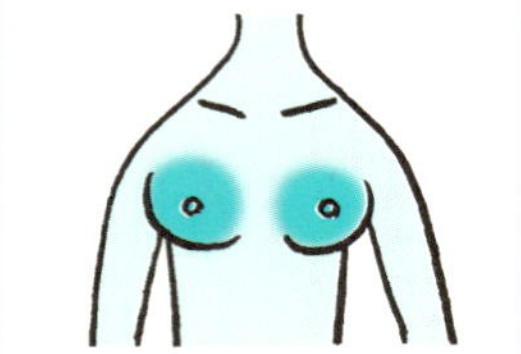	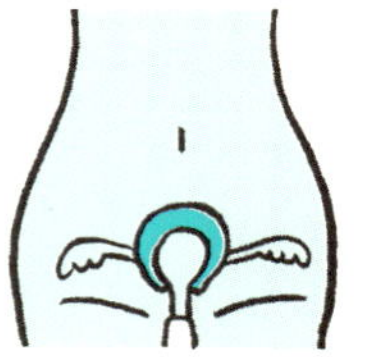	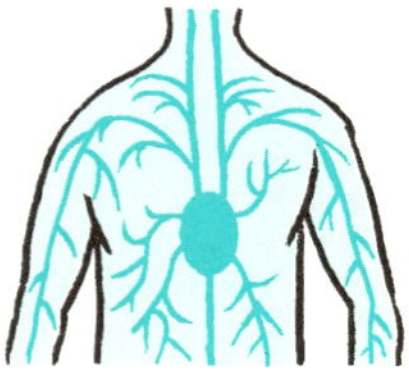
症状の特徴	●食べ物を飲み込むときチクチクと痛む・しみる ●食べ物がつかえる・飲み込みにくい ●胸の奥や背中の痛み ●せき、血たん、声のかすれ	●乳房のしこり ●左右の乳房で大きさが違う ●乳房の皮膚がくぼんだり、乳頭がひきつれる ●乳頭から血の混じった分泌液が出る ●乳首やその周辺がただれる	●不正出血、性交後の出血、閉経後の出血 ●月経周期の狂い ●悪臭のある有色のおりもの ●下腹部・腰・下肢の痛み ●排尿障害、頻尿、血尿、血便	●急性骨髄性白血病は出血傾向、発熱、貧血症状 ●慢性骨髄性白血病は疲れやすさ、腹部の不快感・膨満感、脾臓のはれ、寝汗、体重減少 ●リンパ性白血病はリンパ節や脾臓のはれ、疲れやすさ、体重減少
危険因子と日常生活の注意	●喫煙、飲酒、熱い飲食物 ●男性、五〇歳以上（ピークは六〇歳代） ●たばこを吸う五〇歳以上の男性は積極的に検査を	●初経が早い、閉経が遅い、初産が三〇歳以上、閉経後の肥満、食事の欧米化、飲酒 ●高脂肪・高カロリーの食事を多くとりすぎない ●月に一度は自己検診（月経中は避ける）、年に一度は定期健診を	●頸がんはウイルス、性体験が早い、セックスパートナーが多い、分娩回数が多い女性 ●体がんは生理不順、妊娠・出産経験がない、肥満、ホルモン剤を使っている女性 ●若いうちから定期健診を	●放射線被曝、有毒な有機化合物、薬剤、染色体異常 ●すべての年齢にみられるが、比較的若年者の比率が高い
治療法	●粘膜層にとどまっている早期がんは内視鏡的粘膜切除。浸潤や転移のないがんは手術か放射線化学療法。浸潤がある場合は手術 ●早期がんの五年生存率は、ほぼ一〇〇%	●外科療法、化学療法、ホルモン（内分泌）療法、放射線療法を組み合わせた集学的治療が行なわれる。手術では乳房温存術も進歩。特定のがん細胞だけを攻撃する分子標的治療薬も注目されている ●五年生存率は、全体で約七五%	●手術が基本だが、頸がんは放射線もよく効く。早期の頸がんにはレーザー療法、早期の体がんにはホルモン（内分泌）療法も ●頸がん、体がんとも早期なら五年生存率は、九〇%以上	●化学療法で血液や骨髄を正常値の状態に戻し、それを維持する治療が続けられる。骨髄移植などが行なわれる場合もある ●治療法の進歩で、治癒率は高くなってきている

舌がん	膀胱がん	前立腺がん	悪性リンパ腫
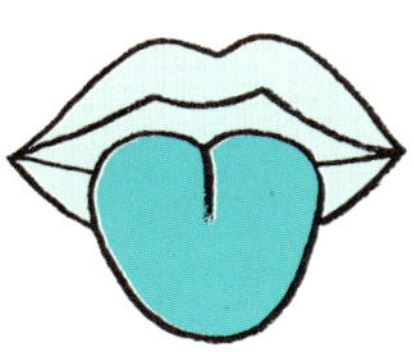	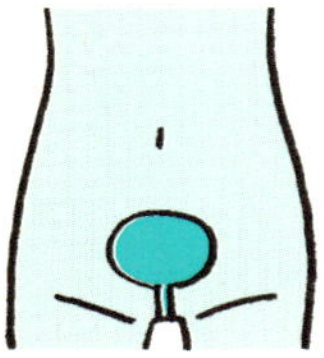	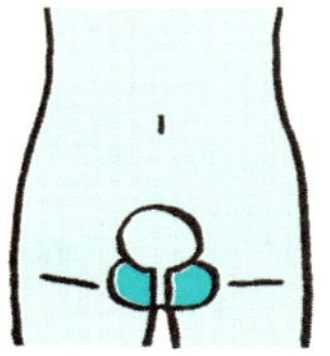	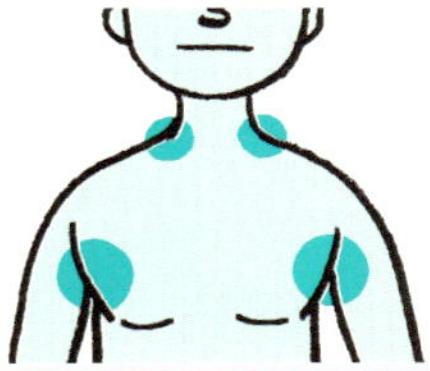
●舌にかたいしこりができる ●潰瘍や白斑ができて、なかなか治らない ●舌が痛む、しみる ●進行すると首にしこりができる	●痛みのない血尿 ●排尿痛、下腹部痛 ●尿が出にくい、残尿感、頻尿 ●下肢痛、腰痛、頭痛、嘔吐	●尿が出にくい（勢いが弱い） ●頻尿になる（とくに夜間） ●残尿感がある ●排尿時の痛み、血尿 ●腰痛	●リンパ組織にできる悪性腫瘍 ●ホジキン病と非ホジキンリンパ腫があり、日本では約九〇%が後者 ●頸部やわきの下などに小指の先ほどのしこりができ、しだいに大きくなる。しこりに痛みはない ●発熱や倦怠感、食欲不振などの全身症状をともなうこともある
●飲酒、喫煙、口腔の不衛生、むし歯や入れ歯による刺激、アスベスト（石綿）、化学薬品 ●アルコール類、たばこ、刺激の強い飲食物のとりすぎに注意。かみ合わせの悪い入れ歯を長期間使用しない	●喫煙、一部の薬剤、膀胱結石 ●四〇歳以上の人は定期健診を（とくに男性）	●五〇歳以上の男性、遺伝、高脂肪食 ●五〇歳以上の男性は年一回泌尿器科で検査を	●四〇歳以上から頻度が高まり、年齢が上がるほど発症率も上昇 ●非ホジキンリンパ腫のごく一部は、ウイルス感染、エイズ、遺伝によって発症
●基本は手術だが、早期なら放射線療法だけか化学療法との併用、レーザー療法で根治が可能。大きながんの場合は、手術と切除部分の再建術が必要 ●二cm以下なら八〇～九〇%は舌を残したまま根治できる	●がんのタイプによって、内視鏡による手術か開腹手術が選択される。膀胱を全部摘出した場合は、尿路変更術や、代用膀胱形成術が行なわれる ●大半が悪性度の低いタイプで、五年生存率は約九五%	●進行度によって手術、放射線、ホルモン（内分泌）療法のいずれか、または併用療法が選択される ●治療による延命効果が非常に高い。前立腺内にとどまっているがんの五年生存率は、七〇～八〇%	●化学療法が中心 ●ホジキン病は約七五%が治癒可能 ●非ホジキンリンパ腫のうち、日本人に多いびまん性B細胞性リンパ腫は、約五〇%が治癒する

	喉頭がん	脳腫瘍	骨肉腫	皮膚がん
	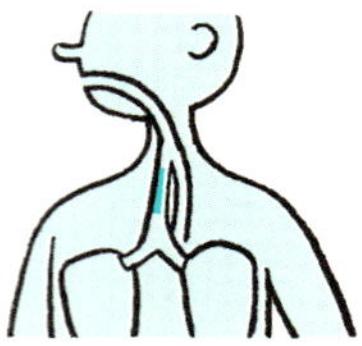		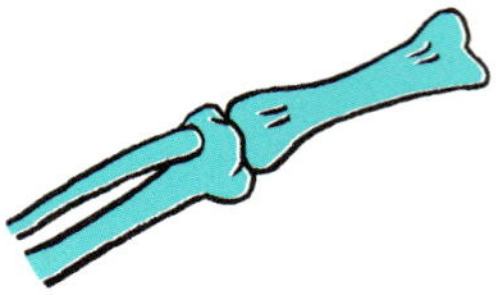	
症状の特徴	●声のかすれ ●のどの異物感・かゆみ、飲み込みにくい ●血たん ●息苦しい ●首のしこり	●頭痛、めまい、吐き気 ●手足のけいれんやまひ、感覚障害 ●聴力障害、視力障害、言語障害、意識障害 ●症状は、初めは軽く、しだいに重くなる	●初期は運動後などに脚が痛む ●進行すると安静にしていても痛み、はれて熱をもつ ●関節が曲がりにくい、骨折しやすい	●皮膚が盛り上がり、しだいに大きくなってゴツゴツしてくる ●痛みやかゆみのない真っ黒で光沢のあるしこりができる ●妙に黒く色むらのあるほくろのようなものが、足の裏や手のひらにできる
危険因子と日常生活の注意	●喫煙、飲酒、男性、高齢者 ●喫煙者（とくに若年期から喫煙を始めた男性）、声をよく使う職業の人は検査を	●脳腫瘍は種類が多く、乳児から高齢者まで各年齢層に発生する。とくに三〇歳代後半～五〇歳代に多く発生する ●中高年になったら年に一度は脳ドックなどで検査を	●一〇～二〇歳代に好発。発生しやすい場所はひざの近くの太ももの骨やすねの骨、腕のつけ根など ●少しの痛みでもすぐに整形外科へ	●紫外線、放射線 ●しみやほくろに変化がないか、ときどき観察を。直径七㎜以上の、縁がギザギザで不明瞭な、真っ黒いほくろがある人は、一度検査を
治療法	●早期の場合は放射線療法だけでよく治る。進行がんに対しては手術が行なわれる。喉頭を全部摘出しても、食道発声法や、人工喉頭により会話も可能となる ●五年生存率は全体で六五～七〇％	●手術、放射線、抗がん剤など、あらゆる治療を動員した集学的治療が行なわれる ●治療技術の進歩で、長期生存も可能になってきている	●抗がん剤がよく効き、薬で腫瘍を小さくしてから手術が行なわれることが多い。現在では約九〇％が手足を切断しないですむようになっている。切断手術を受けた場合は、義足や舗装具で機能を補う	●手術が基本。手術の前後に放射線療法や、化学療法を行なうこともある ●早期なら、ほぼ一〇〇％治る

メタボリック・シンドロームは、動脈硬化の危険因子を複数併せもった状態です。代謝症候群ともいい、日本の中年男性の半数近くが、この症候群または予備軍といわれています。

おへその周囲が男性八五cm以上、女性九〇cm以上

日本の診断基準では、次の二つの項目に該当すると、メタボリック・シンドロームと診断されます。

①内臓脂肪型肥満であること。おへその高さの腹囲が、男性は八五cm以上、女性は九〇cm以上。内臓脂肪が同じでも、一般に女性は男性より皮下脂肪が多いので、女性の数値が大きくなっています。

②血中脂質、空腹時血糖、血圧の値のうち二つ以上に当てはまること。脂質は、中性脂肪が一五〇mg／dℓ以上またはHDLコレステロールが四〇mg／dℓ未満。血糖は、一一〇mg／dℓ以上。血圧は、収縮期血圧が一三〇mmHg以上または拡張期血圧が八五mmHg以上です。

血圧や血糖の基準値は、一般の高血圧症や、糖尿病の診断基準よりも厳しい値となっています。個々の危険因子は、軽くても複数あると、動脈硬化を促進してしまうからです。

動脈硬化は、狭心症や心筋梗《こう》塞《そく》、脳梗塞など命にかかわる病気につながります。危険因子を一つももっていない人に比べて、二つもっている人は五・八倍、三〜四つもっている人は三五・八倍、心臓病を発症しやすいという研究報告もあります。

食事と運動で内臓脂肪を減らす

治療の目標は、動脈硬化の発生予防と進展の防止です。

そのためには、脂肪が蓄積するのを防ぎ、内蔵型肥満を解消しなくてはなりません。メタボリック・シンドロームの背景には、食べすぎや運動不足があるので、摂取カロリーを適正にして、ウオーキングなどの軽い運動でからだを動かすようにすることが大切です。

内臓脂肪を減らす生活の注意

●1日3食、腹八分目を心がける。できるだけ同じ時間にバランスのよい食事を。夜食は控える

●動物性脂肪や甘いものを減らして、緑黄色野菜やキノコ類、海藻類などの多い献立に

●1つ前の駅で降りる、階段を使うなどして、1日1時間以上歩くようにする

●テレビを見るときも足踏み運動。少しの時間も活用してからだを動かす

●毎日決まった時間に体重や腹囲をはかり、記録をつけると、励みになり、意識も高まる

だるい・疲れやすい

スタート

発熱をともないますか？

はい

38度以上の熱がありますか？

「高熱が出る」(→P 36)のチャートへ

せきやたんがしばしば出ますか？

食欲が低下したり、寝汗をかいたりしますか？

日常生活に支障がでるような重い疲労感が、半年以上続いていますか？

急げ！

慢性疲労症候群の可能性があります。内科へ

いいえ

顔色や皮膚の色に異常がありますか？

便や尿の色に異常がみられますか？

「便の色がおかしい」(→P 160)「尿の色がおかしい」(→P 170)のチャートへ

皮膚に黒っぽい斑点がみられますか？

脱力感や倦怠感、食欲減退、筋肉痛などがみられる場合には、アジソン病の可能性があります。内分泌科で検査を

顔色が青白いですか？

めまいがしますか？

貧血や低血圧症、自律神経失調症などの疑い。内科へ

腹痛などの消化器症状があれば、寄生虫に感染している可能性があります。内科または消化器科へ

皮膚が黄色っぽくなり、尿の色が濃くなってきましたか？

急げ！

肝炎の疑い。すぐに内科で検査を

むくみがみられますか？

頭痛や頭重感、肩こりなどがありますか？

脊椎の病気や、高血圧症、低血圧症の疑い。中高年であれば、更年期障害の可能性も。整形外科・内科へ

過労や日常生活の乱れが原因となることがあります。規則的な生活と適度な休養を心がけましょう。イライラや不安感が続く場合には心療内科へ

動悸や息切れを感じますか？

急げ！

体重がかかる部分にむくみが出るときは心不全の疑い。すぐに内科または循環器内科へ

尿量の減少や血尿がみられますか？

急げ！

腎炎などの腎臓病が疑われます。内科へ

日常的にお酒をたくさん飲んでいますか？

アルコール性肝障害の可能性があります。内科へ

上腹部に重圧感を感じたり、血管がクモ状に浮き出たりしていますか？

急げ！

慢性肝炎が疑われます。内科へ

急げ！

むくみに体重増加や便秘、冷え症などをともなう場合には、甲状腺機能低下症の疑い。内分泌科へ

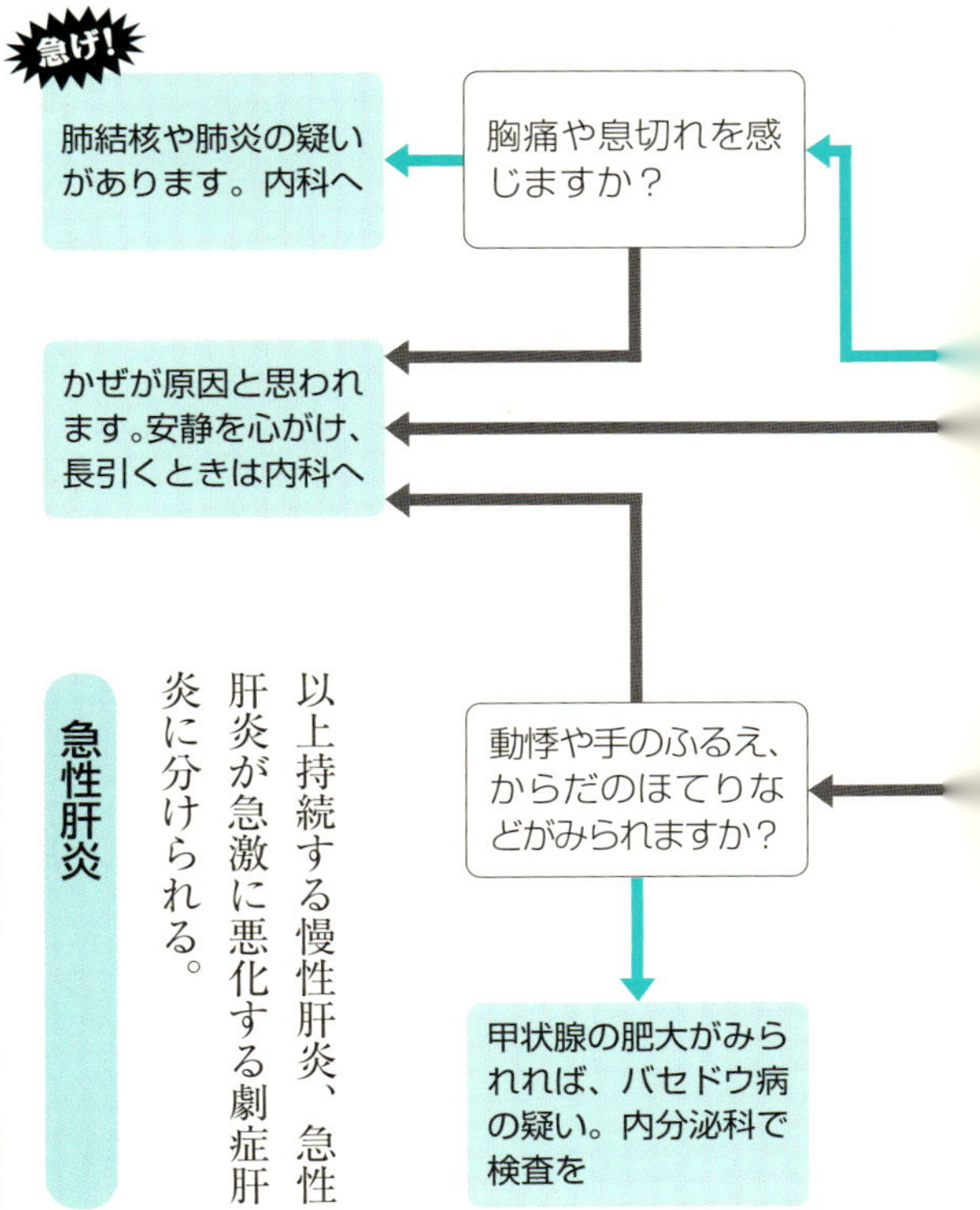
胸痛や息切れを感じますか？
急げ!
肺結核や肺炎の疑いがあります。内科へ
かぜが原因と思われます。安静を心がけ、長引くときは内科へ
動悸や手のふるえ、からだのほてりなどがみられますか？
甲状腺の肥大がみられれば、バセドウ病の疑い。内分泌科で検査を

◆◆考えられる病気◆◆

肝炎

肝炎とは肝臓に炎症が起こる病気の総称で、その大部分は肝炎ウイルスの感染によって引き起こされる。肝炎ウイルスにはA型、B型、C型、D型、E型があるが、日本ではD型とE型による肝炎はまれである。

肝炎は、急に症状があらわれる急性肝炎と、炎症が半年以上持続する慢性肝炎、急性肝炎が急激に悪化する劇症肝炎に分けられる。

急性肝炎

急性肝炎は、ウイルス感染などによって、突然に発症する肝炎のことをいう。大部分は肝炎ウイルスによって引き起こされるが、肝炎ウイルス以外のウイルスや薬剤などが原因となる場合もある。

また、アルコール性肝炎も、急性肝炎の経過をたどることがある。

●症状●A型肝炎は、感染してから二～六週間の潜伏期間を経て発病する。発症が急激で、発熱や寒け、頭痛、全身倦怠《けんたい》感などのインフルエンザと似た症状や、食欲不振、吐き気などの消化器症状で始まるのが特徴だ。やがて尿が褐色になり、続いて皮膚が黄色くなってくる。

B型肝炎の潜伏期間は、一～六か月と幅がある。発症はA型ほど急激ではなく、症状も強くないが、A型と同様に倦怠感や消化器症状、黄疸《おうだん》があらわれる。免疫機能が不十分な、一歳以下で感染した場合には肝炎を発症しないまま無症候性キャリアとなるが、それ以上の年齢で感染した場合には、ほとんどが急性肝炎を発症し、その大部分が慢性化せず治癒する。無症候性キャリアになった人が、成人後に肝炎を発症した場合には、一〇%程度が慢性化し、肝硬変から肝臓がんへと進む恐れがある。

C型肝炎は、発症がゆるやかで、症状も軽いことが多い。ただし、慢性化しやすく、七〇～八〇%が慢性肝炎に移行するといわれている。

●原因●最も多いのは、B型肝炎ウイルスの感染によるもので、ウイルスを含む血液や体液が感染源となる。感染経路としては、輸血のほか、母子間感染、注射、性行為などがある。

ただし、輸血感染は献血時のスクリーニング検査で、母子間感染はHBs抗体含有γ《ガンマ》－グロブリンとHBワクチンにより感染を防ぐことができる。近年は、性行為によるB型急性肝炎が増えている。

●診断●B型急性肝炎は、HBs抗原とHBc抗体検査によって診断される。

血液生化学的検査では、肝臓から出る酵素のAST（GOT）、ALT（GPT）の血中レベルが一〇〇〇単位以上に上昇し、総ビリルビンも上昇する。

●治療●劇症肝炎や慢性肝炎に移行する恐れがなければ、特別な治療は行なわず、安静

と輸液による栄養管理で十分といわれる。ただし、入院治療が原則だ。
なお、発症初期の血液は感染性があるため、患者の血液に直接触れないよう、注意が必要になる。

主な肝炎ウイルスの特徴

	A型	B型	C型
感染経路	経口感染（生水、生ガキなど）	血液感染、性感染、母子感染	血液感染
潜伏期間	2週～6週	1～6か月	2週～6か月
感染力	強い	強い	弱い
慢性肝炎への移行	なし	キャリアの約10%	患者の約80%
症状の強さ	強い	中程度	弱い

慢性肝炎

慢性肝炎は、肝臓の炎症が六か月以上続いている状態をいう。大半は軽症で、肝臓に重大な障害が起こることはない。しかし、長期間にわたり炎症が持続した場合には、肝硬変や肝不全、ときには肝臓がんになることがある。

●症状●慢性肝炎には、活動性肝炎と非活動性肝炎があるが、多くは後者で、症状がまったくないまま何年もの歳月が経過する。症状がある場合には、食欲不振や疲労、倦怠《けんたい》感などが多く、ときに微熱が出たり、上腹部に不快感がみられることもある。黄疸《おうだん》は、必ずしも出るとは限らない。

病気が進行してくると、クモ状血管腫《しゅ》やむくみ、脾《ひ》臓のはれなど、慢性肝疾患に共通する症状が徐々にあらわれてくる。なお、自己免疫性肝炎の若い女性などでは、にきびや月経の異常、関節痛、甲状《こうじょう》腺《せん》炎や腎炎、貧血など、ほぼ全身に及ぶ症状がみられることがある。

また、C型肝炎の約二〇%、自己免疫性肝炎の約五〇%は、数年で肝硬変に移行するといわれている。

●原因●最も多いのはC型肝炎の慢性化だ。B型肝炎も慢性化することがあるが、その頻度はC型よりも低い。A型肝炎、E型肝炎は慢性肝炎に移行することはない。

なお、薬のなかには、降圧剤のメチルドパや抗結核剤のイソニアジドなど、慢性肝炎を引き起こす可能性が指摘されているものがあり、これらの薬を長期にわたって使用する場合には、注意が必要だ。

●診断●診断を確定するには肝生検が不可欠となる。これにより炎症の重症度を判断し、肝硬変に移行しているかどうかも判断できる。肝生検は、複数回にわたって行なわれることもある。

●治療●進行性のC型肝炎では、インターフェロン－α《アルファ》と抗ウイルス剤のリバビリンの併用がよく行なわれ、肝炎の進行を止める効果が確認されている。ただし、治療を中止すると再発しやすく、副作用も少なくない。

B型肝炎ではインターフェロン－αやラミブジンなどが用いられる。

劇症肝炎

急性肝炎の症状があらわれてから八週間以内に、急激かつ広範囲に肝細胞が破壊され、肝機能が著しく低下して昏睡《こんすい》などの肝性脳症があらわれた場合を劇症肝炎という。ただし日本では、これに加えて血液を凝固させる機能が一定のレベルを超えて低下した場合に、劇症肝炎と診断される。

肝性脳症が発病後一〇日以内にあらわれる急性型と、それ以降にあらわれる亜急性型とがある。きわめて重篤な疾患で、集中治療を行なっても死亡率が高い。日本では年間一〇〇～二〇〇例程度の劇症肝炎が報告されている。

●症状● 劇症肝炎に特徴的な症状は、肝性脳症による意識障害だ。ただし、初期症状は通常の急性肝炎と変わらず、尿の色が濃くなって黄疸《おうだん》に気づくというケースが多い。

　とくに亜急性型では、あまり症状がなく、徐々に黄疸が強まったり、腹水が増加したあとに、突然、意識障害が起こることが多い。

　肝性脳症の程度は、昏睡度分類によって判定される。昏睡度Ⅱになると誰が見てもわかるようになり、興奮状態やせん妄《もう》状態となるが、専門医でも昏睡度の判定は難しいこともある。

●原因● 主な原因は、肝炎ウイルスと薬物だが、まれに自己免疫性肝炎から移行するともある。

　肝炎ウイルスについていえば、日本ではB型肝炎ウイルスによるものが多く、A型肝炎ウイルスがそれに続いている。C型肝炎ウイルスによるものは少ない。

●診断● 診断に際しては、肝機能検査のほかに、腎機能検査、血液凝固検査（プロトロンビン時間）が行なわれる。そのほか、アルブミンやコリンエステラーゼ、コレステロールなど肝臓で合成される、たんぱく質や脂質の状態を反映する検査や、ビリルビン検査なども重要だ。

●治療● 基本的には、肝性脳症の改善をはかり、破壊された肝細胞が再生されるまで、血漿交換などの人工肝補助を行なう。また、腎不全や播種《はしゅ》性血管内凝固症候群、感染症、脳浮腫《ふしゅ》などの合併を防ぐことも重要になる。

アルコール性肝障害

　アルコール性肝障害は、アルコールの常飲などによって起こる肝障害の総称である。

●症状● 肝障害の程度によって、以下の疾患に大別される。

アルコール性脂肪肝　肝細胞に脂肪が蓄積された状態。多くの場合、これといった症状はあらわれないが、肝臓の肥大により、肝臓の部分を押すと痛みを感じることがある。また、倦怠《けんたい》感や食欲不振などがみられることもある。

アルコール性肝線維《せんい》症　肝細胞の周囲、あるいは肝中心静脈が線維化した状態。肝細胞の変性や壊死《えし》は、あまりみられない。脂肪肝と同様、自覚症状は、みられないことが多い。軽症であれば、禁酒によって回復する。ただし、そのまま飲酒を続ければ、肝硬変に移行する可能性がある。

アルコール性肝炎　飲酒のために肝臓に炎症が生じた状態。肝細胞の壊死や、肝細胞への白血球の浸潤《しんじゅん》がみられる。常習的な飲酒者が、大量に酒を飲んだときに起こることが多い。食欲不振や全身倦怠感、黄疸《おうだん》、腹痛などがみられる。まれに、ほかの臓器にも障害が及び、肝性脳症を起こして一か月以内に高い確率で死亡する重症型アルコール性肝炎に進展することがある。

アルコール性肝硬変　アルコール性肝障害の最終的な状態。肝臓に再生結節と呼ばれるしこりができ、肝細胞の再生ができなくなる。クモ状血管腫《しゅ》や女性化乳房、腹水の貯留、黄疸のほか、飲酒を続けた場合には下痢を起こすことがある。

●原因● どの程度の飲酒によって肝障害が起こるかには個人差があるが、一般に長期間にわたる飲酒の習慣のある人では、純度一〇〇%のアルコールに換算して、一日二〇㎖（女性）～六〇㎖（男性）程度で、肝障害が起こるといわれている。ちなみに純粋アルコール二〇㎖は、ほぼウイスキー五〇㎖に相当する。飲酒

慢性肝炎患者の生活の注意

判定基準	治療	生活	
		日常生活	食事
肝組織で非活動性の所見を示す場合 AST、ALTは150KU以下で推移する場合	月1回程度の定期的な外来通院が必要 自覚症状が乏しい場合にはAST、ALTの変動にあまりこだわらずに積極的に社会復帰をすすめる	過労を避け、平常勤務（重労働や不規則な連続勤務は避ける）。食後、30分前後横になることが望ましい	高たんぱく食（1日に80〜100g）をとる。脂肪、糖質をコントロールして標準体重を目標とする。ビタミン類を十分にとる。新鮮な野菜、果物をとる。禁酒が望ましい
肝組織で活動性の所見を示す場合	自覚症状に乏しくAST、ALTが150KU前後の場合は外来通院	軽勤務	上記に準じる 腹水が認められる場合は塩分を制限する
	AST、ALTが150KU以上。その他の肝機能の異常が強い場合や肝硬変への進展傾向がみられる場合は入院。または自宅で安静を保つ	社会復帰は症状が安定してから	
黄疸、食欲不振、全身倦怠感などの自覚症状があり、AST、ALTが300KU以上の場合	入院 急性肝炎の治療に準ずる	安静にして寝ていることが必要	脂肪を減らし、消化のよい食事をとり、食欲の増進に努める

量が多い人は三〇代で最初の症状があらわれ、四〇代になる前に重い障害が起こるといわれている。

また、発症に男女差があり、女性は男性の三分の二の飲酒量で肝硬変になり、その期間も男性の二〇年に対して一二年といわれている。

●治療●何よりもまず、禁酒することが重要だ。軽症の場合は、一か月間禁酒すれば、ほぼ治癒が可能。肝線維症や肝硬変にまで進行した場合には、肝臓がもとの状態に戻ることはないが、禁酒によりそれ以上病気が進行するのを防ぐことができる。

慢性疲労症候群

通常の日常生活が送れないほど、著しい疲労感が六か月以上続く状態を慢性疲労症候群という。ウイルス感染や免疫異常、精神的ストレスなどが原因としてあげられているが、いまだに明確な原因はわかっていない。

●症状●持続または繰り返される激しい疲労感が主症状で、すべての患者にみられる。疲労の程度はさまざまで、かろうじて働ける軽症の人もいるが、重症の場合には寝返りさえ打つことができない。また、疲労は身体・精神両面に及び、休息や睡眠をとってもなかなか回復しない。

疲労感以外にも多彩な随伴

症状があり、微熱や頭痛、咽《いん》頭《とう》痛、筋肉痛、筋力低下、吐き気、食欲不振といった身体症状、抑うつ、不安、思考力・集中力の低下、睡眠障害（過眠が多い）などの精神症状が高い頻度でみられる。目のかすみや目・口の乾燥感などを訴える場合もある。

　これらの症状は、感染症やけが、精神的ストレスなどをきっかけに突然起こることが多いが、徐々に起こるケースもある。

●診断●発症のメカニズムが不明なこともあって、慢性疲労症候群の診断を確定できる検査法はない。そのため、症状が一定の条件を満たし、なおかつ似た症状がみられる別の病気（うつ病や膠原《こうげん》病など）でないことが確認された場合に、慢性疲労症候群と診断される。

●治療●確実な治療法は、いまだに見つかっていない。ただ、多くは時間がたつにつれて、症状が軽くなっていく。対症療法として、抗うつ剤やステロイド剤などが用いられることもあるが、有効性や安全性は確立されていない。

　また、医師の厳密な計画のもとでという条件がつくが、エアロビクス運動などによって、疲労感を軽減できることもある。

●生活の注意●心身の休養が大切だが、過度の休養によって、かえって病気が悪化するケースもある。患者に余計なストレスがかからないよう、周囲の人の理解が大切だ。

更年期障害

　更年期とは、閉経を挟んだ前後一〇年間をいい、平均的には四〇歳代半ばから五〇歳代半ばの女性がそれにあたる。この時期に、ホルモン分泌のパターンが変化することによって起こるさまざまな症状を、更年期障害と呼ぶ。

●症状●症状は多種多様だ。頭痛、肩こり、冷え、のぼせ、めまい、疲労倦怠《けんたい》感といった身体症状だけでなく、不眠や抑うつ、興奮などの精神症状など、患者によって訴える症状はさまざまだ。

　最もよくみられるのは、ホットフラッシュと呼ばれる顔のほてりで、閉経後の女性の四〇～八〇％にみられる。比較的長期間続き、なかには数年に及ぶこともある。ただ近年は、ホットフラッシュよりも、肩こりや抑うつを訴える人のほうが多くなっているともいわれる。

●診断と治療●更年期障害そのもので治療を必要とするケースは、さほど多くない。ただ、似たような症状が起こる病気はほかにもたくさんあるので、それらの病気との鑑別が必要になる。したがって診断においては、ホルモンの分泌状態を調べるための血液検査と同時に、動脈硬化性疾患や肝疾患、乳がんなどの有無を確認する検査が行なわれる。

　治療としては、ホットフラッシュなど自律神経の異常による症状に対しては、女性ホルモンの補充療法や、自律神経調整剤の服用などが行なわれる。

　精神症状に対しては、向精神剤を中心とした薬物療法のほか、精神療法が行なわれることもある。

その他の病気

肺結核（→P41）
肺炎（→P38）
かぜ／かぜ症候群（→P120）
高血圧症（→P47）
低血圧症（→P45）
心不全（→P64）
貧血（→P89）
腎炎（→P68）
バセドウ病（→P66）
甲状腺機能低下症（→P70）
アジソン病（→P76）
自律神経失調症（→P50）
寄生虫病（→P149）

大人の症状と病気●全身症状

食欲がない・やせる

スタート

食欲低下のためにやせてきましたか？

はい → 急速にやせてきましたか？

いいえ → 食欲があるのにやせてきたのですか？

多少、食欲が落ちても体重があまり変わらないときには、過労や暴飲暴食による一時的な食欲不振が考えられます。不規則な生活は病気の原因ともなるので、1日も早く規則正しい生活に戻しましょう

のどが渇き、たくさんの水を飲みますか？

無月経になり、過食と拒食を繰り返すときは拒食症が疑われます。心療内科へ

手指がふるえたり、まぶたがヒクヒクしたりしますか？

バセドウ病の可能性があります。内分泌科または内科へ

急げ！ 糖尿病の疑いがあります。内科へ

皮膚に黒ずんだ斑点状のしみができましたか？

急げ！ アジソン病の可能性が。内科または内分泌科へ

無茶食いと食欲不振が交互に起こりますか？

食事をしてもすぐに吐いてしまい、極端にやせてきた場合には、拒食症の疑い。心療内科へ

急げ！ 思いあたる理由がなく、急激にやせるときには、重い病気が隠れている可能性も。念のために内科で検査を

疲れやすくなった、酒に酔いやすくなった、手のひらが赤くなった、尿の色が濃くなった、などの症状がみられますか？

急げ！ 肝炎、肝硬変の疑いがあります。すぐに内科で検査を

腹部に痛みや重苦しさなどを感じますか？

胃・十二指腸潰瘍や急性胃炎の疑い。慢性膵炎でも、体重減少が起こります。消化器科へ

急げ！ 微熱やせきが続き、徐々に体重が減ってきた場合には肺結核の可能性があります。呼吸器科へ

◆◆考えられる病気◆◆

肝硬変

慢性肝炎が進行し、肝臓にかたい線維《せんい》組織ができ、もとの正常な組織に戻ることができなくなった状態を肝硬変という。慢性肝疾患の終末像だが、肝臓の機能が保たれている場合もあれば、機能が低下して重大な症状があらわれることもあるなど、病状の程度はさまざまだ。

●症状●全身倦怠《けんたい》感、疲れ、微熱、食欲不振、腹痛、吐き気、腹部膨満感などがみられる。ただし、まったく自覚症状がなかったり、あっても気づかない場合も少なくない。

比較的、特徴的な症状としては、皮膚が黒ずみ、手のひら、とくに親指と小指のつけ根のふくらんでいる部分が毛細血管の拡張で赤くなる手掌《しゅしょう》紅斑や、首、肩、胸などにクモが手足を広げたような赤い

斑点が出るクモ状血管腫《しゅ》があらわれることがある。また、歯ぐきや鼻からの出血、貧血、男性では女性のように乳房が大きくなる女性化乳房、女性では月経障害などが起こることもある。進行すると黄疸《おうだん》、むくみ、腹水などが起こる。さらに、肝機能が低下すれば、肝性脳症が起こり、肝性昏睡《こんすい》に陥って意識障害を起こすこともある。

●原因●ウイルス性肝炎やアルコール性肝障害をはじめ、すべての慢性肝疾患が、肝硬変へと進む可能性がある。また、自己免疫疾患や代謝性疾患、寄生虫などが原因となることもある。最も多いのはC型肝炎で、次いでB型肝炎、アルコール性肝障害の順となっている。

●合併症●肝硬変になると、肝臓内に血液が流れにくくなるため、門脈の血液が食道静脈に流れ込むことがある。その結果、食道静脈瘤《りゅう》ができ、静脈瘤が破裂すると大出血を起こして死に至ることもある。また、肝硬変は、肝臓がんの発生リスクを高めることが知られており、とくにC型肝炎から移行した場合には注意が必要である。

●診断●肝機能検査など各種の血液検査のほか、腹部超音波、CTやMRIなどの画像診断、肝生検、腹腔《くう》鏡検査などが行なわれる。

●治療●比較的軽く、症状がほとんどあらわれていない場合は、薄味にしてたんぱく質を十分にとる食事療法と、食後六〇～九〇分の安静を基本とした肝臓病の一般的な治療が行なわれる。

　進行して腹水やむくみがみられる状態では、塩分が制限され、利尿剤が用いられる。基本的には動物性たんぱく質を多めにとるが、血中アンモニア値が高い場合は肝性脳症を起こす恐れがあるので、たんぱく質を減らす。

　薬物療法では、利尿剤のほか、肝機能改善剤、消化促進剤、血液中のアンモニアを減らすための薬などが使われる。利尿剤で腹水が解消できないときは、腹腔に針を刺して腹水を抜くこともある。

●生活の注意●禁酒を実行し、翌日に疲れを残さないことが大切だ。また、便の色が黒っぽくなったら、検便と血液検査を受けよう。

拒食症
（神経性無食欲症）

やせたいという強い願望から、食事を拒否したり、食欲を抑えたりする。主に三〇歳前後までの若い女性に起こる。

●症状●本人に病気の自覚がないのが特徴で、周囲からやせすぎと指摘されてもやせていると思わない。極端にやせていくため、無月経や貧血、栄養失調などに陥り、生命の危険に至る場合もある。

　また、拒食症の経過のなかで、逆に食欲が異常に高まる過食発作が起こり、拒食の状態と過食発作を繰り返すことも多い。ただし、過食発作の場合でも、やせたいという願望があるため、のどに指を入れて食べたものを吐き出したり、下剤を使って体重を減らそうとする。

●治療●栄養補給とあわせて、認知行動療法などの精神療法が行なわれる。一般に治療意欲が欠けることが多いため、家族の協力が欠かせない。薬物療法では、抗うつ剤、抗精神病剤、食欲増進剤などが用いられる。

その他の病気

肺結核（→P41）
急性胃炎（→P59）
胃・十二指腸潰瘍（→P146）
肝炎（→P25）
糖尿病（→P164）
膵炎（→P143）
バセドウ病（→P66）
アジソン病（→P76）

大人の症状と病気●全身症状

太りすぎる

スタート

急に太りましたか？

いいえ → 家事や仕事、スポーツなどで、からだを十分に動かしていますか？
- → 食べすぎ・運動不足による肥満症が考えられます。肥満はメタボリック・シンドロームへの第一歩。高血圧症や動脈硬化症など、生活習慣病予防のために、適度な運動を心がけましょう
- ↓ 40歳以上の女性で、頭痛や動悸、倦怠感などの不定愁訴がありますか？
  - → 更年期障害の可能性があります。婦人科へ

はい → 以前よりも、食事の回数や量が大幅に増えましたか？

最近、水分を大量にとりますか？また甘いものをよく食べますか？
- → 糖尿病の可能性があります。内科へ

不安や欲求不満などの精神的ストレスがありますか？
- → むちゃ食い障害の疑いがあります。心療内科または精神科へ

胴体は太ってきたのに、手足は細くなってきましたか？
- → 胴回り、とくに背中の上部に脂肪が目立つときは、クッシング症候群の疑いが。顔が丸くふくらむのも特徴です。内科または内分泌科へ

倦怠感、便秘、冷え症などの症状がありますか？
- → 甲状腺機能低下症の可能性があります。内科または内分泌科へ

何かの病気で、長期間、薬を連用していますか？
- → 薬のなかには、副作用として肥満を引き起こすものがあります。一例としては、ステロイド剤をはじめとしたホルモン剤や、クロルプロマジンなどの向精神剤があります。気になるときは、医師や薬剤師に確認してみましょう
- → ごくまれに遺伝性疾患や脳疾患によって肥満が起こることがあります。運動や食生活の改善などでも肥満が解消しない場合には、念のために内科で検査を

◆◆考えられる病気◆◆

肥満症

体内の脂肪組織に、脂肪が過剰にたまった状態が肥満で、肥満のために高血圧症や高脂血症（脂質異常症）、糖尿病、動脈硬化症などの病気が起こっている状態を肥満症と呼んでいる。

●分類●肥満には、単純性肥満と症候性肥満がある。単純性肥満は、食べすぎと運動不足が原因で起こるもので、肥満の約九五％を占めている。

一方、症候性肥満は、ホルモンの異常や、食欲をコントロールする脳の視床下部の障害などが原因で起こる。

また、皮下脂肪型肥満と内臓脂肪型肥満に分けられることもある。内臓に著しく脂肪が蓄積した内臓脂肪型肥満は、動脈硬化症、高血圧症、糖尿病などの発症と密接に関連することがわかってきた。いわ

ゆるメタボリック・シンドロームである。体型からみた分け方としては、体脂肪が腹部から上についている上半身肥満（リンゴ型肥満）と、尻から下についている下半身肥満（洋ナシ型肥満）がある。上半身肥満の多くは内臓脂肪型肥満で、メタボリック・シンドロームになりやすい。

●合併症●肥満は、生活習慣病をはじめ、さまざまな合併症を起こす要因として重視されている。とくに近年問題になっているのが、メタボリック・シンドロームで、内臓脂肪型肥満に高血糖、高血圧、高脂血症のうち二つ以上を合併した場合、心臓病や脳卒中といった動脈硬化性疾患を引き起こす危険が高くなる。

また、糖尿病や痛風、脂肪肝なども、肥満と密接に関係している。睡眠時無呼吸症候群も、肥満が原因の一つとなっている。そのほか、体重増加による負担増のために、腰痛や変形性関節症などもしばしばみられる。

●診断●肥満の判定法には、いろいろな方法があるが、一般によく用いられるのはＢＭＩ（ボディー・マス・インデックス＝体格指数）で、この数値が二五以上だと肥満と判定される。症候性肥満が疑われるときは、原因と考えられる病気に応じて、各種の検査が行なわれる。

●治療●基本は食事療法と運動療法だ。食事を減らして適度な運動を行ない、一日に摂取する熱量（エネルギー）よりも消費エネルギーを多くする。ＢＭＩが三五以上の場合は、補助的に食欲抑制剤が用いられることもある。

食事療法　肥満の程度によって、一日に摂取する総エネルギー量を減らし、栄養のバランスにも配慮する。ただし、急激なダイエットは危険なので、医師や栄養士の指導を受けて、正しい方法で減量することが大切だ。

運動療法　食事療法をしないで運動だけで減量しようとしても効果はない。一方、食事療法だけによる減量は筋肉の減少をまねくので、この点からも、運動療法と並行して行なうことが重要になる。

BMIの計算式と肥満度●

$$BMI = \frac{体重(kg)}{身長(m)^2}$$

（※ＢＭＩは主に成人の肥満度の判定に用いられる）

18.5未満	低体重（やせ）
18.5以上25未満	普通体重
25以上30未満	肥満（Ⅰ度）
30以上35未満	肥満（Ⅱ度）
35以上40未満	肥満（Ⅲ度）
40以上	肥満（Ⅳ度）

むちゃ食い障害

神経性大食症（過食症）のように、過食の一方で、食べた物をすぐ吐き出してしまうなどの排出行動をともなうことなく、ひたすら大量に食べるのが特徴。カロリーの過剰により体重が増加し、体重が重い人ほどこの障害になる割合が高い。神経性無食欲症（拒食症）や、神経性大食症よりも年齢の高い人に多く、ほぼ半数を男性が占めている。

ケーキやアイスクリームなど、高カロリー食品を好むことが多く、多くの場合、むちゃ食い行為は隠れて行なわれる。また、肥満でむちゃ食い障害のある人の約五〇％に、抑うつがみられる。身体的な障害を引き起こすことはないが、肥満とその合併症につながる場合がある。治療には、精神療法（行動療法）が行なわれる。

その他の病気

糖尿病（→P164）
クッシング症候群（→P70）
甲状腺機能低下症（→P70）
更年期障害（→P29）

眠れない

スタート

不眠によって苦痛を感じ、仕事や生活に支障が起きていますか？

はい →

仕事や勉強など、さまざまなことに理由もなく不安を感じ、それが半年以上続いていますか？
→ 漠然とした不安感が消えず、不眠や疲れやすさ、頭痛などをともなう場合は、全般性不安障害が疑われます。精神科へ

大きないびきをかき、起床時に頭痛が起こりますか？
→ 睡眠中に何度も呼吸が止まり、そのために目が覚めてしまう睡眠時無呼吸症候群の疑い。内科・または呼吸器科へ

ほとんど1日中、気分が沈んで晴れ晴れとしませんか？
→ 抑うつに気力や集中力の減退などがともなう場合には、うつ病、気分変調性障害が疑われます。精神科へ

以前に、犯罪や事故など、恐ろしい体験に遭遇したことがありますか？
→ 外傷後ストレス障害の可能性があります。精神科へ

いいえ →

長期間、薬を常用していますか？または、常用していましたか？
→ 薬のなかには、副作用として不眠が起こるものがあります。また催眠鎮静剤を常用していた人が使用をやめたときに、離脱症状として眠れなくなることがあります

夜間にしばしば尿意を感じて目が覚めてしまいますか？
→ 神経因性膀胱など、泌尿器の病気が疑われます。泌尿器科へ

軽くからだを動かした程度でも動悸がしますか？
→ 高血圧症では、しばしば不眠が起こります。念のために、内科または循環器科へ

60歳以上ですか？
→ 加齢による睡眠リズムの変化のために、高齢になると寝つきが悪くなったり、朝早く目覚めたりします。十分な熟睡感があれば、とくに心配する必要はありません。もし、生活に支障が出るようなら、内科へ
→ 寝つきが悪く、眠っても途中で目覚めてしまう、という状態が1か月以上続く場合は不眠症が疑われます。精神科へ

◆◆考えられる病気◆◆

不眠症

不眠が長期間続き、そのために日常生活に支障が出てくる状態を不眠症という。何らかの身体疾患や心の病気が原因となる続発性不眠症と、とくに原因となる病気がない原発性不眠症とに分けられる。

●症状●不眠症にはいくつかのタイプがある。一つは、寝つくまでに時間がかかる入眠障害で、眠ろうと思えば思うほど目がさえてくるという症状もこのタイプ。いったん寝入ればふつうに眠れることが多い。二つめは、よく眠れたという熟睡感が得られない熟眠障害。うつ病の症状としてあらわれることが多く、以下にあげる中途覚醒や早朝覚醒などの症状をあわせもつことが多い。中途覚醒は寝ている間、何度も目が覚めるもので、睡眠時無呼吸症候群の場合、

数分の間隔で目が覚めることもある。早朝覚醒は、朝が明けきらない暗いときに目が覚め、そのあと眠れないか、ウトウトする程度しかできない。うつ病の人によくみられる。

●原因●続発性不眠症は、身体疾患として強い痛みやかゆみのある病気、脳炎などの脳疾患、肥満、睡眠時無呼吸症候群があげられる。精神疾患としては、不安障害や統合失調症、うつ病、躁病などが原因となることが多い。

　原発性不眠症は、性格的に完全主義者の人にみられる。

なお、高齢者では、夜の眠りが浅く、グッスリ眠れたという満足感が得にくく、昼間もウトウトする場合がある。これは、加齢によってそれまでの睡眠リズムが変化するためで、とくに心配する必要はない。ただし、認知症にともなって不眠症が起こることもあるので、注意が必要だ。

●治療●原因となる病気があれば、その治療が優先される。不眠そのものに対しては、薬物療法や精神療法が病状に応じて選択される。

　薬物療法では主に催眠鎮静剤が用いられ、入眠障害には作用時間の短い薬が、熟眠障害には作用時間の長い薬が用いられる。

睡眠時無呼吸症候群

　睡眠中に一〇秒以上、呼吸が完全に停止することを睡眠時無呼吸といい、七時間の睡眠中に三〇回以上、または一時間の睡眠中に平均して五回以上みられる場合を、睡眠時無呼吸症候群という。四〇歳以上の男性に圧倒的に多く、乳幼児や成人の突然死と関連があるという説もある。

●症状●呼吸が停止しているときは静かで、息苦しくなって呼吸を再開すると、あえぐような激しいいびきをかく、というパターンが一晩中、繰り返される。このような症状は、本人は睡眠中のため自覚がなく、家族などが、無呼吸や、高いいびきに気づいて診察を受ける場合が多い。

　このほかに、睡眠中に何度も目が覚めたり、朝起きたときに頭痛や吐き気が起こる、十分に睡眠時間をとっているのに、からだがだるく、眠くてしかたない、などの症状があげられる。また性格の変化、知的能力の低下、運動時の呼吸困難などがみられることもある。

●原因●はっきりした原因は不明だが、睡眠中に呼吸中枢が鈍くなる中枢性無呼吸と、鼻からのどにかけての上気道が一時的に閉塞《へいそく》するために起きる末梢《まっしょう》性無呼吸の二つが考えられている。前者は、中枢神経系や循環器系の病気が原因で起きることが多く、高齢者にみられる睡眠時無呼吸症候群の大半を占めている。

　一方、末梢性無呼吸は扁桃《へんとう》肥大など咽頭《いんとう》部の病気や、気道が狭い、舌が大きい、下あごの発達不良などが原因で起こる。

　また肥満も、原因の一つとして指摘されており、一般に、肥満で首が太くて短い人は、この病気にかかる可能性が高いといわれている。

●治療●原因となる病気が明らかな場合は、その治療が行なわれる。下あごの発達不良を治療する手術、先天的な上気道の狭窄《きょうさく》を取り除く手術などが行なわれることもある。原因が見つからない場合には、症状に応じて体重減少療法や、睡眠中の酸素療法、薬物療法などが行なわれる。

その他の病気

高血圧症（→P47）
神経因性膀胱（→P169）
全般性不安障害（→P193）
うつ病（→P187）
気分変調性障害（→P193）
外傷後ストレス障害（→P192）

高熱（三八度以上）が出る

スタート

せきやたんが出ますか？
- はい → 重いかぜ症状に、腹痛などの消化器症状や関節痛、全身倦怠感などをともないませんか？
- いいえ → 腹痛がありますか？

重いかぜ症状に、腹痛などの消化器症状や関節痛、全身倦怠感などをともないませんか？
- → 原因不明の高熱が2週間以上続くときは、栗粒結核など、何か重い病気が隠れている可能性があります。すぐに内科へ
- ↓ 寒けやふるえがありますか？

寒けやふるえがありますか？
- → 急げ！ 肺炎や肺化膿症の可能性が。内科または呼吸器科へ
- → 原因不明の高熱が2週間以上続くときは、栗粒結核など、何か重い病気が隠れている可能性があります。すぐに内科へ

腹痛がありますか？
- → 下痢がありますか？
- ↓ めまいやけいれん、意識障害などがみられますか？

下痢がありますか？
- → 急げ！ 最近、海外渡航をしていた場合は細菌性赤痢が、生肉や生魚などを食べたあとに症状が出た場合には食中毒の可能性があります。すぐに内科または消化器科へ
- ↓ 右上腹部に強い痛みを感じ、吐き気や嘔吐をともないませんか？

右上腹部に強い痛みを感じ、吐き気や嘔吐をともないませんか？
- → 急げ！ 急性の胆嚢炎・胆管炎が考えられます。熱が高いほど、進行している可能性が高くなります。急いで内科または消化器科へ
- ↓ 急に腹部に強い痛みを感じ、腹部がかたく張ってきましたか？

急に腹部に強い痛みを感じ、腹部がかたく張ってきましたか？
- → 急げ！ 急性腹膜炎かもしれません。手遅れにならないように、至急、内科または消化器科へ
- ↓ 急げ！ 原因不明の高熱が2週間以上続くときは、栗粒結核など、何か重い病気が隠れている可能性があります。すぐに内科へ

めまいやけいれん、意識障害などがみられますか？
- → 急げ！ 脳炎、脳膿瘍、髄膜炎などの可能性があります。すぐに内科または脳神経科へ
- ↓ 乳房に痛みのあるしこりがみられますか？

乳房に痛みのあるしこりがみられますか？
- → 急げ！ 乳腺炎の疑いが。授乳中の赤ちゃんによるかみ傷が原因となることがよくあります。外科・産婦人科へ
- ↓ 皮膚や白目が黄色くなり、寒けやふるえを感じますか？

皮膚や白目が黄色くなり、寒けやふるえを感じますか？
- → 急げ！ 細菌感染などで肝臓に膿がたまる肝膿瘍の可能性が。すぐに内科へ
- ↓ 激しい嘔吐や全身倦怠感、意識障害がみられますか？

激しい嘔吐や全身倦怠感、意識障害がみられますか？
- → 急げ！ 劇症肝炎の可能性があります。至急、内科へ
- ↓ 排尿時の痛みや腰痛、尿の濁りなどがみられますか？

排尿時の痛みや腰痛、尿の濁りなどがみられますか？
- → 急げ！ 突然の高熱と泌尿器症状に、寒け、ふるえ、腰痛をともなうときには急性腎盂腎炎の疑い。内科または泌尿器科へ
- → 急げ！ 原因不明の高熱が2週間以上続くときは、栗粒結核など、何か重い病気が隠れている可能性があります。すぐに内科へ

◆◆考えられる病気◆◆

脳炎

脳に細菌やウイルス、寄生虫などが感染して起こる。最も多いのは、はしか（麻疹）、風疹、インフルエンザなどのウイルス感染によるものだ。ウイルス性脳炎は、髄膜《ずいまく》炎よりも症状が重く、しばしばウイルス性髄膜炎をともなう。

●症状●ウイルス性脳炎は、人格の変化、けいれん発作、四肢のまひ、錯乱、進行すると昏睡《こんすい》などに陥って死亡に至ることもある。とくに単純ヘルペスウイルスによる脳炎は、治療は可能だが命にかかわることが少なくない。突然、激しい頭痛、発熱が起こり、嘔吐《おうと》や頸《けい》部の硬直が起こる。側頭葉に炎症が起きたときには、異臭を感じたり、過去の経験が瞬間的に鮮明によみがえったり、けいれん発作が起きたりすることもある。錯乱

インフルエンザが疑われます。合併症などを引き起こさないよう、早めに内科または呼吸器科へ

急げ!

胸膜炎が疑われます。内科または呼吸器科へ。なお、肺炎や肺結核、肺化膿症で胸膜炎を合併した場合にも、胸痛がみられます

胸痛があり、深呼吸に合わせて痛みが強くなったり、弱くなったりしますか？

のどが痛みますか？

急性の扁桃炎・咽頭炎、喉頭炎かもしれません。内科または耳鼻咽喉科へ

や妄想《もうそう》などの精神症状が先行することもあり、その場合には精神疾患と誤診することもあるので注意が必要だ。ヘルペス脳炎は、患者の約一〇％が死に至り、約三〇％にけいれんや記憶障害などの後遺症が残るといわれている。

同じウイルス性脳炎でも、はしかやインフルエンザ、おたふくかぜなどに続いて起こる場合は一般に軽症で、頭痛や発熱、軽い意識障害が起こる程度だ。

●診断●主にＣＴやＭＲＩ、脳波検査が行なわれる。血液や髄液《ずいえき》を採取して、ウイルスや抗体が見つかれば、診断が確定する。

●治療●ヘルペス脳炎には抗ウイルス剤が用いられ、これが効けば後遺症を残さずに治る。はしかやインフルエンザなどによる脳炎では、抗炎症剤の投与と、点滴による水分補給が行なわれる。多くの場合、特別な治療をしなくても自然に治る。

脳膿瘍

細菌感染によって脳実質（脳の内部）に膿《うみ》がたまった状態を脳膿瘍《のうよう》という。以前は死亡率が高く、後遺症を残すことも多かったが、近年は死亡率が減少している。

●症状●激しい頭痛や嘔吐《おうと》のほか、片まひやけいれん、言語障害など脳腫瘍《しゅよう》に似た症状があらわれる。脳腫瘍と異なるのは、感染により高熱が出る点だが、ときには微熱しか出ないこともある。また、別の感染症で抗生物質を使用中の人も、薬のせいで症状が表面化しないことがあるので注意が必要だ。炎症により頭蓋内圧が上昇した場合には、意識障害が起こることもある。

●治療●抗生物質や頭蓋内圧を下げるための薬が用いられる。早期に治療できれば、後遺症も少なくてすむようになった。手術によって膿を取り除くこともある。

肝膿瘍

病原菌などが肝臓に入り込んで繁殖し、化膿《かのう》を引き起こす病気。細菌性肝膿瘍《のうよう》とアメーバ性肝膿瘍に分けられるが、細菌性肝膿瘍の割合が高く、高齢者や手術後の患者など、体力・抵抗力の弱った人に起こりやすい。

●症状●三八度以上の発熱、右上腹部の痛み、背部痛、肝臓のはれがみられる。アメーバ性肝膿瘍の場合は、このほかに全身倦怠《けんたい》感、食欲不振、嘔吐《おうと》などが起こることがあるが、一般に細菌性よりも軽症のことが多い。化膿性の胆管炎が原因で起こる細菌性肝膿瘍では、黄疸《おうだん》や精神症状をともなうこともある。

●診断●症状、ＣＴやＭＲＩなどの画像検査で、ほぼ診断できる。最終的には、肝臓にカテーテルを挿入し、膿汁が認められれば診断が確定する。

●治療●カテーテルを挿入して膿《うみ》を体外に排出する。また、胆石が原因であれば、内視鏡を用いて胆石を取り出す。同

時に、原因となる病原菌に対して、抗生物質などが用いられる。

インフルエンザ

かぜ症候群の一つだが、全身症状が激しく、集団発生して、大規模な流行を起こすことから、かぜ症候群とは区別して扱われる。A型とB型、C型などがある。成人の場合はほとんどがA型またはB型で、A型のほうが症状が強い傾向がある。鳥インフルエンザは、A型の一種である。

●症状●インフルエンザウイルスに感染してから、一～三日の潜伏期をおいて、急激に症状があらわれる。寒け、ふるえとともに発熱し、三八～三九度、またはそれ以上の高い熱が数日間続く。また、頭痛や全身の筋肉痛、関節痛、倦怠《けんたい》感、食欲不振なども、かぜ症候群よりも強くあらわれる。その後、鼻水、鼻づまり、のどの痛み、せきなどの呼吸器症状が起こり、腹痛や嘔吐《おうと》、下痢などの消化器症状をともなうことも多い。

三～四日たつと、熱が下がり始め、合併症が起きない限り、熱が下がるにつれて全身症状は軽くなる。ただし、せきがおさまるまでにはさらに日数がかかり、全身の倦怠感はなかなかとれない場合がある。なお、結膜の充血や顔のほてり、咽頭《いんとう》や扁桃《へんとう》のはれなどがみられることもある。

●合併症●インフルエンザで最も注意すべきことは、合併症を起こさないことである。なかでも肺炎は、インフルエンザの合併症として最も死亡率が高い。とくに、慢性の呼吸器疾患をもっている人は、肺炎を合併しやすいうえ、重症に陥りやすい傾向にあるので注意が必要だ。肺炎以外にも、急性気管支炎や肺膿瘍《のうよう》など、呼吸器疾患を合併することが多い。

インフルエンザの症状が激しく、一週間たっても症状がおさまる傾向がみられない、熱が三～四日たっても下がらない、一度下がった熱がまた高くなる、たんに膿《うみ》が混じる、といった場合は、肺炎を合併している可能性がある。

そのほかの合併症としては、急性中耳炎や副鼻腔《びくう》炎などがあげられる。また、頻度は少ないが、心筋炎などの心疾患やウイルス性脳炎などを起こすこともある。

●治療●抗インフルエンザウイルス剤の内服、あるいは吸入によって、熱や筋肉痛、関節痛などの全身症状は軽快する。発病後二日以内で、できるだけ早く用いると、効果もそれだけ高くなる。

のどの痛みや頭痛、腰痛、筋肉痛、発熱に対しては、対症療法として、鎮痛解熱剤が用いられる。また、せきに対しては鎮咳《ちんがい》剤、たんには去痰《きょたん》剤が使用される。

なお、肺炎などの合併症を起こす可能性が高い場合には、予防的に抗生物質を用いることもある。

●予防●インフルエンザの予防には、インフルエンザウイルスに対するワクチンがある。予防効果は、接種後約一〇日から、三～六か月続く。ただし、流行するウイルスの型は年によって違うので、毎年、接種を受ける必要がある。とくに呼吸器疾患、心臓病などをもっている人や高齢者は、重い合併症を起こしやすいため、ワクチンを接種することが望ましい。

肺炎

肺胞とその周辺に炎症が起きた状態を肺炎といっている。自己免疫や放射線、薬剤によって起こることもあるが、大部分は細菌やウイルスなどの病原微生物によって引き起こされる。原因としては細菌のほか、マイコプラズマやクラミジア、ウイルスなどがあるが、細菌性肺炎が最も多い。

●症状●たんをともなうせきが主症状で、多くの場合、初期には寒けをともなう発熱がみられる。ただし、発症のしかたや症状は、原因となる病原微生物によって異なる場合がある。

なお、高齢者では発熱しないことも多く、せきやたんが続き、倦怠《けんたい》感や食欲不振が強い場合には、肺炎の可能性を考えて、早めに受診するようにしたい。

細菌性肺炎　発熱とともに強い寒けを感じ、せきやたんが出る。発熱は三九度以上の高熱になることが多い。せきやたんは長く続き、眠れないこともある。たんは黄色または緑色を帯びた膿性《のうせい》たんで、ときに血が混じることもある。強いせきによって胸痛を感じることはあるが、肺炎そのものによって胸痛が起こることはない。ただし、炎症が胸膜に及んで胸膜炎を起こした場合には、胸に痛みを感じるようになる。

マイコプラズマ肺炎　たんが出ることは少ないが、激しく頑固なせきが続く。発熱の程度はさまざまだが、高熱を発することも少なくない。ただし、高熱の割には全身状態は良好で、強い倦怠感や食欲不振がみられることは少ない。

クラミジア肺炎　感染後一〜二週間程度で発症し、頭痛や筋肉痛をともなう高熱とせきが出る。たんをともなうことは少ない。進行すると、意識障害が起こることがある。

ウイルス性肺炎　インフルエンザウイルスが原因の場合は重症化しやすく、高熱が出て呼吸困難をきたすことがある。それ以外のウイルスが原因の場合は、発熱や頭痛、倦怠感などがみられる程度で、せきやたんが出ることは少ない。

●診断●胸部Ｘ線撮影のほか、炎症反応を調べるための血液検査などが行なわれる。原因を確かめるための喀《かく》たん検査は、治療法を決定するうえで重要である。ただし、マイコプラズマ肺炎の場合は、発病後一週間以上たたなければ、喀たん検査を行なっても検出できない。

●治療●薬物療法が中心で、抗生物質や抗菌剤が原因に合わせて選択される。対症療法として、去痰《きょたん》剤や鎮咳《ちんがい》剤が用いられることも多い。

体力の維持・回復のために安静を保ち、十分な栄養をとること、高熱による脱水症状を防ぐために、水分を補給することも大切だ。

●生活の注意●治療中、少なくとも発熱がある間は入浴できない。食欲がなく、食事がとれない場合には、流動食やジュースなどで栄養補給を行なう。

なお、細菌性肺炎のうち、肺炎球菌によるもの、およびインフルエンザ菌の一部が原因となるものについては、予防ワクチンが開発されている。高齢者や肺または心臓に病気がある人、免疫機能が低下している人、糖尿病の患者などは接種しておくと安心だ。インフルエンザウイルスや水痘ウイルスなどによる肺炎は、それぞれのワクチンを接種することで予防できる。

その他の病気

髄膜炎（→P86）
扁桃炎（→P122）
咽頭炎（→P122）
喉頭炎（→P122）
肺結核（→P41）
肺化膿症（→P56）
胸膜炎（→P134）
乳腺炎（→P202）
急性腹膜炎（→P150）
赤痢（→P157）
食中毒（→P144）
劇症肝炎（→P26）
胆嚢炎／胆管炎（→P142）
急性腎盂腎炎（→P171）

微熱（三七〜三八度）がある

スタート

せきやたんをともないますか？

はい → 鼻水や鼻づまり、のどの痛みをともないますか？
→ かぜかもしれません。安静を心がけ、長引くようなら、内科で受診を

黄色または緑色を帯びたたんが出ますか？
→ 急げ! 胸痛があり、深呼吸をすると痛みが強くなる場合には、胸膜炎の疑い。内科または呼吸器科へ

寝汗をかく、食欲が落ちた、といった症状がありますか？
→ 急げ! 肺炎の可能性があります。内科または呼吸器科へ
→ 急げ! 肺結核の可能性があります。内科または呼吸器科へ

いいえ → のどに軽い痛みがあり、年に何度か高熱を出すことがありますか？
→ 慢性扁桃炎かもしれません。内科または耳鼻咽喉科へ

歯ぐきに出血や痛みがあり、口臭がしますか？
→ 歯肉炎や歯周炎かもしれません。歯科へ

動悸がしますか？
→ 胸に痛みを感じ、その痛みが左肩、まで広がるように感じますか？
→ 急げ! 急性心膜炎の可能性があります。すぐに内科または循環器科へ
→ 汗かきになり、食欲が旺盛なのにやせてきた、という場合にはバセドウ病の疑い。内科または内分泌科へ。そのほか、貧血でも、微熱や動悸がみられることがあります。内科へ

みぞおち周辺に痛みがあり、その痛みがしだいに右下腹部に移ってきましたか？
→ 急げ! 虫垂炎の疑いがあります。腹膜炎を起こさないうちに内科または消化器科へ

下痢、腹痛がありますか？
→ 急げ! 下痢や腹痛に発熱、体重減少などをともない、症状が重い時期と軽い時期を繰り返す場合にはクローン病の疑い。血便が目立つ場合には、潰瘍性大腸炎も考えられます。内科または消化器科へ

腰や下腹部に痛みまたは重苦しさがあり、尿が濁っていますか？
→ 急げ! 慢性腎盂腎炎の可能性があります。痛みが間欠的に起こる場合には、尿路結石症の疑いも。内科または泌尿器科へ

関節・筋肉の痛みやこわばり、全身倦怠感、紅斑などがみられますか？
→ 関節のこわばりは朝起きたときに最も強いですか？
→ 関節リウマチが疑われます。内科またはリウマチ科へ
→ リウマチ性多発筋痛症など膠原病の可能性があります。内科またはリウマチ科へ

だるさや吐き気、食欲不振、尿や白目が黄色くなるなどの症状がみられますか？
→ 急げ! 肝炎の可能性があります。内科へ
→ 著しい疲労感に頭痛や抑うつ、筋肉痛、睡眠障害などをともなう場合には、慢性疲労症候群の可能性も。内科へ

◆◆考えられる病気◆◆

肺結核

多くの感染症と異なり、乳幼児を除けば、感染直後から発症することはほとんどない。体内に侵入した結核菌が、免疫機構によって活動を抑え込まれて休眠状態に入り、高齢やステロイド剤の使用などで免疫機能が低下してときに再び活動を始める、というのが一般的なパターンだ。

●症状●最もよくみられるのが、せきやたん、微熱、倦怠《けんたい》感などである。病気の進行がゆるやかなので、初めは喫煙やかぜによる症状と誤解することが多い。しかし、しだいに朝、せきをした際に黄色や緑色の膿性《のうせい》たんが出るようになり、さらに進むと、たんに血液が混じるようになる。結核では、たんに大量の血液が混じることはまれだ。なお、初期にみられる発熱では、午後から夕方にかけて微熱が出ることが多い。また、肺全体に小さな病巣が無数にできる粟粒《ぞくりゅう》結核では、三九度を超えるような高熱が毎日続く。

寝汗も、よくみられる症状の一つだ。夜中に大量の寝汗をかき、寝巻だけでなくシーツや布団を変えなければならないこともある。そのほか、胸腔《くう》内に水分（胸水）がたまると、胸痛や息切れが起こる。

なお、肺以外には、腎臓やリンパ節への感染が多くみられる。そのほか脳や腸、心膜、関節、生殖器などに起こることもある。

●診断●胸部X線撮影とツベルクリン反応、喀《かく》たん培養検査が、三本柱となっている。

●治療●結核菌が薬剤耐性を獲得しないように、二～四種類の抗結核剤を併用するのが一般的だ。また治療期間は、通常、半年から一年間と長い。結核菌が完全に体内から消えるまで、医師の指示どおりに服薬することが重要だ。

膠原病

細胞と細胞を結びつけている結合組織に、変化が生じて起こる一群の疾患を膠原《こうげん》病という。免疫システムの異常によって起こると考えられているが、明確な原因は不明。

●種類と症状●最もよく知られている関節リウマチをはじめ、全身性エリテマトーデス、強皮症（全身性進行性硬化症）、皮膚筋炎、リウマチ熱、結節性多発性動脈炎の六疾患を古典的膠原病という。現在では、リウマチ性多発筋痛症、側頭動脈炎、シェーグレン症候群、混合性結合組織病などの類似疾患を含めて膠原病として扱われる。

個々の病気によって症状はさまざまだが、原因不明の発熱、関節痛、倦怠《けんたい》感、レイノー現象などは、多くの膠原病で共通している。また、悪化と軽快を繰り返しながら進行することが多いのも膠原病の特徴の一つである。

●治療●根本的な治療法はないので、ステロイド剤や消炎鎮痛剤などで、日常生活に支障がないようにコントロールする。専門医を受診することが重要だ。

その他の病気

歯肉炎（→P118）
歯周炎（→P119）
扁桃炎（→P122）
肺炎（→P38）
胸膜炎（→P134）
かぜ／かぜ症候群（→P120）
バセドウ病（→P66）
心膜炎（→P133）
クローン病（→P148）
潰瘍性大腸炎（→P160）
虫垂炎（→P142）
肝炎（→P25）
慢性疲労症候群（→P28）
関節リウマチ（→P173）
慢性腎盂腎炎（→P171）
尿路結石症（→P168）

けいれん

スタート

突然、激しい頭痛が起こり、嘔吐をともないますか？

はい → 発熱をともないますか？

→ 急げ！ 髄膜炎、脳炎、脳腫瘍などの可能性があります。すぐに内科または脳神経科へ

↓ 左右どちらかの顔面や足に、突然、まひや筋力低下が起こりましたか？

→ 急げ！ 脳卒中の疑いがあります。すぐに脳神経外科へ

↓ 急げ！ 朝に強い頭痛、嘔吐が起こり、視野の一部が欠ける、うつ気分や不安感、顔面のしびれといった症状がしだいに強まる場合には、重い病気が隠れている可能性があります。すぐに内科へ

いいえ ↓ 最近、頭部に外傷を受けましたか？

→ 急げ！ 頭部外傷による脳挫傷や急性硬膜下血腫が原因かもしれません。すぐに脳神経外科へ

↓ 発作的な失神やけいれんが繰り返し起こるものの、ふだんは何の異常もありませんか？

→ 急げ！ てんかんが疑われます。内科または脳神経科へ

↓ あごの筋肉がかたくなって、口が開けられなくなりましたか？

→ 急げ！ 破傷風の疑いがあります。至急、内科または消化器科へ

↓ 糖尿病の治療を受けていますか？

↓ 急げ！ 血糖降下剤の使用量が適切でなかったり、食事を抜いたりすると、低血糖症からけいれんを起こす場合があります。すぐに内科へ

← むくみがありますか？

← 腎炎などの腎臓病にかかっている、あるいは尿量減少など腎臓病の症状がありますか？

↑ 急げ！ 尿毒症によるものかもしれません。すぐに内科または泌尿器科へ

← 急げ！ 重い妊娠中毒症を起こすと、血圧が非常に高くなって、けいれん発作を起こすことがあります。すぐに産科または産婦人科へ

↓ 仕事などで精神的ストレスにさらされたときに起こりますか？

← フグやキノコなどを食べたあとに起こりましたか？

← 急げ！ 食中毒の可能性が。すぐに内科または消化器科へ

↓ 長年、大量に飲んでいたお酒を、急にやめましたか？

← アルコール依存症の人が急に飲酒をやめると、離脱症状としてけいれんが起こることがあります。また、向精神剤など一部の薬でも、同様に離脱症状が起こることがあります。すぐに内科または受診中の病院へ

↓ 片側の耳の後ろに痛みが起こり、それに引き続いて顔の筋肉がまひした場合には、顔面神経まひが考えられます。神経内科へ。また、疲れたときなどに、まぶたや手足の筋肉がピクピクすることがありますが、これは心配ありません

↓ 急に息が深く、速くなって、息苦しくなりましたか？

→ 過換気症候群の可能性があります。呼吸器科または精神科へ

→ 医学的検査で異常はないのにしばしば起こるときは、転換性障害（ヒステリー）かもしれません。精神科へ

◆◆考えられる病気◆◆

てんかん

一過性の意識障害とけいれん発作が繰り返し起こる病気。思春期に発病する場合には原因不明の特発性てんかんが多く、成人以降に発病する場合には、脳腫瘍《しゅよう》などが原因となる症候性てんかんが多い。

●症状●てんかんは、いくつかのタイプに分けられ、主なものとしては次のようなタイプがある。

大発作　多くの場合、突然意識を失い、からだが突っ張る強直性けいれんと、筋肉が律動的に動く間代けいれんを起こす。その際、口から泡を吹いたり、舌をかんだりすることがある。発作後に深い睡眠に入り、覚醒後ももうろうとした状態が続く。

小発作　瞬間的に意識を失い、会話中に突然言葉が途絶えたり、食事中に箸を落としたりする。その間の数秒から数十秒のことは、覚えていない。

精神運動発作　必要もなく動き回るなど、突然、意味のない動作を始める。頭痛、吐き気、嘔吐《おうと》、全身けいれんなどが起こることもある。

ジャクソン型発作　からだの一部に起きたけいれんがしだいに別の部位にも及んで、全身けいれんに移行するタイプ。脳に何らかの障害がある症候性てんかんでよくみられる。

●診断●脳波検査が中心になる。基礎疾患の有無確認などのためには、MRIや血液検査が行なわれる。

●治療●治療は抗てんかん剤による発作の予防が中心になり、発作のタイプに応じた薬が用いられる。薬は長期間、服用する必要があるが、医師の指示どおり服用すれば、約九〇％で、発作の完全予防または回数の減少が可能になる。最近は、脳ペースメーカーによる治療も行なわれつつある。

なお、そばにいた人が発作を起こしたときには、患者の安全確保に注意しながら、発作がおさまるのを待つ。発作が五分以上続く場合には、救急車を要請する。

破傷風

土壌中の破傷風菌が傷口から体内に進入し、その毒素によって全身の筋肉にけいれんが起こる病気。

●症状●多くは、感染後三〜二一日を経て発症する。通常、次の四期に分けられる。

第一期　あごの筋肉がこわばって口を開けにくくなり、食事ができなくなる。

第二期　筋肉のこわばりが顔面にも及んで、引きつり笑いのような表情になる。

第三期　全身けいれんが繰り返し起こる。このとき姿勢は頭部と足を床につけた弓なり状態になる。全身けいれんは足音などわずかな刺激で誘発され、激痛をともなう。最も生命が危険な時期。

第四期　筋肉のこわばりがやや改善に向かう。この時期を無事経過すれば、生命の危険はほぼ去ったと考えてよい。

●治療●感染した傷口は、壊《え》死《し》組織を除去して、十分に消毒する。また、症状があらわれる前であればペニシリンなどの抗生物質が、発病してしまった場合には破傷風ヒト免疫グロブリンが投与される。

その他の病気

脳卒中（→P61）
髄膜炎（→P86）
脳炎（→P36）
脳膿瘍（→P37）
頭部外傷（→P86）
顔面神経まひ（→P91）
過換気（呼吸）症候群（→P245）
食中毒（→P144）
尿毒症（→P165）
妊娠中毒症（→P70）
転換性障害（→P188）
アルコール依存症（→P181）

めまい

スタート

周囲がクルクル回るような回転性のめまいですか？

はい → 難聴や耳鳴りをともないますか？

→ めまいが消えるとともに、難聴や耳鳴りも軽くなりましたか？

→ メニエール病の可能性があります。内科または耳鼻咽喉科へ

急げ！ 急性中耳炎が悪化して、内耳炎を起こしているのかもしれません。早めに耳鼻咽喉科で治療を

倦怠感や頭痛、肩こり、のぼせなどの不定愁訴がありますか？

→ 自律神経失調症かもしれません。心療内科へ

手足や顔、胴体にしびれや痛みなどを感じ、動作がぎこちなくなってきましたか？

急げ！ 多発性硬化症の疑いが。神経の障害によって感覚や動作の異常が起こり、症状が軽くなったり重くなったりを繰り返しながら、徐々に悪化していくのが特徴です。すぐに内科または神経内科へ

朝起きたときや入浴後に起こりましたか？

急げ！ 高齢者であれば、脳卒中の前兆である一過性脳虚血発作の可能性が。目の前が真っ暗になったように感じることもあります。手遅れにならないうちに、早めに脳神経科で検査を

いいえ → 息切れ、動悸、顔色が悪い、疲れやすいなどの症状がありますか？

→ 貧血または低血圧症の可能性があります。内科へ

頭痛や動悸、肩こり、耳鳴りなどがありますか？

→ 高血圧症によるめまいかもしれません。内科または循環器科で、一度検査を

呼吸が深く、早くなり、手足のしびれやけいれんをともないますか？

→ 過換気症候群が疑われます。精神科または呼吸器科へ

頭部や頸部に、打撲などの外傷を受けましたか？

→ 外傷による後遺症かもしれません。念のために、整形外科で検査を

→ 降圧剤や抗生物質など、薬によっては副作用として、めまいが起こるものもあります。何度も繰り返す場合には、主治医に相談を

◆◆考えられる病気◆◆

メニエール病

内耳の異常により、難聴や耳鳴りをともなう激しいめまいが繰り返し起こる病気。最近、急増している。

●症状●突然、立っていることもできないような激しいめまいが起こり、めまいの少し前から、あるいは同時に、耳鳴りや耳の閉塞《へいそく》感、難聴が起こる。めまいは短い場合には数十分から数時間、長い場合でも数日でおさまる。また、周囲や自分自身が回っているように感じる回転性のめまいが多いが、からだがフワフワ浮いているような浮動性めまいのこともある。

難聴や耳鳴りもめまいとともに自然に改善するが、発作を繰り返すにしたがって、難聴が残るようになるケースもある。内耳の異常は、左右片側だけに起こるのが一般的で、

難聴や耳鳴りも障害の生じた側で起こる。ただし、患者の約三〇%は、両側に内耳の異常が起こる。

　このほか、めまい発作の際には、吐き気や嘔吐《おうと》、冷や汗、頭痛などの症状があらわれることもある。
●原因●内耳を満たしているリンパ液の、産生量と吸収量のバランスが崩れることが原因と考えられている。バランスが崩れる原因としては、精神的ストレスや、自己免疫などが指摘されているが、確実な原因はわかっていない。
●診断●平衡機能検査、聴力検査、画像診断、血圧測定、血液や尿の検査などが、必要に応じて行なわれる。
●治療●めまいが起きたときは安静にして、発作がおさまるのを待つ。治療には鎮暈《ちんうん》剤や利尿剤、血流改善剤、ビタミン剤などが用いられる。薬の効果が十分でない場合や発作が頻繁に起こる場合、難聴の進行が早い場合などには手術が行なわれることもある。

低血圧症

一般には収縮期血圧一〇〇mmHg未満、拡張期血圧六〇mmHg未満の場合を低血圧としている。ただし、単に血圧が低いだけでは治療の必要はなく、低血圧に何らかの症状をともなう場合に低血圧症として治療の対象となる。

　低血圧症は、とくに原因がなく起こる本態性低血圧症と、何らかの病気が原因で生じる二次性（症候性）低血圧症に大別される。

　また、これらとは別に、急に立ち上がった際に血圧が下がる起立性低血圧症がある。
●症状●比較的よくみられる症状としては、全身倦怠《けんたい》感、立ちくらみ、動悸《どうき》、食欲不振、頭重感、冷え症などがあり、ときには息切れや胸痛も起こる。寝覚めが悪い、午前中元気が出ないといった訴えも多い。ただし、これらの症状は、必ずしも低血圧症によるものとは限らない。
　起立性低血圧症では、立ち上がった際に、めまいやふらつきを起こす。これは午前中、とくに食後などに起こりやすい。心臓や胃などが一時的な血液不足を起こした場合には、動悸や呼吸困難、吐き気などが起こることもある。
●原因●二次性低血圧症の原因となる病気としては、心臓の刺激伝導系の障害のほか、副腎機能低下症などの内分泌疾患、胃・十二指腸潰瘍《かいよう》などがある。また、薬の副作用で起こることもあり、降圧剤のα遮断《アルファしゃだん》剤で起こりやすい。
●診断●自覚症状があり、収縮期血圧が一〇〇mmHg未満であれば低血圧症と考えられる。その際、拡張期血圧のほうはそれほど重視されない。大切なのは、本態性なのか二次性なのかの判断で、そのために、血液検査をはじめとした各種の検査が行なわれる。
●治療●本態性低血圧症では、食事療法や適度な運動、生活リズムの改善といった非薬物療法が基本になる。食事療法といっても、栄養のバランスと、一日三食を規則正しくとることに注意すればよい。それで十分な効果がなければ、昇圧剤や交感神経刺激剤などによる薬物療法が行なわれる。
　二次性低血圧症の場合は、その原因となっている病気の治療が先決だ。それでも低血圧の改善がみられない場合には、本態性低血圧症に準じた治療が行なわれる。

その他の病気

脳卒中（→P61）
急性中耳炎（→P102）
高血圧症（→P47）
貧血（→P89）
多発性硬化症（→P181）
自律神経失調症（→P50）
過換気（呼吸）症候群（→P245）

冷え・のぼせ

スタート

のぼせる　冷える

暑がりになり、以前よりも汗をかきやすくなりましたか？

はい

食事の量は増えているのにやせてきましたか？

いいえ

頭痛や肩こりをともないますか？

症状は１～3分でおさまるものの、１日のうちに何回も起こりますか？

精神的ストレスがあったときに、症状が出やすいですか？

急げ！

薬によっては、副作用としてのぼせやほてり、顔面紅潮が起こるものもあります。念のために、主治医や薬剤師に確認しておきましょう

高血圧症の可能性があります。念のために、内科または循環器科で検査を

動悸や息切れ、めまいなどがありますか？

いいえ

はい

冷えを感じるのは、からだの一部分ですか？

皮膚が乾燥して汗をかきにくくなり、のどぼとけの下部がはれてきましたか？

甲状腺機能低下症の疑い。多くの場合、顔や手足のむくみをはじめ、強い全身倦怠感、眠け、集中力の低下などをともないます。内科または内分泌科へ

クーラーの効き過ぎなど生活環境をチェックしてみましょう。それでも冷えが続く場合には、念のために内科で検査を

指先が白っぽくなり、しびれや不快な感覚をともないますか？

手指の皮膚が青白くなり、回復すると紅潮してくるのはレイノー病の特徴です、膠原病などで起こることもあるので、内科またはリウマチ科で検査を

末梢血管の動脈硬化が進むと、四肢、とくに足に冷えを感じることがよくあります。内科または循環器科へ

顔色が悪い、口の両端や舌に痛みを感じるなどの症状がありますか？

貧血によるものかもしれません。内科または血液内科で検査を。黄疸や血尿、発熱などをともなう場合には、とくに要注意です

朝、なかなか起きられない、食欲がない、頭が重い、立ちくらみがする、といった場合には、低血圧症が考えられます。内科または循環器科へ

◆◆考えられる病気◆◆

レイノー病
レイノー症候群

寒さの刺激や精神的な緊張によって、手足（大部分は手）の先端にある細動脈が発作的に収縮し、指の色調が青白くなる現象をレイノー現象という。

その際、明らかな原因がない場合にレイノー病といい、膠原《こうげん》病など原因となる疾患がある場合をレイノー症候群と呼ぶ。

●症状●典型的なパターンとしては、突然、しびれや疼痛《とうつう》とともに手指がまだら状に青白くなり、血流が回復するにしたがって、赤紫色から正常な色へと変化する。色調の変化とともに、むくみが起こることも少なくない。多くの場合、一〇～三〇分ほどで正常に戻る。

なお、レイノー病の場合は左右対称に症状があらわれる

バセドウ病が疑われます。内科または内分泌科へ

中高年の女性であれば、更年期障害かもしれません。産婦人科へ

自律神経失調症によるものかもしれません。動悸や頭痛、発汗、頻脈、腹痛など、あらわれる症状が多彩なので、症状が強い場合、長引く場合には、内科または心療内科を受診しましょう

が、レイノー症候群の多くは片側だけに起こる。また、レイノー病では後遺症が残ることはほとんどないが、レイノー症候群では指先の脂肪が萎《い》縮《しゅく》して壊死《えし》を起こすケースがある。

●治療●レイノー病の場合は、治療よりも、防寒や禁煙などによる予防が中心になる。対症療法としては、血管拡張剤のほか、血栓《けっせん》による合併症を防ぐためにアスピリンなどが用いられる。

レイノー症候群では、原因となる病気の治療が先決になる。薬物療法ではレイノー病と同様の薬が用いられ、効果がないときは手術が行なわれることもある。

高血圧症

血圧とは、血液が送り出されるときに血管壁にかかる圧力のことをいい、心臓から全身に送り出される血液の量や、血管の広さ、弾力性などによって決まる。単純にいえば、心臓から送り出される血液量が同じであれば、血管の内腔《くう》が狭く、血管壁の弾力性が低い、または血液の粘りけが強いほど、血圧が高くなる。反対に血管の広さや弾力性、血液の粘稠度《ねんちょう》が同じであれば、送り出される血液量が多いほど血管に対する圧力は上昇することになる。

高血圧、つまり血管に圧力がかかった状態が続けば、血管の弾力性が低下するとともに、動脈硬化によって内腔が狭くなる。その結果、さまざまな臓器の血管に障害が起こる。その代表的なものが、狭心症や心筋梗塞《こうそく》、脳卒中、腎硬化症などである。高血圧症の恐ろしさは、こうした合併症を引き起こすことにある。

高血圧症は、生まれつき血圧が高い本態性高血圧症と、血圧を上昇させる何らかの原因疾患があるために血圧が上がる症候性高血圧症の二つに大別される。

●症状●高血圧の人は、頭痛、肩こり、のぼせ、めまい、動《どう》悸《き》などを訴えることが多いが、これらの症状と高血圧の間には関係がないことも多い。一般に、高血圧そのものが何らかの症状を引き起こすことはないといわれており、症状がみられる場合には、高血圧によってさまざまな臓器に障害が起こった結果と考えられる。

たとえば、手足にしびれを感じる場合には脳梗塞などの脳血管障害が、胸痛や動悸などがあれば心臓の障害、視力障害なら眼底出血などが考えられる。また、腎臓に長期間、高血圧の影響が及ぶと、腎硬化症を引き起こす。

●合併症●高血圧症を放置すると、徐々に動脈硬化が進行して脳や心臓、腎臓、眼底な

日本高血圧学会による成人の血圧分類（単位：mmHg）

	収縮期（最大）血圧		拡張期（最小）血圧
至適血圧	120未満	かつ	80未満
正常血圧	130未満	かつ	85未満
正常高値血圧	130～139	または	85～89
Ⅰ度高血圧	140～159	または	90～99
Ⅱ度高血圧	160～179	または	100～109
Ⅲ度高血圧	180以上	または	110以上

どに血管障害を起こす危険性が高くなる。日本人の死因の第二位を占める心臓病、第三位の脳血管障害において、その基礎疾患として恐れられているのが高血圧症なのだ。

脳の合併症　最もよく知られているのが脳卒中である。ただし、同じ脳卒中でも、脳出血やくも膜下出血は高血圧自体が原因となるのに対して、脳梗塞《こうそく》は高血圧によって脳の動脈硬化が促進され、その結果として起こる。かつては、高血圧の合併症としては前者が大半を占めていたが、最近では脳梗塞による死者のほうが多くなっている。脳卒中以外の合併症としては、高血圧性脳症があげられる。

心臓の合併症　高血圧そのものが引き起こす合併症としては、心不全がある。これは、高血圧のため心臓が強い圧力で血液を送り出さなければならないため、心臓が肥大して柔軟性を失うために起こる。

一方、高血圧によって冠動脈に硬化が起こると、心臓への血液供給が低下し、狭心症や心筋梗塞を引き起こす。

腎臓の合併症　血圧と腎臓は密接な関係にあり、腎臓の異常によって高血圧症になることもあるし、高血圧症が腎障害の原因になることもある。血圧が高い状態が続くと、腎臓の細動脈が硬化して腎機能が低下し、尿とともに排泄されるべき老廃物が血液中に残ってしまう。さらに機能が低下すると腎不全に陥り、やがて尿毒症を起こす。

このほか、糖尿病や高脂血症（脂質異常症）、肥満、高尿酸血症などを合併することがあり、いずれも血管障害を進行させる。

若年性高血圧症　若年層にみられる高血圧症で、中高年者の高血圧症に比べて、血圧の上昇を引き起こす何らかの原因となる疾患をもつ比率が高い。また、病気の進行が早く、重症高血圧症に進展して、重い合併症を引き起こすことが多い。とくに三五歳以下の年齢では、腎性高血圧症など、腎臓の合併症を引き起こす確率が明らかに高くなっている。

家族に高血圧症や脳卒中の病歴をもつ人がいる場合には、若いころから血圧に注意する必要がある。

腎臓と血圧の関係

腎臓は、レニン－アンジオテンシン－アルドステロン系と呼ばれるシステムによって、血圧を一定に保つ働きをしている

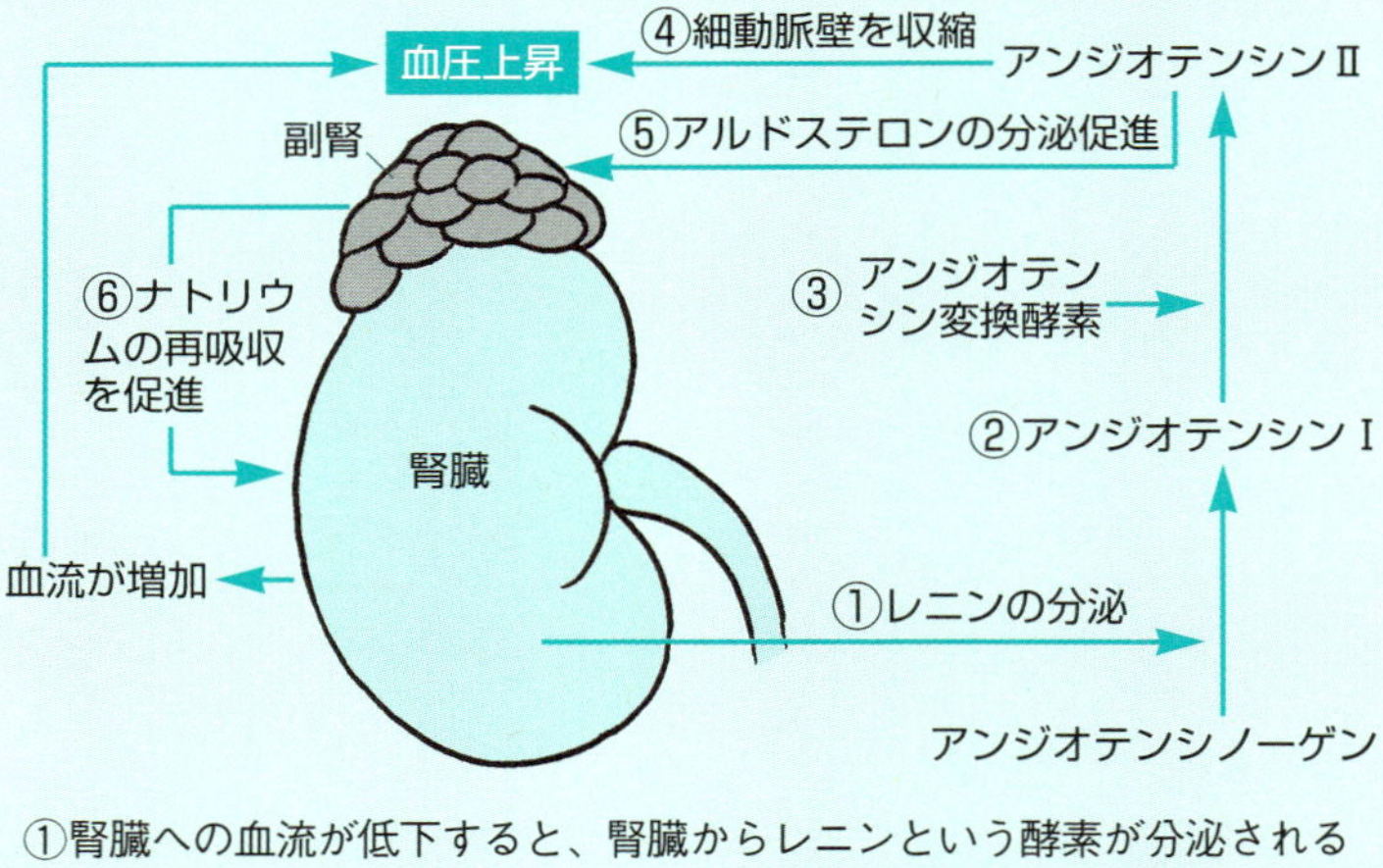

①腎臓への血流が低下すると、腎臓からレニンという酵素が分泌される
②レニンは、血液中のアンジオテンシノーゲン（たんぱく質）から、アンジオテンシンⅠ（ＡⅠ）を分離させる
③ＡⅠは、アンジオテンシン変換酵素（ＡＣＥ）により、作用が強力なアンジオテンシンⅡ（ＡⅡ）に変換される
④ＡⅡは、細動脈壁を収縮させて、血圧を上昇させる
⑤ＡⅡは、同時に副腎に作用し、アルドステロンの分泌を促進する
⑥アルドステロンは、腎臓に作用してナトリウム（塩分）の再吸収を促進し、その結果、血流量が増加して、血圧が上昇する
⑦血圧が上昇すると、レニンの分泌量が低下する

●診断●血圧は個人差があるうえに、一日のなかでも時間帯によって変動する。また、白衣高血圧といって、病院などで測定すると、緊張のために血圧がふだんより高くなってしまうこともある。そのため、医学的には、別々の日に、一日に二回以上測定し、その平均値をその人の血圧値とすることになっている。

　その結果、高血圧が確認されたら、高血圧を引き起こす基礎疾患がないか、また血管の障害がどの程度進行しているかなど調べるために、各種の血液検査や画像診断などが行なわれる。

●治療●高血圧の持続による臓器の障害を防ぐためには、少しでも早いうちに治療を受けることが大切だ。現在では、さまざまなタイプの降圧剤が開発されており、大部分の高血圧症は薬で改善できる。

　ただし、高血圧症の治療で最も重要になるのは、食生活の改善や運動などの生活療法であり、それでも十分に血圧が下がらない場合に薬物療法が行なわれる。

　とくに軽症の高血圧症の場合、薬を用いるタイミングが難しく、一定の間隔をおいて血圧の変化を観察し、そのうえでまず生活療法を行ない、その効果をみながら薬物療法を開始する。また、症候性高血圧症の場合は、原因疾患の治療も同時に進められる。

生活療法　食生活の改善と適度な運動は、高血圧症の治療では不可欠な要素だ。

　まず運動だが、継続的に運動を行なうことによって、最高血圧が四〜九mmHgほど低下するといわれている。日常的に実行しやすい速歩や水泳、ジョギング、サイクリングなどの有酸素運動を、脈拍が運動前の一・五倍になる程度を目安に行なうとよい。効果を得るためには、週三回以上、一回あたり三〇分以上の運動が必要だ。なお、狭心症や心筋梗塞の人は、事前に医師と相談する必要がある。

　食事療法では、肥満解消のためのカロリー制限と、血圧上昇を防ぐための塩分の摂取制限がある。ただし、肥満解消については、食生活の改善だけでは効果がないので、運動療法との併用が必須になる。

薬物療法　基本的には生活療法が優先されるが、心臓や腎臓の障害、または糖尿病や肥満といった危険因子がある場合には、生活療法と同時に、すぐに薬物療法が開始されることもある。また、降圧目標も、ほとんどの人は拡張期血圧を七〇mmHgまで下げても問題ないが、狭心症などの冠動脈疾患がある場合には、八〇mmHg以下に下げるとかえって危険なことが多い。そのほか、糖尿病の人は一三〇／八〇mmHg以下、高齢者の目標値は一四〇／九〇mmHg以下を目標として、治療が行なわれる。

　薬物療法で最初に使われるのは、チアジド系利尿剤が多い。このタイプの薬は、腎臓からの塩分と水分の排泄を促進し、体内の水分量を減らすことで血圧を低下させる。

　このほか、よく用いられる降圧剤としては、アドレナリンの働きを抑えて血圧を下げるβ《ベータ》遮断《しゃだん》剤、細動脈の一部を拡張させることにより血圧を低下させるアンジオテンシン変換酵素（ACE）阻害剤、ACE阻害剤よりも直接的に血圧を低下させるアンジオテンシンII受容体拮《きっ》抗《こう》剤、細動脈を拡張させるカルシウム拮抗剤などがある。

その他の病気

低血圧症（→P45）
貧血（→P89）
動脈硬化症（→P63）
バセドウ病（→P66）
甲状腺機能低下症（→P70）
更年期障害（→P29）
自律神経失調症（→P50）

汗をかきやすい

スタート

発熱をともないますか？

はい → 高熱ですか？

高熱ですか？ → 大量の発汗とともに熱が下がっても、2～3日するとまた発熱しますか？

高熱ですか？ ↓ せきやたんをともないますか？

せきやたんをともないますか？ → かくのは寝汗ですか？

かくのは寝汗ですか？ ↓ 急げ！ 肺結核の疑いがあります。すぐに内科または呼吸器科で検査を

せきやたんをともないますか？ ↓ いくら食べても太らず、少しずつやせてきましたか？

いくら食べても太らず、少しずつやせてきましたか？ → 動悸や手指のふるえ、倦怠感、視覚の異常などがあれば、バセドウ病の疑いが。内科または内分泌科へ

いくら食べても太らず、少しずつやせてきましたか？ ↓ 発熱をともなう場合は、重い病気の可能性も否定できません。念のために内科へ

発熱をともないますか？ いいえ ↓ もともと汗をかきやすい体質ですか？

もともと汗をかきやすい体質ですか？ → 多汗症かもしれません。内科または皮膚科へ

もともと汗をかきやすい体質ですか？ ↓ 薬を服用していますか？

薬を服用していますか？ → 副作用で汗をかきやすくなったのかもしれません。念のために主治医に確認を

薬を服用していますか？ ↓ かくのは冷や汗ですか？

かくのは冷や汗ですか？ → 発汗以外に、動悸や頭痛、めまい、腹痛など、いろいろな症状がありますか？

かくのは冷や汗ですか？ ↓ 激しい運動をした際に、吐き気や空腹感とともに冷や汗をかきますか？

激しい運動をした際に、吐き気や空腹感とともに冷や汗をかきますか？ → 糖尿病の人が激しい運動をすると、低血糖症を起こし、冷や汗が出ます。ジュースなどで糖分を補給し、回復しなければ内科へ

激しい運動をした際に、吐き気や空腹感とともに冷や汗をかきますか？ ↓ 皮膚に黒っぽい斑点ができましたか？

皮膚に黒っぽい斑点ができましたか？ → アジソン病で低血糖症を起こすと、冷や汗が出ることがあります。内科または内分泌科へ

皮膚に黒っぽい斑点ができましたか？ ↓ 毎日のように飲んでいたお酒を、最近やめましたか？

毎日のように飲んでいたお酒を、最近やめましたか？ → 急げ！ アルコール依存症の人が急に禁酒すると、離脱症状として冷や汗が出ることがあります。心療内科へ

毎日のように飲んでいたお酒を、最近やめましたか？ → 発汗以外に、動悸や頭痛、めまい、腹痛など、いろいろな症状がありますか？

発汗以外に、動悸や頭痛、めまい、腹痛など、いろいろな症状がありますか？ ↓ 自律神経失調症かもしれません。長引く場合には、内科または心療内科で受診を

発汗以外に、動悸や頭痛、めまい、腹痛など、いろいろな症状がありますか？ → 肥満ぎみですか？

肥満ぎみですか？ ↓ さまざまな精神疾患でも、汗をかきやすくなることがあります。精神科へ

◆◆考えられる病気◆◆

自律神経失調症

自律神経は、交感神経系と副交感神経系に分かれ、それぞれが拮抗《きっこう》しながら、体温の調節や心拍数の調節、血管の収縮・拡張の調節など人体の各機能をコントロールしている。これがうまく保てなくなるのが自律神経失調症で、青年期から四〇歳代の女性によくみられる。

●症状●全身にわたる多彩な症状が、自覚される。たとえば、神経系では、頭痛やめまい、手足のしびれなどが、循環器系では、動悸《どうき》や息切れなどが、消化器系では、腹痛や食欲不振、胃のもたれなどがあげられる。そのほか、異常な発汗や手足の冷えなども、しばしばみられる。また、身体症状だけでなく、焦燥感《しょうそうかん》や抑うつ感、不安感など、精神的な症状があらわれることも

急げ！

高熱と解熱を繰り返す場合は、マラリアの疑いが。ただし、連日、発熱することもあります。内科へ

急げ！

インフルエンザ、あるいはほかの重い感染症かもしれません。至急、内科へ

かぜではありませんか？　熱が下がっても発汗がおさまらないときは、内科へ

肥満している人は汗をかきがちです。多汗自体は心配ありませんが、肥満解消を心がけましょう

多い。

　ただし、どんな症状がみられるかは人によって異なり、いくつもの症状が重なってあらわれることもあれば、一つの症状しかあらわれないこともある。また、いったんおさまった症状が、しばらくして再発を繰り返すことも少なくない。このように、十人十色のさまざまな症状を示すのも特徴の一つである。

●原因●夜更かしやストレスなどで脳を休める時間が減ると、自律神経のバランスが崩れて発症するとされている。患者のほぼ半数で、日常生活のストレスが原因となっていることから、心理的な要因も影響すると考えられている。ただし、自律神経系が侵されて発症するものや、先天的に自律神経系の乱れがみられる場合もあり、いちがいに原因を特定することはできない。

●診断●まず生活習慣病などの全身疾患がないことを確認したうえで、心理テストや面接などを行なう。同時に自律神経系の検査も行なわれる。

●治療●心理的な要因が症状を大きく左右する病気なので、精神的な安定が重要になる。薬物療法では、症状に合わせて、精神安定剤や自律神経調整剤などが用いられる。
　また、心理的に回復を促すために、自律訓練療法、行動療法などのさまざまな治療が行なわれる。

多汗症

　汗の量が異常に多い場合を多汗症という。全身的に汗をかく場合と、顔、手のひらや足の裏、わきの下など局所的に汗をかく場合がある。大半は体質的な要因に、精神的ストレスが加わって起こる。ただ、全身性多汗症のなかには、バセドウ病などが原因となることもあるので、注意したい。

　原因が体質的なものであれば、治療の必要はない。精神的にリラックスすることで、症状をかなり抑えることができる。病気が原因となっている場合は、その治療が先決になり、汗の分泌を抑える薬を内服する場合もある。

マラリア

　マラリア原虫が、蚊を介して感染する。

●症状●多くの場合、一〇日程度の潜伏期を経て、筋肉痛や頭痛、食欲不振、微熱などがあらわれる。その後、突然、寒けや激しいふるえが起こり、四〇度前後の高熱が出る。発熱は、数時間続いたあと、大量の汗が出ると下がる。嘔吐《おうと》や下痢をともなうこともある。
　通常、こうした熱発作が、四八時間または七二時間ごとに起こる。ただし、免疫のない人は、連日、発熱する。また、熱発作を繰り返すうちに慢性化し、意識障害や腎不全を起こすこともある。

●治療●抗マラリア剤を中心に、薬物療法が行なわれる。

その他の病気

- かぜ／かぜ症候群 （→P120）
- インフルエンザ （→P38）
- 肺結核 （→P41）
- 肥満症 （→P32）
- 糖尿病 （→P164）
- バセドウ病 （→P66）
- アジソン病 （→P76）
- アルコール依存症 （→P181）

せきが出る

スタート

たんをともないますか？

はい

発熱をともないますか？

高熱ですか？

悪臭のするたんが出ますか？

急げ！ 発熱に寒けをともない、鉄錆色のたんが出るときは肺化膿症の疑い。すぐに内科または呼吸器科へ

急げ！ せき、たんが１週間以上続き、高熱がある場合には肺炎の可能性が。すぐに内科または呼吸器科へ

せきが出るのは、だいたい早朝と夕方ですか？

急げ！ たんをともなう慢性的なせきがあり、発熱や胸痛が繰り返し起こる場合には、気管支拡張症の疑い。すぐに内科または呼吸器科へ

微熱が続き、寝汗をかきますか？

急げ！ 肺結核の疑いがあります。早めに内科または呼吸器科で検査を

鼻水、鼻づまりがありますか？

初めのうちはたんをともなわなかったのに、しだいに黄色または緑色のたんが出るようになる場合は、急性気管支炎の可能性が。内科または呼吸器科へ

かぜかもしれません。症状が長引くようなら、念のために内科へ

いいえ

せきや深呼吸をした際に、胸が痛みますか？

急げ！ せき、胸痛に息切れをともなう場合には、胸膜炎が疑われます。内科または呼吸器科へ

少しの運動でも息切れするようになりましたか？

間質性肺炎かもしれません。急性型では発熱や倦怠感をともなうこともあります。内科・呼吸器科へ

のどがムズムズしてせき払いをしたくなる、声がかれてきたという場合には、喉頭炎の疑い。内科または耳鼻咽喉科へ

発作的なせきやゼーゼーという呼吸が繰り返し起こり、座って前かがみになると呼吸が楽になりますか？

急げ！ 発作的なせきや喘鳴が、冷気や香水、運動などによって誘発されるときは、気管支ぜんそくの可能性があります。すぐに呼吸器科またはアレルギー科へ

◆◆考えられる病気◆◆

急性気管支炎

気管支の粘膜に、急性の炎症が起きる病気。かぜと同様に、ウイルスや細菌、マイコプラズマなどの病原微生物によって起きることが多く、また、刺激の強いガスの吸入によって急性気管支炎になる場合もある。

●症状●多くはかぜに続いて起こり、鼻水、鼻づまり、のどの痛みなど、かぜの症状がおさまるころに、せきやたんなどがあらわれる。

初期にはたんをともなわないからぜきだが、しだいにたんが出るようになる。たんは粘りけがあり、黄色または黄緑色の膿性《のうせい》のたんで、ときには線状の血がつくことがある。せきが激しく、長く続くと、胸や腹部の筋肉が痛くなることがあり、せきが非常に強い場合には、肋骨《ろっこつ》骨折を起こす

ことさえある。また、せきのしかたが悪いと、のどの粘膜が破れて、再びのどに痛みが起こる。

多くの場合、発熱はないか、あっても高熱にはならない。ただし、マイコプラズマが原因の場合には、しばしば発熱が起こる。また、マイコプラズマが原因の場合は、たんが出ることが少なく、激しいからぜきがなかなか治らないときには、マイコプラズマの感染が疑われる。

●合併症●肺炎を合併することがある。とくに慢性の呼吸器疾患をもっている人は、肺炎を併発しやすい。

●治療●抗生物質による細菌やウイルスの除去と、せきやたんに対する対症療法が中心になる。抗生物質は、原因となった細菌に有効な薬が選択される。対症療法としては、せきを止めるための鎮咳《ちんがい》剤、たんを出しやすくする去痰《きょたん》剤、炎症を抑える消炎鎮痛剤などが用いられる。

間質性肺炎

肺胞と肺胞の間にあって、肺毛細血管や結合組織などから構成されている部分を間質《かんしつ》といい、ここを中心に炎症が起こる病気を間質性肺炎と呼ぶ。さらに炎症が進行すると、周囲の組織がしだいに線維《せんい》化して、肺が収縮できなくなる(肺線維症)。

ウイルスなどの感染や薬、放射線、粉塵、あるいは膠原《こうげん》病などの病気が原因となることもあるが、原因不明のものが大部分を占めている。

●症状●主な症状は、たんをともなわないせきと、からだを動かしたときの息切れだ。症状が急にあらわれる急性型と、症状が徐々に進んでいく慢性型があり、急性型では、からぜきと息切れのほか、発熱やだるさ、関節痛、ときには皮疹が出ることもある。慢性型では症状が目立たないため、ある程度進行しないと病気に気づかないことが多い。

●診断●聴診を行なうと特徴的な音が聴こえることがある。そのほか、胸部X線撮影やCT、肺機能検査、血液検査などが行なわれる。

●治療●急性型で病気が進行しつつある段階では、ステロイド剤や免疫抑制剤が用いられるが、慢性型では、これらの薬はあまり効果が期待できない。原因が明らかな場合には、原因に応じた治療が行なわれる。

重症急性呼吸器症候群(SARS)●

二〇〇二年に中国で見つかった病気で、飛沫感染によって広がる。全世界で流行し、多数の死者が出たことで話題になった。「呼吸器症候群」と名づけられているが、本質的には全身性の疾患だ。

患者と接触すると二～七日、長くても一〇日で発症し、約二〇～三〇%が重症化する。主な症状は高熱、せき、筋肉痛、呼吸困難で、インフルエンザやマイコプラズマ肺炎の症状と似ている。

現時点では、根本的な治療法はなく、対象療法のみで自然治癒を待つことになる。重症患者には酸素吸入や人工呼吸などとともに、ステロイド剤を大量投与する場合もある。強い感染力があるので、十分な隔離のもとで治療しなければならない。

治療は、SARSウイルスが拡散しないように、病室内の気圧を低くした専門の隔離病棟で行なわれる。日本では、感染者に対する搬送・治療システムが確立しており、専用の救急車も導入されている。

その他の病気

胸膜炎(→P134)
かぜ/かぜ症候群(→P120)
喉頭炎(→P122)
肺炎(→P38)
肺結核(→P41)
肺化膿症(→P56)
気管支拡張症(→P56)
気管支ぜんそく(→P55)

たんが出る

スタート

発熱をともないますか？

いいえ → 最初から、せきにたんがともないましたか？

→ 急げ！ 最初はたんをともなわないが、しだいに粘りのある膿のようなたんが出てきた場合には、急性気管支炎が疑われます。すぐに内科または呼吸器科へ

→ 発作的なせきやゼーゼーという呼吸が繰り返し起こり、座って前かがみになると呼吸が楽になりますか？

→ 胸痛がありますか？

→ 急げ！ 気管支ぜんそくかもしれません。呼吸器科またはアレルギー科へ

→ 急げ！ 心不全や心臓弁膜症、肺水腫などの疑い。すぐに内科または循環器科へ

→ のどの奥にたんを感じますか？

→ のどに痛みがある場合には咽頭炎が疑われます。また、のどの痛みがなく、鼻づまりや鼻水がある場合には、副鼻腔炎の疑いも。いずれも耳鼻咽喉科へ

→ 慢性的にたんやせきが出て、体重が減少したり、たんに血が混じる場合には、何か重い病気が隠れている可能性があります。すぐに内科または呼吸器科へ

はい → 高熱ですか？

→ せきやたんが１週間以上続き、寒けをともないますか？

→ 急げ！ 肺炎の可能性があります。すぐに内科または呼吸器科へ

→ 微熱が続き、食欲の低下や寝汗などの症状がありますか？

→ 急げ！ 肺結核かもしれません。すぐに内科または呼吸器科へ

→ かぜかもしれません。症状が長引くようなら、念のために内科へ

→ 悪臭のするたんが出ますか？

→ 急げ！ 緑または黄色っぽいたんが出て、たんに悪臭がある場合には肺化膿症が考えられます。すぐに内科または呼吸器科へ

→ 関節や筋肉が痛みますか？

→ 急げ！ インフルエンザの可能性があります。すぐに内科または呼吸器科へ

→ 早朝と夕方にせきの発作が起こり、発熱や胸痛がありますか？

→ 急げ！ たんをともなう慢性的なせきがあり、発熱や胸痛が繰り返し起こる場合には、気管支拡張症の疑い。すぐに内科または呼吸器科へ

◆◆考えられる病気◆◆

慢性閉塞性肺疾患（COPD）

呼吸の際に、空気の通り道となる気道に炎症や閉塞《へいそく》が起こって、徐々に呼吸機能が低下する病気。かつては慢性気管支炎および肺気腫《しゅ》と、別々の病気として扱われていたが、気道における空気の流れ（気

流）が制限される点で共通するため、現在では一つの疾患として扱われるようになった。

●症状●慢性的なせき、たんが続き、しだいに息苦しさを自覚するようになる。症状がありふれたもので、しかもゆっくりと進行するため、異常を感じて受診したときには重症化しているケースが多い。進行すると、呼吸困難のために日常生活にも支障が出るようになり、最終的には呼吸不全を起こして酸素吸入などが必要になる。また、かぜなどをきっかけに、症状が急激に悪化することが多い。

なお、肺気腫には肺胞が広い範囲にわたって壊れる汎小《はんしょう》葉《よう》型と、細《さい》気管支を中心に壊れる小葉中心型があり、前者はせきやたんがあまりみられないまま、五〇～六〇歳代になって突然、息切れを感じる。後者は中年ころからせきやたんが出て、しばしばむくみをともなう。

●原因●老化や喫煙、大気汚染などにより、空気中の微粒子が気管支や肺胞に沈着し、炎症が起こる。炎症が起きた部位には、白血球からたんぱく分解酵素や活性酸素が放出され、それによって気管支壁や肺胞壁が壊される。最大の危険因子は喫煙で、患者の約九〇％が喫煙者といわれる。

●診断●症状や喫煙歴などで、ある程度ＣＯＰＤと推定できる。確定診断のためには、肺機能検査で気流制限を確認し、さらに肺結核や気管支拡張症などの気流制限を引き起こす病気がないことを確かめる必要がある。

●治療●病期は０期からⅣ期までの五段階に分けられ、それぞれの進行度に合わせて治療が行なわれるが、大前提となるのは禁煙だ。そのうえで、気管支拡張剤を中心に、去痰《きょたん》剤や抗生物質などによる薬物療法が行なわれる。最も重いⅣ期では、在宅酸素療法や手術が行なわれる。またⅡ期以降では、残された呼吸機能を最大限に生かすために、呼吸リハビリテーションも行なわれる。

気管支ぜんそく

気道粘膜の細胞が、ある特定の刺激に対して過敏になり、一時的に気管支が収縮し、せきや呼吸困難などが起こる病気。気道の収縮は適切な治療によって、または自然に回復するが、何度も発作を繰り返すのが特徴。過敏反応を引き起こす要因としては、ダニやカビ、花粉などのアレルギー因子や細菌感染、内分泌異常、自律神経の乱れ、精神的ストレスなどがあげられ、なかでもダニが原因となるケースが多い。

●症状●ぜんそく発作と呼ばれる激しいせきと喘鳴《ぜんめい》（ゼーゼー、ヒューヒューという呼吸）、それによる呼吸困難が、発作的に何度も起こるのが特徴だ。

成人の場合、発作は夜間または早朝に起こることが多い。突然、息苦しさを感じて喘鳴が起こり、しばらくするとせきが出始め、やがて大量のたんが出る、というのが発作の一般的なパターンだ。たんが出きってしまうと息苦しさもしだいになくなり、喘鳴も消えていく。

発作は季節の変わりめに起こりやすい。また、仕事や遊びなどに集中しているときには起こりにくく、不安など精神的ストレスがあると起こりやすい。香水や煙、冷房などによって誘発されることも多い。そのほか、日本人の気管支ぜんそく患者の約半数は、飲酒によって症状が悪化するといわれている。

●診断●症状と、胸に聴診器を当てた際の特徴的な雑音で、ほぼ診断が可能。呼吸機能検査で一秒間に吐き出せる空気の量が低下していることが確認され、気管支拡張剤の服用によりそれが改善されれば診断が確定する。

アレルギーが原因の場合は、皮膚にアレルゲンを塗るパッチテストや血液検査で、原因となっているアレルゲンを調べる。

●治療●発作が起きたときには、気管支拡張剤の吸入やステロイド剤の内服または点滴のほか、必要であれば酸素吸入を行なう。

発作時以外の安定期には、発作予防のための抗アレルギー剤とともに、ステロイド剤の吸入などが行なわれる。最近では、気管支拡張剤のテープ剤が用いられることもある。

気管支拡張症

気管支壁が感染症などによる炎症のために破壊され、拡張したまま元に戻らなくなってしまった状態を気管支拡張症という。拡張した部分には粘液がたまるため、細菌感染を起こしやすくなり、その結果、気管支壁の破壊がさらに進む。炎症と感染が肺胞にまで及ぶと、肺炎や組織の瘢痕《はんこん》化を引き起こし、肺の機能が低下する。

原因として最も多いのは百日ぜきや肺結核などの重い呼吸器感染症だが、免疫不全や先天的な要因によって引き起こされることもある。

●症状●主な症状は、たんをともなう慢性的なせきだ。たんの量は病気の進行度や合併している感染症の種類によってさまざまで、ごく少量の人もいれば、一日にコップ二〜三杯という大量のたんが出る人も少なくない。また、細菌感染が起きているときには、たんの色が黄色や緑色、ときには褐色になる。せきの発作は、早朝と夕方に限られることが多い。

また、気管支壁が破壊されると血管が露出してしまうので、約半数の人に血たんがみられる。血たんの程度もさまざまで、たんに血が混じる程度から、喀血《かっけつ》と呼んでいいほど大量の出血がみられることもある。人によっては、せきにたんをともなわないこともあるので、血たんが最初の、そして唯一の症状となる場合もある。

このほか、発熱と胸痛が繰り返し起こることや、副鼻腔《びくう》炎を合併しやすいのも、特徴の一つだ。息切れや喘鳴《ぜんめい》がみられることも多い

●診断●自覚症状などから気管支拡張症が疑われれば、胸部X線撮影で病変の有無を調べる。最近では、CTが用いられるケースが増えている。

●治療●治療の成否は、感染症やその他の合併症（慢性閉《へい》塞《そく》性肺疾患、肺高血圧症、肺性心など）を、どれだけ予防・治療できるかにかかってくる。感染症予防のためには、たんをためないことが大切で、去痰《きょたん》剤や気道粘液溶解剤などの吸入が行なわれる。そのほか炎症を抑えるためにはステロイド剤などの抗炎症剤が、感染症が起きたときには抗生物質が、喘鳴や息切れに対しては気管支拡張剤が用いられる。重症の場合には、肺の一部切除や、酸素吸入療法が行なわれることもある。

肺化膿症

肺胞の細菌感染による炎症によって肺胞が破壊されて肺に空洞ができ、その空洞に膿《うみ》がたまった状態が肺化膿《かのう》症だ。いいかえれば、肺炎がさらに悪化して、肺に膿がたまる病気ということになる。原因となる細菌はいくつもあるが、最も多いのは、嫌気性菌と呼ばれるグループの細菌だ。

かつては悪臭をともなうたんがみられる症例を肺壊疽《えそ》と呼んで分けていたが、現在で

は一括して肺化膿症と呼ばれている。また欧米では、肺膿《のう》瘍《よう》と呼ばれている。

●症状●寒けをともなう発熱やせき、たんで始まり、やがてたんに膿や血が混じるようになる。症状は肺炎と似ているが、一般に肺炎よりも症状が重い。また、嫌気性菌が原因の場合には、たんに腐敗臭がともなう。嫌気性菌は口腔《こうくう》内常在菌の一つなので、誤嚥《ごえん》などがきっかけで肺に感染することが多い。

そのほか胸痛や呼吸困難がみられることがあり、この場合には炎症が胸膜にまで広がっている可能性が高い。また、気管支動脈からの出血により喀血《かっけつ》が起こることがあり、ときには死に至ることもある。呼吸数や脈拍の増加、食欲不振、全身倦怠《けんたい》感などをともなうこともある。まれに脳膿瘍を合併することがあり、その場合には脳圧亢進《こうしん》による頭痛や吐き気が起こる。

なお、高齢者の場合、倦怠感や食欲不振などがみられる程度で、せき、たんがほとんど出ないことも少なくないので注意が必要だ。

●診断●胸部X線撮影やCTで、ニボー像という特徴的な陰影が認められる。そのほか、炎症の程度を調べるために血沈やCRPなどの血液検査が、原因となる細菌を確認するために喀たん培養などの細菌学的検査が行なわれる。

●治療●中心になるのは抗生物質による薬物療法で、原因菌に応じて、効果のある薬が選択される。気管支内視鏡による吸引や体位ドレナージで、肺にたまった膿を排出することも重要だ。手術は、喀血を繰り返す場合などを除けば、できるだけ避ける傾向にある。

肺水腫

血液中の水分が血管からもれ出して、気管支や肺胞にたまった状態。その結果、肺でガス交換がうまく行なえなくなり、血液中の酸素が欠乏して、呼吸困難が起こる。

心臓弁膜症や心不全が原因で起こる静水圧性（心原性）肺水腫《すいしゅ》と、肺毛細血管壁に病的変化が起こり、液体成分がもれ出してしまう透過性亢進《こうしん》型肺水腫に大別されるが、前者が大半を占めている。なお、成人型呼吸窮迫《きゅうはく》症候群（ARDS）は、後者の重症型だ。

●症状●ほとんどの患者に、高度な呼吸困難がみられ、急速に進行する。また、呼吸は浅く、速くなり、せきをともなうことが多い。発汗や頻脈《ひんみゃく》もしばしばみられ、進行するとチアノーゼや意識混濁が起こる。

心原性肺水腫では、昼間の活動時に下肢にたまっていた水分が睡眠中に肺に戻ってくる。そのため、息苦しさで目覚め、上半身を起こした状態でないと呼吸がしにくい起座呼吸がみられる。肺水腫のために気管支がむくんで起こる心臓ぜんそくも、しばしばみられる症状の一つだ。

そのほか、ピンク色をした泡状のたんが、大量に出ることもある。

●診断●ほとんどの場合、聴診と胸部X線撮影で診断が可能である。

●治療●心原性肺水腫では、血管内の圧力を下げるために、強心剤や利尿剤、血管拡張剤などが用いられる。また呼吸困難に対しては、酸素吸入などが行なわれる。

その他の病気

かぜ／かぜ症候群（→P120）
咽頭炎（→P122）
急性気管支炎（→P52）
肺炎（→P38）
肺結核（→P41）
インフルエンザ（→P38）
心不全（→P64）
心臓弁膜症（→P67）
副鼻腔炎（→P108）

吐く・吐き気

スタート

頭痛をともないますか？

はい

からだの左右どちらか、または両方がまひしていますか？

急げ！
脳卒中かもしれません。頭痛がこれまで経験したこともないほどの激烈で、首すじの硬直をともなう場合には、くも膜下出血の疑いがあります。すぐに脳神経外科へ

以前、頭部に軽いけがをしたことがありますか？

急げ！
慢性硬膜下血腫かもしれません。すぐに脳神経外科へ

目に強い痛みがあり、視界がぼやけるなどの症状がありますか？

急げ！
緑内障かもしれません。すぐに眼科で検査を

尿量の減少やむくみなどがありますか？

急げ！
腎不全から尿毒症を起こしているのかもしれません。すぐに内科または泌尿器科へ

頭痛は頭部の片側に起こり、脈拍に合わせて痛みますか？

片頭痛によるものかもしれません。内科または脳神経科へ

急げ！
妊婦であれば、妊娠中毒症による子癇発作かもしれません。すぐに産婦人科へ

いいえ

腹部に痛みがありますか？

下痢をともないますか？

突然、腹部に激痛が起こり、嘔吐したものには便臭がしますか？

急げ！
腸閉塞または急性腹膜炎の可能性があります。すぐに消化器科へ

急げ！
生の魚介類や肉、卵などを食べたあとに起こったのであれば、食中毒かもしれません。すぐに内科または消化器科へ

胃の不快感やゲップ、しゃっくりなどが起こり、嘔吐したものに腐敗臭がありますか？

耳鳴りやめまい、難聴をともないますか？

食べ物が飲みこみにくかったり、胸やけがしたりしますか？

痛みはへその周辺に起こり、しだいに右下腹部に移っていきましたか？

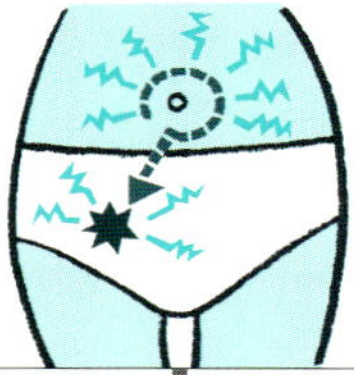

痛みは食後すぐに上腹部に起こり、比較的短時間で消えましたか？

脂肪分の多い食事をしたあとに起こりましたか？

急げ！
発熱や黄疸をともなう場合には、急性膵炎や胆石症が疑われます。一般に、急性膵炎では左上腹部に、胆石症では右上腹部に強い痛みが起こります。また、胆石症の痛みは、間隔をおいて強くなったり、弱くなったりするのが特徴です。消化器科へ

急げ！
尿の色が濃くなり、全身倦怠感などをともなうときは、肝硬変の可能性があります。すぐに内科または消化器科へ

幽門狭窄症の疑い。内科または消化器科へ

メニエール病、突発性難聴などが疑われます。耳鼻咽喉科へ

食道炎かもしれません。内科または消化器科へ

急げ!
狭心症や心筋梗塞でも、吐き気が起こることがあります。胸痛がある場合には、すぐに内科または循環器科へ

急げ!
虫垂炎の疑い。腹膜炎を起こす前に、早めに消化器科へ

急性胃炎が疑われます。数日しても症状が消えない場合は、念のため消化器科へ

◆◆考えられる病気◆◆

急性胃炎

胃の粘膜に炎症が起こり、むくみや充血、ただれができる病気で、消化器疾患では最も多いものの一つ。急激に強い症状が起こるが、きちんと治療を受ければ治るのも早い。

●症状●慢性胃炎と異なり、ほとんどの場合、胃の自覚症状をともなうのが特徴だ。暴飲暴食などの原因があってから短時間のうちに、突然、みぞおち周辺に激しい痛みが起こり、吐き気や嘔吐《おうと》をともなうというのが、典型的な症状のあらわれ方だ。

ただし、症状の程度はさまざまで、軽い場合は、食欲不振や胃不快感、ゲップ程度の場合もある。一方、吐物に大量の粘液が混じったり、まれに胃から大量の出血が起こって、吐血することもある。

また、腸炎を合併した場合には、下痢をともなうことが多い。細菌感染が原因の場合には、発熱をみることもある。

●原因●暴飲暴食、不規則な食事、刺激物や香辛料のとりすぎ、といった生活の不摂生が原因となることが多い。精神的ストレスも、この病気の原因としてよく知られている。

そのほか、細菌やウイルス、寄生虫などの感染、薬（消炎鎮痛剤や抗生物質など）の副作用、化学物質の誤飲などによって起こることもある。

●診断●症状からほぼ診断がつくが、胃・十二指腸潰瘍《かいよう》と区別したり、重症度を知るために内視鏡検査が行なわれる。とくに吐血した場合には、内視鏡検査が必須だ。細菌感染が疑われる場合は、便検査が行なわれる。

●治療●軽症の場合は、胃を安静にしていれば、数日で症状は改善する。それでもよくならないときや、症状が強い場合は、内科や消化器科を受診する。

原因がはっきりしている場合は、それを除くことが基本となる。多くの場合、胃酸の分泌を抑える薬と、胃粘膜を保護する薬が処方され、二～三日で症状はおさまる。

化学物質を誤飲した場合には、すぐに吐き出すことはもちろんだが、一刻も早く救急車で医師のもとに運ばなければならない。

その他の病気

脳卒中（→P61）
慢性硬膜下血腫（→P86）
片頭痛（→P85）
メニエール病（→P44）
突発性難聴（→P105）
緑内障（→P94）
狭心症（→P131）
心筋梗塞（→P132）
食道炎（→P153）
幽門狭窄症（→P155）
腸閉塞（→P141）
虫垂炎（→P142）
胆石症（→P143）
膵炎（→P143）
急性腹膜炎（→P150）
食中毒（→P144）
肝硬変（→P30）
腎不全／尿毒症（→P165）
妊娠中毒症（→P70）

意識がなくなる

スタート

頭痛がしますか？

はい → 熱がありますか？

→ 急げ！ 突然の発熱・頭痛・嘔吐で始まり、意識が混濁したり、昏睡に陥った場合には、髄膜炎や脳炎、脳膿瘍などが疑われます。至急、脳神経科へ

左右どちらかの顔面や足に突然、筋力低下やまひが起こりましたか？

→ 急げ！ 発熱をともなわない突然の頭痛、嘔吐などが起こり、意識を消失した場合には、脳卒中の可能性が。すぐに脳神経外科へ

以前、頭部に軽いけがをしたことがありますか？

→ 急げ！ 慢性硬膜下血腫かもしれません。すぐに脳神経科へ

急げ！ 頭痛をともなう意識障害は、脳に何らかの異変が起きているシグナルです。すぐに意識が回復したからといって安心せず、内科・脳神経科などを受診してください

いいえ

一度に大量のお酒を飲みましたか？

→ 急げ！ 急性アルコール中毒と思われます。すぐに内科へ

突然、胸に強い痛みが起こりましたか？

→ 急げ！ 狭心症または心筋梗塞の疑い。すぐに内科または循環器科へ

腕を静止しようとすると、鳥が羽ばたくように上下に揺れてしまいますか？

→ 急げ！ 肝硬変が進行しているのかもしれません。すぐに内科へ

むくみや尿量の減少など、腎臓病の症状がありますか？

→ 急げ！ 腎不全から尿毒症を起こしているのかもしれません。すぐに内科または泌尿器科へ

日ごろ、のどの渇きや体重減少、尿量の増加、疲れやすいなどの症状がありますか？

→ 急げ！ 糖尿病が極度に進行したり、血糖降下剤を飲みすぎたりすると、昏睡などの意識障害が起こることがあります。すぐに内科へ

発作的な失神やけいれんが繰り返し起こるものの、ふだんは何の異常もありませんか？

→ 急げ！ てんかんが疑われます。最も代表的なのは、突然意識を失って倒れ、口から泡を吹く大発作ですが、数秒から数十秒、瞬間的に意識を失い、その間のことを覚えていない小発作などもあります。すぐに内科または脳神経科へ

頭痛や吐き気、けいれんなどをともなわず、ほんの一瞬、意識がなくなりましたか？

→ 貧血や低血圧症などで、脳への血流が一時的に欠乏すると、立ちくらみのように、一時的に意識が消えることがあります。たびたび起こるようであれば、内科または循環器科を受診しましょう

仕事などで、精神的ストレスにさらされたときに起こりますか？

→ 転換性障害によるものかもしれません。精神科または心療内科へ

→ 薬を服用している場合には、その副作用かもしれません。降圧剤や向精神剤など、薬によっては副作用として貧血や意識障害を引き起こすものもあります。主治医に相談を

◆◆考えられる病気◆◆

脳卒中

脳卒中の主なものには脳出血や脳梗塞《こうそく》（脳血栓《けっせん》症、脳塞《そく》栓《せん》症）、くも膜下出血があり、とくに脳出血と脳梗塞が大半を占める。ここでは、この二つの病気について説明する。

●症状●出血や梗塞が脳のどの部位に生じたかによって細かな症状は異なるが、おおまかにいえば、脳出血も脳梗塞も似た症状があらわれる。つまり、突然の激しい頭痛や意識障害、からだの左右どちらかの筋肉や感覚のまひ、片側の目の急激な視力低下、吐き気、嘔吐《おうと》、ろれつが回らないといった症状である。

脳出血　日中の活動時に起こることが多い。症状は一般に脳梗塞よりも強く、急速に進行する。血圧の上昇や、意識の消失をともなうこともある。ただし、出血の範囲が狭い場合は症状が軽く、しばしば脳梗塞と間違えられる。

脳梗塞　脳血栓症の場合は、夜間や早朝の安静時に起こることが多く、発作時には意識障害がないか、あっても軽度ですむ。また、症状の進み方は、進行してしばらくは症状が安定し、再び進行するという階段状のことが多い。一方、脳塞栓症は脳出血と同様に突発的に発症し、進行も早い。また、意識障害をともなうことも多い。

●原因●脳出血は、出血によって血腫《けっしゅ》（血液のかたまり）ができ、それが脳の組織を圧迫するために起こる。大半は高血圧が原因だが、血管の奇形や脳腫瘍《しゅよう》などが原因となることもある。

脳梗塞は、脳の動脈硬化が進んで血管がつまる場合（脳血栓症）と、心臓などにできた血栓が、脳の血管に流れ込んできてつまらせる場合（脳塞栓症）とがある。

●診断●ＣＴやＭＲＩなどの検査が行なわれる。

●治療●いずれも緊急の治療が必要であり、まず脳の浮腫《ふしゅ》（むくみ）を取り除いて、周囲の組織が圧迫されないようにしなければならない。そのための方法としては、手術による除去や、脳浮腫改善剤による薬物療法がある。近年は頭蓋骨に小さな穴を開けて、内視鏡で血腫を除去する方法が普及している。

また、近年、血栓溶解剤のｔ－ＰＡが、脳梗塞の治療薬として承認された。この薬は血栓をすみやかに溶かす働きがあり、発症後四時間半以内に投与すれば、後遺症を大幅に軽減できるといわれている。

急性アルコール中毒

一度に大量の飲酒をしたために、通常の酩酊状態を超えて、運動失調や意識障害、呼吸抑制、血圧低下といった症状が起きた状態。重症の場合には死亡することも多い。

症状の程度は、個人差が大きく、遺伝的にアルコールを分解する酵素の働きが弱い人は、少量の飲酒でもアルコール中毒を起こすことがある。

軽症の場合は、体温を保ち安静にしていれば自然に回復する。重症で昏睡《こんすい》に陥ったときは、すぐに救急車を要請する必要がある。

その他の病気

脳炎（→P36）
脳膿瘍（→P37）
髄膜炎（→P86）
慢性硬膜下血腫（→P86）
てんかん（→P43）
狭心症（→P131）
心筋梗塞（→P132）
低血圧症（→P45）
貧血（→P89）
肝硬変（→P30）
糖尿病（→P164）
腎不全／尿毒症（→P165）
転換性障害（→P188）

息切れがする

スタート

発熱をともないますか？

はい

せきやたんをともないますか？

発熱は高熱ですか？

微熱が続き、疲れやすい、寝汗をかくなどの症状がありますか？

高熱が出て、のどが痛み、食べ物を飲み込むときに痛みを感じますか？

急げ！

顔の筋肉が硬直して、引きつり笑いのようになるときは、破傷風の疑い。すぐに内科へ

急性扁桃炎が疑われます。内科または耳鼻咽喉科へ

いいえ

突然、息苦しくなり、指先や口の周囲がしびれたり、けいれんしたりしましたか？

過換気症候群かもしれません。呼吸器科または循環器科・精神科へ

せき、たんをともないますか？

胸に締めつけられるような痛みを感じますか？

急げ！

狭心症、心筋梗塞などの心臓病でも息苦しさを感じることがあります。また、冠動脈硬化症から狭心症に進むこともあります。すぐに内科または循環器科へ

発作的にせきやゼーゼーという呼吸が起こり、座って前かがみになると呼吸が楽になりますか？

急げ！

気管支ぜんそく、または心不全による心臓ぜんそくの疑い。すぐに内科・呼吸器科・循環器科へ

大きないびきをかき、睡眠中に何度も呼吸が止まって目が覚めてしまうことがありますか？

睡眠時無呼吸症候群の可能性があります。呼吸器科または耳鼻咽喉科へ

慢性的に膿のようなたんやせきが出て、発熱や胸痛が繰り返し起こりますか？

急げ！

気管支拡張症の疑いがあります。慢性副鼻腔炎を合併することが多く、鼻水や鼻づまりなどもみられます。すぐに内科または呼吸器科へ

たんをともなわないせきが出て、少しの運動でも息切れするようになりましたか？

急げ！

間質性肺炎かもしれません。急性の場合には、発熱をともなうこともあります。内科または呼吸器科へ

かぜでもないのにせきやたんが続き、同年代の人と同じペースで歩くと息切れするような場合には、慢性閉塞性肺疾患の疑いがあります。放置すれば悪化する一方なので、早めに呼吸器科を受診しましょう

症状は精神的ストレスがあるときに起こりやすく、ほかに頭痛やめまい、吐き気、肩こりなどの不定愁訴がありますか？

自律神経失調症かもしれません。症状が強く、生活に支障が出るような場合には、心療内科または精神科へ

薬を服用している場合には、薬の副作用ということも考えられます。症状が軽い場合には急ぐ必要はありませんが、まれにアナフィラキシーショックによる呼吸困難が起こることもあります。早めに主治医や薬剤師に確認しておくと安心です

急げ!
高熱にせきやたんをともなう場合に、まず疑われるのが肺炎です。すぐに呼吸器科へ

急げ!
肺結核の疑いがあります。すぐに内科または呼吸器科を受診しましょう

急性気管支炎かもしれません。内科または呼吸器科へ

初めはたんが出なかったのに、しだいに粘りのあるたんが出るようになりましたか？

のどがムズムズする、食べ物が飲みこみにくい、声がかれてきたという場合には、喉頭炎の疑いがあります。内科または耳鼻咽喉科へ

◆◆考えられる病気◆◆

動脈硬化症

動脈は、内膜、中膜、外膜の三層からなり、高い血圧にも耐えられるように丈夫で弾力性に富んでいる。しかし、老化したり脂肪が付着すると、血管壁がかたく厚くなり、血管の内腔《くう》が狭くなってしまう。このような病的な変化を総称して動脈硬化という。

動脈硬化になると、血液が流れにくくなって、各臓器に血液が十分に供給されなくなり、心臓病や脳卒中などさまざまな病気が引き起こされる。

●症状●動脈硬化そのものには症状がない。ただ、進行すると血流障害が生じて、その動脈が酸素や栄養を供給している臓器の機能が低下し、いろいろな合併症が起こる。一般に動脈硬化による症状といわれているのは、それらの合併症の症状である。

●合併症●動脈硬化はどの臓器にも起こりうるので、合併症は多種多様だ。主なものとしては、以下のようなものがあげられる。

脳の動脈硬化　初期には頭痛、頭重感、めまい、耳鳴り、記憶力の低下などがみられる。進行すると、血流が阻害されて脳梗塞《こうそく》を起こしたり、動脈が破れて脳出血を引き起こし、意識障害や手足のまひなど重大な症状があらわれる。

心臓の動脈硬化　心臓に血液を送る冠動脈が硬化すると、心臓が酸素不足になって狭心症を起こす。階段を上がったり速足で歩いたとき、あるいは食後や安静時にも、特有の締めつけられるような胸痛があらわれる。息切れをともなうことも少なくない。さらに進行すれば、冠動脈の血流がほとんど絶えて、心筋が壊死《えし》してしまい、心筋梗塞となる。

腎臓の動脈硬化　腎臓の細動脈が硬化すると、初期には夜間の排尿回数が増える。さらに腎機能が低下すると、腎臓が萎縮《いしゅく》して腎硬化症に陥り、やがて尿毒症を起こす。

下肢の動脈硬化　四肢、とくに下肢の末梢《まっしょう》動脈が硬化すると、冷えを感じるようになる。さらに進行すると、歩行中にしびれるような痛みを感じ、足を引きずる間欠性跛行《はこう》になる。そのまま放置すれば、足の先に血液が流れなくなり、足指に壊疽《えそ》が生じる。

●原因と分類●動脈硬化は、血管の内膜が、高血圧や高脂血症（脂質異常症）などによって障害を受けることから始まる。その結果、脂肪を取り込んだ細胞が血管壁に侵入したり、細胞の増殖や線維《せんい》の肥《ひ》厚《こう》などが引き起こされる。

動脈硬化症は、血管壁の病変の様相から次の三つに分類される。

粥状《じゅくじょう》硬化　動脈の内膜に、コレステロールを主成分とする脂質がたまり、ドロドロとしたかたまり（粥腫《じゅくしゅ》＝アテローム）ができる。脳や心臓、腎臓など、重要な臓器に血液を供給する比較的太い動脈に生じ、いろいろな疾患の原因として最も重要。アテローム

硬化とも呼ばれる。

細動脈硬化　臓器内部の細い動脈の内腔が狭くなって、血流量が減少するもの。脳や腎臓、目の網膜などの動脈に起こりやすい。高血圧との関連が深く、脳出血や脳梗塞などの根本的な原因とされている。

中膜硬化　動脈壁を構成する三層のうち筋肉からなる中膜に、カルシウムが輪状にたまる。小血管から中血管にみられ、加齢にともなって進行する。粥状硬化や細動脈硬化に比べると、合併症を起こす危険は少ないとされている。

●診断●体重、血圧、血中コレステロールや中性脂肪、血糖、尿酸などを測定し、動脈硬化促進因子の程度を調べる。頸《けい》動脈超音波検査やX線造影検査では、硬化の部位や程度がかなり正確にわかる。

また、症状があらわれている場合には、その臓器の機能を調べるために、脳シンチグラフィーや脳のX線CT、心電図や心エコーなどの検査が行なわれる。

●治療●生活習慣を改善して危険因子を取り除くことが、治療の基本であり、最大の予防法でもある。危険因子の多くは食生活の乱れに起因するので、バランスのとれた規則正しい食生活が重要だ。

食事療法　高血圧の人は、食塩の摂取量を一日当たり七～八gに抑え、肥満や糖尿病、高脂血症の人は、一日のエネルギー摂取量を体重一kg当たり二五～三〇kcalとし、標準体重に近づける。高脂血症の人は、コレステロール摂取量にも注意し、一日三〇〇mg以下とする。また、たんぱく質が不足するとコレステロールが増えるので、大豆製品や魚、赤身肉などから十分に摂取する。ただし、腎機能が低下している人は、たんぱく質の摂取を控えめにする必要がある。食物繊維には、血圧やコレステロールを低下させる働きがあるので、緑黄色野菜やキノコ類、穀類、豆類、芋類、くだもの、海草などをバランスよく食べるとよい。

アルコールは、適量であればLDL（悪玉コレステロール）を低下させ、HDL（善玉コレステロール）を増やす。しかし、多量に飲むと中性脂肪が増加し、血圧も上がって動脈硬化が促進される。一日当たりビールなら大瓶一本、ウイスキーの水割りならシングル三杯、日本酒なら一合程度が目安になる。喫煙は血圧を上げるばかりでなく、動脈硬化を予防する善玉コレステロールを減らしてしまう。

運動療法　適度な運動は血圧を下げる効果があるだけでなく、肥満防止やストレス解消にも有効だ。速歩きやジョギング、軽い水泳やエアロビクスなどを一日二〇分以上、できるだけ毎日行ないたい。ただし、過度の運動は血圧を上昇させ、脳卒中や狭心症を起こす恐れがある。運動療法については、医師と相談のうえで行なう必要がある。

薬物療法　食事療法や運動療法で動脈硬化の進行が抑えられないときは、薬物療法が行なわれる。血管拡張剤のほかアスピリンなどの抗血栓《けっせん》剤が用いられる。合併症対策としては、高血圧症には降圧剤、高脂血症には脂質代謝改善剤、糖尿病には血糖降下剤が用いられる。

心不全

心臓のポンプ機能が低下して、十分な血液を送り出すことができなくなった状態の総称。適切な治療を受ければ社会復帰も可能だが、放置すると、平均五年で約半数が死に至る。

●症状●左心不全では肺に、右心不全では静脈系に、うっ血が起こる。ただし、一方の障害が他方の障害を引き起こすことが多い。

左心不全　肺への血液のうっ滞と全身への血液供給量の低下によって、症状があらわれる。初期には、運動・労作時に息切れや動悸《どうき》、疲れやすさを自覚する程度だが、進行すると、安静時にもそれらの症状を感じるようになる。さらに進むと、夜中にぜんそく発作が起こる心臓ぜんそくを合併する。また、急性肺水腫《すいしゅ》を合併した場合には、ピンクの泡状のたんが出る。

右心不全　手足や腹部に血液がうっ滞して、むくみが生じる。足のむくみで始まり、しだいに全身に及び、胸水や腹水の貯留などがみられる。また腎臓に流れ込む血液量が減るため、乏尿なども起こる。肝臓がはれると腹部膨満感があらわれ、長年続くと肝硬変に移行することがある。浮腫《ふしゅ》が進むと体重が増加し、疲労や倦怠感《けんたい》が強くなる。

●原因●心不全は急性と慢性に分けられ、急性心不全のほうが重症になることが多い。急性心不全は、心筋梗塞《こうそく》や心筋炎などが原因となることが多く、慢性心不全の原因としては、先天性の心臓病や心臓弁膜症、高血圧などがあげられる。

●診断●聴診で、湿性ラ音とよばれる異常音が認められる。そのほか、胸部X撮影や心電図、心臓超音波などの検査が行なわれる。

●治療●心不全の多くを占める慢性心不全の場合、原因疾患を治療し、心不全を悪化させる要因を生活のなかから排除する。また、無理な労作や運動を避けて、塩分と水分を制限する。薬物療法では、利尿剤や強心剤、血管拡張剤などが用いられる。

　急性心不全などで重症の場合は、ただちにCCU（冠動脈疾患集中治療室）またはICU（集中治療室）のある病院で治療を受ける必要がある。

薬物アレルギー

治療のために使用した薬物が抗原となって、体内にアレルギー性の抗体ができるために起こる。感染症と紛らわしい全身症状や発疹などの局所症状がみられる。

　いわゆる副作用と異なり、その薬の本来の作用や服用量からみて説明がつかず、発症の過程に免疫反応が関与しているものを薬物アレルギーと呼ぶ。

●症状●最も頻度が高いのは、薬疹といわれる皮膚の発疹だ。一般には一cm程度の赤い斑点が広く全身にあらわれることが多いが、じんま疹のように、地図状になる大きなものもある。薬疹以外にも、発熱や貧血、白血球減少などの血液障害、関節痛、肝障害、腎障害などが起こることもある。

　最も注意が必要なのは、アナフィラキシーショックで、呼吸困難や血圧低下、不整脈、意識障害などの重篤な症状が起こり、治療が遅れると生命に危険が及ぶこともある。

●治療●原則として、疑わしい薬物の使用をすべて中止する。それでも症状が残るときは、対症療法として抗ヒスタミン剤や、ステロイド剤などが使用される。

その他の病気

扁桃炎（→P122）
喉頭炎（→P122）
急性気管支炎（→P52）
気管支ぜんそく（→P55）
慢性閉塞性肺疾患（→P54）
肺炎（→P38）
睡眠時無呼吸症候群（→P35）
肺結核（→P41）
狭心症（→P131）
心筋梗塞（→P132）
間質性肺炎（→P53）
気管支拡張症（→P56）
過換気（呼吸）症候群（→P245）
破傷風（→P43）
自律神経失調症（→P50）

動悸が激しい・胸がドキドキする

スタート

胸に痛みを感じますか？

- はい → 息を吸うと痛みが増し、前かがみになると痛みがやわらぎますか？
  - → 急げ！ かぜなどの1～2週間後に、急に胸痛、動悸などが起こるときは心膜炎や心筋炎など心臓への感染症の疑い。心臓弁膜症や冠動脈硬化症の可能性もあります。すぐに内科または循環器科へ
  - ↓ 脈拍が不規則で、めまいや倦怠感、頭痛などをともないますか？
    - → 不整脈によるものかもしれません。循環器科へ
    - → 急げ！ 胸痛が左肩にまで響くようなときは、狭心症の可能性も。循環器科へ
- いいえ ↓ 顔色が青白く、めまいや食欲不振などがありますか？
  - → 貧血かもしれません。重い病気が原因となることもあるので、早めに内科で検査を
  - ↓ せきやたん、息切れなどの症状がありますか？
    - → 発熱がありますか？
      - ↑ 急げ！ インフルエンザや肺炎、急性気管支炎などが考えられます。呼吸器科へ
      - ↓ 急げ！ 慢性的なせき、たんが長期間続き、息切れがしだいに強まるときは慢性閉塞性肺疾患の疑い。呼吸器科へ
    - ↓ からだがほてり、汗をかきやすいですか？

      - → 眼球の突出や手指のふるえ、倦怠感、視覚の異常などがありますか？
        - → いくら食べても太らず、少しずつやせてきたときはバセドウ病の疑いが。内科または内分泌科へ
        - → 自律神経失調症の疑い。心療内科へ。更年期の女性であれば、更年期障害の疑いも。産婦人科へ
      - ↓ 精神的ストレスにさらされたときに症状があらわれますか？
        - → パニック障害かもしれません。精神科へ
        - → 発作的に、激しくあえぐような呼吸になりますか？
          - ↑ 急げ！ 過換気症候群かもしれません。内科・精神科・呼吸器科へ
          - ↓ 過労や不眠が原因で動悸が起こることも。また薬の副作用も考えられます

◆◆考えられる病気◆◆

バセドウ病（甲状腺機能亢進症）

甲状腺《こうじょうせん》ホルモンの分泌が多すぎるために起こる。甲状腺機能亢進《こうしん》症はほかにもあるが、バセドウ病の頻度が最も高く、一般に甲状腺機能亢進症というときには、この病気をさすことが多い。

自己免疫疾患の一つであり、人によって異なるが、多くは短期間に多彩な全身症状があらわれる。二〇～三〇歳代の女性に多い。

●症状●蝶が羽を広げたような形に甲状腺がはれて、首が太くなったように見える。また、脈拍が速まり、一分間に一二〇くらいになることもあるため、安静にしていても動《どう》悸《き》がする。

この病気の特徴としてよく知られる眼球の突出は、約半数にみられ、甲状腺の腫大《しゅだい》、頻脈《ひんみゃく》と並んで、バセドウ病の

三大症状とされている。

また、甲状腺ホルモンは体内で熱をつくり出す役割を果たしているため、この病気になると暑がりになって多量の汗をかいたり、皮膚にさわると熱く感じられる。こうした症状は更年期障害でもみられるが、更年期障害では症状が二〜三分しか続かないのに対し、バセドウ病では長く続く。

このほか、疲れやすい、根気がない、注意力散漫、不眠、イライラ、口の渇き、多飲などの症状があらわれる。排便回数の増加や下痢、月経時の出血量減少などがみられることもある。また、体内の代謝が活発になるため食欲は増進するが、いくら食べても太らず、むしろ徐々にやせてくるという特徴がある。

まぶたの周囲がはれる、白目が充血する、冷たい風に当たると涙が出やすい、物が二重に見える（複視）など、眼球突出以外の目の症状もしばしばみられる。

●診断●症状から容易に診断できるが、確定診断のためには、甲状腺ホルモンの検査が行なわれる。

●治療●内科的治療、外科的治療、アイソトープ（放射性同位元素）治療の三つがあり、病気の程度などに応じて、最も適した治療法が選択される。

心臓弁膜症

心臓の内部には、血液の逆流を防ぐために四つの弁がある。これらの弁のいずれかに障害が起こり、心臓内の血流に異常が生じる病気の総称。大動脈弁、僧帽《そうぼう》弁、三尖《さんせん》弁、肺動脈弁のうち、大動脈弁と僧帽弁に起こることが多い。

なお、それぞれの弁が十分に開かない弁狭窄《きょうさく》症と、弁がきちんと閉じなくなる弁閉鎖不全症（逆流）とがある。

●症状●多くの場合、初期には自覚症状がない。また一般に、閉鎖不全症は、狭窄症に比べて自覚症状に乏しい。

弁の種類、また狭窄か逆流かを問わず、放置すれば心不全に進み、動悸《どうき》や息切れ、せき、倦怠《けんたい》感、むくみなど、心不全の症状が起こる。胸痛も、しばしばみられる症状の一つだ。動悸や息切れは、初期にはやや強い運動をしたときなどにみられる程度だが、やがて安静にしているときでもみられるようになる。さらに病気が進むと、布団などによりかかった姿勢（起座位）でないと楽に呼吸ができなくなる。

そのほか、障害が進んで重症になると、異常が生じた弁によって特徴的な症状があらわれることがある。たとえば、大動脈弁逆流では血圧の急激な低下により、瞬間的に脈が強くなったのち、急に脈が消える特徴的な不整脈（虚脱脈）が起こることがある。また大動脈弁狭窄では、同様に急激な血圧低下により、失神を起こすことがある。僧帽弁の狭窄では、ほおが濃い紫色になる僧帽弁顔貌や喀血《かっけつ》が起こることもある。

●治療●心不全の程度が軽い場合には、血管拡張剤や降圧剤などを用いながら経過をみる。薬物治療で心不全が改善しない場合や、弁の障害が著しい場合には、心臓の手術が行なわれる。

その他の病気

肺炎（→P38）
急性気管支炎（→P52）
慢性閉塞性肺疾患（→P54）
インフルエンザ（→P38）
心筋炎（→P133）
心膜炎（→P133）
狭心症（→P131）
動脈硬化症（→P63）
不整脈（→P134）
貧血（→P89）
更年期障害（→P29）
自律神経失調症（→P50）
過換気（呼吸）症候群（→P245）
パニック障害（→P135）

むくみがある

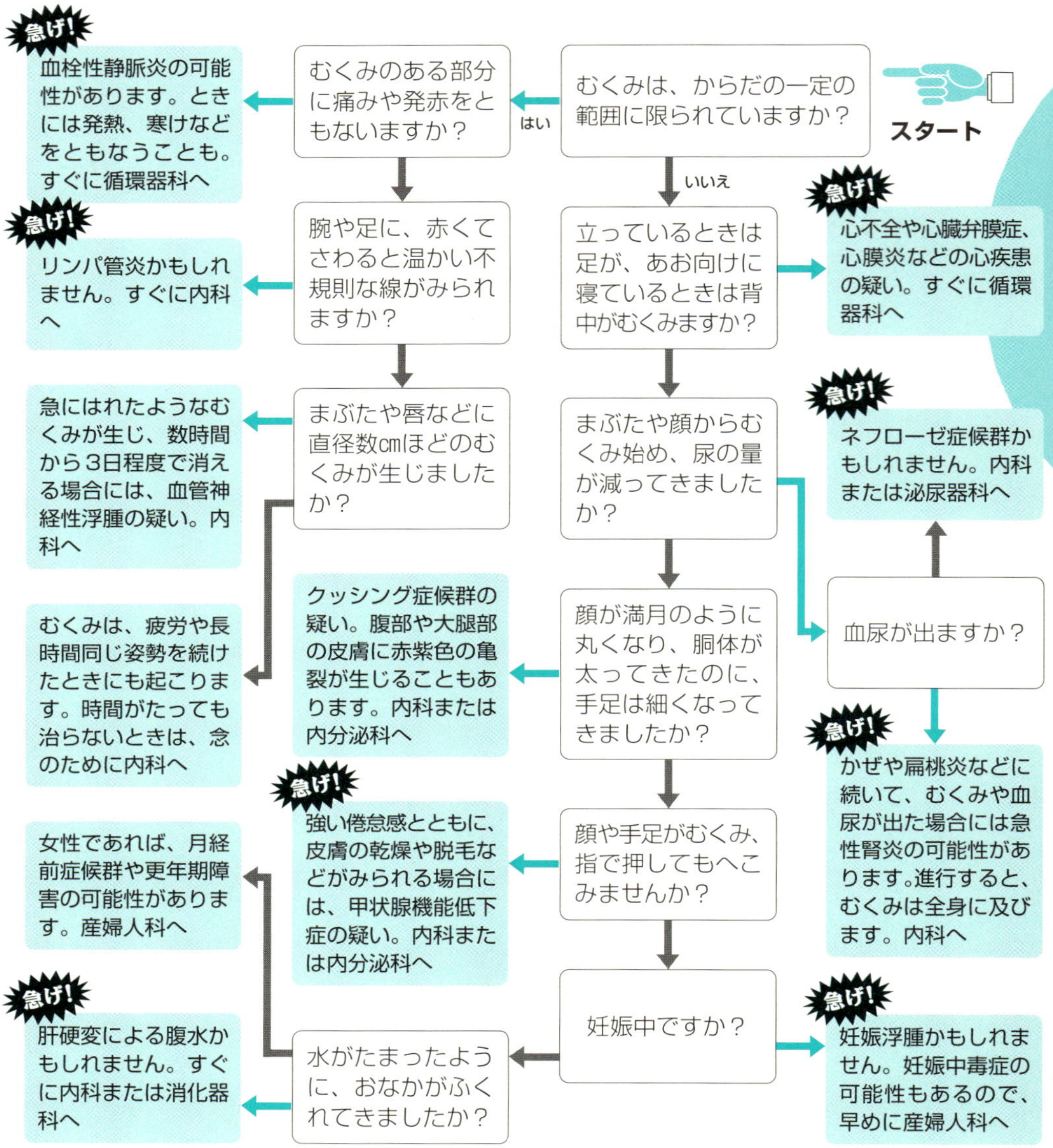
スタート
むくみは、からだの一定の範囲に限られていますか？
はい
むくみのある部分に痛みや発赤をともないますか？
急げ！
血栓性静脈炎の可能性があります。ときには発熱、寒けなどをともなうことも。すぐに循環器科へ
腕や足に、赤くてさわると温かい不規則な線がみられますか？
急げ！
リンパ管炎かもしれません。すぐに内科へ
まぶたや唇などに直径数cmほどのむくみが生じましたか？
急にはれたようなむくみが生じ、数時間から3日程度で消える場合には、血管神経性浮腫の疑い。内科へ
むくみは、疲労や長時間同じ姿勢を続けたときにも起こります。時間がたっても治らないときは、念のために内科へ
いいえ
立っているときは足が、あお向けに寝ているときは背中がむくみますか？
急げ！
心不全や心臓弁膜症、心膜炎などの心疾患の疑い。すぐに循環器科へ
まぶたや顔からむくみ始め、尿の量が減ってきましたか？
急げ！
ネフローゼ症候群かもしれません。内科または泌尿器科へ
血尿が出ますか？
急げ！
かぜや扁桃炎などに続いて、むくみや血尿が出た場合には急性腎炎の可能性があります。進行すると、むくみは全身に及びます。内科へ
顔が満月のように丸くなり、胴体が太ってきたのに、手足は細くなってきましたか？
クッシング症候群の疑い。腹部や大腿部の皮膚に赤紫色の亀裂が生じることもあります。内科または内分泌科へ
顔や手足がむくみ、指で押してもへこみませんか？
急げ！
強い倦怠感とともに、皮膚の乾燥や脱毛などがみられる場合には、甲状腺機能低下症の疑い。内科または内分泌科へ
女性であれば、月経前症候群や更年期障害の可能性があります。産婦人科へ
妊娠中ですか？
急げ！
妊娠浮腫かもしれません。妊娠中毒症の可能性もあるので、早めに産婦人科へ
水がたまったように、おなかがふくれてきましたか？
急げ！
肝硬変による腹水かもしれません。すぐに内科または消化器科へ

◆◆考えられる病気◆◆

腎炎（糸球体腎炎）

血液をろ過して尿をつくる腎臓の糸球体《しきゅうたい》に炎症が起こる病気。正しくは糸球体腎炎という。さまざまな病型があるが、急性腎炎と慢性腎炎に大別される。

急性腎炎（急性糸球体腎炎）

大部分は、溶血性連鎖球菌（溶連菌）によって引き起こされる。ただし、溶連菌が直接腎炎を発病させるわけではなく、溶連菌の感染によって生じた免疫複合体（抗原と抗体が結合したもの）が腎臓に沈着して炎症が起こる。

●症状●溶連菌による鼻炎、咽頭《いんとう》炎、喉頭《こうとう》炎、扁桃《へんとう》炎などの上気道感染症などのあと、一〜二週間を経て、突然に血尿、目のまわりや足のむくみ、尿量の減少、たんぱく尿などがあらわれる。その際、高血

圧をともなうことが多い。

血尿とむくみ、高血圧は急性腎炎の三大主徴とされているが、必ずしもすべてがみられるとは限らない。また、血尿は顕微鏡で調べて初めてわかる顕微鏡的血尿のこともある。重症の場合には、急性腎不全や高血圧性脳症、心不全などを起こすこともある。

●診断●尿検査や血液検査、X線や超音波による画像検査、腎生検などが行なわれる。

●経過●尿量の減少は通常一週間ほどでみられなくなり、むくみがとれる。ただ、たんぱく尿は二～三か月、血尿は半年ほど続く。

●治療●安静と食事療法が主体で、必要に応じて薬物療法が行なわれる。とくに急性期で尿量が減少している時期は安静が重要で、入院治療が基本となる。食事は、水分、塩分、たんぱく質などが制限される。急性期を過ぎて腎機能が回復すれば、食生活上の制限は大きく緩和されるが、一日の食塩摂取量は制限しなければならない。

腎炎に対する治療薬はないが、発症初期には溶連菌感染に対して抗菌剤を服用することがある。むくみや尿量の減少、高血圧には、利尿剤や降圧剤が用いられる。

慢性腎炎(慢性糸球体腎炎)

一年以上にわたって、たんぱく尿、血尿などの尿の異常や高血圧が持続している状態を慢性腎炎と呼ぶ。急性腎炎が慢性化する場合と、急性腎炎による症状がないまま尿の異常が続いている場合があり、後者のケースが多い。

●症状●一般に、病気がかなり進行しないと、自覚症状はあらわれない。ただし、上気道炎と同時に血尿、むくみ、高血圧などが起こることもある。また、腎不全に進んだ場合には、食欲低下や倦怠《けんたい》感、顔色が悪い、動悸《どうき》、吐き気などがあらわれる。

症状の程度は、軽症でまったく症状があらわれないものから、腎機能障害にむくみや高血圧をともなうケースまでさまざまである。進行速度も同様で、非常にゆっくり進行するものもあれば、徐々に確実に腎機能が低下するもの、ある時点から急激に悪化して腎不全に陥るものもある。

●診断●主に尿検査、血圧測定、腎機能検査、腎生検が行なわれる。

●治療●尿に異常がみられるほかはとくに自覚症状がなく、腎機能も正常な場合には、定期的な通院による経過観察となり、特別な治療は行なわれない。ただし、塩分摂取を控える必要がある。

一方、腎機能が低下している場合は、腎機能の程度に応じて日常生活が段階的に制限され、たんぱく質の摂取制限など、食事療法も必要。さらに高血圧がみられれば降圧剤を服用し、塩分の摂取量を減らす。また、たんぱく尿がある場合には、アンジオテンシン変換酵素（ＡＣＥ）阻害剤などが使用される。

ネフローゼ症候群

腎障害により、血液中にあるたんぱくが大量に尿中に排泄され、低たんぱく血症や高脂血症(脂質異常症)、むくみなどが起こる疾患の総称。腎炎によって起こる一次性と、糖尿病腎症やB型肝炎などが原因となる二次性に大別される。

●症状●中心になる症状はむくみで、顔、とくにまぶたに著しく、ひどい場合は目が開けられなくなるほどになる。次いで多いのが下肢だが、重症になると頭部、腹部、胸腔《くう》、腹腔、腰部、陰嚢《いんのう》など全身にむくみが起こる。

●診断●尿検査や血液検査などが行なわれる。

●治療●安静とともに、保温に注意することが大切になる。とくに発病時や再発時には安静が必要で、入院してベッド上で安静を守る。

食事療法では、かつては血液中のたんぱく不足を補うために高たんぱく食がすすめられたが、近年は、低たんぱく血症やむくみの程度が軽い場合には、高たんぱく食を避けるようになってきた。むくみがある場合は、その程度に応じて塩分制限が行なわれる。

薬物療法としては、主にステロイド剤が使用される。

妊娠中毒症

妊娠にともなって起こるむくみ、高血圧、高たんぱく尿などが主な症状で、妊娠中期以降に起こりやすい。子癇《しかん》や肺水腫《すいしゅ》、常位胎盤早期剥離《はくり》などをひき起こして、胎児と母体の生命に危険を及ぼすことがあるので、定期検診を受け、予防と早期発見に努めたい。

●症状●多くの場合、まずむくみがあらわれ、それに続いてたんぱく尿や高血圧があらわれる。手のこわばりやしびれがあらわれることもあるが、初期には自覚症状はほとんどない。進行すると、むくみが全身に広がり、呼吸困難や頭痛、けいれんなどが起こる。

●治療●軽症の場合は塩分を制限して、安静に寝ていれば治る場合もある。重症になると、降圧剤や利尿剤による薬物療法を行なったり、ときには妊娠の中断を余儀なくされることもある。

甲状腺機能低下症（粘液水腫）

甲状腺《こうじょうせん》ホルモンの合成や分泌が低下してくる病気。原発性（甲状腺性）、二次性（下垂体性）、三次性（視床下部性）に大別され、原発性のものには、慢性甲状腺炎（橋本病）、粘液水腫《すいしゅ》、クレチン病などがある。甲状腺機能低下症の大半は、慢性甲状腺炎で占められている。

●症状●からだがだるい、寒がりになる、気力がわかない、物忘れがひどい、筋力が低下するなどの症状があらわれる。慢性の便秘になることも少なくない。

また甲状腺機能の低下が著しくなると、皮膚が青白くカサカサして、むくんだようになる。この状態を粘液水腫と呼ぶ。このむくみは粘液水腫特有のもので、指で押してもへこみが残らない。

このほか、喉頭《こうとう》がむくんで声がしわがれてきたり、精神活動はますます低下して、暇さえあれば眠るようになる。

●治療●甲状腺ホルモン剤を内服して甲状腺の機能を補う。

クッシング症候群

副腎皮質から、糖質コルチコイドというホルモンが過剰に分泌される病気である。

●症状●病気は徐々に進行し、典型的な症状が出てくるまでに二〜三年かかることが多い。顔が満月のように丸くなり、胸や腹部に脂肪がついて太ってくるが、手足は細くなる。また、急激に脂肪がたまるために皮膚に亀裂が生じ、おなかや腰、太ももに赤紫色の線があらわれる。

そのほか、皮膚が薄くなって毛細血管が拡張するため、肌が赤みを帯び、少しの刺激でも皮下出血を起こしやすくなる。筋肉も萎縮《いしゅく》して細くなり、心臓の筋肉が萎縮すると、むくみや動悸《どうき》などが起こる。血圧や血糖値の上昇、情緒の不安定、にきびなどがみられることもある。

●原因●副腎にできた良性腫《しゅ》瘍《よう》から、糖質コルチコイドが過剰に分泌されて起こることが多い。下垂体にできた腫瘍が原因となることもある。

●治療●腫瘍が副腎にある場

合は、腫瘍ができた側の副腎を摘出し、残された側の副腎機能が回復するまでステロイド剤を内服する。近年は、手術を行なわずに、副腎皮質ホルモンの分泌を抑える薬で治療する方法も試みられている。

血栓性静脈炎（静脈血栓症）

静脈炎によってできた血栓《けっせん》が、静脈をふさいでしまう病気。どの静脈にも起こるが、とくに左足に起こりやすい。

原因としては、静脈壁やその周辺の炎症、あるいは手足からの細菌感染、静脈内への薬物注入などがあげられる。

●症状●皮膚に近い静脈（表在静脈）に起きた場合には、静脈にそって皮膚が赤くはれ、軽い痛みをともなう。深いところにある静脈（深在静脈）の場合には、閉塞《へいそく》部位より心臓から遠い部分に赤黒いはれが起こる。足の深在静脈がふさがれると、足に痛みを感じ、肺梗塞《こうそく》を合併することがある。その場合には、むくみやチアノーゼが起こり、死亡する危険もある。

●治療●軽い場合は自然に治ってしまうので、特別な治療は必要ない。患部を冷湿布し、少し高くすると、症状が軽くなる。何日も治らない場合は、抗生物質が用いられる。深在静脈の場合には抗凝固療法や血栓を取り除く手術が行なわれる。

リンパ管炎 リンパ節炎

リンパ管に細菌が入り込み炎症を引き起こしたものをリンパ管炎、リンパ管炎が広がってリンパ節に炎症が及んだものをリンパ節炎と呼ぶ。

主に外傷や、水虫などの皮膚感染症から、溶血性連鎖球菌が侵入して起こる。

●症状●リンパ管炎には急性と慢性があり、慢性の場合には繰り返し起こる炎症のために、炎症部位にむくみが起こる。急性の場合には急激な寒けと全身倦怠《けんたい》感を感じ、高熱が出る。頭痛や頻脈をともなうことも多い。リンパ管炎を起こした部位では、体表面にリンパ管が赤い線となってあらわれる。リンパ節炎にまで進むと、首やわきの下、足のつけ根などに、はれが起こる。

●治療●急性の場合には、患部の安静をはかり、傷の手当てと冷却、抗生物質の投与が行なわれる。慢性リンパ管炎でむくみが強いときには、弾性ストッキングをはく。

その他の病気

心不全（→P64）
心臓弁膜症（→P67）
心膜炎（→P133）
肝硬変（→P30）
月経前症候群（→P204）
更年期障害（→P29）

血管神経性浮腫（クインケ浮腫）

むくみが起こる疾患は数多いが、血管神経性浮腫《ふしゅ》という病気は少々変わっている。からだのあちこちに突然むくみが起こり、しばらくすると自然に消える。しかも、ぜんそく発作のように、寒さやストレスが引き金となって、何度も繰り返し起こることが多い。

病気の発見者にちなんでクインケ浮腫とも呼ばれ、血管の働きを支配する神経が局所的に興奮し、血管内の水分が周囲にもれ出して起こると考えられている。

典型的なパターンとしては、突然、まぶたや唇などに、直径数㎝のむくみが一個から数個あらわれ、数時間から二～三日で消える。外見的にはむくみというよりもはれ物に近いが、痛みやかゆみはなく、赤くなったり、熱をもつこともない。ただし、臓器の粘膜にも起こるので、のどの粘膜がむくんで呼吸困難を起こしたり、胃の粘膜がむくんで、吐き気や腹痛、下痢などを起こすことがある。

とくに有効な治療法はなく、対症療法として、抗ヒスタミン剤が使われることが多い。

皮膚がかゆい

スタート

全身に発疹ができていますか？

はい → かゆみのあるバラ色の発疹ができ、ほぼ同時に発熱しましたか？

→ 急げ！ 風疹かもしれません。熱は2～3日で下がり、発熱しないことも多いようです。内科へ

強いかゆみのある湿疹ができ、かくと表面がはがれ落ち、かゆみがひどくなりますか？

→ アトピー性皮膚炎かもしれません。ひじやひざなどの屈曲部に、よくできます。皮膚科またはアレルギー科へ

かゆみが起こる前に、薬を服用しましたか？

→ 急げ！ 副作用による薬疹かもしれません。服用を中止し、主治医に確認を

突然、強いかゆみとともに、からだのあちこちに赤い発疹ができましたか？

→ 食事や薬の服用などをきっかけに、突然、発疹ができ、半日以内に治ってしまう場合にはじんま疹の可能性が。かゆみのためにかくと、引っかいた部分がみみずばれのようになることもあります。皮膚科またはアレルギー科へ

皮膚や白目が黄色くなりましたか？

→ 急げ！ 黄疸によるかゆみかもしれません。すぐに内科へ

→ 皮膚に異常がみられないのに、かゆみを感じる場合を皮膚そう痒症といいます。糖尿病などが隠れていることもあるので、念のために内科で調べてもらいましょう

いいえ → 洗剤や香料、貴金属などにふれた部分に、強いかゆみが生じましたか？

→ 接触皮膚炎の疑い。接触部位が赤くはれ、正常な皮膚との境界がはっきりしています。皮膚科またはアレルギー科へ

日光に当たった部分に赤い発疹ができ、強いかゆみをともないますか？

→ 日光過敏症と思われます。重い場合には、服に隠れている部分にも広がることがあります。皮膚科またはアレルギー科へ

頭部から髪の生えぎわに赤い発疹ができ、軽いかゆみをともないますか？

→ 脂漏性皮膚炎かもしれません。ひたいや鼻の周囲、わきの下などにできることもあります。皮膚科へ

皮膚に小さな赤い隆起ができて、ひどいかゆみをともないますか？

→ 疥癬の疑いがあります。物理的な接触で簡単に感染するので、家族中に広がることも。皮膚科へ

盛り上がった赤い発疹とともに、フケに似た銀色の皮膚の破片が広がっていますか？

→ 乾癬と思われます。銀色になった部分をはがすと、点状に出血するのが特徴です。皮膚科へ

陰部に紅斑または赤い発疹ができていますか？

→ 発疹や紅斑が、輪状に広がっている場合には、いんきんたむしが考えられます。皮膚科へ。また女性であれば、カンジダ腟炎などの可能性も。産婦人科へ

足指の間の皮膚が薄くむけたり、白くふやけていますか？

→ 水虫と思われます。皮膚科へ

→ 手や足に、輪郭が二重になった親指の頭くらいの紅斑が、いくつもできた場合は多形滲出性紅斑の疑い。紅斑が全身に及んだり、発熱をともなう場合は重症です。すぐに皮膚科へ

◆◆考えられる病気◆◆

薬疹

薬の副作用としてあらわれる発疹を総称して薬疹という。基本的には、漢方薬を含めたすべての薬で起こるが、抗生物質や消炎鎮痛剤、降圧剤などで起こることが多い。

●症状●ひとくちに発疹といってもタイプはさまざまで、じんま疹型、固定薬疹型、播《は》種《しゅ》状紅斑型、紅斑丘疹《きゅうしん》型、光線過敏型、湿疹型、紫斑型、多形滲出《しんしゅつ》性紅斑型などがある。

アレルギーによる薬疹は、初めて使用した際に起こるとは限らない。また症状も、薬の使用時にすぐ起こる即時型と、何日かたってから出現する遅発型がある。ただし、一度薬疹を起こせば、次回の使用時には、すぐに薬疹があらわれる。また、一度ある薬で薬疹を起こすと、同タイプの薬を使用したときにも、薬疹が出ることがある。

薬疹の大部分は薬の使用を中止することでおさまるが、なかには生命に危険を及ぼす重い薬疹もある。代表的なものとしては、目や口などの粘膜に水疱やびらんがあらわれるスティーブンス・ジョンソン症候群や、全身の皮膚がやけどのようにむける中毒性表皮壊死《えし》症、高熱とともに全身に紅斑があらわれてリンパ節がはれる薬剤誘発性過敏症候群などがあげられる。

●治療●軽症の場合は薬の使用を中止すれば治るが、中等症ではステロイド剤が用いられることもある。

風疹（三日ばしか）

風疹ウイルスの感染によって起こる感染症。麻疹（はしか）と同様、発疹があらわれるが、麻疹よりも症状が軽く、発病から症状が消えるまでの期間も短い。また、一度かかると免疫ができるため、二度とかからない。

なお妊娠初期に感染すると、胎児に影響を及ぼして白内障《はくないしょう》や聴力障害､心臓の形態異常､中枢神経系の異常などを引き起こすので注意が必要だ。

●症状●感染から発病までの潜伏期間は、およそ二〜三週間。発疹が出る前に、せきや微熱、のどの痛み、頭痛など、かぜに似た症状が起こることがある。

発疹は麻疹よりも細かく、色は薄いピンク色。初めは顔や耳の後ろにあらわれ、一〜二日のうちに全身に広がる。手足の先に発疹が出るころには、顔や首の発疹は消え始め、三日前後ですべてが消える。ただし、発疹が消えるころには、かゆみが起こる。

発疹と同時に、発熱がみられることもある。

●治療●風疹ウイルスに有効な薬はないが、合併症がなければ特別な治療は必要ない。

接触皮膚炎

一般には「かぶれ」と呼ばれ、化学物質との接触によって起こる皮膚の炎症。原因となる物質によって症状は異なるが、どれもかゆみをともなうのが特徴だ。誰にでも起こる刺激性接触皮膚炎と、原因物質に対してアレルギーをもつ人だけに起こる、アレルギー性接触皮膚炎がある。

●症状●原因物質が触れたところだけが赤くはれて、強いかゆみが起こる。水疱ができることもある。刺激性接触皮膚炎の場合は、物質に触れた直後から、遅くても翌日には皮膚の変化がみられる。また、一〜二回の刺激では変化が起こらず、繰り返し原因物質に触れることによって起こることもある。

アレルギー性接触皮膚炎の場合は、原因物質に触れてから一〜三日後に皮膚に異常が起こる。
●治療●外用剤としてステロイド剤が、内服剤としては抗ヒスタミン剤やビタミンB剤などが使われる。

じんま疹

アレルギー反応によって、皮膚の真皮上層（表皮の下）に起こる一過性の部分的なむくみのこと。周囲との境界が明確な、赤い発疹としてあらわれる。大半は、半日以内におさまる急性じんま疹だが、四週間以上にわたって繰り返し続く慢性じんま疹もある。
●症状●境界のはっきりした赤くかゆみの強い膨疹（ふくらみのある発疹）が、急激にあらわれる。膨疹は数分から数時間で消えるが、繰り返し起こることもある。
ほとんどの場合、症状は皮膚だけに限られるが、重症の場合は唇や口腔《こうくう》内、のどの粘膜や気管支、胃腸にもはれが起こり、呼吸困難や下痢などを起こすことがある。
●治療●原因となるアレルゲンを突きとめることができれば、それを除去または回避する。対症療法としては、抗ヒスタミン剤や抗アレルギー剤を服用する。

皮膚そう痒症

皮膚に、発疹などの外的異常がみられないのに、強いかゆみが起こる場合を皮膚そう痒《よう》症という。原因として、皮膚の乾燥や薬剤などのアレルギーのほか、糖尿病、腎不全、内臓のがんなど、全身性の病気が考えられる。
●症状●全身の皮膚がかゆくなる場合と、一部分、とくに肛門のまわりや外陰部がかゆくなる場合とがある。かゆいために皮膚をかきむしるため、傷やかさぶた、色素沈着などができることがある。
●治療●かゆみに対しては抗ヒスタミン剤などを内服する。

疥癬

ダニの一種である疥癬《かいせん》虫（ヒゼンダニ）が、皮膚の角質層に寄生して起こる。
●症状●腹部、大腿部、わきの下などにばらばらとできる紅色の丘疹《きゅうしん》、指や手に小さな水疱や線状の皮疹、さらに陰部にできる小豆大の赤褐色の小結節などが特徴。わきの下や陰部などでは、親指の頭ほどの大きさの小結節となることもある。激しいかゆみをともない、かき傷から細菌が入って化膿《かのう》したり、湿疹になることもある。
●治療●激しいかゆみがあるので、まずかゆみ止めを内服する。また、一日一回、入浴後に、皮疹のある場所だけでなく全身に、角質剥離《はくり》作用のある硫黄軟膏《いおうなんこう》と殺ダニ作用のあるクロタミトンなどを塗布する。入浴のときに、硫黄含有の入浴剤を使用するのも効果がある。

日光過敏症

光線過敏症とも呼ばれ、日光によってアレルギー反応が起こる。皮膚の日光にさらされた部分に、かゆみをともなう皮疹ができるのが特徴。遺伝する傾向があるが、全身性エリテマトーデスやポルフィリン症などの疾患が原因となることも少なくない。
●症状●症状のあらわれ方はさまざまで、日光じんま疹と呼ばれるものは、日光にさらされてわずか数分でじんま疹があらわれ、日光に当たらない状態になると、一～二時間でじんま疹が消える。
また、多形日光疹と呼ばれる原因不明の日光過敏症では、日光に当たったところに複数の赤い隆起や不規則な形の赤い皮疹が生じる。この皮疹はかゆみをともない、日光にさらされて三〇分から数時間以内にあらわれることが多い。

●治療●原因を調べ、それを取り除くことが大切だ。多形日光疹やエリテマトーデスによる日光過敏症では、薬を内服する場合もある。

脂漏性皮膚炎

頭、顔、胸、わきの下、股など、皮脂の分泌が盛んな部分に起こる皮膚炎。境界のはっきりした紅斑で、角質層が薄いふけのようになってはがれ落ちるのが特徴だ。頭部では、患部の脱毛がみられることもある。

治療は、ステロイド剤の外用が基本で、頭にはローション剤、顔には比較的作用の弱いものを使う。

アトピー性皮膚炎

激しいかゆみのある発赤、丘疹《きゅうしん》、漿《しょう》液性丘疹、ジクジクした湿疹を起こし、よくなったり悪くなったりを何回も繰り返す。ぜんそくや鼻炎、結膜炎などのアレルギー性疾患をもつ人に多く、また、家族にアレルギー性疾患の人がいるケースも多い。

アレルギー物質に対してIgE抗体ができやすく、血液中の総IgE値が高くなりやすいというアトピー素因（体質）も関係している。発症のきっかけとしては、食物やダニ、花粉などの身近なアレルギー物質と、刺激物やストレスなどの非アレルギー的なものとがある。

●症状●顔やあご、上胸部、背中などに湿疹ができ、慢性的な激しいかゆみをともなうのが特徴。症状が一〇年以上続くことも珍しくない。かゆみが激しいために、かくと、そこが象の皮膚のようになって、さらにかゆみが強まるといった悪循環が生じる。

成人の場合は、子どもよりも発疹のできる場所が広く、皮膚の乾燥も増して、顔やあご、背中などの皮膚がザラザラしてくる。炎症を繰り返すうちに皮膚が厚くなったり、色素の沈着により、皮膚が黒ずんでくることもある。

●合併症●アトピー性皮膚炎の人は、とびひや水いぼなどの皮膚の感染症にかかりやすいといわれ、単純ヘルペスウイルス感染症も重症化することがある。

●治療●症状改善のための対症療法は、ステロイド剤の外用が最も有効だ。症状が落ち着いたら、ほかの治療法を強めることによって、徐々にステロイド剤の使用を減らすようにする。最近では、免疫調整剤を外用することもある。

水虫（足白癬）

カビの一種である白癬《はくせん》菌が、手足の皮膚の角質層に感染して起こる。ほとんどは足の指に発生するが、ごくまれに手指にできることもある。

●症状●まず指の股の皮がむけて、ふやけてくる。この場合、ほとんどが薬指と小指の間にできる。また、足の裏や縁に小さな水疱がいくつもできて、赤くなって皮膚がむけてくることもある。水疱ができた当初と、水疱が破れたあとに強いかゆみが起こる。ほかに足指の間にびらんが生じたり、皮膚がかたくなることもある。

また、白癬菌が爪にまで広がって、爪に水虫が起こる場合もあり、爪が白く濁った色になり、厚みが増してくる。

●治療●抗真菌剤の軟膏《なんこう》などが用いられる。

その他の病気

黄疸（→P77）
多形滲出性紅斑（→P80）
乾癬（→P80）
カンジダ腟炎（→P214）
いんきんたむし（→P199）

皮膚の色がおかしい

スタート

皮膚が青白く、めまいや倦怠感、頭痛などが、しばしば起こりますか？

- はい → 貧血や低血圧症の疑いがあります。内科または循環器科へ
- いいえ ↓

手のひらや足の裏などが、黄色っぽくなってきましたか？

→ 皮膚だけでなく、白目の部分も黄色っぽくなっていますか？

→ ミカンやカボチャなど、カロテンをたくさん含んだ食品を食べ過ぎると、黄疸のように皮膚が黄色くなる柑皮症になります。原因となった食品の摂取を控えれば治るので、とくに心配はありません。摂取を控えても症状が続くときは皮膚科へ

→ 急げ！ 肝疾患や胆道疾患による黄疸の疑いがあります。慢性的なだるさや食欲不振、吐き気などをともなうときは肝炎などの肝疾患、差し込むような腹痛が起こるときには胆石症の可能性があります。内科または消化器科へ

↓

全身の皮膚が黒ずんできましたか？

→ 寒さに弱くなり、空腹になると冷や汗が出たりしますか？

→ 急げ！ からだのあちこちに斑点状の黒っぽい色素沈着が生じ、激しい疲労感や食欲不振、体重減少などがみられる場合には、アジソン病が疑われます。空腹時に冷や汗が出るのは、低血糖が起こるためです。すぐに内科または内分泌科へ

→ 急げ！ 肝硬変になると、黄疸だけでなく、皮膚が黒ずんでくることがあります。また、手のひらが赤くなる手掌紅斑がみられることもあります。手遅れにならないよう、すぐに内科または消化器科を受診してください

→ 鼻や口腔からしばしば出血し、皮膚に紫色の斑点ができましたか？

→ 軽くぶつけた程度のけがでも小さな青あざができ、出血がなかなか止まらないときは、紫斑病の可能性があります。内科または血液内科へ

↓

手のひらが赤くカサカサして、指の側腹部がかたくなってきましたか？

→ 進行性指掌角皮症かもしれません。指紋が消えたり、ひび割れができることもあります。皮膚科へ

↓

皮膚の一部に、周囲との境界がはっきりした白斑ができていますか？

→ 尋常性白斑の疑いがあります。皮膚科へ

→ 日焼けなどによるしみやそばかす、老化による色素沈着など、皮膚に色素斑ができる原因はさまざまです。多くは心配ありませんが、ときには重い病気が隠れていることもあるので、気になるときは皮膚科へ。とくに黒いほくろがしだいに大きくなるときは、要注意です

◆◆考えられる病気◆◆

アジソン病（副腎皮質機能低下症）

副腎が広範囲にわたって破壊され、副腎皮質ホルモンの分泌量が低下する病気。

●症状●強い疲労感と脱力感が起こり、無理がきかなくなる。疲労感は休息すればすぐに回復するが、動くとまたすぐに疲れてしまうのが特徴。ストレスに弱くなり、すぐに体調を崩したり、かぜをこじらせるようになる。また、食欲がなくなり、急速に体重が減る。嘔吐《おうと》や下痢を起こすことも多い。

もう一つ特徴的なのが皮膚の黒ずみで、唇や歯ぐき、口の中の粘膜などに黒い斑点ができる。これは、副腎皮質ホルモンの欠乏のために起こる。

そのほか、アンドロゲンの不足により、男性では精力が低下し、女性ではわきの下の毛や陰毛が抜けることがある。

血圧低下によるめまいや立ちくらみも、しばしばみられる。また血糖値が低下するために、空腹になると、冷や汗や指のふるえといった、低血糖症状が出ることもある。

●原因●副腎への結核菌感染が多いが、自己免疫による炎症や、がんの転移、エイズなどが原因となる場合もある。

●治療●ステロイド剤を内服して、副腎から分泌されなくなったり、不足しているホルモンを補充する。がんや結核が原因の場合は、それらの病気の治療も必要になる。

紫斑病（血小板減少性紫斑病）

血小板《けっしょうばん》が減少して、出血が起こりやすく、出血が止まりにくくなる病気。原因となる疾患がない特発性血小板減少性紫斑病と、基礎疾患に合併して起こる続発性血小板減少性紫斑病がある。

●症状●特発性血小板減少性紫斑病には、急性型と慢性型があるが、出血しやすく、出血が止まりにくいという点では共通している。また、いったん出血すると、皮膚や粘膜に点、またはまだら状の出血斑ができる。

急性型は、はしかなどのウイルス感染症の一～二週間後に発病することが多い。血小板の激減によって、脳出血などを起こすこともある。

慢性型は、徐々に発病し、血小板数の減少の程度はさまざまだ。

●治療●特発性血小板減少性紫斑病では、急性型、慢性型ともに、ステロイド剤が用いられる。急性型では、八〇％以上が一か月以内に血小板数が正常に戻る。ただし、六か月以上たっても治らず、慢性型に移行することもある。慢性型では、約三分の一で治癒または症状の改善がみられる。

続発性血小板減少性紫斑病では、原因となる病気の治療が優先される。

主婦湿疹 進行性指掌角皮症

指先を中心に、皮膚がガサガサになり、かたくなってひび割れができるものを進行性指掌角皮症《ししょうかくひしょう》、それに洗剤などによる刺激が加わって起こるものを主婦湿疹という。皮膚の表面が機械的、または化学的な刺激を受け、皮膚表面の皮脂膜が破壊されるために起こる。

●症状●手や指先を多く使う人にみられ、皮膚が荒れて、指先がかたくなってひび割れを起こす。爪が変形することもある。利き腕の指先、とくに親指や人さし指、中指に起こることが多く、その指をかばって反対側の手を使うよう

黄疸●

血液中に胆汁色素のビリルビンが異常に増加して、皮膚や白目が黄色くなった状態を黄疸《おうだん》と呼んでいる。

名前のとおり、皮膚や白目が黄色くなるほか、尿の色もしばしば濃くなって黄褐色になる。また、皮膚にかゆみが起きたり、便の色が薄くなるといった症状がみられることも少なくない。

一般には肝炎などの肝疾患の症状として知られているが、肝臓以外の病気で起こることも多い。また肝障害があるからといって起こるとも限らない。肝疾患以外では、胆嚢《のう》炎などの胆道疾患、膵炎などの膵疾患でしばしば黄疸が起こる。また、再生不良性貧血でも、黄疸がみられることが多い。一方、同じ肝疾患でも、急性肝炎などでは黄疸が起こりやすいが、慢性肝炎や肝硬変ではみられないことのほうが多い。

また、黄疸の強さと病気の進行度とは関連していないので、黄疸の程度が軽いからといって安心できない。肝臓がんや膵臓がんなどが隠れている可能性もある。黄疸がみられた場合には、早めに病院で検査を受けるべきである。

になると、そちら側の指にも症状が出るようになる。

なお主婦湿疹は、空気が乾く冬季に悪化することが多い。

●治療● ステロイド剤や亜鉛華軟膏《なんこう》などが用いられる。日常生活では、手を使う機会をできるだけ少なくする工夫や、水仕事のあとにハンドクリームをつけるなど、日ごろのケアも重要になる。

尋常性白斑（白なまず）

表皮の、メラニン色素をつくる細胞（メラノサイト）の機能が低下して、その部分の色が白く抜けた状態になる病気。大きさも形も不ぞろいな白斑が、からだのいろいろな部位にでき、その部分の毛が白くなることもある。全身のあちこちにできるものと、神経が分布している箇所にできるものとがある。白斑は周囲との境界が明瞭で、かゆみや痛みはない。

●治療● メラノサイトに機能が残っている間に、治療を始めることが重要になる。治療法としては、皮膚が光線に対して敏感になる薬を内服、または塗布したあと、一〜二時間後に波長の長い紫外線（ＵＶＡ）の照射をするＰＵＶＡ療法がある。そのほか、日焼けを起こす波長の短い紫外線（ＵＶＢ）を使った治療法や、ステロイド剤の外用または内服が行なわれることもある。

しみ（肝斑）

一般にしみと呼ばれるものは多様だが、医学的には肝斑《かんぱん》のことを指す。

肝斑はほおや目のまわり、ひたいなどにできる薄茶色から褐色の色素沈着で、顔面の場合は、ほぼ左右対称にできるのが特徴である。周囲との境界は比較的はっきりしているが、形や大きさは一定していない。三五歳くらいから上の年代の女性に多い。

色素沈着はメラニン色素の増加によって起こるが、なぜ増加するのかははっきりしていない。

治療には、ビタミンＣ剤やパントテン酸剤、ビタミンＥ剤などのビタミン剤が用いられる。

そばかす（雀卵斑）

顔の中央からほお、ひたい、腕や背中などにできる直径三〜五㎜の色素斑のこと。色や形が雀の卵の模様に似ているところから雀卵斑《じゃくらんはん》とも呼ばれる。五〜六歳ころからあらわれ始め、思春期になると目立ってくる。また、春から夏の日光の照射時間が長い時期になると、色が濃くなって目立つようになる。

根本的な治療法はなく、しみと同じようにビタミンＣ剤の内服によって、色が濃くなるのを防ぐ。日常生活では、ファンデーションやクリームなどを塗り、そばかすのある部分に直射日光を受けないようにすることも大切だ。

柑皮症

カロテンを多量に含む食物を大量に摂取したために、手のひらや足の裏が黄色くなるものを柑皮《かんぴ》症と呼ぶ。とくに、柑橘《かんきつ》類を大量に食べた場合に起こることで知られている。

黄疸《おうだん》と間違えやすいが、黄疸のように白目まで黄色くなることはなく、肝機能も正常を保っている。原因となった食物の摂取をやめれば、自然に治る。

その他の病気

低血圧症（→Ｐ45）
貧血（→Ｐ89）
肝炎（→Ｐ25）
肝硬変（→Ｐ30）
胆石症（→Ｐ143）
黄疸（→Ｐ77）

皮膚にブツブツができる

スタート

痛みをともないますか？

はい → 胸部や腹部を取り巻くように小さな水疱ができ、神経痛のような強い痛みがありますか？
→ 肩こりや神経痛が数日続き、神経に沿って水疱ができる場合は帯状疱疹の疑い。皮膚科へ

発熱や倦怠感など、かぜの症状に引き続いてブツブツができましたか？
→ 多形滲出性紅斑かもしれません。皮膚科へ

手足の関節部や外側部に、縁が堤防状に盛り上がり、中央はややへこんでいる紅斑ができましたか？
→ 鶏卵大のしこりがすねやひざの周囲にでき、押すと痛むときには結節性紅斑、ベーチェット病が疑われます。皮膚科へ

毛孔が化膿して、赤くはれていますか？
→ おできのようです。ひどくならないうちに、皮膚科で治療を
→ 虫に刺されたときにも、痛みをともなう発疹ができることがあります。また、にきびが化膿したときにも痛みます。皮膚科へ

いいえ → 薬を服用したあとに、ブツブツができましたか？
→ 薬疹かもしれません。まれに重症化することもあるので、早めに主治医に報告し、指示に従いましょう

軽いかゆみをともないますか？

手のひらや足の裏に、膿をもったブツブツができていますか？
→ 掌蹠膿疱症かもしれません。水虫と似ていますが、左右の手足に同時にできることが多く、1日程度で膿をもつのが特徴です。皮膚科へ
→ 軽いかゆみをともなう紅斑ができ、紅斑の上を銀色の皮膚片がかさぶた状におおっている場合には、乾癬が考えられます。皮膚科へ

粟粒大の疱疹の集まりが口の周囲にできましたか？
→ 単純疱疹（口唇ヘルペス）が疑われます。皮膚科へ

表面がザラザラして、押しても痛みませんか？
→ 尋常性疣贅（いぼ）かもしれません。さわっているとしだいに数が増えます。皮膚科へ
→ いぼには、表面がなめらかな青年性扁平疣贅や、半球状に盛り上がり、中央がくぼんだ伝染性軟属腫などがあります。伝染性軟属腫は、プールなどで自分以外の人にもうつるので注意が必要です。皮膚科へ

◆考えられる病気◆

ヘルペス

ヘルペスとは、皮膚や粘膜に小さな水疱が集まった状態をいう。比較的水疱が少ない単純疱疹と、多数の水疱が帯状に群がってできる帯状疱疹がある。前者は単純ヘルペスウイルスの、後者は水痘帯状疱疹ウイルスの感染によって引き起こされる。

単純疱疹

単純ヘルペスウイルスが、皮膚から感染して起こる。全身のどこにでも起こるが、唇とその周囲に出現する口唇《こうしん》ヘルペスと、陰部に起こる性器ヘルペスがよく知られている。

●症状●初めて感染したときは、感染後四～七日で感染部位が赤くはれあがり、その後いくつもの水疱ができる。また、周囲のリンパ節がはれて痛みをともない、発熱や倦怠《けんたい》

感、頭痛なども起こる。

再発した場合には、感染部位にかゆみをともなう痛みが生じ、数時間後に赤い発疹や小さな水疱ができる。その後、水疱が破れてジクジクしてくるが、やがてかさぶたになり一～二週間で治る。

●治療●主に、抗ウイルス剤が用いられる。

帯状疱疹

神経に潜んでいた水痘帯状疱疹ウイルスが増殖して起こる病気。一度かかると免疫ができるので、再発することはほとんどない。

●症状●肩こりや神経痛などが数日続いたあとで、その部分の神経が分布する領域に、水疱や紅斑が密集して発生し、激しい痛みをともなう。ただし、糖尿病の人やステロイド剤による治療を受けている人の場合、あまり痛みを感じないことがある。三叉《さんさ》神経（頭・顔面）や肋間《ろっかん》神経（胸・背部）、坐骨神経（尻・足）に感染して起こることが多い。

●治療●最近は抗ウイルス剤が使われることが多い。痛みに対しては消炎鎮痛剤が用いられる。

掌蹠膿疱症

手のひらや足の裏に、水虫のような小さな水疱や膿疱《のうほう》が多発する病気。皮がむけてよくなるかと思うとまた悪化するというパターンを繰り返す。

●症状●かゆみをともなう膿疱が、手のひらや足の裏に密集してできるのが特徴。悪化すると手のひらや足の裏全体に紅斑が広がり、ときには爪に感染して変形を起こすこともある。また、関節炎を合併することが少なくない。

●治療●薬物療法としては、ステロイド剤やビタミンA剤、ビタミンB剤、抗生物質などが用いられる。紫外線療法が行なわれることもある。

結節性紅斑

若い女性に多くみられる病気で、発熱や全身の倦怠《けんたい》感などに続いて、すねやひざの関節の周囲に小指の先から鶏卵大の紅色のしこりができる。関節のはれや痛みなどの関節症状が強く、入院が必要になることもある。

●症状●しこりは、小指の先から鶏卵ほどの大きさで、赤みをおびている。触れると熱をもっており、押すと痛むことが多い。通常二～三週間で、できたり消えたりを繰り返す。

●治療●原因がはっきりしない場合は、非ステロイド性抗炎症剤が、重症の場合には、ステロイド剤が用いられる。

多形滲出性紅斑

女性に多い病気で、手指や足などに軽いかゆみをともなう紅斑があらわれる。同様の紅斑があらわれるほか、さらに目や口腔《こうくう》などの粘膜がただれたり、全身に水疱ができて、危険な状態になることもある。これはスティーブンス・ジョンソン症候群と呼ばれ、入院による治療が必要になる。

●症状●発熱や倦怠《けんたい》感などに続いて、手指の関節の背面、足の甲、ひざから足首、ひじなどに、ほぼ左右対称に、むくみのある紅斑があらわれる。紅斑の大きさは親指の頭より小さいが、しだいに拡大し、紅斑の縁が盛り上がり、中央が少しへこんでくる。重くなると、関節痛や発熱などをともなうこともある。

●治療●原因がはっきりとしている場合は、それに応じて薬物療法などが行なわれる。

乾癬

皮膚の表面から、やや盛り上がった、境界のはっきりした紅斑の上に、雲母《うんも》様と呼ばれる銀白色の厚いふけに似た皮膚の破片（鱗屑《りんせつ》）が付着した発疹があらわれる病気。

●症状●雲母状の鱗屑をはがすと、下から点状に出血するアウスピッツ現象が特徴。紅斑の形態や分布などによって、次の四つに分けられる。

尋常性乾癬　頭部、ひじ、ひざにできることが多い。全身に広がることもあり、軽いかゆみをともなう。頭部では、脱毛をともなうこともある。

滴状乾癬　小型の紅斑が全身に散らばってできる。

膿疱《のうほう》性乾癬　急激な発熱とともに全身の皮膚が紅潮し、膿疱がたくさんできる。

関節症性乾癬　紅斑とともに、関節のはれや痛みなどの関節炎症状が起こる。

●治療●主にステロイド剤が使われる。

おでき（せつ／よう）

ぶどう球菌が毛孔（毛穴）から侵入して、周囲に化膿《かのう》を引き起こした状態をいい、一つの毛包が化膿したものをせつ、せつが密集していくつもできた場合をようと呼ぶ。

●症状●毛孔の周囲が赤くはれて、熱感をともなう。まぶたや口の周囲、ひたいなどにできると、眠れないほど痛みが激しくなり、髄膜炎や敗血症を起こす恐れもある。

ようでは、化膿した周囲と皮下に広範囲にわたって強いはれと発赤がみられ、発熱をともなうこともある。また、自然に崩れて、潰瘍《かいよう》をつくることが多い。

●治療●薬物療法では抗生物質が用いられ、はれが強く、膿《うみ》がたまっている場合には、皮膚を切開して膿を排出する。

にきび（尋常性ざ瘡）

顔や背中、胸などの皮膚の毛孔（毛穴）に皮脂がつまり、そこに細菌感染が加わって炎症を起こしたもの。正式には尋常性ざ瘡という。

●症状●軽症の場合は、黒いにきびや小さな吹き出ものが少しできる程度。多くは顔にできるが、肩や背中、胸の上部にできることもよくある。

一般的な赤いにきびは、中心に白い芯があり、少し不快な感じがする。根の深いものや重症のにきびでは、痛みをともなう膿《うみ》のつまった小さなしこりがいくつもでき、しばしば破裂して治癒後もあとが残ることが多い。

●治療●皮脂の出口を開くために硫黄《いおう》剤を塗布し、細菌感染がある場合には抗生物質の内服や外用が行なわれる。

いぼ（ウイルス性疣贅）

表皮が隆起した小型の良性腫瘍《しゅよう》をいぼといい、ウイルス性疣贅《ゆうぜい》は、ヒトパピローマウイルスが皮膚や粘膜に侵入して起こる。尋常性疣贅、青年性扁平疣贅、尖圭《せんけい》コンジロームなどがある。子どもに多い伝染性軟属腫（→P290）も、ウイルス性疣贅の一つである。

●症状●尋常性疣贅は、表面がザラザラした灰白色の円形の盛り上がりで、普通に「いぼ」と呼ばれるもの。手の指や足の裏などによくみられる。ウイルスに対する免疫がつくられれば、自然に治る。

青年性扁平疣贅は、顔や手の甲などにできる二〜三mmのやや盛り上がった扁平な淡褐色の病変だ。これも、ウイルスに対する免疫がつくられると自然に治る。

尖圭コンジロームは、肛門の周囲や外陰部にできる。

●治療●一般的には、液体窒素を含ませた綿棒を病変部に当てて、凍結・融解を繰り返す凍結療法が行なわれる。

その他の病気

薬疹（→P73）

ベーチェット病（→P111）

髪の毛が抜ける・はげる

スタート

頭皮がかゆく、ふけが出ますか？

はい → 小さな赤いぶつぶつ、または黄白色のかさぶたができていますか？
→ 脂漏性・接触・アトピー性などの皮膚炎の疑い。皮膚科へ

↓ 毛が短い円形の部分が複数あり、毛は灰白色に変色していますか？
→ しらくも（頭部白癬）の疑い。毛穴が化膿して完全に脱毛している場合はケルスス禿瘡の疑い。皮膚科へ

↓ ふけが原因のことがあります。頭皮を清潔にし、長引くときは皮膚科へ

いいえ ↓ 急に、まとまって髪の毛が抜けましたか？
→ 丸い形で、毛との境がはっきりしたはげができましたか？

→ 円形脱毛症の疑い。精神的緊張やストレスが原因と考えられます。皮膚科へ

↓ 全身倦怠感、食欲不振、頭痛、化膿性の湿疹をともない、髪の毛が全体的に抜け落ちましたか？
→ 急げ！ 全身疾患の部分症状の疑いがあります。至急、皮膚科または内科へ
← 薬を服用していれば、その副作用とも考えられます。担当医に相談を。思い当たる原因がなく、大量に抜けたり、あるいは少量でも長期間抜け続けている場合は皮膚科へ

↓ 顔がぼんやりとむくんだ感じで、毛がもろく、抜けやすいですか？
→ 甲状腺機能低下症の疑いがあります。内科・内分泌科へ

← 鼻を中心にした顔の両側や手のひらに、痛くもかゆくもない紅斑があらわれましたか？
→ 膠原病の一種でも抜け毛をともなうことがあります。内科へ

↓ 男性で、全体的に髪の毛が薄くなりましたか？
→ 中年以降の男性なら、加齢による自然現象です。若い男性で家族にはげた人がいれば、遺伝的な若はげと考えられます。そのほかホルモン異常による場合もあるので、内分泌科・内科で検査を
← 栄養障害や慢性の肝臓障害、ホルモン異常、貧血、熱病などでも抜け毛が起こることがあります。皮膚科・内科で検査を。女性で抜け毛が目立つ場合は、髪の毛をきつく結ったり、ブラッシングのしすぎが原因とも考えられます。これは髪形を変えたり、ブラッシングのしかたを加減すれば自然に治ります

◆◆考えられる病気◆◆

円形脱毛症

誘引となるような皮膚疾患や全身性疾患がないのに、はげ（脱毛斑）ができる。ひどい脱毛でも、時間の差はあれ、ほとんどの場合、再び発毛する。このことを理解したうえで対処したい。ストレスをやわらげる意味から、かつら類を使用するのもよいだろう。

●症状●頭部の一部に脱毛斑が、一つまたはいくつかできる。豆粒大からこぶし大の丸い形で、毛との境がはっきりしている。脱毛斑が数個の場合は、三～七週間たつと、細くやわらかい白い毛が、患部の中央から周辺部に向かって生え始め、二～三か月で正常に戻る。脱毛斑が多数ある場合や、広範囲の脱毛の場合は、治りにくくなることがある。いくつかある患部が互いにくっついて全頭脱毛になること

もある。人にうつることはない。

一般に円形脱毛症は頭髪かひげに生じる。ときに眉毛、まつ毛、わき毛、陰毛、さらに全身の体毛まで抜け落ちることがある。

●原因●自己免疫反応（免疫による防御機能が誤って毛包を攻撃してしまう）、ストレスなど、さまざまな説があるが、まだ解明されていない。一部に、甲状腺《こうじょうせん》の異常を併発している人もいる。しかし、ほかの病気が原因で円形脱毛症が起こるわけではない。

●治療●一般的に、免疫賦活《ふかつ》作用のある内服剤と血管拡張作用のある外用剤、ステロイド外用剤による治療が行なわれる。脱毛部分が小さければ、その部分にステロイド剤の皮下注射をして、発毛剤のミノキシジルを塗布する。脱毛部分が大きいときは、ステロイド剤を内服する場合があるが、服用をやめると脱毛が再発することがある。

このほか、ドライアイス（雪状炭酸）圧抵療法（ドライアイスを押し当てて、病変部の組織を壊す治療法）、紫外線照射など、さまざまな方法がある。

髪の毛の一生●

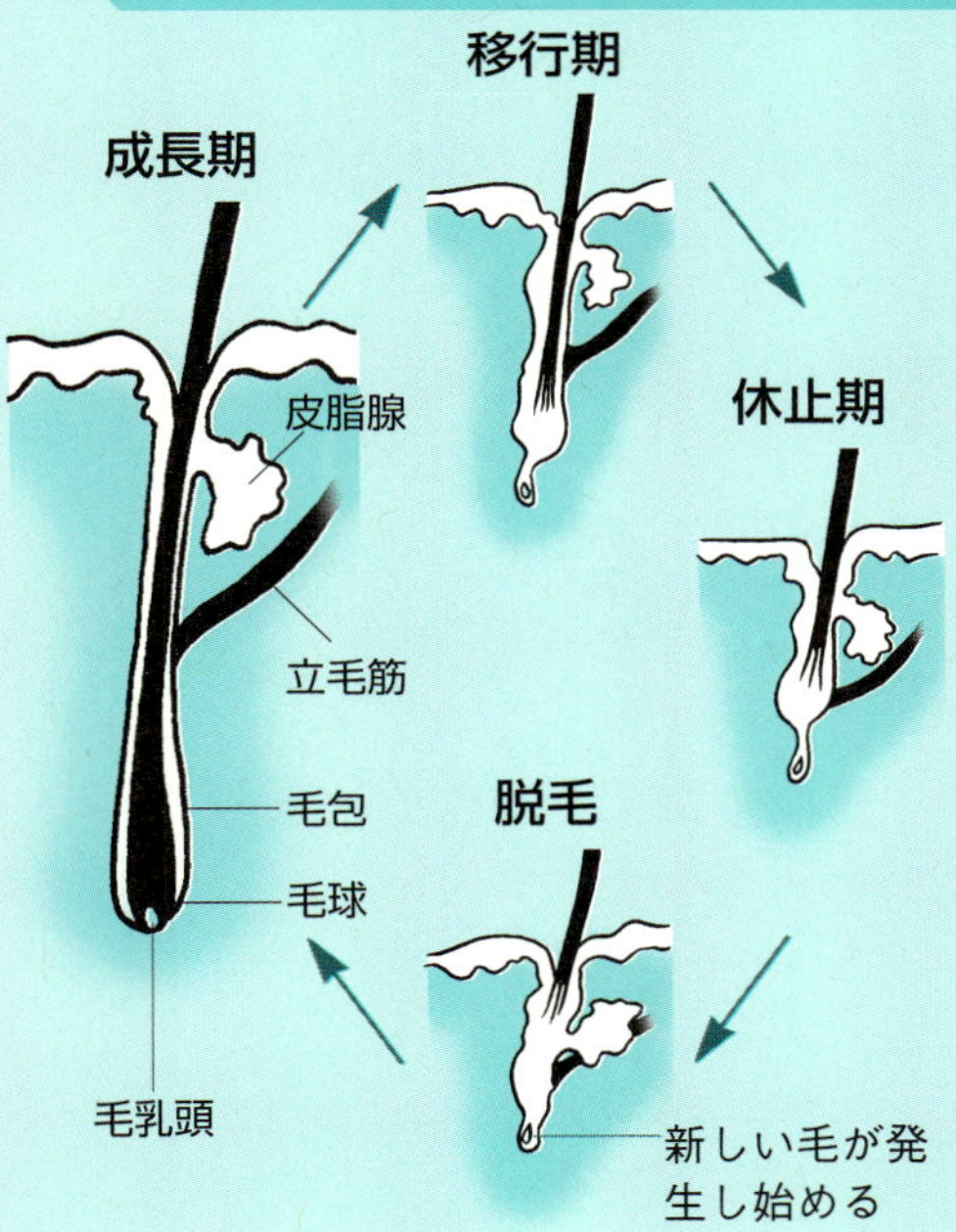

成長期
移行期
休止期
脱毛
皮脂腺
立毛筋
毛包
毛球
毛乳頭
新しい毛が発生し始める

髪は、成長期・移行期・休止期・脱毛という過程を経て、およそ五～七年周期で生え変わる。休止期のあとには新しい毛球が生まれ、成長し、古い毛は抜ける。

まだ脱毛の段階ではないのに抜けるか、新しい毛が成長しない状態が進行すると、はげになる。次の毛が生えない原因の一つが栄養過多だ。毛球は皮脂腺から栄養を取り入れるが、動物性脂肪のとりすぎなど栄養過多で皮脂が多いと、太くかたい毛にならず、成長が妨げられる。

しらくも　ケルスス禿瘡（頭部白癬）

真菌（カビ）の一種の白癬菌《はくせん》に感染して起こる頭皮の病気。

●症状●しらくもは、頭部に環状の紅斑ができ、表皮の角質層が薄いかけらとなってはがれ落ちたり（落屑《らくせつ》）、水疱ができたりする。浅在性白癬と呼ばれ、菌が角質層にとどまっている状態である。

菌が真皮内で増殖したり激しい炎症を起こした状態が、深在性白癬のケルスス禿瘡《とくそう》である。強い発赤やはれをともなって、膿疱《のうほう》から膿瘍《のうよう》になる。さらに痂皮《かひ》（乾燥した血液や膿《うみ》）を付着して脱毛になる。

●原因●白癬菌のなかでも、ミクロスポルム・カーニス（犬胞子菌）など、毛に侵入しやすい菌が原因で、ペットから感染することもある。

●治療●抗真菌剤で治療する。しらくもの場合は外用剤、ケルスス禿瘡の場合は内服剤を用いる。

その他の病気

脂漏性皮膚炎（→P75）
接触皮膚炎（→P73）
アトピー性皮膚炎（→P75）
甲状腺機能低下症（→P70）

頭が痛い

スタート

発熱をともないますか？

はい

くしゃみ、鼻水・鼻づまりなどの症状がありますか？

かぜのようですが、症状がひどく、熱が高い場合はインフルエンザの疑いも。内科へ

高熱が出て、激しく痛みますか？

頭の表面近くがピリピリ痛むのですか？

以前から、耳か鼻に慢性の病気がありましたか？

いいえ

頭をぶつけたり、けがをしたことがありますか？

頭部外傷の後遺症の疑いもあるので、長引くときはほかの症状にも注意して、念のため脳神経外科で精密検査を

ピリピリッとくる電撃的な痛みを、頭部の表面近くに感じますか？

三叉神経痛の疑い。神経内科へ。のちに痛むところに小さい水ぶくれを生じるときは帯状疱疹の疑い。皮膚科へ

頭の片側が脈打つようにズキンズキンと痛みますか？

片頭痛の疑い。ひどい場合は神経内科・脳神経外科へ

吐き気・嘔吐をともないますか？

頭痛は前頭部が中心で、ほかに目や鼻の異常をともないますか？

近視・乱視・老視・緑内障など目の病気か、鼻炎や副鼻腔炎など鼻の病気の疑いがあります。眼科・耳鼻咽喉科へ

側頭部が痛み、同時に耳鳴りやめまい、歯痛をともないますか？

頭の奥の方に鈍痛があり、しだいに痛みが強くなりましたか？

後頭部の痛み、めまいや耳鳴り、首筋・肩のこりなどがありますか？

高血圧症や脳動脈硬化症などの疑い。内科へ。変形性頸椎症など頸椎の病気でも頭痛が起こることがあります。整形外科へ

これまでと比べ、朝気分が悪くて起きる気になれない状態が続いていますか？

40歳以上の女性で、ふだんからよく肩こりやめまいが起こりますか？

更年期障害の疑いがあります。ひどいようなら産婦人科・内科へ

目の痛みや視力・視野の異常をともないますか？

急げ！

めまいや手足のまひをともなうときは脳卒中の疑い。大至急、脳神経外科へ

急げ！

緑内障の疑い。至急、眼科へ。重い高血圧の人なら悪性腎硬化症の恐れもあります。内科へ

首すじや肩の筋肉がこっていますか？

過労や睡眠不足、ビタミン欠乏、栄養失調、薬の副作用など、頭痛の原因はさまざまです。原因を取り除いても症状が長引くときは内科へ

頭を締めつけられるような痛みがあり、1日中、頭が重いですか？

緊張型頭痛の疑い。筋肉をもみほぐしてもよくならない場合は、内科・整形外科・神経内科へ

不安や心配、過労など、精神的・肉体的ストレスが続くと頭痛が起こることがあります。心身の十分な休養をとっても症状が長引くときは内科・心療内科へ

帯状疱疹の疑いがあります。皮膚科または内科へ

発熱をともなう頭痛は感染症でよくみられます。内科で検査を

急げ！
吐き気・嘔吐をともなうときは脳膿瘍の疑い。至急、内科へ

急げ！
首の筋肉が硬直しているときは髄膜炎の疑い。至急、内科へ

かたいものを食べたあと、あごの筋肉が痛みます。急性中耳炎や外耳道炎など耳の病気や、むし歯など歯の病気が原因と考えられます。耳鼻咽喉科・歯科へ

急げ！
重い病気の疑いがあります。すぐに脳神経外科へ

全身の倦怠感があって、気分の落ち込みが激しく、何もする気になれないときはうつ病を疑います。精神科に相談を。頭痛のほかに、気になる身体症状をともなうときは内科で検査を

◆考えられる病気◆

片頭痛

頭の血管が拡張してまわりの神経を刺激し、脈打つような痛みが起こる。念のため、神経内科、脳神経外科、眼科、耳鼻科、整形外科などで検査を受けておきたい。

●症状●月に一～二回、多いときは週一回、発作的に頭痛が起こる。数時間でおさまる場合もあり、二～三日続く場合もある。頭痛のない時期はまったく健康に問題はない。頭の片側がガンガンあるいはズキンズキンと脈打つように痛むのが特徴。頭痛がひどくなると、ときに吐き気や嘔吐《おうと》を催す。また、光や音に敏感になり、動くと頭痛がひどくなる。

片頭痛の起こる一～二日前に、なまあくび、イライラ、からだのむくみなどの予兆をともなうことがある。また、前兆として閃輝《せんき》暗点がみられることがある。これは、視界がチカチカしたり、まぶしいギザギザの線があらわれ、だんだん大きくなったりするものである。ふつう前兆は二〇～三〇分続き、前兆が終わるころに頭痛が始まる。

●原因●ストレスや睡眠不足、食物、女性ホルモンなどの誘引によって頭痛発作が起こる。ストレスによるものは、ストレスから解放されたときに起こることが多い。母親が頭痛もちだと子どもも頭痛もちになりやすい。

●治療●最も大切なのは、誘引を見つけて取り除くこと。

片頭痛が始まったら、暗く静かな部屋で、温かくしてからだを休める。薬は、血管の拡張を抑制するエルゴタミンが用いられる。前兆期か、頭痛が始まってから早い時期に服用する。市販の鎮痛剤も軽い頭痛には有効だが、効果は限られている。

緊張型頭痛

ストレスから起こる頭痛で、頭を締めつけられるような持続性の痛みが特徴。

●症状●毎日のように、それも一日中、頭が重かったり痛かったりする。片頭痛と異なり、動くと頭痛が強くなることはなく、吐き気、光や音に対する過敏などもない。

頭痛にともなって、肩や首すじのこりがよくみられる。ほかに目の疲れ、だるさ、疲れやすさ、フワフワしためまいなどがみられることもある。

●原因●精神的ストレスやうつ状態などは、神経や筋肉の緊張を高めて頭痛を起こす。また、悪い姿勢などにより、筋肉へのストレスが続いた場合にも頭痛が起こる。

●治療●慢性化した場合は薬で治療する。精神的ストレスには、軽い抗うつ剤や抗不安

剤が使われる。筋肉の緊張が強い場合には、筋肉をほぐし、血液の循環をよくする筋弛緩《しかん》剤を一時的に用いる。市販の頭痛薬は痛みには有効だが、量が増えると頭痛をさらに慢性化させることにもなるので注意したい。

三叉神経痛

顔面の知覚神経である三叉《さんさ》神経が痛む病気。口を開ける、歯を磨く、冷たい風に当たるといった、顔へのさまざまな刺激が引き金となって、激しい痛みが走る。

●症状●顔面片側に、ズキンとする強い痛みが瞬間的に起こる。顔の下三分の二、ほおからあごにかけての痛みが多い。ピリピリッとくる電撃的な痛みを、頭部表面近くに感じることもある。季節の変わりめに起こりやすく、鋭い、刺すような痛みを繰り返す。痛みは短いときで数時間、長い場合は一週間ほど続くこともある。一度おさまっても、何かを飲み込んだり、温度差を感じたり、人に話しかけられた程度でも、次の痛みの発作が始まったり、痛みの度合いが増すこともある。

●原因●ほとんどは原因不明だが、歯・耳・目の病気、糖尿病、アルコール依存症、頭部の腫瘍《しゅよう》や動脈瘤《りゅう》、動脈硬化症も原因となる。帯状疱疹の後遺症のこともある。若い人にときどき起こる三叉神経痛は、多発性硬化症による神経の損傷が原因。

●治療●かなり強い鎮痛剤でないと、痛みを抑える効果は期待できない。神経の興奮をやわらげるカルバマゼピンなどが有効。ほかには、フェニトインやバルプロ酸ナトリウム、筋肉のけいれんを軽減するバクロフェン、三環系抗うつ剤を用いるか、三叉神経にアルコール注射をすることもある。動脈の位置が異常な場合は、神経と動脈を分離し、間に小さなスポンジを埋め込む手術をすると、何年間も痛みを抑えることができる。

頭部外傷
慢性硬膜下血腫

慢性硬膜下血腫《けっしゅ》は、頭部にそれほど重症ではない外傷を受けたことによって、硬膜下にゆっくりと血液が貯留して起こる。出血は徐々に始まり、受傷後、三週間〜数か月後に発症する。なかには、いつ傷を負ったのかはっきりしないものもある。転倒などで外傷を受けやすいアルコール常用者、わずかな外傷でも脳の静脈が切れやすい高齢者に多くみられる。

●症状●頭部外傷では、頭皮が切れて出血するだけでなく、外見上は傷がなくても頭蓋骨や硬膜、脳実質に損傷を受けていることがある。

慢性硬膜下血腫では、脳の損傷部位によって、しつこい頭痛や、片側の上下肢まひ、眠けや記憶障害、錯乱などの精神神経症状があらわれる。

●治療●成人の小さな血腫は自然に再吸収されるので、多くは治療を必要としない。血腫が大きく、しつこい頭痛や精神神経症状がある場合は、頭蓋骨にドリルで小さな孔《あな》をあけ、血腫を吸いだす手術（穿《せん》頭《とう》術）が行なわれる。治療によって症状は改善するか、それ以上悪化しなくなる。

髄膜炎

脳と脊髄《せきずい》は、脳脊髄膜という膜で包まれているが、ここに炎症が起こる病気が髄膜炎である。突然の頭痛や発熱で発病する。その程度は原因によって異なるが、いずれも首すじが張って、前に曲げると痛みを感じる。

ウイルス性髄膜炎

コクサッキーウイルス、エ

コーウイルスなどの感染によって起こる髄膜炎。

●症状●頭痛、発熱、首すじの張りや痛みがあるが、軽症のことが多い。

●治療●病原ウイルスに直接効果がある治療法はない。対症療法のみを行なうが、通常は後遺症を残さずに治る。

細菌性（化膿性）髄膜炎

肺炎球菌、インフルエンザ菌、ぶどう球菌、連鎖球菌、大腸菌、嫌気性菌などが、直接または血液を経て髄膜に侵入して起こる。したがって、ほかの人から伝染することはない。

●症状●発病が急で、寒けとともに高熱を発し、強い頭痛や嘔吐《おうと》をともなう。首の後ろが徐々に張ってきてかたくなる。その後、意識障害が起こり、うわごとをいったり、けいれんを起こしたりすることもある。

●治療●細菌の種類を調べ、最も効果的な抗生物質を使用する。また、激しい嘔吐がみられる場合などには、点滴で水分や栄養を補給する。がんや心臓病などの重い基礎疾患がなく、治療の開始が早ければ、原因となった病気とともに、約一か月で後遺症を残さずに治ることが多い。

流行性脳脊髄膜炎

髄膜炎菌という細菌の感染が原因。細菌性髄膜炎の一種だが、この病気だけは伝染性が強く、病人や保菌者との会話、あるいはせきによって伝染する。法定伝染病に指定されているが、近年はあまりみられなくなった。

●症状●突然の頭痛や発熱で発病する。ときに発疹や腰痛、下痢などをともなう。症状は重く、乳幼児や高齢者では命にかかわることもある。

●治療●抗生物質を使用する。また、激しい嘔吐《おうと》がみられる場合などには、点滴で水分や栄養を補給する。

結核性髄膜炎

細菌性髄膜炎の一つで、結核菌の感染によって起こる。

●症状●微熱や体重減少、軽い頭痛、怒りっぽいなどの精神症状が最初にあらわれる。病気の進行につれて嘔吐《おうと》がみられるようになり、頭痛も強くなり、熱も三八～三九度になる。

●治療●抗結核剤で治療する。完治することが多い。

真菌性髄膜炎

クリプトコッカスなどの感染によることが多いとされている。

●症状●初期には微熱、体重減少、軽い頭痛、怒りっぽいなどの精神症状がみられる。病気の進行につれて嘔吐《おうと》があらわれ、熱が三八～三九度に上がり、頭痛も強くなる。

●治療●抗真菌剤の使用で、多くは完治する。

がん性髄膜炎

胃がんや肺がんなどが髄膜に転移したもので、髄膜がん腫《しゅ》症ともいう。がんこな頭痛や脳神経まひのほか、さまざまな症状があらわれる。

その他の病気

かぜ／かぜ症候群（→P120）
インフルエンザ（→P38）
脳卒中（→P61）
脳膿瘍（→P37）
高血圧症（→P47）
動脈硬化症（→P63）
屈折異常（→P99）
緑内障（→P94）
外耳道炎（→P103）
急性中耳炎（→P102）
急性鼻炎／慢性鼻炎（→P107）
副鼻腔炎（→P108）
更年期障害（→P29）
腎硬化症（→P166）
変形性頸椎症（→P137）
帯状疱疹（→P80）
むし歯（→P116）
うつ病（→P187）

顔色が悪い

スタート

熱がありますか？

はい → 熱があるときは顔が紅潮します。「高熱が出る」（→P36）、「微熱がある」（→P40）のチャートへ

いいえ → 青白いですか？

急に顔色が変わったのですか？

顔や手足がはれぼったく、むくんでいますか？

貧血の疑い。ときには慢性の腎炎や腎盂腎炎の疑いもあります。内科で検査を

甲状腺機能低下症の疑いがあります。内科・内分泌科へ

胸や腹を押さえるようにして苦しんだり、血を吐いたりしましたか？

急げ！

胃腸からの大出血が考えられます。大至急、内科へ

中年以降の人で、ここ数週間で顔色が青白くなってきましたか？

胃・十二指腸潰瘍の疑いがあります。ほかの消化管や痔による出血でも顔色が悪くなることがあります。内科で検査を

急に立ち上がったり、長時間立っていたときに起きたのなら、一過性の脳貧血です。意識を失うこともありますが、頭を低くして安静にしていればすぐに回復します。ほかに異常があれば内科へ

ピンク色または青紫色ですか？

ピンク色なら酸素不足による一酸化炭素中毒の疑い。青紫色（チアノーゼ）なら心不全、肺炎、肺結核など、心臓または肺の病気が悪化した疑いがあります。至急、内科へ

黄色いですか？

白目も黄色っぽいですか？

急げ！

肝炎や胆石症、あるいは肝臓や胆道の重い病気による黄疸の疑いがあります。すぐに内科へ

ミカンやカボチャのなどの食べすぎでも黄色っぽくなることがあります

赤い、または赤黒いですか？

黒ずみがひどく、口の中に黒いしみができましたか？

アジソン病の疑いがあります。内科・内分泌科へ

日焼けのせいかもしれません。また精神的な緊張や興奮のため、一時的に顔が赤くなるのは生理的なもので心配ありません。頭痛、吐き気、嘔吐などをともなうときは心臓病、胃腸障害、重金属中毒などの疑いもあるので内科へ

周囲の温度あるいは精神状態によって、顔色が赤らんだり、青ざめたりすることは誰にでもあります。一時的なものなら心配ありません。長引くときは病気が潜んでいることもあるので、念のため検査を

◆◆考えられる病気◆◆

貧血

血液中のヘモグロビン量の低下によって、全身の組織への酸素供給量が減少するために、息切れやだるさなど、さまざまな症状が起こる。

貧血があっても症状があらわれず、健康診断で初めてわかる例もある。

鉄欠乏性貧血

体外へ鉄分が失われるか、食事での摂取不足または吸収不良による、鉄分の不足で起こる。貧血のなかで最も頻度が高い。

●症状●階段や坂を登ると息切れや動悸《どうき》がする、疲れやすい、だるい、頭が重い、顔色が悪いなどの症状があらわれる。ひどいときは、足のむくみや微熱が出ることもある。これらは、貧血の一般症状である。そのほか、爪が反り返ったり、もろく割れやすい、口の端に亀裂ができるなど、特有の症状がみられる。

●原因●月経による出血、胎児や母乳への鉄分の移行が原因で、圧倒的に女性に多い。男性や閉経後の女性では、痔、胃・十二指腸潰瘍《かいよう》、胃がん、大腸がん、子宮筋腫《きんしゅ》などからの出血が疑われる。

●治療●鉄剤を服用する。原因となる病気があれば、その治療が必要となる。

溶血性貧血

赤血球が寿命に達しないうちに、大量に破壊されることが原因で起こる。

●症状●息切れなどの一般症状のほか、黄疸《おうだん》がみられる。

●原因●遺伝性球状赤血球症や、後天的に異常な赤血球をつくるようになった発作性夜間血色素尿症などが原因となる。また、赤血球に結合して溶血を起こす性質のたんぱく質（抗体）ができることによって起こる場合もあり、その代表が自己免疫性溶血性貧血である。

●治療●遺伝性球状赤血球症の場合は、手術により脾《ひ》臓を摘出する。自己免疫性溶血性貧血の場合は、まずステロイド剤を用いる。

巨赤芽球性貧血

赤血球がつくられるときに必要なビタミンB_{12}や葉酸の不足が原因の貧血。

●症状●息切れなどの一般症状のほか、舌がピリピリ痛む、食欲不振、吐き気、下痢、足のしびれや知覚異常、歩行困難などがみられる。

●治療●ビタミンB_{12}の注射や葉酸の内服で治る。

再生不良性貧血

薬剤や多量の放射線を浴びて起こる例もあるが、多くは原因不明である。

●症状●一般症状のほか、発熱、のどの痛み、出血症状（歯肉からの出血、鼻血、手足に紫色のあざができやすい）などがみられる。軽症の場合は、発熱も出血症状もあらわれないことがある。

●治療●赤血球や血小板《けっしょうばん》を輸血して、減少している血球を補充する。最も重要なのは造血機能を回復させる治療で、ステロイド剤やたんぱく同化ホルモン剤が用いられる。血球の減少が著しい場合で、五〇歳以下であれば骨髄《こつずい》移植が有効。移植ができない場合は免疫抑制療法が行なわれる。

その他の病気

腎炎（→P68）
腎盂腎炎（→P171）
胃・十二指腸潰瘍（→P146）
肝炎（→P25）
黄疸（→P77）
痔（→P162）
心不全（→P64）
肺結核（→P41）
甲状腺機能低下症（→P70）
アジソン病（→P76）

顔がゆがむ・表情が変わる

スタート

驚いたような顔つきで、目玉が突き出た感じですか？

はい → 甲状腺のはれや、動悸、発汗などをともなうときはバセドウ病の疑い。内科・内分泌科へ

いいえ ↓

顔の片側または両側の緊張が急になくなり、たるんでいますか？

→ 急げ！ 顔面神経まひ、脳卒中、重症筋無力症が疑われます。すぐに内科・神経内科へ

↓

顔がゆがんで、しかめっ面になっていますか？

→ ピリピリ痛むときは三叉神経痛の疑い。神経内科へ

↓

顔の筋肉が突っぱって、笑っているように見えますか？

→ 最近からだのどこかにけがをし、それ以来、口が開けにくい感じですか？

→ 急げ！ けがをして傷を負ったなら、破傷風の疑いがあります。至急、外科へ

→ 精神的な緊張や興奮で、顔の表情がふだんと変わることは誰にでもあります。てんかんの発作が起こったときにも、笑っているような表情になることがありますが、この場合は意識障害やけいれんなどをともなうのが特徴です。疑わしいときは内科・脳神経外科へ

↓

はれぼったく、むくんだような感じですか？

→ 「むくみがある」（→P68）のチャートへ。むくみに加えて表情に生気がなく、ボーッとした感じなら甲状腺機能低下症の疑い。内科・内分泌科へ

↓

ぼんやりとした顔つきですか？

→ 疲労や心配事があっても表情が変わることがありますが、原因を取り除けば回復します。ほかに気になる症状をともなう場合は、該当するチャートへ

→ 仮面のように表情が乏しくなりましたか？

→ 元気がなく、気分の落ち込みをともないますか？

↑ うつ病や気分変調性障害、統合失調症などの心の病気が疑われます。精神科へ

↓ 疲労や睡眠不足などが原因と考えられます。十分に休養をとってリラックスをはかりましょう

↓

手足のふるえや筋肉のこわばりがありますか？

→ 不安やストレスが原因で心の病気に陥ると、顔の表情にも変化があらわれます。苦痛を感じるときは精神科に相談を

↓

手指の冷えやはれ、皮膚の硬化、口が開けにくいなどの症状がみられますか？

→ パーキンソン病の疑いがあります。神経内科へ

→ 寒冷にさらすと指先が蒼白になるレイノー現象があれば、強皮症の疑いが濃厚です。内科へ

◆◆考えられる病気◆◆

強皮症

自分のからだの成分などに対して抗体ができる膠原《こうげん》病の一種で、厚生労働省の特定疾患（難病）に指定されている。抗体ができる原因は不明だが、ウイルス感染や紫外線照射により、からだの成分が変

化したり、免疫機能に異常が生じるためとされている。

●症状●レイノー現象（寒冷にあうと指先が蒼白になり、次いで紫になる）がみられる。手指がウインナソーセージのようにはれて、皮膚がつまめなくなる。やがて皮膚がかたくなって黒ずみ、手指が曲がって伸ばせなくなる。顔は、表情が乏しく（仮面様顔貌）、口が開けにくくなったり、口の周囲に放射状のしわができたりする。進行すると、皮膚は薄く、光沢を帯びてくる。

内臓、関節や筋肉、抹消《まっしょう》血管にも障害が広がり、食べ物が胸につかえる感じ、胸やけ、下痢や便秘、せき、息切れ、高血圧、腎不全がみられる。

皮膚の硬化は手指だけに出る場合と、数か月で首、顔面、前胸部、上背部などに広がるタイプがある。全身に急速に広がるタイプでは、肺線維《せんい》症や不整脈が起こると入院が必要となる。腎臓が侵された場合は重症になる。

●治療●根本的な治療法はなく、対症療法が行なわれる。

顔面神経まひ

多くは原因不明で、ベルまひとも呼ばれる。顔面神経は頭蓋骨の細い管を通っているため、管の中で神経がむくむだけで圧迫されて、まひが起こると考えられる。帯状疱疹や糖尿病、腫瘍《しゅよう》などの病気が隠れている場合もある。

●症状●顔の緊張がなくなり、たるむ。朝の洗顔時に、目に石けんが入ったり、唇の端から水がもれたりすることから、突然まひに気づくことが多い。食べ物は、まひしたほおの内側にたまってしまう。目を閉じようとすると黒目が上まぶたに隠れ、白目がのぞく。表情をつくろうとすると顔の筋肉が正常な側に引きつり、まひ側の眉が上がらない。まひに先立って耳の後ろの痛みや顔面の違和感を覚えることもある。ときに、舌の半分で味がしない、まひ側の音が異常に大きく聞こえる、涙の分泌異常などの症状をともなう。

●治療●神経のむくみにはステロイド剤を一〜二週間内服する。神経の回復を促すビタミン剤も使用される。まぶたが閉じない場合は、眼帯や点眼剤で角膜の乾燥を防ぐ。原因疾患があれば、その治療が必要となる。

重症筋無力症

胸腺の腫瘍《しゅよう》や肥大により、神経伝達物質を受け止める筋肉側に障害が起こって、筋力が低下する。厚生労働省の特定疾患に指定されている。

●症状●筋肉の疲労が著しく、どんなに努力しても日常の動作ができなくなり、まひ状態に陥る。まぶたが自然に下がる眼瞼下垂《がんけんかすい》、逆に目をしっかり閉じられない兎眼《とがん》、物が二重に見える複視などがあらわれる。鼻声、食物が飲み込みにくい、呼吸困難、首や腕の筋力低下などもみられ、筋肉の脱力は、腰や下肢へと広がる。これらの症状は、とくに夕方ひどくなるが、休むとよくなるのが特徴である。

●治療●薬物療法で症状が改善することもあるが、根本的な治療法としては、胸腺摘除術が行なわれる。発症二年以内に行なったほうが、長期の経過は良好。この手術で、約八割の人が薬を使わずによくなる。

その他の病気

破傷風（→P43）
てんかん（→P43）
バセドウ病（→P66）
パーキンソン病（→P180）
脳卒中（→P61）
三叉神経痛（→P86）
うつ病（→P187）
統合失調症（→P191）
気分変調性障害（→P193）

目が痛い・涙が出る・目やにが出る

スタート

まぶたが全体にはれた感じですか？

はい

まぶたの裏の結膜が充血して、目やにや涙が出ますか？

かゆみがありますか？

「目がかゆい」（→P96）のチャートへ

急げ！

流行性角結膜炎など、伝染性の目の病気が疑われます。洗顔などによってもう一方の目にうつることもあります。すぐに眼科へ

いいえ

まぶたが部分的にはれていますか？

急げ！

外傷による失明の危険もあるので、すぐに眼科へ

目を強く打つなどして、傷を負いましたか？

目頭からほおにかけて赤くはれて痛み、目やにや涙が出ますか？

急性涙嚢炎の疑い。ときにひどくはれ上がり、発熱することもあります。眼科へ

まつげの根もとが赤くはれて痛みがあればものもらい、まぶたにグリグリしたしこりを感じれば霰粒腫の疑い。眼科へ

じっとしていても、目が痛みますか？

眼球の色に異常がありますか？

白目が赤く充血していますか？

目やにや涙が出ますか？

目頭を圧迫すると涙点から膿が出ますか？

結膜の充血があれば、慢性涙嚢炎が疑われます。眼科へ

ちょっとした光でもまぶしく感じますか？

目のかゆみや充血をともなうときはアレルギー性結膜炎の疑い。くしゃみや鼻水をともなうこともあります。眼科へ

夜更かしをしたときや睡眠不足のときのも光がまぶしく感じられますが、高齢者では白内障が進んでいる可能性もあります。眼科で検査を

目や目のまわりを押したり、眼球を動かすと強く痛みますか？

強膜炎の疑い。視力の低下をともなうときは視神経炎など視神経の病気が疑われます。眼科へ

目がゴロゴロしたり、チカチカしたりしますか？

明るいところで目がチカチカしてまぶしいときは白内障、目の乾燥感や異物感、充血がある場合はドライアイが疑われます。目にごみが入ったり、コンタクトレンズが 原因とも考えられます。ひどいときは眼科で検査を

目の奥の方が痛みますか？

心身の疲労や照明が不適当なとき、長時間のパソコン操作による目の酷使によっても、目に異常が起こります。長引くときは眼科で検査を

急げ！

吐き気や頭痛をともなう場合は緑内障の疑い。光を見たときに刺すような痛みを感じるときは虹彩毛様体炎の疑い。失明の危険もあるので至急、眼科へ

睡眠不足や薬の副作用、内臓の病気などが原因でまぶたがはれたり、むくんだりすることがあります。内科で検査を

白目が黄色っぽくなっているときは黄疸の疑い。内科へ

白目と黒目の境が、とくに充血が強いですか？

急げ!

圧痛があり、光を見ると痛みが強まる場合は、角膜炎や虹彩毛様体炎の疑い。すぐに眼科へ

まぶたの裏から白目にかけて充血がみられるときは結膜炎が疑われます。ほかにも高血圧や動脈硬化が原因で白目に出血が起こることもあるので、まずは眼科で検査を

◆◆考えられる病気◆◆

ものもらい（麦粒腫）

まぶたの裏にある瞼板腺、まつ毛の根もとにある毛嚢《もうのう》や汗腺などが、細菌に感染して起こる急性化膿《かのう》性炎症。
●症状●まぶたが赤くはれて痛む。まばたきや、まぶたを押すと強く痛む。
●治療●抗生物質の軟膏《なんこう》や点眼剤、内服剤などで治る。膿《う》点（黄色い膿《うみ》の集まり）が見えたら、切開して膿を出したほうが早く治る。

霰粒腫

瞼板腺がつまって、まぶたにしこりができる。細菌感染による急性炎症が加わると、急性霰粒腫《さんりゅうしゅ》になる。
●症状●まぶたに、いろいろな大きさでよく動くしこりができ、異物感がある。急性霰粒腫では痛みと発赤がみられる。
●治療●小さいものは自然に吸収されることもあるが、通常は切開して内容物を出す。急性霰粒腫は、抗生物質の点眼や内服で急性炎症をしずめてから、切開する。

涙嚢炎

鼻涙管《びるいかん》が閉塞《へいそく》して涙の流れが止まった涙嚢《るいのう》に、細菌が感染して炎症が起こる。
●症状●一般的なのは慢性涙嚢炎で、目やにや涙があふれて結膜も充血し、目頭を圧迫すると涙点から膿《うみ》が出る。急性涙嚢炎は、目頭からほおにかけて赤くはれあがる。慢性の症状に加えて熱感や疼痛《とうつう》が強く、発熱もみられる。
●治療●慢性涙嚢炎は抗生物質の点眼や内服で症状が一時おさまることもあるが、根治には手術が必要となる。急性涙嚢炎は、抗生物質の点滴などで炎症をしずめてから、手術を行なう。

角膜炎

さかさまつ毛や異物、コンタクトレンズ、結膜炎、ドライアイ、紫外線による炎症（雪目）など、さまざまな原因で、角膜表面の細胞が欠損する病気。ビタミンB_2欠乏症や糖尿病、目薬の使いすぎでも起こることがある。
●症状●主な症状は、充血、軽い異物感や痛み、流涙《りゅうるい》、かすみ感など。放置すると、細菌や真菌に感染して角膜潰瘍《かいよう》となり、重い視力障害をまねくことがある。
●治療●原因が取り除かれれば角膜炎は改善するが、ウイルス性結膜炎にともなう角膜炎は治療に時間がかかることがある。

流行性角結膜炎 急性出血性結膜炎

流行性角結膜炎はアデノウイルス、急性出血性結膜炎は、エンテロウイルスやコクサッキーウイルスの感染で起こる。伝染性結膜炎（急性結膜炎、はやり目）の一種で、症状は急激に発生する。

●症状●流行性角結膜炎は、耳前リンパ節のはれや圧痛など、かぜの症状が出る。五～七日間の潜伏期間後、多量の目やに、充血、流涙《りゅうるい》、まぶたのはれなど強い結膜炎症状が感染した目に起こり、数日遅れてもう一方の目にも発症する。成人では小さな粒状のブツブツができる濾胞《ろほう》性結膜炎が多く、ときに眼球結膜（白目）に小出血をともなう。結膜炎の著しい時期は一～二週間続き、その後角膜炎を生じ、眼痛や視力低下があらわれる。充血がとれるまで三～四週間かかる。

急性出血性結膜炎は、感染から約一日後に、目やに、流涙、まぶしい、目の異物感などが急激にあらわれる。片目に発症しても翌日には両眼性となり、眼球結膜に出血が起こるのが特徴だ。耳前リンパ節のはれや、結膜の濾胞形成は軽度で、発症から約一週間で自然に治る。

●治療●病原ウイルスに直接効果のある薬はなく、対症療法が主体となる。細菌に感染すると重い角膜潰瘍《かいよう》を起こす場合があるので、ステロイド剤の点眼剤で予防する。

強膜炎

白目といわれる強膜に起こる炎症で、原因は不明。

●症状●目の痛みが強く、しばしば角膜や虹彩毛様体《こうさいもうようたい》の炎症を併発する。圧痛がある点が結膜炎と異なる。

●治療●ステロイド剤の点眼や内服、結膜下注射が有効である。

虹彩毛様体炎

瞳孔《どうこう》の大きさを変える筋肉がある虹彩《こうさい》と、それに隣接する毛様体《もうようたい》に炎症が起こる病気。多くは原因不明だが、外傷によるもの、細菌やウイルス感染で起こるもの、関節リウマチなどの全身疾患にともなって発症するものがある。

●症状●視力低下、充血、まぶしい、眼痛（とくに光を見たときに刺すような痛みを感じる）などがあらわれる。放置すると白内障《はくないしょう》や続発性緑内障《りょくないしょう》をきたし、視力障害が著しくなる。

●治療●散瞳点眼剤とステロイド剤、抗炎症剤などの点眼や全身投与が行なわれる。原因がわかっている場合は原因治療が行なわれる。

緑内障

眼圧が上がり、視神経が圧迫されて、眼痛や視力障害をきたす病気である。先天性緑内障《りょくないしょう》（→P261）、急性緑内障（閉塞《へいそく》隅角緑内障）、正常眼圧緑内障（開放隅角緑内障）、虹彩毛様体《こうさいもうようたい》炎や角膜炎などから起こる続発性緑内障、ステロイド剤が原因のステロイド緑内障などがある。

急性緑内障

眼内の房水《ぼうすい》の出口（前房隅角部）がふさがれ、急に眼圧が高くなって起こる。

●症状●急に目が痛んで見えにくくなり、同時に頭痛や吐き気が起こる。明かりを見るとまわりに虹が見える虹視《こうし》症が特徴。症状が出てから一日で失明することがあるので、すぐに眼科を受診することが大切である。

●原因●前房隅角部がふさがれる原因は、先天的なもの、強い遠視や老化などによる水晶体の膨張、ストレス、睡眠不足などが考えられる。

●治療●縮瞳剤の点眼、グリセリンの内服、高浸透圧剤の点滴で眼圧を十分に下げてから、レーザーで虹彩《こうさい》の根もとに孔《あな》を開ける。

正常眼圧緑内障

眼圧が通常よりやや高い、あるいは正常値でも本人にとっては高い状態の場合である。前房隅角から先の眼内液を排出する経路に障害があって起こる。

●症状●目が重い、視野が狭い感じ、頭痛、疲労感などの軽い症状がみられることがある。進行すると視野のとくに鼻側が欠けてくる。

●治療●眼圧を下げる点眼剤を使い、効果がなければ、手術で隅角から房水を流れやすくする。

ドライアイ（乾性角結膜炎）

涙液の分泌量の減少や、成分の異常によって、角膜や結膜の表面細胞に障害が起こり、目が乾燥する。

●症状●目の乾燥感、異物感、充血、目やに、まぶしい、起床時にまぶたが開きにくい、疲れ目などさまざまだ。一方、自覚症状がまったくないことも多く、症状と重症度は必ずしも一致しない。

●原因●涙液が減少する原因は、シェーグレン症候群、加齢など。また、まばたきの回数が減ると、涙液が蒸発しやすい。しかし最も多いのは原因不明のドライアイである。

●治療●涙液を増やす根本的な治療法はないので、対症療法として人工涙液をひんぱんに点眼する。ほかに涙液の蒸発を抑える保湿めがねの使用や、手術で涙点を閉鎖する方法などがある。

シェーグレン症候群

乾性角結膜炎、口内乾燥、関節炎を合併する全身疾患である。関節リウマチや全身性エリテマトーデスなどと合併して起こる。

●症状●症状はゆっくりとあらわれる。涙腺や唾液腺《だえき》が炎症を起こし、涙が出にくく、目がゴロゴロして、充血し、まぶしさを感じる。物が食べにくい、話しにくい、むし歯、せきが長びくなどの症状もみられる。また、関節痛やレイノー現象がみられる。

●治療●人工涙液の点眼、唾液分泌刺激剤の内服とともに、水分摂取とむし歯予防の歯みがきを励行する。

眼圧の異常●

目の前眼部には角膜や強膜でできた壁があり、内側に房水という液体が入っていて、その壁の弾力と液の充満状態によって、一定のかたさを保っている。このかたさのことを眼圧という。

房水は、毛様体《もうようたい》から後房に分泌され、瞳孔《どうこう》を通って前房に入り、虹彩《こうさい》の根もとと角膜との境にある隅角から眼球の外へ出る。ふつうは眼球内に入ってくる房水の量と出て行く量は同じなので、眼圧は平均して一〇〜二〇㎜Hgに保たれている。しかし、隅角に異常があり、房水が眼球から外に出にくくなると、眼圧が上がる。

眼圧が上がりすぎると、水晶体や硝子《しょうし》体を圧迫する。圧迫が視神経にまで及ぶと、永久的な視野異常や視力障害をきたし、ついには失明することもある。

眼球の構造

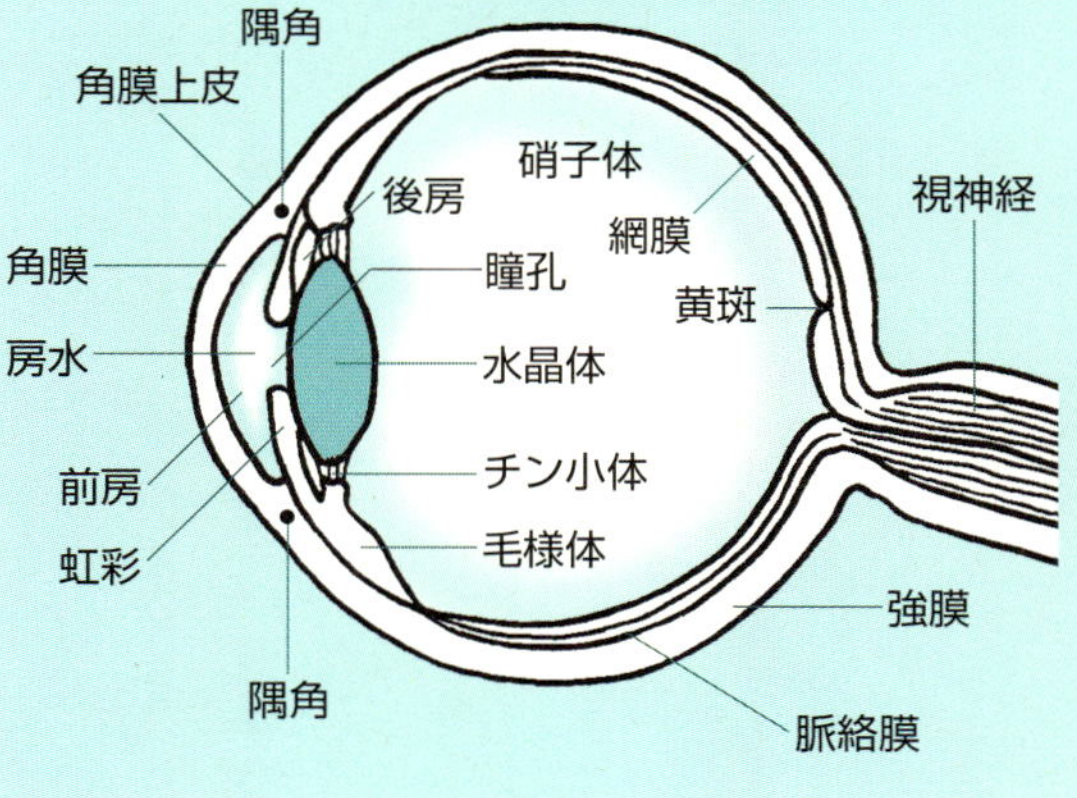

その他の病気

アレルギー性結膜炎（→P96）
視神経炎（→P100）
黄疸（→P77）

目がかゆい

スタート

目の縁が赤く、その周囲の皮膚がただれた感じですか？

はい → ただれ目の疑いがあります。とくにアレルギー性の場合は激しいかゆみをともないます。眼科へ

いいえ → まぶたがはれて皮膚の一部が赤くなり、痛みがありますか？

→ ものもらいの疑いがあります。眼科へ。繰り返しできるときは、糖尿病や免疫疾患が疑われます。眼科医と相談を

→ 目が赤く充血していますか？

→ 目のかゆみは、動物の毛やほこり、花粉などの刺激が原因で起こることもあります。なかなかよくならないときは眼科で検査を

→ かゆみが強く、目やにや涙がたくさん出ますか？

→ アレルギー性結膜炎の疑い。花粉の舞う季節なら花粉症の疑い。眼科へ

→ 目薬を常用したり、アイシャドウなどの化粧品をよく使いますか？

→ 目をこすりすぎたときにも起こります。ほかに思い当たる原因がなく、長引くときは眼科へ

→ 目薬や化粧品が合わないのかもしれません。使用をやめて眼科へ

◆◆考えられる病気◆◆

ただれ目（眼瞼縁炎）

まぶたの縁の炎症。まつ毛の根もとの毛嚢《もうのう》、脂腺、汗腺などに細菌や真菌が感染したり、湿疹、化粧品や薬剤などにかぶれたりすることから発症する。

●症状●まぶたの縁が赤くなり（眼瞼《がんけん》縁炎）、カサカサになって（落屑《らくせつ》性眼瞼縁炎）かゆみがあるもの、潰瘍《かいよう》ができて（潰瘍性眼瞼縁炎）ヒリヒリするもの、眼瞼の皮膚がただれて（眼瞼皮膚炎）かゆみの強いものなどがある。

●治療●化膿《かのう》性炎症が原因なら、抗生物質や抗真菌剤の軟《なん》膏《こう》や点眼剤、内服剤などを用いる。湿疹やかぶれによるものは、患部を清潔にし、ステロイド剤などで治療する。

アレルギー性結膜炎

アレルギー反応によって起こる結膜炎。原因物質は、スギやブタクサなどの花粉、ハウスダスト、ダニ、カビ類、ペットの毛、抗生物質点眼剤や点眼剤中の防腐剤など。

●症状●目のかゆみ、充血、目やにが中心で、角膜炎を合併していれば、目の異物感や痛みがある。花粉症では、くしゃみ、鼻水などの鼻炎症状をともなう。

●治療●抗アレルギー剤とステロイド剤の点眼が主体となる。ステロイド剤は症状を抑える効果が高く、よく使われるが、緑内障《りょくないしょう》や真菌感染などの重い副作用も引き起こすので、眼科医の指示に従って正しく使用したい。

その他の病気

ものもらい（→P93）

糖尿病（→P164）

目が疲れる

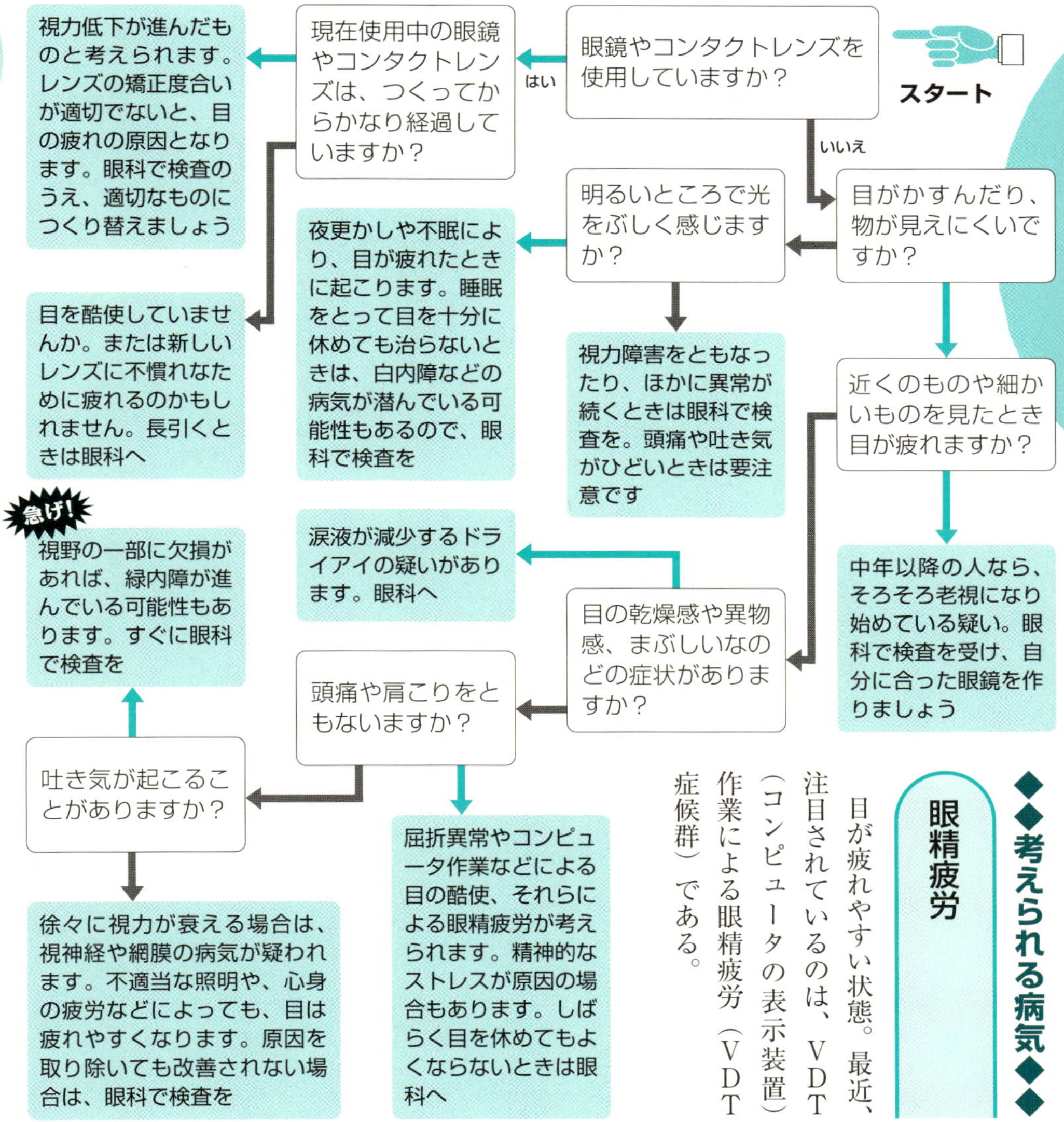
スタート
眼鏡やコンタクトレンズを使用していますか？
はい
いいえ
現在使用中の眼鏡やコンタクトレンズは、つくってからかなり経過していますか？
視力低下が進んだものと考えられます。レンズの矯正度合いが適切でないと、目の疲れの原因となります。眼科で検査のうえ、適切なものにつくり替えましょう
目を酷使していませんか。または新しいレンズに不慣れなために疲れるのかもしれません。長引くときは眼科へ
目がかすんだり、物が見えにくいですか？
明るいところで光をまぶしく感じますか？
夜更かしや不眠により、目が疲れたときに起こります。睡眠をとって目を十分に休めても治らないときは、白内障などの病気が潜んでいる可能性もあるので、眼科で検査を
視力障害をともなったり、ほかに異常が続くときは眼科で検査を。頭痛や吐き気がひどいときは要注意です
近くのものや細かいものを見たとき目が疲れますか？
中年以降の人なら、そろそろ老視になり始めている疑い。眼科で検査を受け、自分に合った眼鏡を作りましょう
目の乾燥感や異物感、まぶしいなどの症状がありますか？
涙液が減少するドライアイの疑いがあります。眼科へ
頭痛や肩こりをともないますか？
屈折異常やコンピュータ作業などによる目の酷使、それらによる眼精疲労が考えられます。精神的なストレスが原因の場合もあります。しばらく目を休めてもよくならないときは眼科へ
吐き気が起こることがありますか？
急げ！
視野の一部に欠損があれば、緑内障が進んでいる可能性もあります。すぐに眼科で検査を
徐々に視力が衰える場合は、視神経や網膜の病気が疑われます。不適当な照明や、心身の疲労などによっても、目は疲れやすくなります。原因を取り除いても改善されない場合は、眼科で検査を

◆◆考えられる病気◆◆

眼精疲労

目が疲れやすい状態。最近、注目されているのは、VDT（コンピュータの表示装置）作業による眼精疲労（VDT症候群）である。

●症状●目が疲れ、重い感じがする。さらに、目の痛み、かすみ、まぶしい、充血、流涙《りゅうるい》などの症状が出る。全身的な疲労感、頭痛、肩こり、吐き気が起こることもある。

●原因●それほど目を酷使していないのに疲れる場合は、近視や遠視、乱視、老視のほか、斜視《しゃし》、ドライアイ、緑内障《りょくないしょう》、白内障《はくないしょう》、視神経や網膜の病気が原因となる。また紫外線、エアコンの風、有機溶剤、ストレスからも起こる。

●治療●原因によって治療法が異なるので、眼科医の指示に従うことが大切だ。

VDT症候群の場合、一時間作業したあとは、一〇分間の休憩をとることがすすめられている。

その他の病気

屈折異常（→P99）
白内障（→P99）
緑内障（→P94）
ドライアイ（→P95）

視力が低下する

スタート

遠くのものがよく見えないのですか？

はい → 近視、乱視、強度の遠視の疑い。乱視では遠近ともに見えにくい場合があります。眼科で検査をして適切な矯正を

いいえ → 近くのものがよく見えないのですか？

中年以降の人ですか？

遠視の疑いがあります。眼科で検査をして適切な矯正を

物が二重に見えますか？

乱視または弱視の疑い。また、目を動かす筋肉や神経を障害する脳の病気でも起こることがあります。眼科で検査を

物がゆがんで見えますか？

とくに暗いところで見えにくいですか？

視野の中心部に影(暗点)があり、ぼやけて見えにくいですか？

急げ！ 中心性網膜症や視神経炎、視神経萎縮、お年寄りなら加齢黄斑変性が疑われます。早めに眼科へ。また、糖尿病の人の場合は糖尿病性網膜症の疑い。失明の危険もあるので、すぐに眼科へ

明るいとかえって見えにくいことがありますか？

目がかすみ、疲れやすいですか？

視野が狭くなった感じがしますか？

視野のなかに黒っぽいごみや糸くず、虫のようなものが飛んでいるように見えたり、光が走るように感じますか？

視野の内側か外側または片側など、一定の範囲が見えにくいですか？

急げ！ 緑内障、視神経炎、視神経萎縮などが疑われます。すぐに眼科へ

霧がかかったように、視野が白くぼやけてみえますか？

白内障の疑いがあります。日常生活に支障をきたすときは、早めに眼科へ

黒目（角膜）に白い斑点またはにごりがみられますか？

急げ！ 角膜炎や、それが進行した角膜潰瘍の疑いがあります。すぐに眼科へ

不規則に視野が狭くなりましたか？

視野の異常を生じる目の病気は多く、人によってもあらわれ方が異なります。なかには全身疾患の部分症状として起こることもあるので、まずは眼科で検査を

急げ！ 視神経症や網膜剥離、脳の重い病気などで起こります。大至急、眼科で検査を

黒目がむくんで青く見えますか？

急げ！ 緑内障の疑いがあります。すぐに眼科へ

眼精疲労の疑いがあります。夜更かしや睡眠不足、パソコン操作などで目を酷使していませんか。そのほか結膜や角膜などの病気、あるいは屈折異常（近視・遠視・乱視・老視など）があるのに、眼鏡を使わなかったり、使っていても目に合っていないことも原因となります。眼科で相談を

老視の疑いがあります。眼科で検査をして適切な矯正を。また、一部の胃薬を常用している場合に、目の調節障害が起こることがあります。担当医に相談を

脳神経の病気や、白内障、老視の初期、ビタミンA不足などの場合に、暗いところで物が見えにくくなったり、小さな文字が読みずらくなったりします。眼科で検査を

白内障やぶどう膜炎、視神経の病気などで起こることがあります。眼科で検査を

急げ!

飛蚊症や光視症の疑い。網膜剥離やぶどう膜炎、硝子体の病気など目の奥の異常で起こります。すぐに眼科で検査を

一時的なものなら心配ありませんが、長く続くときは眼科で検査を

◆◆考えられる病気◆◆

屈折異常

光は角膜、水晶体を通って屈折し、網膜の上に像を結ぶ。この屈折に異常が起こると、近視や遠視、乱視になる。

近視

網膜の手前で像を結んでしまうために、近くは見えるが遠くは見えにくくなる。

●症状と原因●近いところはよく見えるが、遠いところはぼんやりとして見えにくい。眼球の軸が成長とともに伸び、像の結ばれる位置より網膜が後ろになるため起こるものと、水晶体の厚さを調節する毛様《もうよう》体《たい》筋の機能異常で起こるものがある。

●治療●眼鏡かコンタクトレンズで矯正する。眼軸の伸びは、角膜表層の一部をレーザーで切除して屈折力を弱めるしか治療法がない。効果はあるが、将来、角膜が濁ってくるかどうか、まだはっきりわかっていない。

遠視

網膜の後ろで像を結ぶもので、近いところも遠いところもよく見えない状態。

●症状と原因●近いところは、かなり調節しても、網膜に焦点が合わない。遠いところは、何げなく見るなど調節をしない場合には、網膜に焦点が合わない。常に調節の努力が必要となる。とくに近いところを見るときには、遠いところよりもいっそう調節の努力が必要で、目が疲れる。

乳幼児期にある程度以上の強い遠視があると、視力が発達せず、弱視や内斜視になることもある。

●治療●目が疲れやすい場合、弱視や内斜《しゃし》視になっている場合は、眼鏡が必要となる。

乱視

何げなく見るなど目の調節を休ませたとき、どこにも像を結ばない状態である。

●症状と原因●年齢が若く、軽度の場合は自覚症状がない。しかし、乱視の度が強い場合や、軽度でも年齢が高くなると、視力が低下し、近くも遠くも見えにくくなる。字がにじんで見えたり、片方の目で見ても物が二つに見えたりする。目が疲れ、弱視の原因にもなる。

角膜のカーブの方向が違うことによって起こる正乱視と、角膜の表面が炎症やけがなどでデコボコになって起こる不正乱視とがある。

●治療●正乱視は眼鏡かコンタクトレンズ、不正乱視はコンタクトレンズが必要。

老視

加齢とともに水晶体の弾力性が衰え、近くが見えにくくなる。四〇歳ごろから徐々に進むが、六〇歳を過ぎると進行は止まる。適切な老眼鏡を使えば解決する。

白内障
（老人性白内障）

加齢のために新陳代謝が悪

くなり、水晶体が濁る病気。
●症状●初期には水晶体の周囲だけが濁っていて症状はない。進行すると、水晶体の中央まで濁ってきて、目の中に光が入りにくくなり、視力が落ちる。目がかすむ、霧がかかったように白くぼやけて見えるなどして、疲れやすい。また明るいとかえって見えにくいことや、弱い光でもまぶしく感じることがある。
●治療●軽い場合は進行防止の点眼剤を用いて様子をみる。日常生活に支障が出たときや、車を運転する人で視力が〇・七以下の場合は、手術をする。水晶体表面の膜を残して内容を摘出し、膜の中に眼内レンズ（人工水晶体）を入れる。眼内レンズの度は近くか遠くに合わせるので、補正用の眼鏡も必要となる。

糖尿病網膜症

糖尿病の重い合併症で、高血糖のために網膜の微少血管が障害され、一方で浮腫《ふしゅ》や出血が起こる。大人の中途失明の一因である。
●症状と経過●特徴的な症状はない。黄斑《おうはん》部が侵されると、物がゆがんで見えるなど視力が低下する。視野の中心部に影（暗点）があり、ぼやけて見えにくいこともある。
初期は網膜内だけの病変（単純網膜症）だが、虚血が進行すると網膜の表面から新生血管が伸び、硝子体《しょうしたい》の中に増殖する（増殖網膜症）。新生血管はもろく、硝子体出血の原因になる。また新生血管の線維《せんい》化が進むと、硝子体とひとかたまりになり、網膜を持ち上げ（網膜剥離《はくり》）、失明に至ることがある。
●治療●基本治療は血糖コントロールだが、それによって進行が抑制できるごく初期以外は、どんな内科的処置を施しても眼底の病変は進行する。眼科治療としては、まずレーザー光凝固を施す。レーザー治療が不可能な硝子体出血や増殖網膜症では、硝子体手術が行なわれる。

中心性網膜症
（中心性漿液性網脈絡膜症）

視野の中心で視力の最も鋭敏な網膜の黄斑《おうはん》に水がたまり、浮腫《ふしゅ》（むくみ）を生じる病気で、網膜剥離《はくり》の一種。浮腫は、脈絡膜から水（血漿《しょう》の一部）がもれることで起こる。
●症状●暗くなる（中心暗点）、小さく遠くに見える（小視症）、ゆがむ（変視症）、字が読みにくいなど、いろいろな視覚異常を自覚し、目が疲れる（眼精疲労）。
●治療●水のもれている部分へのレーザー光凝固治療は、数週間で治癒が期待できる。レーザー照射が不可能なほど黄斑の中心に近いときは、薬物治療が行なわれる。この場合は治癒までに数か月を要し、再発もしやすくなる。

加齢黄斑変性

加齢とともに、網膜色素上皮の機能が低下し、脈絡膜とともに萎縮《いしゅく》する病気。新生血管の増殖によるもの（円板状黄斑《おうはん》変性）は、近年増加傾向にあり、高齢者の失明原因として注目されている。
●症状●ゆがんで見える変視症で発症し、中心暗点が進行する。見えにくい部分は視野の中心部から徐々に広がり、視力が低下する。両眼に起こると読み書きが不自由になる。
●治療●まだ有効な治療法はない。ときに新生血管に対してレーザー光凝固治療を行なうが、再発することがある。

視神経炎／視神経症

炎症や感染、脱髄（髄鞘《ずいしょう》が変性脱落する）による視神経障害を視神経炎という。視神経症は、遺伝、循環障害（虚血）、圧迫、外傷、栄養障害、中毒が原因となる。
●症状●視神経炎は、中心暗点となって視力が著しく落ちる。目の奥の痛みや、眼球を動かしたときの痛みがある。片眼性が多いが、ときに発症時期がずれて両眼性となる。後天性色覚異常をともなう。
　視神経症は、中心暗点や不規則な視野の狭窄《きょうさく》・欠損が起こる。中毒や栄養障害、遺伝が原因の場合は両眼性で、ほかの原因では片眼性となる。
●治療●ビタミン剤や消炎剤が用いられる。

視神経萎縮

　さまざまな目の病気の結果の一つで、毛細血管や神経線《せん》維《い》が減少または消失し、代わりに支持組織が増殖する。
●症状●視神経の中心が侵されると、中心暗点が起こり、大きく視力が低下する。視神経の辺縁が侵されると視野狭《きょう》窄《さく》などがみられるが、中心視力はよく保たれることもある。頭蓋内の視神経部の病変では、半盲（右または左の視野が欠ける）となる。
●原因●緑内障《りょくないしょう》、網膜中心動脈閉塞《へいそく》、網膜色素変性、ぶどう膜炎、視神経症（炎）の末期状態、下垂体腫瘍《しゅよう》など。
●治療●原因疾患の治療のほか、ビタミン剤や血管拡張剤が用いられる。

網膜剥離

　網膜と脈絡膜の間に水がたまり、網膜がはがれる病気。
●症状●視野が欠損し、カーテンが下りる、または雲がわくように感じる。通常は数日で進行し、多くが飛蚊《ひぶん》症や光視症（光が走るように感じる）をともなう。
●原因●一般的なのは裂孔原性（特発性）網膜剥離《はくり》で、網膜に孔《あな》ができて硝子体《しょうしたい》液が入り込むもの。続発性網膜剥離は、脈絡膜や網膜に病気があってむくみを起こす。
●治療●水を抜き、裂孔を閉じる手術を行なう。剥離範囲が狭いときは、周囲にレーザー光凝固を施す。続発性網膜剥離は原因疾患を治療する。

飛蚊症

　目の前に虫などが飛んでいるように見える。生理的飛蚊《ひぶん》症は、加齢などで硝子体《しょうしたい》本来の構造が変化して起こる。病的な飛蚊症は網膜剥離《はくり》などによる出血や、ぶどう膜炎で起こる。
●症状●目の前に黒っぽいごみや糸くず、点、虫が飛んでいるように見え、目の動きについてくる。周囲が明るい場所や白い背景で自覚されやすい。ときに光視症をともなう。出血による飛蚊症では油煙や墨汁とも表現される。物が赤く見え、大量の出血がある場合には視力が低下する。
●治療●生理的飛蚊症の場合、治療の必要はない。出血はふつう時間とともに吸収されるが、長時間残るときや、網膜剥離が疑われる場合は、硝子体の切除手術が行なわれる。

ぶどう膜炎

　虹彩《こうさい》、毛様体《もうようたい》、脈絡膜の三つを合わせて、ぶどう膜といい、そこに炎症が起こる病気。多くは原因不明である。
●症状●視力低下、充血、まぶしい、眼痛などがあらわれる。明るいとかえって見にくいことがある。放置すると白《はく》内障《ないしょう》や続発性緑内障《りょくないしょう》をきたし、視力障害が著しくなる。
●治療●散瞳点眼剤とステロイド剤、抗炎症剤などの点眼や全身投与が行なわれる。原因がわかっている場合には原因治療が行なわれる。

その他の病気

眼精疲労（→P97）

耳が痛い・耳だれがある

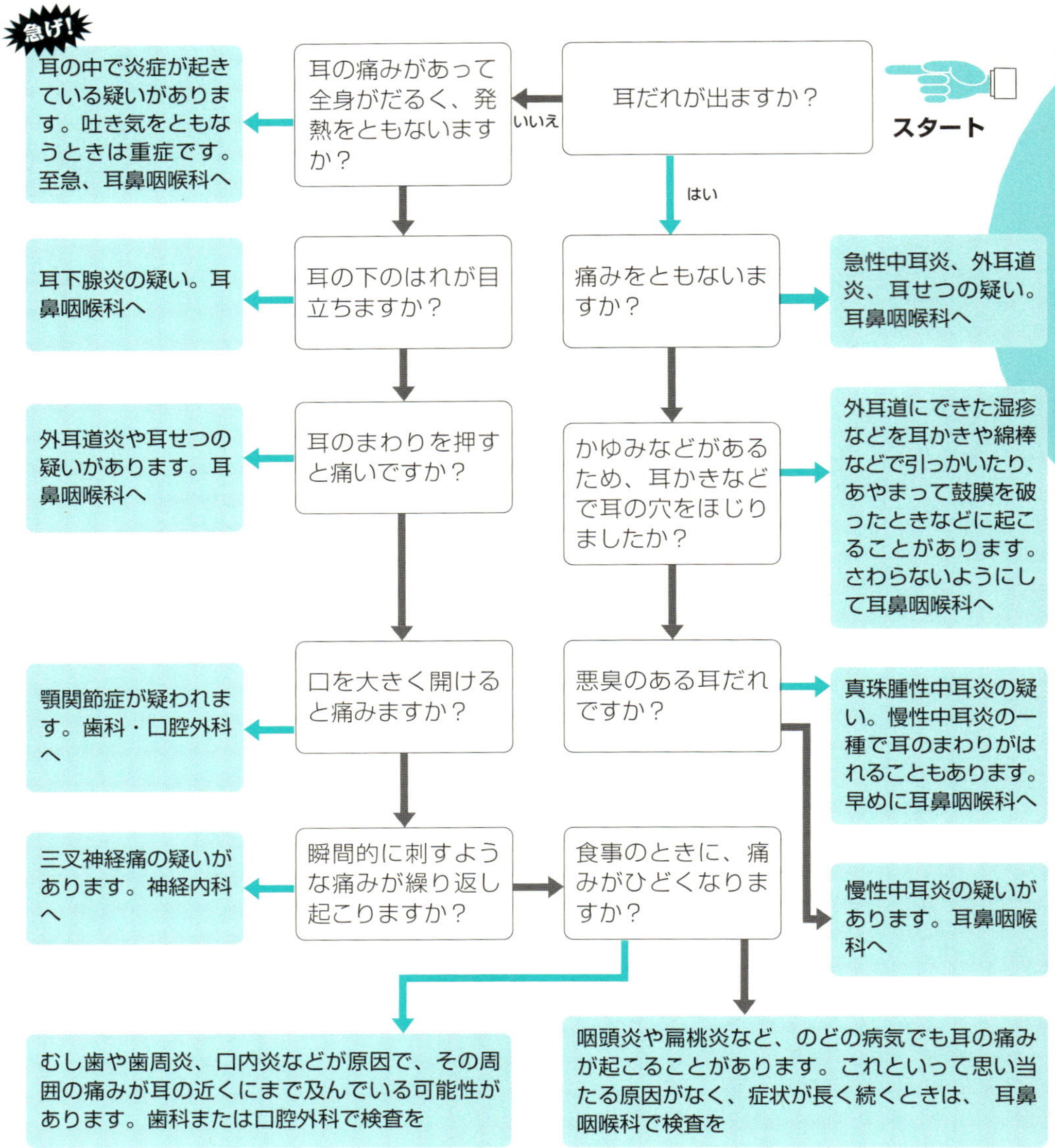
スタート
耳だれが出ますか？
いいえ
はい
耳の痛みがあって全身がだるく、発熱をともないますか？
急げ！
耳の中で炎症が起きている疑いがあります。吐き気をともなうときは重症です。至急、耳鼻咽喉科へ
耳の下のはれが目立ちますか？
耳下腺炎の疑い。耳鼻咽喉科へ
耳のまわりを押すと痛いですか？
外耳道炎や耳せつの疑いがあります。耳鼻咽喉科へ
口を大きく開けると痛みますか？
顎関節症が疑われます。歯科・口腔外科へ
瞬間的に刺すような痛みが繰り返し起こりますか？
三叉神経痛の疑いがあります。神経内科へ
痛みをともないますか？
急性中耳炎、外耳道炎、耳せつの疑い。耳鼻咽喉科へ
かゆみなどがあるため、耳かきなどで耳の穴をほじりましたか？
外耳道にできた湿疹などを耳かきや綿棒などで引っかいたり、あやまって鼓膜を破ったときなどに起こることがあります。さわらないようにして耳鼻咽喉科へ
悪臭のある耳だれですか？
真珠腫性中耳炎の疑い。慢性中耳炎の一種で耳のまわりがはれることもあります。早めに耳鼻咽喉科へ
慢性中耳炎の疑いがあります。耳鼻咽喉科へ
食事のときに、痛みがひどくなりますか？
むし歯や歯周炎、口内炎などが原因で、その周囲の痛みが耳の近くにまで及んでいる可能性があります。歯科または口腔外科で検査を
咽頭炎や扁桃炎など、のどの病気でも耳の痛みが起こることがあります。これといって思い当たる原因がなく、症状が長く続くときは、耳鼻咽喉科で検査を

◆◆考えられる病気◆◆

急性中耳炎

かぜなどの細菌やウイルスが中耳腔《くう》の粘膜に感染し、急性炎症を起こす病気。

●症状●耳の奥に突き刺すような痛みを感じる。耳鳴り、耳のふさがり感、軽い難聴、耳だれ、ときに発熱や嘔吐《おうと》などもあらわれる。夜間や、昼寝のときに痛むことが多い。

劇症型の場合、中耳をとりまく骨の小部屋に炎症が広がる乳様《にゅうよう》突起炎や、内耳炎を引き起こすこともある。前者では耳介《じかい》が立って、耳の後ろがはれてくる。後者では高度の難聴とめまいを生じる。

●治療●痛みには、とりあえず鎮痛剤を使用する。鼓膜のはれが軽度なら、多くは抗生物質の内服剤で治療する。中耳に膿《うみ》がたまって鼓膜のはれがひどいときは、すぐに鼓膜に小さい孔《あな》をあけ、膿を出す

鼓膜切開術が行なわれる。膿が出ると、痛みはうそのように消えるが、まだ治ったわけではない。切開孔は、中耳炎の治癒とともにふさがる。

慢性中耳炎

中耳の炎症が続き、鼓膜に孔《あな》があいたまま慢性化した状態。多くは急性中耳炎から移行して起こる。慢性中耳炎の特殊なタイプで、鼓膜にあいた孔から、剥脱《はくだつ》した上皮組織が中耳腔《くう》に袋状にたまった状態のものは、真珠腫《しんじゅしゅ》性中耳炎と呼ばれる。

●症状●難聴や耳鳴り、耳だれを繰り返す。耳だれが長期間続く場合は、耳小骨《じしょうこつ》や内耳に障害が及んでいることもある。また、真珠腫性の場合は、耳だれに悪臭があり、真珠腫が大きくなると、周囲の組織を破壊して顔面神経まひやめまいを起こすことがある。

●治療●耳だれに対しては、原因菌に有効な抗生物質の内服や点耳、耳の消毒などを行なう。最近は手術の進歩により、多くの慢性中耳炎が鼓室形成術で治癒するようになった。この手術は、耳だれの原因となる中耳腔内の病変を取り除き、破壊された耳小骨や鼓膜をつくり直し、聴力を回復しようというもの。ただし、内耳に障害が及んだ重症の場合は、手術による聴力の改善は困難とされている。

外耳道炎／耳せつ

外耳道炎には、入り口にできる限局性外耳道炎と、奥にできるびまん性外耳道炎がある。限局性外耳道炎が進展し、膿瘍《のうよう》ができた場合は耳せつ（耳のおでき）という。

●症状●かゆみやツーンとする緊張感などの症状で始まり、しだいに耳が激しく痛む。痛みは中耳炎のときよりも激しいことがあり、耳たぶにさわったり、口を開けたり、食べ物をかんだだけで飛び上がるほどの痛みを感じる。ふつう聴力には影響しないが、耳だれや皮膚のはれがひどい場合は、軽い難聴をともなうこともある。しかし、大半は後遺症を残さずに治る。

●原因●耳かきや不潔な指、外耳道に入った不潔な水などから、細菌に感染することが多い。慢性中耳炎や耳の湿疹から起こることもある。

●治療●外耳道を清掃し、抗生物質の軟膏《なんこう》か点耳液で治療する。ときには抗生物質の内服も必要。耳せつに進行すると、切開して膿《うみ》を出さなければならないこともある。

耳下腺炎

耳下腺《じかせん》の炎症は、ムンプスウイルスが原因の流行性耳下腺炎（おたふくかぜ）が多いが、原因不明で再発を繰り返す再発性耳下腺炎もある。

●症状●流行性耳下腺炎は、三七〜三八度の発熱が一〜二日続いたあとに、耳下腺がはれて痛む。発症後まもなく、高度の難聴になることがある。難聴は片側だけに起こることが多く、反対側は正常な聴力が保たれる。合併症として髄膜炎が約五％に起こるが、ほとんどが回復し、障害も残らない。まれに脳炎、精巣《せいそう》炎、膵炎、感音性難聴を合併する。

●治療●耳下腺のはれは、冷やして痛みをやわらげる。ウイルスに直接効果のある薬はないが、精巣炎に対してはステロイド剤を、頭痛や耳下腺の痛みには鎮痛剤が使用されることがある。

その他の病気

むし歯（→P116）
口内炎（→P110）
扁桃炎（→P122）
咽頭炎（→P122）
顎関節症（→P113）
三叉神経痛（→P86）

聞こえにくい・耳鳴りがする

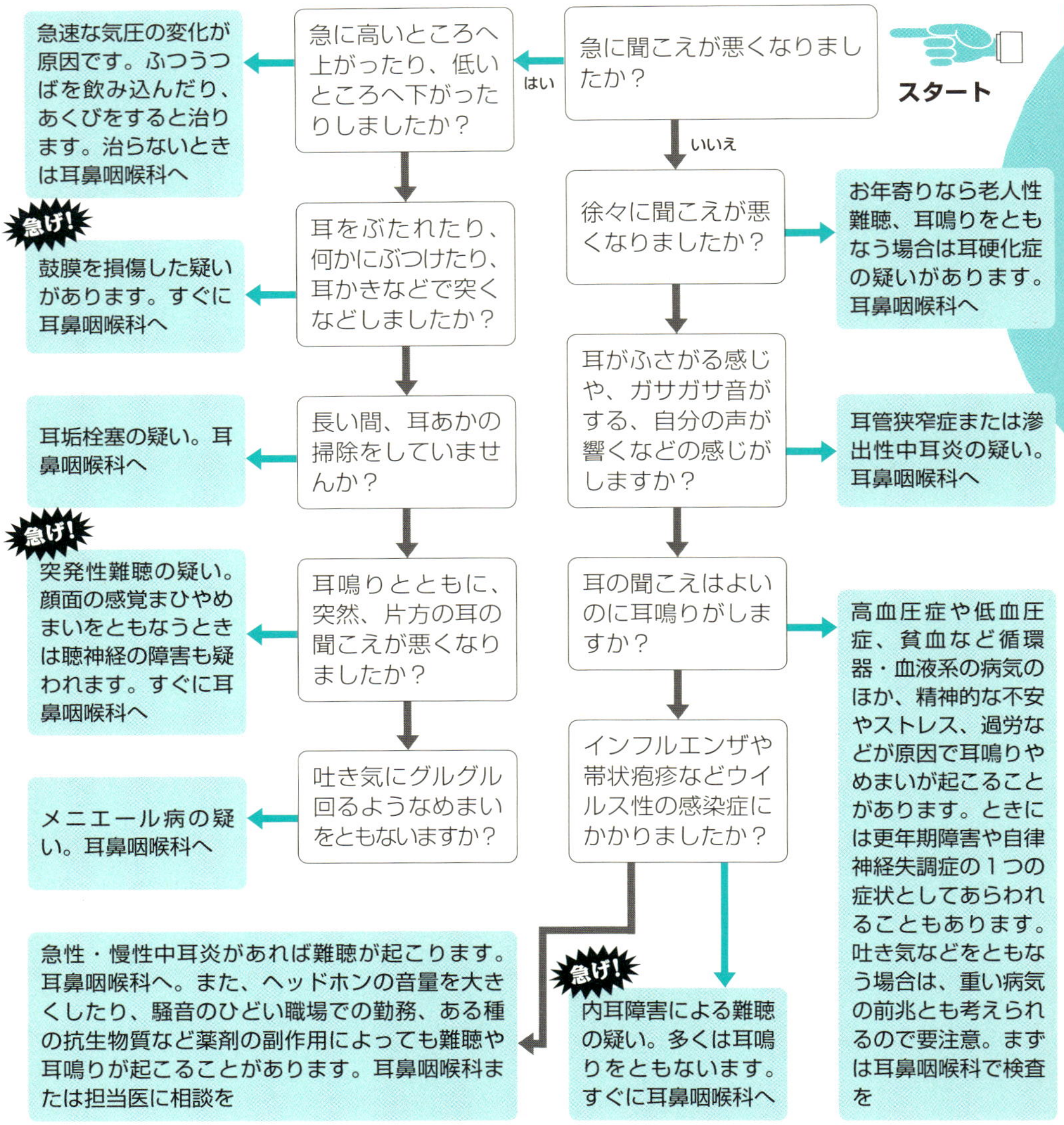
スタート
急に聞こえが悪くなりましたか？
はい
急に高いところへ上がったり、低いところへ下がったりしましたか？
急速な気圧の変化が原因です。ふつうつばを飲み込んだり、あくびをすると治ります。治らないときは耳鼻咽喉科へ
耳をぶたれたり、何かにぶつけたり、耳かきなどで突くなどしましたか？
急げ！
鼓膜を損傷した疑いがあります。すぐに耳鼻咽喉科へ
長い間、耳あかの掃除をしていませんか？
耳垢栓塞の疑い。耳鼻咽喉科へ
耳鳴りとともに、突然、片方の耳の聞こえが悪くなりましたか？
急げ！
突発性難聴の疑い。顔面の感覚まひやめまいをともなうときは聴神経の障害も疑われます。すぐに耳鼻咽喉科へ
吐き気にグルグル回るようなめまいをともないますか？
メニエール病の疑い。耳鼻咽喉科へ
いいえ
徐々に聞こえが悪くなりましたか？
お年寄りなら老人性難聴、耳鳴りをともなう場合は耳硬化症の疑いがあります。耳鼻咽喉科へ
耳がふさがる感じや、ガサガサ音がする、自分の声が響くなどの感じがしますか？
耳管狭窄症または滲出性中耳炎の疑い。耳鼻咽喉科へ
耳の聞こえはよいのに耳鳴りがしますか？
高血圧症や低血圧症、貧血など循環器・血液系の病気のほか、精神的な不安やストレス、過労などが原因で耳鳴りやめまいが起こることがあります。ときには更年期障害や自律神経失調症の1つの症状としてあらわれることもあります。吐き気などをともなう場合は、重い病気の前兆とも考えられるので要注意。まずは耳鼻咽喉科で検査を
インフルエンザや帯状疱疹などウイルス性の感染症にかかりましたか？
急げ！
内耳障害による難聴の疑い。多くは耳鳴りをともないます。すぐに耳鼻咽喉科へ
急性・慢性中耳炎があれば難聴が起こります。耳鼻咽喉科へ。また、ヘッドホンの音量を大きくしたり、騒音のひどい職場での勤務、ある種の抗生物質など薬剤の副作用によっても難聴や耳鳴りが起こることがあります。耳鼻咽喉科または担当医に相談を

◆◆考えられる病気◆◆

耳管狭窄症 滲出性中耳炎

耳管狭窄《きょうさく》症は、中耳とのどの上を結ぶ耳管が狭くなって空気が通りにくくなり、中耳腔《くう》内の空気圧が下がる病気。ときに、治りきらずに滲出《しんしゅつ》性中耳炎に移行する。

●症状●耳がふさがった感じがする耳閉感が主な症状で、人によっては、つまった感じとか圧迫感と感じることもある。車に乗って、高い山から下りるときに生じる状態と同じだ。自分の声が響いて聞こえる、ガサガサ音がすることもある。

●原因●原因の一つは、アデノイドや耳管扁桃《へんとう》が大きく、耳管の入り口を圧迫することによる。急性鼻炎やアレルギー性鼻炎、慢性副鼻腔《びくう》炎などが耳管の粘膜に及んだときにも起こる。急激な気圧の変化、鼻咽頭《いんとう》近くの血管線維腫《せんいしゅ》や上

咽頭がんも原因になる。
●治療●原因疾患があれば、その治療が優先される。耳管に空気を通す耳管通気療法のほか、子どもでアデノイドが大きい場合は、切除手術が必要なこともある。

耳硬化症

前庭窓《ぜんていそう》にはまっている鐙《あぶみ》骨の底板が固着して動かないために、耳小骨《じしょうこつ》の振動が内耳に伝わらなくなって、難聴となる病気。
●症状●両側、ときに片側の耳に難聴があらわれる。通常、難聴は徐々に進行し、多くは耳鳴りをともなう。
●原因●鐙骨や前庭窓付近に、骨が増殖することが原因となる。鼓膜および耳小骨の形には異常がない。
●治療●手術で固着した鐙骨を切除し、鐙骨底板に小さな孔《あな》をあけ、人工の代用鐙骨を装着する。手術によって、補聴器が不要になるくらい聴力が回復することも少なくない。ただし、通常の耳の手術よりもさらに高度な技術を要するので、熟達した専門医にかかる必要がある。

耳垢栓塞

耳垢《じこう》（耳あか）が大量にたまって外耳道をふさぐ。耳垢をとろうと耳掃除をしたときに、逆に押し込んでしまって起こることもある。
●症状●外耳道に少しでもすきまがあれば無症状のことが多いが、完全につまってしまうと、耳閉感、難聴、耳鳴りなどの症状があらわれる。また、外耳道に水が入ると、耳垢がふやけて急に大きくなり、痛みをともなうことがある。
●治療●自分でとろうとすると、かえって奥に押し込むなどして症状を悪化させてしまう。必ず耳鼻科を受診することが大切だ。鉗子《かんし》や鉤《かぎ》（フック）でとれるものもあるが、固くこびりついている場合は耳垢水（重曹グリセリン液）を点耳し、やわらかくしてから取り出す。

突発性難聴

突然起こる、原因不明の難聴をいう。ある種のウイルスによる内耳や聴神経の障害、内耳の血流障害、免疫異常などが原因として考えられるが、はっきりしたことはわかっていない。かぜや疲労が誘引になるともいわれる。
●症状●突然、片側の耳がほとんど聞こえなくなる。耳鳴りやめまいをともなうこともある。
●治療●早期治療が重要である。ただちに耳鼻科専門医を受診するようにしたい。安静にし、ステロイド剤、ビタミン剤、血流改善剤などを使用する。約七割の人は治るが、難聴や耳鳴りが残る場合もある。とくに、めまいをともなうときや、重度の難聴の場合には、完全に治らないこともある。

老人性難聴

年齢とともに、主として内耳の感覚細胞が衰えることにより、徐々に耳の聞こえが悪くなる。

薬物療法はあまり期待できないため、難聴の程度に応じて適した補聴器を使用する。個人差が大きく、難聴の性質もさまざまなので、耳鼻科医の診察を受けてから補聴器を選びたい。

その他の病気

急性中耳炎（→P102）
メニエール病（→P44）
高血圧症（→P47）
低血圧症（→P45）
貧血（→P89）
更年期障害（→P29）
自律神経失調症（→P50）

鼻がつまる・鼻汁が出る

スタート

鼻汁が出ますか？

はい → 発熱やのどの痛みをともないますか？
→ かぜが原因と考えられます。安静にしてかぜの治療を

鼻汁は水っぽく、くしゃみが出やすいですか？

→ かぜの初期にみられる急性鼻炎の疑い。あるいはアレルギー性鼻炎、とくに花粉の舞う季節に起こる場合は花粉症が疑われます。耳鼻咽喉科へ

鼻のまわりに重苦しい感じ、または鈍い痛みがありますか？
→ 慢性鼻炎や急性副鼻腔炎の疑いがあります。耳鼻咽喉科へ

粘液性の鼻汁が出て、ときにのどのほうに下りてきますか？
→ 頭痛をともなうときは、慢性鼻炎や慢性副鼻腔炎の疑いがあります。耳鼻咽喉科へ

鼻汁に血が混じることがありますか？
→ 鼻づまりや鼻汁があるときは、多くの場合、慢性鼻炎や副鼻腔炎が疑われます。ほかに症状がなくても、長引くと集中力が低下したり、根気ががなくなったりすることがあります。耳鼻咽喉科に相談しましょう

鼻汁に悪臭がありますか？
→ 鼻汁や鼻づまりがあるため、強く鼻をかんだりすると粘膜が傷つき、血が混じることがあります。一時的なものなら心配ありませんが、たびたび起こる場合は、鼻の奥の重い病気のほか、全身性の病気が潜んでいる可能性もあります。念のため耳鼻咽喉科で検査を

急げ！
細菌感染による鼻の炎症やおでき（鼻せつ）、慢性副鼻腔炎、鼻中隔弯曲症、萎縮性鼻炎が疑われます。あるいは鼻腔や副鼻腔に腫瘍ができているか、重い病気の疑いもあります。すぐに耳鼻咽喉科へ

いいえ → 鼻が乾き、かさぶた（鼻くそ）がたくさんたまりますか？

鼻の奥のほうまでたまっていますか？
→ かぜの治りかけのときや空気の乾燥によっても起こります。長引いたり、血が混じるなどの症状があれば耳鼻咽喉科へ
→ 乾燥した空気の中に長時間いたり、発熱時に水分補給が少なければ鼻粘膜が乾燥してかさぶたがたまります。これは原因を取り除けば改善します。ただし鼻づまりがひどく、不快感が強い場合は副鼻腔炎が悪化している疑いがあります。また、まれな病気ですが、萎縮性鼻炎でも同様の症状がみられます。耳鼻咽喉科へ

鼻づまりが起こる側が体位によって変わりますか？
→ 肥厚性鼻炎または鼻中隔弯曲症の疑いがあります。耳鼻咽喉科へ

鼻づまりが起こるのは片側だけですか？
→ 鼻をかんでもなかなか通りがよくならないときは慢性副鼻腔炎の疑い、鼻腔の粘膜にポリープ状のものがあれば鼻たけの疑いがあります。耳鼻咽喉科へ
→ 鼻づまりが乾燥した空気の中で起こるのは、一時的な生理現象なので心配ありません。かぜの症状として起こることもあれば、飲酒や降圧剤の服用などであらわれることもあります。思い当たる原因もなく、長引くときは耳鼻咽喉科へ

◆◆考えられる病気◆◆

急性鼻炎

寒さや乾燥した空気にさらされると、鼻粘液や線毛の働きが低下し、感染に対する抵抗力が弱まって鼻かぜ（急性鼻炎）を引き起こす。

●症状と原因●初めはウイルス感染で、続いて細菌感染が加わる。初期のウイルス感染では、鼻や口蓋《こうがい》の裏側が乾いて痛み、くしゃみと鼻水が出る。細菌に感染すると、濃い膿《うみ》のような色をした鼻汁が出て鼻づまりが重くなる。一～二週間すると、鼻汁に色がなくなり、量も減ってきて、治癒する。

●治療●初期にからだの安静と保温に努めれば、市販のかぜ薬で十分治せる。しかし、膿のような鼻汁が出始めて気分も悪くなったら、耳鼻科医で抗生物質の内服剤を処方してもらう必要がある。

慢性鼻炎

一般に急性鼻炎を繰り返すうちに慢性化するとみられているが、急性の症状がないまま慢性化することもある。慢性鼻炎になると、鼻のまわりの重苦しさを感じる。

鼻カタル

単純性鼻炎ともいい、鼻粘膜が炎症ではれている状態。空気中のほこりなどが鼻粘膜を刺激して、軽い感染症が持続したり、副鼻腔《びくう》炎などから起こる場合もある。

●症状●鼻がつまって粘性の鼻汁が出る。鼻づまりは左右交互に起きたり、寝たときに下側の鼻がつまったりする。

●治療●原因を排除し、医師の指導で少しずつ炎症をしずめていく。市販の点鼻剤は鼻づまりには有効だが、長期間使用すると肥厚《ひこう》性鼻炎になる恐れがある。

肥厚性鼻炎

うっ血してむくんでいた鼻の粘膜が、だんだん慢性的にはれて、薬をつけてもはれがひかない状態になる。

●症状●鼻がつまり、少量の粘液のような鼻汁が出る。姿勢の違いで鼻のつまり方が変化することが多く、あお向けに寝ると悪化し、横向きに寝ると下側の鼻がつまる。

●原因●鼻粘膜の自律神経の乱れや、鼻中隔弯曲《わんきょく》症、点鼻剤の乱用などで起こることがある。しかし、正確な原因は不明である。

●治療●鼻づまりは急性のうちに治療しておく。ただし、市販の点鼻剤の乱用は危険。粘膜のはれをとる内服剤や局所剤（弱いステロイド剤）の塗布で治療するが、あまり有効ではない。薬で治らないときは、はれた粘膜を切りとる手術（はさみ、レーザー、薬液を用いる）が行なわれる。

萎縮性鼻炎

鼻の粘膜が萎縮《いしゅく》する病気で、原因は不明。

●症状●本来は湿っているはずの鼻粘膜表面が乾燥して、かさぶたが付着する。さらに、そこに細菌が感染して悪臭をともなうのが特徴。しかし、嗅覚《きゅうかく》に障害が起こるため、本人は感じない。

進行すると、鼻粘膜の下の骨まで萎縮してしまうことがある。萎縮するので鼻腔《びくう》が広くなるが、むしろ鼻がつまる感じが強まる。

●治療●鼻の中のかさぶたをこまめにとって、抗生物質やステロイド剤などの薬液を噴霧する治療（ネブライザー療法）が行なわれる。

アレルギー性鼻炎

アレルギー反応によって、鼻の過敏症状が起こる。原因物質（抗原）によって、通年性と季節性に分類される。

●症状と原因●くしゃみ、鼻汁、鼻づまりが発作的に繰り返し起こる。鼻汁は水のような状態がふつうで、ネバネバしたものや黄色のものが出るときは、副鼻腔《びくう》炎などほかの病気が原因か、または併発していると考えられる。

通年性アレルギー性鼻炎は、一年中症状があり、家の中のほこりやダニが原因。季節性アレルギー性鼻炎は、決まった時期にだけ症状が出る。原因は花粉であることが多く、スギ、ヒノキ、イネ科植物、ブタクサ、ヨモギなどがあげられる。花粉が原因のものは花粉症と呼び、目のかゆみが症状に加わることが多いのが特徴である。

●治療●薬物療法、減感作《げんかんさ》療法（からだを抗原に慣らしていく方法）、手術療法がある。最も一般的なのは薬物療法で、抗ヒスタミン剤、抗アレルギー剤、局所ステロイド剤、点鼻剤、注射剤、漢方薬など多くの種類があり、上手に組み合わせて使用される。市販薬は抗ヒスタミン剤、点鼻剤、漢方薬が中心となる。

鼻づまりが強く、減感作療法や薬の効果が十分でない場合は、手術が行なわれる。

副鼻腔炎

副鼻腔《びくう》が炎症を起こした状態。急性鼻炎（鼻かぜ）が副鼻腔に広がって起こる急性副鼻腔炎と、症状が長く続く慢性副鼻腔炎がある。

●症状●鼻づまりが起こり、鼻汁が出る。鼻汁は粘液性または膿性《のうせい》で、悪臭をともなうこともある。そのほか急性では、炎症が起こった部位によって、鼻の奥や目の痛み、頭痛、歯痛、発熱、まぶたのはれや流涙《りゅうるい》、視力障害などがみられる。慢性では、症状は比較的軽く、鼻汁がのどへ下りたり（後鼻漏《こうびろう》）、鼻づまりのために口呼吸となり、嗅覚《きゅうかく》が低下することもある。また、全身倦怠《けんたい》感や頭が重い、痛いなどの随伴症状もみられる。

●原因●多くはアレルギー、またはウイルスや細菌などの感染が原因。とくにアレルギーのある人は粘膜がはれやすいので、副鼻腔炎を繰り返しやすい。

●治療●病態によって、保存的治療か手術かが決められる。

保存的治療とは、抗生物質やステロイド剤を噴霧または吸入したり、消炎酵素剤を内服したりする方法で、軽症の場合に行なわれる。

重症の場合のほか、鼻たけや鼻中隔弯曲《わんきょく》症を合併している場合には手術が検討される。最近では、手術は小規模になり、内視鏡下副鼻腔手術が多くなった。ただし、手術で完治するわけではなく、放置するとまた粘膜がはれるので、手術後、半年〜一年間は保存的治療が必要となる。

鼻中隔弯曲症

鼻腔《びくう》を左右に隔てる鼻中隔が、たわんだり曲がったりしているもの。原因はわからないが、鼻中隔はまっすぐなことが少なく、成人の八〇〜九〇%に弯曲《わんきょく》がみられる。

●症状●弯曲があっても症状が出ないことが多い。弯曲が大きいと、鼻づまりや頭痛などを生じることがある。

●治療●すべてが治療対象となるわけではない。不都合な症状がある場合や、弯曲が慢性鼻炎や副鼻腔炎の直接原因の場合は手術が必要となる。粘膜は残して、曲がった部分だけを摘出する。最近では摘出した骨や軟骨を平らにして、挿入する方法もある。

その他の病気

かぜ／かぜ症候群 （→P120）

鼻せつ （→P109）

鼻たけ （→P109）

大人の症状と病気●部位別症状

においがわからない・鼻が痛い

スタート

鼻が痛みますか？

はい

鼻をかんでも鼻づまりが治らず、鼻の奥に異物感がありますか？

鼻たけの疑いがあります。耳鼻咽喉科へ

鼻づまりがあり、鼻汁が多く出て、においが感じにくくなりましたか？

くしゃみをともなう場合は急性鼻炎やアレルギー性鼻炎、鼻の奥に鈍痛を感じるなら急性副鼻腔炎のの疑い。耳鼻咽喉科へ

痛みが強く、鼻腔が赤くはれていますか？

鼻の穴におでき（鼻せつ）ができている疑いがあります。耳鼻咽喉科へ

鼻腔内に何らかの炎症が起きたときや、その炎症が治ったあとにも、においを感じる細胞や神経が弱ってにおいを感じにくくなることがあります。なかなか回復しなかったり、ひどくなるような場合は、早めに耳鼻咽喉科へ

いいえ

鼻汁や鼻づまりがあって、においが感じられなくなりましたか？

鼻汁がのどのほうに下りてきたり、悪臭をともなったりしますか？

鼻が乾いて鼻くそがたっまったときなどに、嗅覚が鈍ることがあります。ひどいときは耳鼻咽喉科へ

慢性鼻炎、慢性副鼻腔炎、鼻中隔弯曲症などの疑い。また、鼻腔や副鼻腔に重い病気が潜んでいるときにも嗅覚障害が起こることがあります。耳鼻咽喉科へ

鼻はよく通るのに、においがわからないのですか？

急げ！

薬の副作用のほか、脳の重い病気や頭部外傷などで、脳の嗅覚をつかさどる部分が障害されたときにも起こります。至急、耳鼻咽喉科へ

鼻に異物がつまったときや炎症が起きたときに、嗅覚の異常があらわれることがあります。念のため耳鼻咽喉科で検査を

◆◆考えられる病気◆◆

鼻たけ

鼻の粘膜がブドウの房のようにはれて飛び出したもの。慢性副鼻腔《びくう》炎では鼻たけができることが多い。

●症状●鼻たけが大きくなったり、数が増えると、鼻がつまり、鼻をかんでも治らない。鼻の奥に異物感や痛みがある。慢性副鼻腔炎による鼻たけは、ひどい鼻づまりを起こす。

●治療●外来で切除できるが、再発が多い。大きな鼻たけや出血しやすい人は、入院して手術をする。副鼻腔炎が原因の場合は、その治療をして、根本的に治す必要がある。

鼻せつ（鼻のおでき）

鼻毛の毛根に細菌が感染し、化膿《かのう》して赤くはれる。

●症状●鼻毛の周囲が赤くはれて痛みが強い。鼻に触れただけで響くような痛みが走るのが特徴だ。ひどくなると、三八度前後の熱が出たり、鼻づまりになったり、顔面痛や頭痛が起こる。

●治療●さわるなどして炎症を広げないことが大切。皮膚の深部に起こる炎症なので、抗生物質の軟膏《なんこう》だけでは治りにくいため、抗生物質や痛み止めの薬を約一週間内服する。

その他の病気

急性鼻炎（→P107）
慢性鼻炎（→P107）
アレルギー性鼻炎（→P107）
副鼻腔炎（→P108）
鼻中隔弯曲症（→P108）

口内が痛い・しみる・色が変わる

スタート

口の中にはれやできもの、しみなどがありますか？

いいえ → 食べ物や飲み物を口にふくむとしみましたか？

いいえ → 口内にできものがないのに痛みがあるなら口内炎、またはそれと気づいていない外傷が疑われます。歯や歯ぐき、舌などの異常が原因とも考えられるので、歯科・口腔外科で検査を

→ 口の中に傷やむし歯がありますか？

→ 傷やむし歯などが原因でしみているのかもしれません。口内を清潔にして歯科・口腔外科へ

→ 食べ物が口内の歯や歯ぐき以外の部分に当たったときにしみる感じがある場合は、口内炎の疑い。歯や歯ぐき、舌などの異常をともなうこともあります。痛みがひどく、長引くときは口腔外科・内科へ

はい → 粘膜に小さな円形または地図状の白いこけのようなものができましたか？

→ 関節の痛みや皮膚の紅斑、目のかすみ、外陰部の潰瘍などをともないますか？

→ アフタ性口内炎、口腔カンジダ症、繰り返し起こる場合は再発性アフタの疑い。内科・口腔外科へ

→ ベーチェット病の疑いがあります。内科または膠原病の専門医へ

→ 粘膜に痛みのない黒いしみができていて、皮膚も黒ずんだ感じですか？

→ 副腎皮質機能が低下して起こるアジソン病の疑いがあります。内科・内分泌科へ

→ 粘膜が赤くなっていますか？　またはただれや潰瘍、水ぶくれができていますか？

→ 赤くなるのは紅斑性口内炎、ただれるのは潰瘍性口内炎、水ぶくれができるのは水疱性口内炎の疑い。うがいを励行して口内を清潔に保ちましょう。痛みがひどく、長引くときは内科・口腔外科へ

→ 口内のはれや痛みなどの炎症は、ビタミン不足やウイルス感染、胃腸障害などの全身性疾患や、体力の減退が原因となったり、かぜにともなって起こることもあります。また薬剤や食物などによるアレルギー反応の場合もあります。このほかまれな例ですが、はしかや腸チフス、白血病などにともなう口内炎は最も重症で、口内組織が壊疽を起こすこともあります。長引くときは内科または口腔外科で診察を受け、原因を明らかにしましょう

◆◆考えられる病気◆◆

口内炎

口腔《こうくう》内に常在する細菌のバランスが崩れ、特定の細菌が異常に増殖して起こる。

●症状●口腔粘膜が赤くなり、食べ物や飲み物がしみたり、痛んだりする。粘膜の症状によって次のように分類される。水疱性は、水ぶくれができる。びらん性は、浅くただれた状態。潰瘍《かいよう》性は、粘膜が切れたり、盛り上がって出血しやすくなる。偽膜《ぎまく》性は、炎症部が白色から黄白色のこけのような膜でおおわれている。紅斑性は、扁平で赤いまだらのような状態になる。

　症状が進むと、痛みで物が食べられなくなったり、全身状態が悪くなることもある。

●原因●免疫力の低下、入れ歯などの刺激、消化器系疾患、高熱、妊娠時、ビタミンB・Cの摂取不足、アレルギーな

ど。原因不明の場合もある。

●治療●抗生物質やステロイド剤の軟膏《なんこう》を塗り、うがいをして口の中を清潔に保つ。原因疾患があれば治療する。

アフタ性口内炎 再発性アフタ

アフタとは、直径三～五㎜の円形や楕円形の浅い小潰瘍《かいよう》のこと。表面は黄白色で、周囲は赤いのが特徴だ。数個のアフタが長期にわたって再発を繰り返す場合を、再発性アフタという。

●症状●唇、ほお、舌など口《こう》腔《くう》粘膜に、表面がこけのような膜（偽膜《ぎまく》）でおおわれた小潰瘍ができる。ふつう数は一つだが、ときに複数できることがあり、刺激性の強い飲食物をとるとヒリヒリと痛む。

皮膚・粘膜の異常とビタミン欠乏症

口腔《こうくう》内や唇の荒れ、ただれは、ビタミンの欠乏から起こることが多い。欠乏しているビタミンの種類によっては、皮膚や粘膜に限らずさまざまな症状があらわれる。

ふつうの食事をしていればビタミン欠乏症は起こらないが、偏食したり、吸収が妨げられた場合には欠乏することがある。

●ビタミンA欠乏症

皮膚が乾燥してとり肌のようになる。暗順応が低下して夜盲症（とり目）になったり、結膜や角膜が乾燥して白く濁ることがある。

●ビタミンB_2欠乏症

唇の両端や目の周囲がただれたり、口腔粘膜や舌が赤くはれたりする。また、顔や耳に湿疹ができやすい。

●ニコチン酸欠乏症

ペラグラともいわれる。日光に当たると皮膚に紅斑やしみができ、口内炎や舌炎のほか、元気がなくなる、足のしびれなどの症状もみられる。

●ビタミンC欠乏症

毛細血管が弱くなり、皮膚に点状の出血を起こしたり、鼻血や歯ぐきからの出血がみられるなど、壊血《かいけつ》病の症状があらわれる。

再発性の場合、同じ部位にできたり、発生部位が転々と変わることもある。大半が一～二週間で自然に治るが、一か月も治らず、年に数回再発する場合もある。

●治療●全身状態を改善し、うがいで口腔内を清潔にする。抗生物質やステロイド剤の軟《なん》膏《こう》が有効だが、特効薬はない。

ベーチェット病

口腔《こうくう》粘膜、目のぶどう膜、皮膚、外陰部に炎症が起こる病気。厚生労働省の特定疾患の一つに指定されている。

●症状●①口の粘膜や舌に再発を繰り返すアフタ性潰瘍《かいよう》、②皮膚の紅斑、下腿部の結節性紅斑、皮下の血栓《けっせん》性静脈炎、③外陰部の潰瘍、④目のぶどう膜炎が主症状。四つ全部そろう場合を完全型、一部をもつものを不全型と呼ぶ。ほかに関節痛もみられる。

●治療●痛風発作治療剤のコルヒチンを少量内服して炎症を抑える。口内炎や陰部潰瘍にはステロイド含有軟膏《なんこう》を塗る。ぶどう膜炎には免疫抑制剤を内服する。

口腔カンジダ症（鵞口瘡）

真菌（カビ）の一種であるカンジダ・アルビカンスの感染で起こる口内炎。この菌は口腔《こうくう》内常在菌だが、体力が低下すると炎症を起こす。

●症状●口腔粘膜に白色の偽《ぎ》膜《まく》が点状や地図状にあらわれる。こするとはがれるが、その粘膜は赤くなり、出血することもある。

●治療●抗真菌剤を用いる。同時に口内を清潔にし、患部に色素液やヨード剤を塗る。原因疾患を治療し、全身状態を改善することが先決だ。

その他の病気

むし歯 （→P116）

アジソン病 （→P76）

口内が乾く・のどが渇く

スタート

口の中だけが異常に乾く感じですか？
- はい → 口に中を水で湿らせると、口の乾きがおさまりますか？
- いいえ → のどが渇き、水を飲むとおさまりますか？

口に中を水で湿らせると、口の乾きがおさまりますか？
- はい → 何か薬を常用していますか？
- いいえ → 唾液だけでなく涙の分泌も少なく、目の乾燥感をともないますか？

唾液だけでなく涙の分泌も少なく、目の乾燥感をともないますか？
- はい → 膠原病の一種であるシェーグレン症候群の疑いがあります。内科へ
- いいえ → 発熱や下痢、嘔吐があれば、脱水が原因の口腔乾燥症の疑い。糖尿病や尿崩症、慢性腎炎などでは、排尿回数や量が多いぶん口の乾きやのどの渇きが起こりやすくなります。内科へ。また不安や恐怖、緊張などにより、唾液の分泌が低下して起こることもあります。内科・精神科・心療内科に相談を

何か薬を常用していますか？
- はい → 使用中の薬の副作用が疑われます。担当医に相談を
- いいえ → 気温が高く、空気が乾燥しているときや、鼻づまりのために口だけで呼吸しているとき、発熱時などに口が乾きます。義歯のかみ合わせが不完全な場合にも起こることがあります。原因を取り除いても改善しないときは、唾液腺の障害による分泌異常の疑い。内科・耳鼻咽喉科・口腔外科へ

のどが渇き、水を飲むとおさまりますか？
- はい → 下痢や発熱、発汗などの症状がありますか？
- いいえ → 水を飲んでものどの渇きが続き、尿量が多くなりましたか？

下痢や発熱、発汗などの症状がありますか？
- はい → 下痢や発熱、発汗によって失われた体内の水分を、補うために起こる生理作用です。内科で下痢、発熱の治療を
- いいえ → アルコール類をたくさん飲みましたか？

アルコール類をたくさん飲みましたか？
- はい → 俗にいう「二日酔い」による脱水症状のようです。心配ありませんが、飲酒はほどほどに
- いいえ → 精神的にひどく緊張したときなどに、のどの渇き訴えることがあります。しかしこれといった原因もなく、しばしばのどが渇くときは内科で検査を

水を飲んでものどの渇きが続き、尿量が多くなりましたか？
- はい → 糖尿病、尿崩症、慢性腎炎の疑いがあります。内科へ
- いいえ → 不安や心配事が頭から離れなかったり、ゆううつ感や気分の落ち込みを感じていますか？

不安や心配事が頭から離れなかったり、ゆううつ感や気分の落ち込みを感じていますか？
- はい → 不安やストレスなどの心因性の反応により、のどの渇きが起こることがあります。精神科・心療内科へ
- いいえ → 精神的にひどく緊張したときなどに、のどの渇き訴えることがあります。しかしこれといった原因もなく、しばしばのどが渇くときは内科で検査を

◆◆考えられる病気◆◆

口腔乾燥症

唾液《だえき》の分泌が減少し、口の中が著しく渇く。

●症状●軽い場合は、口腔《こうくう》内や唇が乾いたり、つばが粘ついたりする程度だが、進行すると、口腔粘膜が萎縮《いしゅく》したり、粘膜に亀裂ができて、灼熱《しゃくねつ》感、痛みがあらわれる。会話が不自由になる、入れ歯を使えなくなるといった障害が出ることもある。

●治療●原因疾患を治療し、ひんぱんなうがいで口内を清潔に保つとともに、湿らせておく。人工唾液や唾液分泌刺激剤を用いる、唇に軟膏《なんこう》を塗るなどの対症療法もある。

その他の病気

シェーグレン症候群（→P95）
糖尿病（→P164）
慢性腎炎（→P69）
尿崩症（→P166）

口が開きにくい

スタート

あごに何か強い衝撃を受けたあと、口が開かなくなり、つばが出っぱなしになりましたか？

はい → 急げ！ あごの骨の骨折の疑い。すぐに口腔外科へ

いいえ → 最近、けがなど外傷を負ったことがあり、そのあと両ほおの筋肉が硬直してきましたか？

→ 急げ！ 破傷風の疑いがあります。大至急、外科へ

→ あごがはれて傷みますか？

→ 歯痛やのどのはれ、痛みをともないますか？

→ むし歯や咽頭炎が原因で起こることもあります。歯科・口腔外科へ

→ ほかに症状がなくても、長引くようなときは口腔外科・内科へ

→ とくにあごの関節が痛みますか？

→ 顎関節症など、あごの関節の病気が考えられます。耳鼻咽喉科・口腔外科・整形外科へ

→ あごから耳の後ろや首筋にかけて痛みますか？

→ 耳下腺炎やリンパ腺の病気の疑いがあります。すぐに耳鼻咽喉科・内科へ

→ 高熱が出ましたか？

→ 急げ！ 顎骨炎などあごの骨の炎症が疑われます。すぐに口腔外科へ

→ あごの骨か関節に何らかの異常が起きている疑い。心理的な要因で起こることも。症状が長引くときは口腔外科で検査を

◆◆考えられる病気◆◆

顎関節症

感染をともなわない、あごの関節の障害。不正なかみ合わせ、外傷、精神的ストレスなど、種々の原因で起こる。

●症状●耳の前の顎《がく》関節部が痛む、スムーズに口が開かない、口の開閉時に関節の音がする（クリック音）などが主症状。場合によっては頭痛や肩こりが起こることがあり、この場合はコステン症候群と呼ばれる。老化が原因で起こる変形性顎関節症では、骨が変形する。

●治療●筋肉などの不調には、筋肉の緊張をゆるめる薬を使用する。顎関節の位置やかみ合わせの高さの調整には、スプリントという入れ歯のような装置を装着する。

顎骨炎

むし歯や歯周組織の炎症があごの骨にまで達すると、顎《がく》骨に炎症が起こる。

●症状●急性の場合は激しいあごの痛みと三八度以上の発熱があり、顔が赤くはれあがることもある。放置すると、たまった膿《うみ》が皮膚や粘膜を破って外部に流れ出し、痛みがやわらぐことがある。しかし、膿が残っていると慢性になり、長期にわたって炎症を繰り返すことがある。

●治療●抗生物質を服用し、適切な時期に切開して膿を出す。症状によっては、入院して、全身的な管理が必要になることもある。

その他の病気

破傷風（→P43）
むし歯（→P116）
耳下腺炎（→P103）
咽頭炎（→P122）

唇や舌が痛い・荒れる・色が変わる

スタート

唇が荒れたり、はれたりしていますか？

はい → 唇の両端が赤くただれ、口を開けると切れたりしますか？ → 口角炎の疑いがあります。長引くときは皮膚科へ

↓

水ぶくれやかさぶたができていますか？ → 単純疱疹（口唇ヘルペス）の疑い。皮膚科へ

↓

唇のほぼ全体がはれたり、ただれたり、カサカサしていますか？ → 口唇炎が疑われます。痛みが強く、ひどくなるようなら皮膚科へ

↓

唇がふくらんだようにはれ、青紫色でブヨブヨしていますか？ → 粘液嚢胞の疑いがあります。歯科・口腔外科へ

↓

口唇炎のようです。唇の荒れや乾きは、発熱時のほか、寒風や乾燥、薬剤や化粧品、食物などのアレルギー、ビタミン不足、外傷などさまざまなものが原因となります。痛みがひどく、症状が長引くときは皮膚科へ

いいえ → 唇や舌の色に血の気がないですか？ → 唇や舌が青白くなるときは鉄欠乏性貧血の疑い。舌に黒ずみがみられるならアジソン病の疑いも。内科で検査を

↓

舌の色が鮮明な赤、または深みのある赤ですか？ → 舌の先が鮮明な赤色になるのは悪性貧血の初期症状の疑い。牛肉のように暗赤色をしている場合は糖尿病が疑われます。内科で検査を

↓

舌の表面に白く縁どりされた赤い斑点がありますか？ → 地図状舌の疑い。痛みをともなうときは内科で検査を

↓

舌の表面に灰白色や黄白色のこけのようなものがついていますか？ → 舌苔の疑いがあります。口腔内の清潔と洗浄を心がけましょう

↓

舌の表面がはれたり、ただれや白っぽい小さな斑点がありますか？ → 舌炎の疑い。口内炎が舌の粘膜にできたもので痛みがあります。内科・口腔外科へ

↓

舌の炎症や色の変化は、熱い食べ物や喫煙、ビタミン欠乏や胃腸障害、薬の服用など、さまざまな原因で起こります。中年以降の人で舌の一部にしこりや潰瘍がみられる場合は重い病気の疑いもあります。気になるときは、内科・口腔外科へ

◆◆考えられる病気◆◆

口角炎（口角びらん）

口角部（唇の両端）に炎症が起こる。口内炎の一症状としてあらわれることもある。

●症状●口の片側または両側の粘膜がひび割れて、出血し、そこに滲出液《しんしゅつ》が固まって付着する。口を開けるとまた切れて出血したり、痛みのために口を開けられなくなったりする。食物がしみることや、さわると痛むこともある。

●原因●消化器系の病気や全身性の疾患などで抵抗力が落ちているときに、細菌やカンジダ菌が感染して起こる。抗生物質やステロイド剤などの長期使用が原因のこともある。

●治療●原因となる全身的状態や疾患を治療する。患部の保護と治療には、抗生物質軟《なん》膏《こう》、ステロイド軟膏などを用いる。口のまわりを清潔にし、乾燥させることも大切だ。

口唇炎

唇がほぼ全体にわたってはれたり、ただれたり、カサカサしている状態をいう。

日光、寒風、高熱、外傷、薬や化粧品、歯磨き剤、食べ物などのアレルギー、ビタミンB_2不足などが原因となる。化粧品の中では口紅が原因となっている場合が最も多い。笛、ハーモニカ、パイプなどで起こることもある。

原因の除去に努め、それでも炎症が改善しない場合は、皮膚科を受診して適切な処置を受ける。

粘液嚢胞

唇がふくらんだようにはれ、ブヨブヨした感じになる。

●症状●唇の内側の粘膜の一部に、白っぽい、粘膜をかぶった小さなはれができ、唾液《だえき》がたまってしだいにふくらんでいく（嚢胞《のうほう》）。やがてふくらみは破れ、中の液体が出て、平らになる。痛みはないが、再発を繰り返す。唇全体がはれ、青紫色になる。

この嚢胞が口底部の舌下腺《ぜっかせん》にでき、大きくはれ上がったものは、ガマガエルののどにある袋のように見えることから、ガマ腫《しゅ》と呼ばれる。

●原因●唇の粘膜下に散在する小唾液腺の出口が傷でふさがり、唾液がたまってふくらむために起こる。傷の原因には、並びの悪い歯や合わない入れ歯、差し歯、唇をかんだり吸ったりという悪い癖による刺激などがある。

●治療●局所麻酔のうえ、嚢胞とともに、小唾液腺も切除する。また刺激となる局所の原因を取り除く必要がある。

舌炎

舌の粘膜の炎症。過労、消化不良、ビタミンB_{12}欠乏症、鉄欠乏症など、全身的な疾患の一症状としてあらわれる場合がある。また、隣接している歯や入れ歯などによる局所刺激も原因となるが、原因不明の場合もある。

●症状●舌がただれて赤くなったり、アフタや潰瘍《かいよう》ができて、食物がしみたり、接触痛がみられる。

●治療●まず原因を取り除く。患部の治療には、ステロイド軟膏《なんこう》などが用いられる。こまめにうがいをして、口腔《こうくう》内を清潔に保つことも大切だ。

その他の病気

単純疱疹（→P79）
貧血（→P89）
口内炎（→P110）
糖尿病（→P164）
アジソン病（→P76）

舌の形状の変化●

舌の形状や色に変化があらわれることがある。目につきやすい部位なので、早めに口《こう》腔《くう》外科を受診したい。

●舌苔《ぜったい》

舌の表面に汚れた白いこけのような膜ができる。舌の違和感や口臭を生じる場合がある。胃腸障害など原因疾患が治れば自然に消失する。

●地図状舌

白い縁どりのある淡紅色の地図や島のような斑点模様が舌にできる。この模様は、数時間から数日の間に形、大きさ、位置が変化し、数週間から数か月続く。

自覚症状がない場合が多いが、ときに灼熱《しゃくねつ》感やピリピリした痛み、食物がしみることがある。

●黒毛舌《こくもうぜつ》

舌の粘膜の角化が進み、黒みがかった毛で舌の表面がおおわれたように見える。痛みはないが、不快感がある。炎症が起こりやすくなり、炎症が起こると痛みが出る。

●溝状舌《こうじょうぜつ》

舌の粘膜に深い溝が多数できる病気で、高齢者に多い。本来は無症状だが、溝に食べかすなどがたまると炎症を起こし、疼痛《とうつう》があらわれる。

歯がしみる・痛い

スタート

痛むというより、しみる感じのほうが強いですか？

はい

歯のかみ合わせ部分がすり減っていますか？

咬耗症の疑い。かみ合わせの悪さや歯ぎしり、かたい物をかむ習慣などが原因になります。歯科へ

歯の生えぎわが三角形のくさび状にすり減りましたか？

摩耗症の疑い。多くは不適切な歯ブラシの使い方が原因です。歯科へ

歯に孔があいて、冷水やお湯を口に含むとしみますか？

むし歯が進行し、歯髄炎を起こしているようです。早めに歯科へ

歯がしみるときの多くの場合はむし歯が原因ですが、ときにはやけどなど歯の周囲の傷が原因のこともあります。また歯肉炎など歯周組織の炎症があり、その部分が飲食物の刺激でしみる場合もあります。歯科へ

いいえ

歯がグラグラ動きますか？

歯ぐきが赤くはれて痛みが強く、発熱することがありますか？

むし歯や歯周炎の炎症が、歯を支えている歯槽骨にまで及んでいる疑いがあります。すぐに歯科へ

歯が浮いた感じや、かみ合わせたときに痛みがありますか？

打撲などの外的な衝撃が加われば、歯を支える組織が損傷を受けて歯がグラついたり、折れたりすることがあります。思い当たる原因があれば、すぐに歯科で検査を

歯根膜炎の疑いがあります。歯髄炎が進行して、かむ圧力を感知してクッションの役目をする歯根膜に炎症が起きた状態です。すぐに歯科へ

何もしなくても歯がズキズキと痛みますか？

むし歯の炎症が神経の通っている歯髄にまで及んでいる疑い。鎮痛剤を飲んでもおさまらないことが多いので、早めに歯科へ

中高年の人の場合、狭心症や心筋梗塞の初発症状として歯の痛みが起こることがあります。たまたま歯科で歯痛を感じる部分にむし歯がみつかった場合、歯を治療するといったん症状がやわらぐため、もともとの病気の発見が遅れてしまう危険もあるので注意が必要です。内科の定期検診も欠かさずに

◆◆考えられる病気◆◆

むし歯（う蝕症）

口腔《こうくう》内の細菌は、食べ物のかす、とくに糖分を栄養にして増殖する。その過程でつくられる酸が歯を溶かし、やわらかくする。これがむし歯で、正式にはう蝕症という。

●症状●むし歯の症状は、進行の程度によって図のように四段階に分けられる。

第一度（C_1） 歯の表層のエナメル質が溶け始める。痛みはないが、侵された部分は乳白色に濁ったり、黒ずんでくる。

第二度（C_2） 象牙質《ぞうげ》に達すると孔《あな》があき、冷水や湯がしみるようになる。

第三度（C_3） 神経が通る歯髄《しずい》にまで達した状態で、細菌が感染すると歯髄炎や歯根膜炎を起こし、激しく痛む。

第四度（C_4） 歯冠部が破壊され、歯根部だけが残った状態。歯髄は死んでいるので、多く

は抜歯が必要となる。
●原因●むし歯菌としては、歯垢《しこう》をすみかとし、酸をつくってエナメル質を溶かすストレプトコッカス・ミュータンス菌が有名。ほかに乳酸菌など、いろいろな細菌が関与している。
●治療●自然治癒は望めないので、歯科治療以外に治す方法はない。
　初期の段階（C_1、C_2）では、むし歯の部分を削り、プラスチックや金属、セラミックスなどを充填《じゅうてん》するだけで治療できる。C_3に進行した場合は歯髄の治療が必要で、C_4まで進むと多くの場合、抜歯しなければならない。

　進行を止めるには、治療期間は短く、費用も軽減できる早期治療が大切となる。
●予防●毎食後、正しい歯磨きを実行し、食べかすや歯垢を取り除く。規則正しい食習慣を身につけ、繊維を多く含んだ食物をよくかんで食べることも大切だ。また毎日、歯をチェックして、むし歯の早期発見に努めたい。

むし歯の進み方

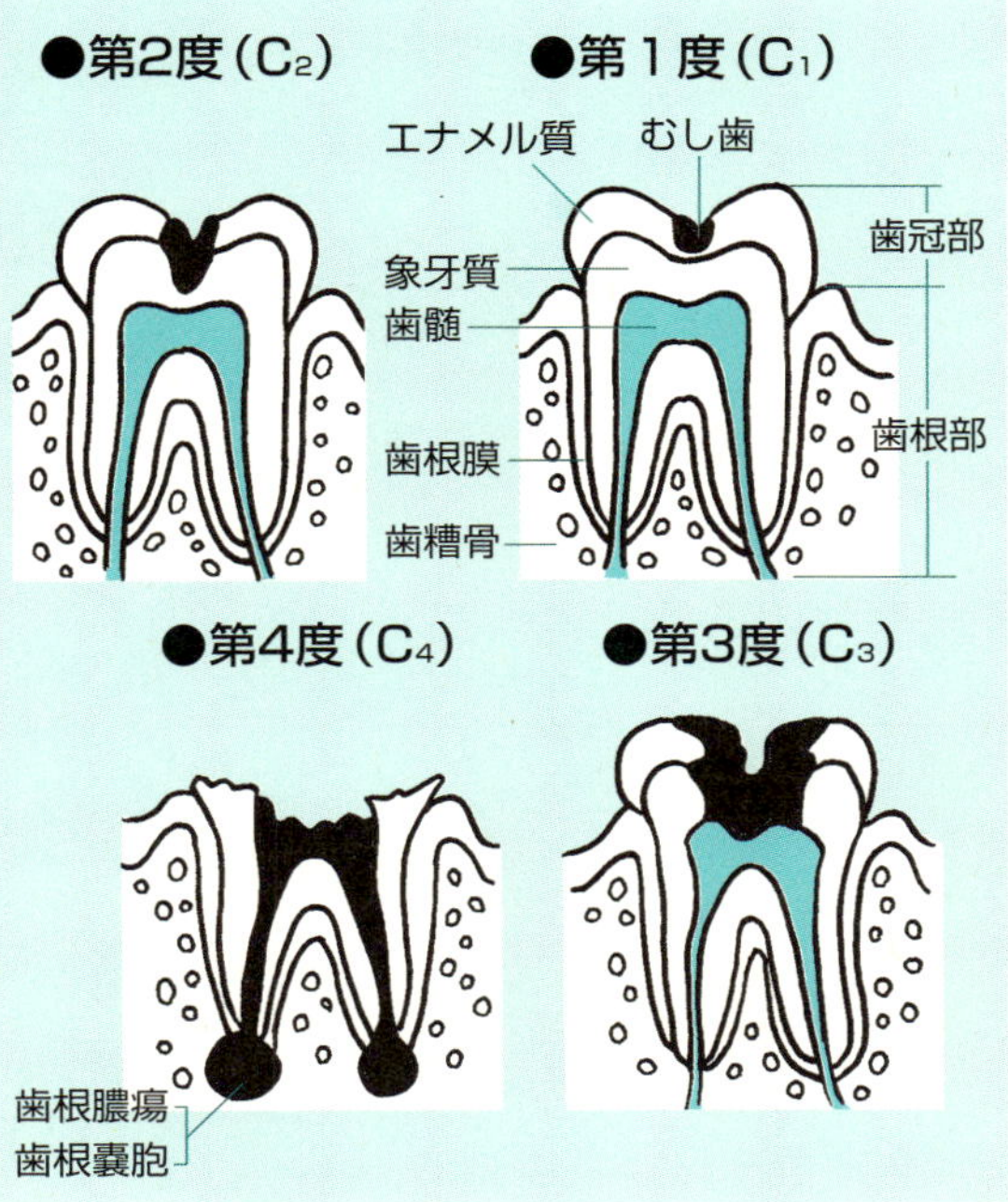
●第１度（C1）
エナメル質
むし歯
歯冠部
象牙質
歯髄
歯根部
歯根膜
歯槽骨
●第2度（C2）
●第3度（C3）
●第4度（C4）
歯根膿瘍
歯根嚢胞

歯髄炎

　血管と神経が通っている歯《し》髄《ずい》に起きる炎症で、多くはむし歯が原因となる
●症状●軽い場合は、冷水や湯温の刺激で痛みを感じる程度だが、ひどくなると夜眠れないほど痛む。
●治療●歯科治療が必要。歯髄腔《くう》に針を入れて歯髄を除去し、消毒を繰り返したあと消毒したゴムなどを充填《じゅうてん》し、金冠や継続歯などの処置をする。放置すると歯根膜炎や顎《がく》骨炎などを引き起こす。

摩耗症／咬耗症

　歯のかみ合わせや歯磨きによって、歯の表面がすり減る病気。どちらもむし歯の原因になりやすい。
●症状と原因●摩耗症の多くは、強い横磨きを続けるなどの誤った歯磨き法が原因。歯の生えぎわが三角形のくさび状にすり減り、摩耗が象牙《ぞうげ》質にまで及ぶと冷水や湯がしみる。この反応が激しい場合を、象牙質知覚過敏症という。
　咬耗《こうもう》症は、かたい物をかみ続ける、歯ぎしりの習慣などが原因。歯が平らにすり減り、エナメル質は乳白色に、象牙質は淡黄色に変わり、表面がツルツルして見える。
●治療●すり減った部分をプラスチックや金属で修復し、正しいブラッシング法を励行する。咬耗症の場合は冠をかぶせることもある。知覚過敏症の場合は、薬剤を塗布したり、歯の表面にイオンの膜を張って痛みをやわらげ、その後プラスチックを充填《じゅうてん》する。

その他の病気

歯周炎（→P119）

歯ぐきがはれる・血が出る

スタート

歯ぐきがはれていますか？

はい

歯ぐきを押すと血や膿が出たり、強い口臭がしますか？
→ 歯肉炎や歯周炎の疑いがあります。歯科・口腔外科へ

はれているのは親知らず（智歯）の周囲ですか？
→ 智歯周囲炎が疑われます。歯科へ

歯と歯の間の歯ぐきに肉のかたまりができましたか？
→ エプーリス（歯肉腫）と呼ばれるこぶのようなものです。ホルモンの影響で、妊娠中の女性に発生しやすいといわれています。歯科・口腔外科へ

歯ぐき全体がいつの間にかかたく盛り上がり、歯がしだいにおおわれてきましたか？
→ 歯肉増殖症の疑い。歯肉炎や歯周炎、抗てんかん剤（ヒダントイン）の副作用、遺伝などが原因で起こります。歯科・口腔外科へ
→ 歯ぐきの炎症はお年寄りにしばしばみられますが、これは多くの場合、合わない義歯の刺激や歯石、食べ物の残りかすなどが原因のようです。日ごろからこまめにブラッシングをして、口の中の清潔を保つことが大切です

いいえ

歯ぐきに潰瘍ができ、ただれてきましたか？
→ 歯肉炎がすすみ、強い口臭や出血をともなうときは、潰瘍性歯肉炎の疑い。歯科・口腔外科へ

歯ぐきやほかの口腔粘膜に、白いこけ状の小さな斑点ができましたか？
→ 口内炎や口腔カンジダ症が疑われます。歯科・口腔外科へ

さわったり、押したりしなくても歯ぐきから出血しやすいですか？
→ 急げ！ 血液疾患の疑い。再生不良性貧血や、全身に紫色の皮下出血斑をともなうときは、紫斑病のほか重い病気の可能性も否定できません。すぐに内科で検査を

→ 歯ブラシの不適切な使用、つまようじや箸、フォークによる外傷などが原因で、歯ぐきの出血が起こることもあります。症状が軽くても、なかなか改善しないときは歯科へ

◆◆考えられる病気◆◆

歯肉炎

歯肉（歯ぐき）に限定して炎症が起きた状態をいう。

●症状●歯肉が赤くはれ、出血しやすくなるが、痛みはない。慢性化すると歯肉が増殖して肥厚《ひこう》性歯肉炎となり、放置すると歯周炎に移行する。また、潰瘍《かいよう》ができると潰瘍性歯肉炎となり、歯肉がただれて激しい痛みや出血、強い口臭をともなう。

●原因●歯垢《しこう》や歯石に繁殖した細菌の感染による場合がほとんど。ときに血液疾患、ビタミンC欠乏症、糖尿病、肝硬変などの全身疾患、妊娠、薬剤が誘因となることもある。

●治療●軽症であれば、歯石を取り除くことによって治る。肥厚性歯肉炎の場合は、手術で歯肉を切除することもある。潰瘍性歯肉炎の場合は、抗生物質が用いられる。歯周炎に

移行しやすいので、正しい歯磨き法を励行して歯垢を作らないことが大切だ。

歯周炎（歯槽膿漏症）

歯を支えている歯肉、歯根膜、歯槽《しそう》骨、セメント質など歯周組織に起こる慢性の炎症で、歯槽膿漏《のうろう》症と呼ばれることもある。

●症状●歯肉がはれて、出血したり、歯ぐきを押すと膿《うみ》が出たりする。強い口臭をともなうのも特徴。悪化すると、歯槽骨が破壊されてぐらつき、やがて抜け落ちる。

●原因●歯垢《しこう》や歯石など、口内の不衛生が原因で生じる歯肉炎が進行して起こる。また、かみ合わせや歯並びが悪いと、特定の歯に強い力が継続して加わり、歯周組織が傷ついて炎症が起こることもある。

●治療●歯肉炎の原因となる歯垢や歯石をためないことが基本なので、正しい歯磨き法を身につけ、口内の清潔を心がける。かみ合わせや歯並びが悪い場合は、その治療を行なって原因を排除する。歯周ポケットができて、歯石がとりにくい場合は、簡単な手術を行なうこともある。

破壊された歯槽骨の回復は困難だが、ぐらつく歯は隣接する歯と連結して固定する。

智歯周囲炎

智歯《ちし》（親知らず＝第三大臼《きゅう》歯《し》）の周囲の急性炎症で、下あごに多くみられる。

●症状と原因●智歯の周囲の歯肉が赤くはれて化膿《かのう》し、痛みで口が開けられなくなる。ときに高熱を発し、嚥下《えんげ》痛や耳の痛みなどをともなう。直接の原因は細菌の感染だが、智歯の生え方と関係が深い。

●治療●炎症が激しいと歯槽《しそう》骨炎など炎症が広がる恐れがあるので、抗生物質で炎症を抑える。潰瘍《かいよう》や膿瘍《のうよう》がある場合は切開し、急性症状がおさまってから抜歯する。

歯肉増殖症

歯肉が増殖・肥大する病気の総称で、多くは降圧剤（カルシウム拮抗《きっこう》剤）や抗てんかん剤などの副作用が原因。そのほか遺伝や内分泌異常が原因で起こるとされている。

●症状●歯肉全体が増殖し、痛みはないが、しだいに歯が歯肉におおわれる。ひどい場合には、増殖した歯肉に押されて歯並びが悪くなる。また、歯をおおっている歯肉が食事時などに刺激を受け、炎症を起こすこともある。

●治療●手術で増殖した歯肉を切除する。ただし再発しやすいので、予防のためにブラッシングによる口内の衛生改善をはかることが重要になる。薬剤が原因の場合は、主治医と相談のうえ、薬の変更や減量が行なわれる。

リプーリス（歯肉腫）

歯と歯の間の歯肉に発生する良性の腫瘍《しゅよう》をいう。

●症状●歯肉の表面に、色やかたさが一定でない肉のかたまりができる。痛みはない。放置すると歯槽《しそう》骨が破壊され、歯がぐらついて抜けることがある。

●原因●合わない金冠や義歯、むし歯の残根などによる歯周組織への慢性的な刺激が誘因となる。妊娠中に発生しやすいともいわれている。

●治療●手術で摘出する。妊娠中の場合は、出産後に消失することがあるので、出産後に手術の可否が検討される。

その他の病気

口内炎（→P110）
アフタ性口内炎（→P111）
口腔カンジダ症（→P111）
再生不良性貧血（→P89）
紫斑病（→P77）

のどが痛い・飲み込みにくい

スタート

のどの痛みに発熱をともないますか？

はい → くしゃみや鼻水、鼻づまりなどをともないますか？

→ かぜの疑い。安静にして、症状が激しく、高熱や関節をともなうときはインフルエンザの疑いもあるので、内科・耳鼻咽喉科へ

→ 声がかれてきましたか？

→ 急性喉頭炎が疑われます。耳鼻咽喉科へ

→ のどに異物感があり、物を飲み込むときに痛みが強まるなら急性咽頭炎の疑い。さらに高熱をともなうときは急性扁桃炎が疑われます。耳鼻咽喉科へ

いいえ → 物が飲み込みにくく、のどに異物感がありますか？

→ 首の前側が大きくかたくはれて、圧痛を感じるときは甲状腺の病気が疑われます。内科で検査を

→ 小骨のある魚を食べたあとに起こりましたか？

→ 魚の骨が刺さっているか、粘膜が傷ついて炎症を起こしているのかもしれません。長引くときは耳鼻咽喉科で処置を

喫煙本数が多く、刺激の強い食べ物を好みますか？

→ 慢性的な刺激によって、気道粘膜に炎症が起きているようです。原因を取り除く努力を

よくせきばらいをしますか？

→ 慢性扁桃炎や慢性咽頭炎の疑いがあります。耳鼻咽喉科へ

水を飲むときでさえ、つかえやすいですか？

→ 食道アカラシアの疑いがあります。内科・消化器科へ

食べ物はのどを通らないわけではないのに、からつばを飲み込むときに異常を強く感じますか？

→ 念のため耳鼻咽喉科、または内科で検査を。検査で原因となる病気が発見されなかったのに症状が続くときは咽喉頭異常感症の疑い。多くの場合、病気ではないのに異常感を訴えるもので心配ありません。ただ、医師に「異常なし」と保証されても、咽喉頭のがんではないかと思い続けるような場合は心気症が疑われます。精神科に相談を

→ 食道炎や甲状腺の病気などの場合にも、ときにのどの異物感を訴えることがあります。また、脳卒中（とくに脳梗塞）や声帯まひなど脳神経系の障害でも飲み込みにくいことがあります。念のため耳鼻咽喉科・内科で検査を

◆◆考えられる病気◆◆

かぜ／かぜ症候群（急性上気道炎）

かぜとは、鼻腔《びくう》、扁桃《へんとう》、咽《いん》頭《とう》、喉頭《こうとう》など上気道の粘膜が、細菌やウイルスなどの感染や、寒冷などの刺激によって急性の炎症を起こす病気で、正式にはかぜ症候群または急性上気道炎とも呼ばれる。

上気道の複数の部位が同時に侵される場合と、鼻などの一部が侵される場合があり、侵された部位によって、急性鼻炎、急性扁桃炎、急性咽頭炎、急性喉頭炎などと呼ぶこともある。

主な原因はウイルス感染で、通常は一週間ぐらいで自然に治る。そのため、軽い病気と思われがちだが、原因となる病原微生物の種類や症状は多様で、合併症を起こすと生命に危険が及ぶ場合もあるので軽視は禁物だ。

なお、インフルエンザウイ

ルスによる感染は、寒け、発熱、頭痛、筋肉痛などの全身症状が激しいので、かぜ症候群とは区別されている。

●症状●ウイルスなどに感染して数日後から、徐々に症状があらわれてくる。鼻が侵されると、初めは鼻咽頭の乾燥感やくしゃみ、次いで鼻汁や鼻づまりが起こる。鼻汁は最初は水様性だが、やがて粘りのある粘液性から膿《うみ》の混じった膿《のう》粘性に変わり、鼻づまりもひどくなる。喉頭が炎症を起こすと、のどの痛みやいがらっぽさ、せき、たんなどがあらわれ、声帯に炎症が及ぶと声がれが起こる。

　発熱は通常、高くても三七・五度程度で、頭痛や倦怠《けんたい》感などの全身症状も軽く、ふつうは一週間ほどで治る。ほかに吐き気や腹痛、下痢など消化器症状を主症状とする場合もある。

●原因●かぜ症候群の約九〇%はウイルス感染によるもので、ほかにマイコプラズマ、クラミジア、細菌などの病原微生物の感染がある。細菌には、連鎖球菌が多くみられる。

　季節によって流行するウイルスは異なり、夏はエコーウイルス、コクサッキーウイルスなどが多く、春と秋にはライノウイルスが流行しやすい。インフルエンザウイルスは主に冬季に流行する。

●合併症●かぜによって体力や抵抗力が低下すると、細菌に感染しやすくなり、さまざまな合併症を引き起こす。とくに高齢者は注意が必要だ。多いのは気管支炎や肺炎で、一部の人では肺炎を悪化させて心不全に至るケースもある。

すでに慢性の肺疾患や心臓病、糖尿病、腎臓病などにかかっている場合は気をつける必要がある。そのほか細菌感染による中耳炎、副鼻腔《びくう》炎なども起こりやすい。

●治療と予防●まず安静にして、保温を心がけ、水分と栄養を十分にとることが大切。現在、ウイルス感染に有効な薬剤はないので、治療は症状の改善をはかるための対症療法が中心で、非ステロイド系の消炎鎮痛剤を使用して経過をみる。のどの痛みには殺菌消毒薬によるうがいが効果的で、せきに対しては鎮咳《ちんがい》剤、たんには去痰《きょたん》剤を併用する。

　慢性の呼吸器疾患、心臓病、免疫不全の患者や高齢者など、細菌の二次感染を起こしやすい人は、合併症の予防措置として、抗菌剤を使用する必要がある。

　かぜを発症した場合、大人は安静と対症療法で軽快することが多いが、小児や高齢者では「ただのかぜ」と軽視せず、内科または小児科を受診する必要がある。また、かぜ予防として、とくに流行する冬季の外出時にはマスクを着用し、帰宅時にはうがいや手洗いを励行したい。

のどのしくみ

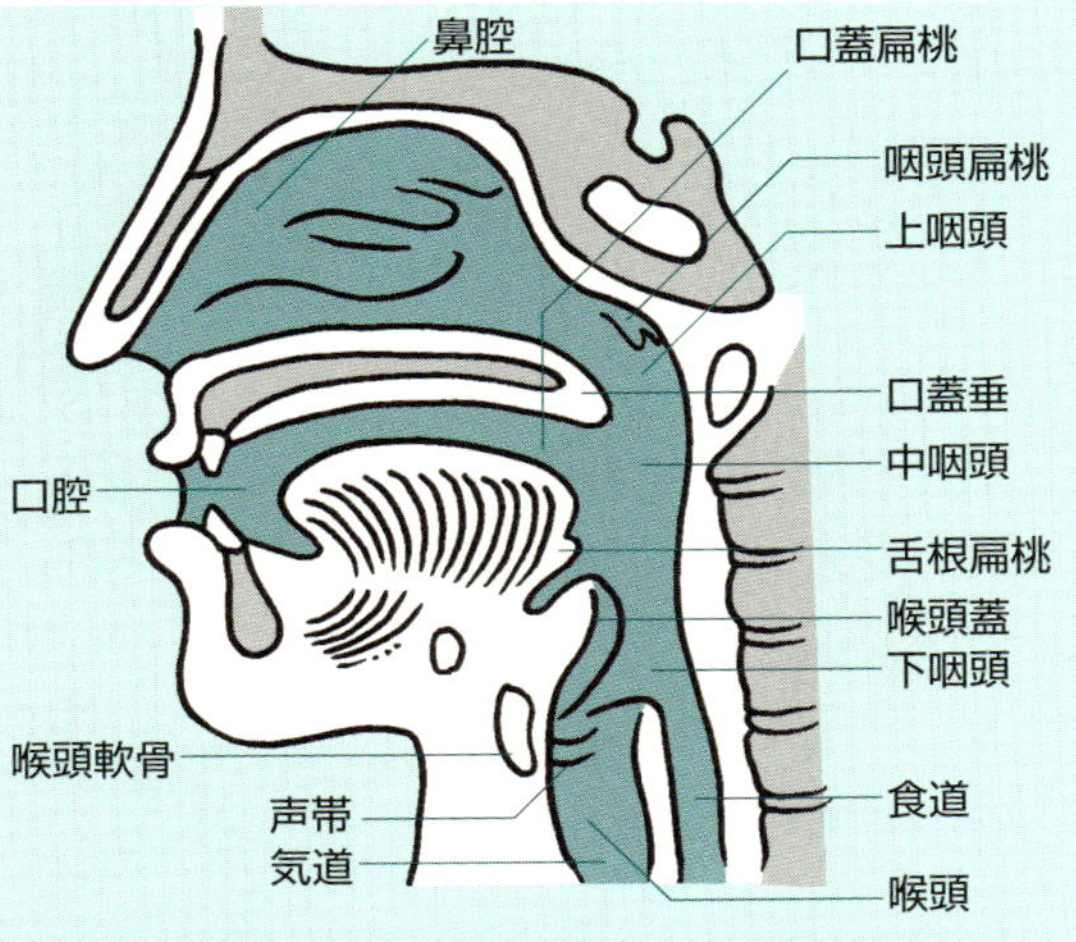
鼻腔
口蓋扁桃
咽頭扁桃
上咽頭
口蓋垂
中咽頭
口腔
舌根扁桃
喉頭蓋
下咽頭
喉頭軟骨
声帯
気道
食道
喉頭

のどは、咽頭と喉頭から成り立ち、咽頭には食べ物を食道に導く働きのほか、扁桃というリンパ組織があって生体防御の働きをしている。一方、喉頭には声帯が含まれるほか、空気の通路としての役割があり、嚥下のときは喉頭の入り口が閉まって、食べ物が気道に入らないように調整している

扁桃炎

扁桃《へんとう》に炎症が起きた状態で、急性と慢性がある。

急性扁桃炎

主に口蓋《こうがい》扁桃に起きた急性の炎症で、さまざまな病原体、とくに溶血性連鎖球菌などの化膿《かのう》菌の感染で発症する。

●症状●高熱が出てのどが痛み、とくに嚥下《えんげ》痛が強くて食事がとりにくくなる。首のリンパ節のはれや関節痛をともなうこともある。診察では、扁桃全体が赤く、白っぽい斑点（膿栓《のうせん》）または灰白色の膜状のもの（偽膜《ぎまく》）が見える。

●治療●安静にして、うがいを行ない、対症療法として解熱剤や鎮痛剤を服用する。細菌感染には抗生物質が用いられる。年に何回も繰り返す場合は、習慣性扁桃炎（習慣性アンギーナ）といい、摘出手術が必要となる。

慢性扁桃炎

急性扁桃《へんとう》炎が慢性化することもあるが、多くは、むし歯や口内炎、慢性副鼻腔《びくう》炎などで、口内やのどの不潔状態が続いている場合にみられる。

●症状●のどの異物感や軽い痛みがあったり、ときに白い米粒状の悪臭のある膿《うみ》のかたまりが出る。強い症状がないために放置されがちだが、これが感染源となって急性腎炎やリウマチ性関節炎、心内膜炎などの病巣感染症を引き起こすことがある。

●治療●病巣感染症を併発する危険があるときには、扁桃の摘出手術が行なわれる。

咽頭炎

咽頭《いんとう》に起きた炎症で、急性と慢性がある。

急性咽頭炎

咽頭粘膜に起きた急性の炎症で、ウイルスや細菌による気道感染の初期症状であることが多い。

●症状●咽頭の痛みやいがらっぽさなどの刺激症状に続いて、嚥下《えんげ》痛や発熱、全身倦怠《けんたい》感、食欲低下などのかぜ症状が起こる。鏡に映すと咽頭が赤くはれて見えるが、扁桃《へんとう》炎と違って白い斑点（膿栓《のうせん》）は認められない。やがてせきやたん、黄色い鼻汁が出る。

●治療●心身の安静と保温に努め、うがいを行なう。強い症状があれば、対症療法として解熱剤や鎮痛剤を用いる。

慢性咽頭炎

急性咽頭《いんとう》炎が慢性化することもあるが、多くは喫煙などの慢性の刺激で咽頭の粘膜炎が持続している状態をいう。

●症状●咽頭のいがらっぽさや不快感、異物感などが慢性的にあり、せきばらいをすると、のどにしみるような刺激を感じる。

●治療●よくうがいをして口内を清潔に保ち、喫煙や飲酒など刺激となるものを控える。炎症が強ければ、咽頭にはれや充血をとる薬剤を塗ったり、ネブライザー噴霧療法が行なわれることもある。

喉頭炎

喉頭《こうとう》が炎症を起こした状態で、急性と慢性がある。

急性喉頭炎

喉頭粘膜に起こる急性の炎症で、ウイルスや細菌感染のほか、声の酷使、たばこの煙や有毒ガスなど有害物質を含む空気の吸入が原因となる。

●症状●声がれ（嗄声《させい》）、乾いたせき、のどの乾燥感、異物感などがあり、ひどいと声が出せなくなる。

●治療●発声を控え、マスクで加湿すれば、多くの場合、数日～数週で治る。副腎皮質ホルモン剤の吸入療法も有効だが、医師の指示を守ることが大切。呼吸困難があれば、すぐに耳鼻咽喉科を受診する必要がある。

慢性喉頭炎

急性喉頭炎《こうとう》からの移行が大半だが、声の酷使、たばこの吸いすぎなどの持続的な刺激が慢性化の原因になる。

●症状●声がれ（嗄声《させい》）、声が出しにくい、のどの異物感、せきなどの症状が慢性化する。さらに進むと声帯結節や声帯ポリープなどの治りにくい病気が起こる場合もある。

●治療●原因となる刺激を取り除き、声を酷使しないことが基本。喉頭の炎症には薬液を塗布し、ネブライザーによる吸入療法が行なわれる。

咽喉頭異常感症

実際には存在しないのに、のどに何かつまっているような異物感や異常感、刺激感を覚える状態をいう。

●症状●のどの異常感は、食事ではまったく感じないのに、からつばを飲み込むときに強く感じる。ときに、異常感が起こる部分や感じ方が変わるのも特徴。本人は異常を感じているのに、医師からは「異常はない」といわれるため、納得できない人も多い。

ただ異常感がいつも同じ部位にあり、徐々に強くなる場合は、腫瘍《しゅよう》などの疑いもあるので医師に相談して、経過観察をしてもらう必要がある。

●原因●咽頭《いんとう》粘膜にごく軽い炎症がみられる場合もあるが、多くは原因不明。ときに心配症だったり、がんへの恐怖など心因性（心気症→P193）の場合もある。

●治療●病変がある場合は、その治療を行なう。心因性の場合は、必要な検査・診断を受けて納得することが必要だが、不安が強い場合は精神安定剤が処方されることもある。

食道アカラシア

食道の正常なぜん動運動ができなくなる病気で、食道の筋肉が緊張して起こる。

●症状●食べ物がつかえて飲み込みにくい（嚥下《えんげ》困難）、食べたものがこみあげる、胸痛などが主症状である。がんや潰瘍《かいよう》の食道狭窄《きょうさく》では固形物はつかえるが、水分はスムーズに通過するのに対し、食道アカラシアでは水分ですらつかえやすくなる。嚥下困難の程度は、通常、一定の強さ以上には進行せず、また日によって症状に強弱がみられる。水も通らなくなる日もあれば、固形食がふつうに飲み込める日もある。また、就寝中、食道にたまった食物が気管に入って、せき込むのも特徴の一つである。

●原因●確かな原因は不明だが、食道のぜん動運動を行なう平滑筋《へいかつ》と、食道と胃の接合部にある下部食道括約筋《かつやく》が障害されるために起こる。

●治療●軽症の場合は治療の必要はなく、また薬剤の服用で改善することもある。重症の場合は、内視鏡を使ってバルーンで拡張したり、特殊な薬を注入して括約筋の緊張をゆるめるなどの方法がとられる。それでも改善しない場合は、手術が行なわれる。

●生活の注意●食道にたまった食物がこみあげて気管に入り、肺炎（誤嚥《ごえん》性肺炎）を起こすことがあるので注意が必要。ゆっくり時間をかけて食べ、食後すぐの就寝は避ける。また、ストレスは食道の緊張を高めるので、リラックスした生活を心がけたい。

その他の病気

脳卒中（→P61）
声帯まひ（→P125）
食道炎（→P153）
インフルエンザ（→P38）
心気症（→P193）

声がかすれる・ふるえる

スタート

急に声がかすれて、のどが痛くなりましたか？

はい

発熱やくしゃみ、せき、鼻汁、鼻づまりなどをともないますか？

かぜが原因の喉頭炎の疑い。安静にして、蒸気吸入などをすれば症状がやわらぎます。長引くときは耳鼻咽喉科へ

たばこの吸いすぎや、お酒を飲みすぎたときなどに起こりますか？

たばこなどの刺激による喉頭炎の疑い。原因を取り除いても改善しないときは耳鼻咽喉科へ

カラオケで歌いすぎるなど、声を使いすぎていますか？

空気の乾燥や気温の急激な変化、ほこりや刺激性のガス、光化学スモッグ、建築資材に使われる化学物質などの環境要因によっても起こります。症状が激しいときは耳鼻咽喉科へ

うがいや蒸気吸入などをして、声を出さずに安静に。長引く場合は耳鼻咽喉科へ

いいえ

徐々に声がかれて、しわがれ声になってきましたか？

のどに異物感や飲み込みにくい感じがありますか？

症状がひどくなるときは咽喉頭部の重い病気の疑いも。１週間以上続くときは耳鼻咽喉科へ

声をよく使う職業ですか？

声の使いすぎが原因で、声帯に炎症が起きている可能性があります。ひどい場合は声帯結節や声帯ポリープができている疑いもあるので、耳鼻咽喉科で検査を

寒冷や乾燥、たばこや化学物質などの環境要因、声の出しすぎのほか、慢性的なのどの病気の疑いもあります。一度、耳鼻咽喉科で検査を

声がふるえるのですか？

過度に緊張したときや、寒冷下で起こる場合など、一時的な声のふるえなら心配ありません。手足の小きざみなふるえをともない、持続性があればパーキンソン病などが疑われます。内科・脳神経科へ

声が出なくなりましたか？

言葉がもたつくときは「言葉・会話の異常」（→Ｐ186）、ほかに症状があればそれぞれのチャートへ

言葉が出なかったり、理解力や判断力が低下しましたか？

失語症、脳動脈硬化症、脳血管障害などの疑いがあります。内科・脳神経科へ

急に声が出なくなり、物を飲み込むときにむせやすいですか？

強い精神的ショックや緊張、不安や恐怖のせいで言葉を話せなくなったり、声が出にくくなることがあります。思い当たることがあれば精神科に相談を。ほかにも神経や筋肉の障害が原因になることもあります。神経内科で検査を

声帯まひの疑いがあります。神経内科で検査を

◆◆考えられる病気◆◆

声帯ポリープ
声帯結節

声帯の縁に小さな突起ができることがある。この突起を声帯結節と呼び、職業として声をよく使う歌手などに多いことから謡人結節ともいわれる。これが大きくなってキノコ状になったものは声帯ポリ

ープと呼ばれる。

●症状と原因●ともに声がかすれたり、しわがれ声となる（嗄声《させい》）。ほとんどの場合、声の酷使が原因で、これに上気道炎（かぜなど）などの悪条件が重なると、声帯全体が大きくむくむようにはれることがある。

●治療●患部が小さければ声を出さずに、蒸気吸入や薬剤吸入を行なうが、多くは切除手術が必要になる。

声帯まひ（反回神経まひ）

声帯を動かす筋肉とかかわりのある反回《はんかい》神経がまひする病気で、発声に障害を生じる。

●症状●声帯が閉じなくなるため、声が急に出なくなったりする。通常、まひは片側に生じ、息もれの強い嗄声《させい》（しわがれ声）が特徴で、誤嚥《ごえん》を起こしやすい。両側の場合は呼吸困難に陥る。

●原因●神経炎など神経自体の病気でまひすることは少なく、多くは脳、頸《けい》部、縦隔《じゅうかく》、食道、気管、甲状腺《こうじょうせん》などの病気、とくにがんなどによる圧迫や浸潤《しんじゅん》が原因となる。食道や甲状腺の手術で反回神経が障害されることもある。

●診断と治療●喉頭《こうとう》鏡や喉頭ファイバースコープで観察し、まひの状態を診断する。原因疾患の治療が先決だが、まひが残った場合は手術が行なわれる。

片側まひでは、声帯を内転させる手術で嗄声を改善する。両側まひの場合は、逆に声帯を外転させたり、声帯の一部をレーザーで焼き切るなど、発声を犠牲にしても呼吸を楽にする療法がとられる。

声帯のしくみと働き●

咽頭側から見た声門部

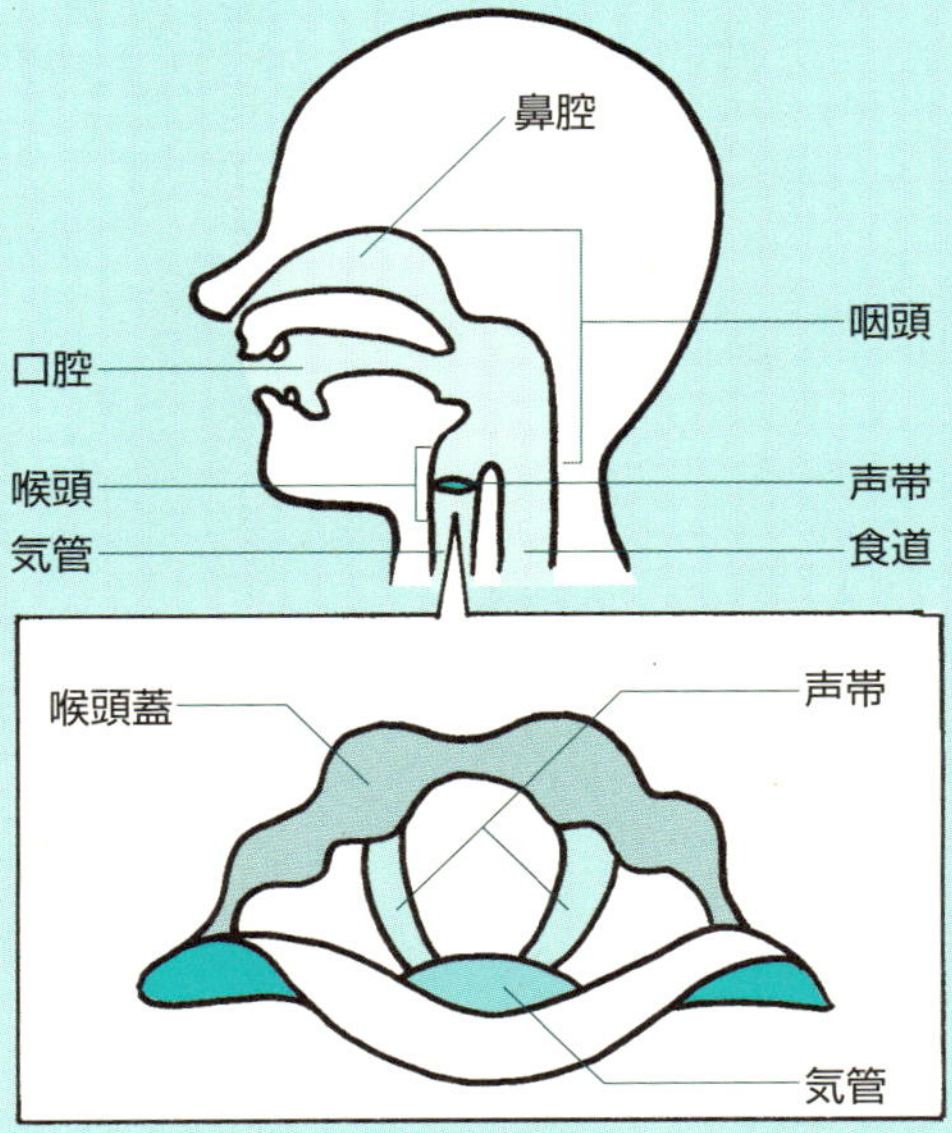

喉頭《こうとう》は気道の一部で、鼻や口から入った空気は喉頭を通って気管に入る。喉頭は中・下咽頭《いんとう》などの食べ物の通り道に接しているので、喉頭の入り口は、咽頭から食道に送られる食べ物が、肺に通じる気管に入り込まないように、物を飲み込むときに閉まるようなシステムになっている。この閉まる部分を声門といい、発声をつかさどる声帯はこの部分に位置している。

呼吸時には空気を通過させるために声門は開くが、発声するときには声門は閉じる。このとき声帯は肺から出る空気によって振動して音を出すことができる。こうして声帯の振動によって生じた音は、咽頭や口腔《こうくう》、鼻腔《びくう》に達し、さらに舌や歯、唇などと協力して、言葉として発声されることになる。

この声帯の大きさや形は、人によって異なるが、一般に成人男性は、女性に比べて太くて長い場合が多い。そのために振動数が少なくなり、成人男性の声は太くて低い声になる。

その他の病気

- かぜ／かぜ症候群 （→P120）
- 喉頭炎 （→P122）
- 動脈硬化症 （→P63）
- パーキンソン病 （→P180）
- 失語症 （→P189）

首がまわらない・痛い・はれる

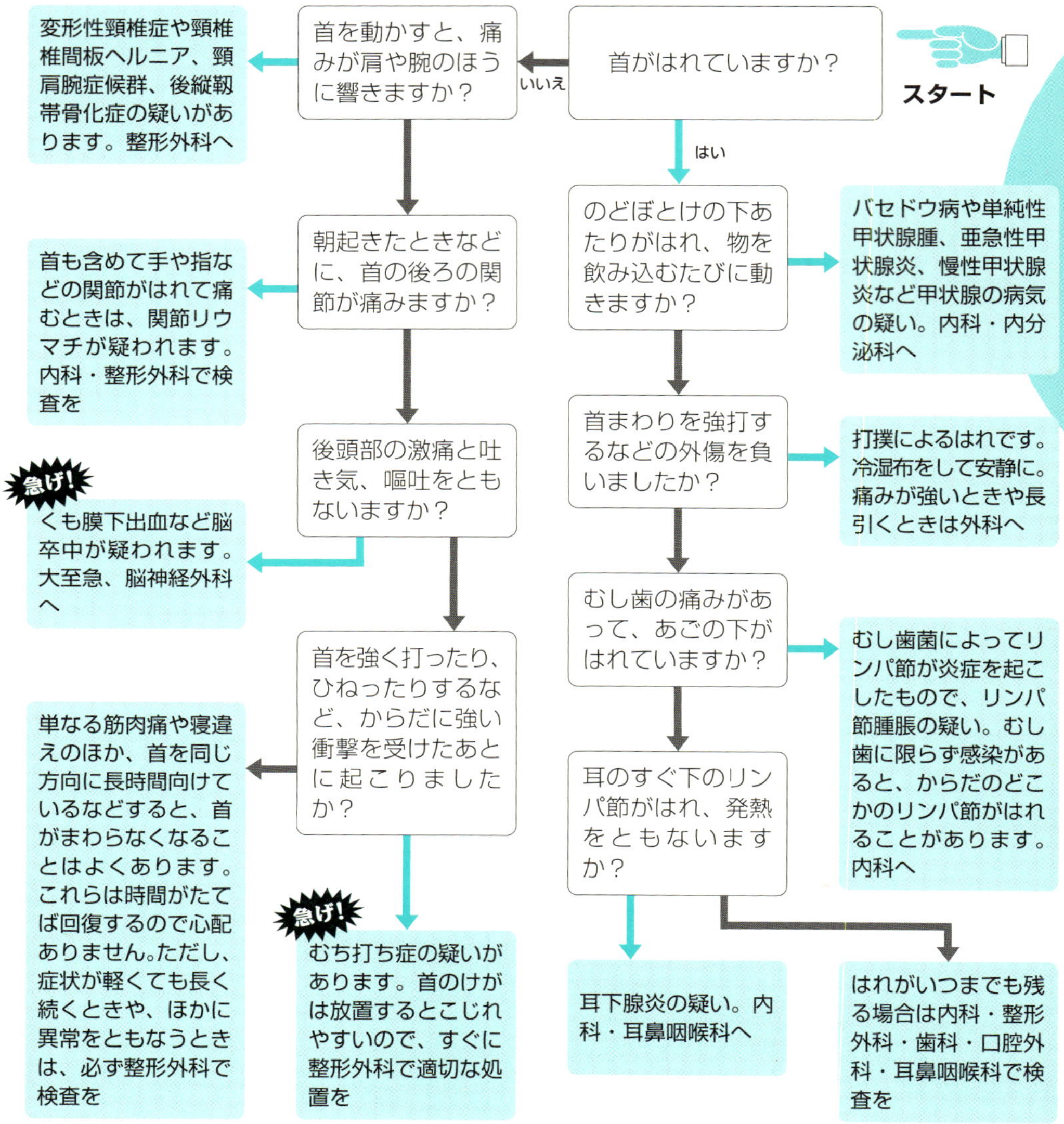

スタート
首がはれていますか？
いいえ
首を動かすと、痛みが肩や腕のほうに響きますか？
変形性頸椎症や頸椎椎間板ヘルニア、頸肩腕症候群、後縦靱帯骨化症の疑いがあります。整形外科へ
朝起きたときなどに、首の後ろの関節が痛みますか？
首も含めて手や指などの関節がはれて痛むときは、関節リウマチが疑われます。内科・整形外科で検査を
後頭部の激痛と吐き気、嘔吐をともないますか？
急げ！
くも膜下出血など脳卒中が疑われます。大至急、脳神経外科へ
首を強く打ったり、ひねったりするなど、からだに強い衝撃を受けたあとに起こりましたか？
単なる筋肉痛や寝違えのほか、首を同じ方向に長時間向けているなどすると、首がまわらなくなることはよくあります。これらは時間がたてば回復するので心配ありません。ただし、症状が軽くても長く続くときや、ほかに異常をともなうときは、必ず整形外科で検査を
急げ！
むち打ち症の疑いがあります。首のけがは放置するとこじれやすいので、すぐに整形外科で適切な処置を
はい
のどぼとけの下あたりがはれ、物を飲み込むたびに動きますか？
バセドウ病や単純性甲状腺腫、亜急性甲状腺炎、慢性甲状腺炎など甲状腺の病気の疑い。内科・内分泌科へ
首まわりを強打するなどの外傷を負いましたか？
打撲によるはれです。冷湿布をして安静に。痛みが強いときや長引くときは外科へ
むし歯の痛みがあって、あごの下がはれていますか？
むし歯菌によってリンパ節が炎症を起こしたもので、リンパ節腫脹の疑い。むし歯に限らず感染があると、からだのどこかのリンパ節がはれることがあります。内科へ
耳のすぐ下のリンパ節がはれ、発熱をともないますか？
耳下腺炎の疑い。内科・耳鼻咽喉科へ
はれがいつまでも残る場合は内科・整形外科・歯科・口腔外科・耳鼻咽喉科で検査を

◆◆考えられる病気◆◆

単純性甲状腺腫

甲状腺《こうじょうせん》がはれるだけで、機能には異常がない病気。思春期や妊娠中、あるいは授乳期の女性に多くみられる。

●症状●首が少し太く見える程度で圧迫感もなく、生活に支障はない。

●治療●多くは加齢とともに自然に消失するので、治療の必要はない。はれが大きい場合は、甲状腺ホルモン剤の服用で小さくすることもある。

慢性甲状腺炎（橋本病）

自己免疫の異常により、甲状腺《こうじょうせん》が破壊される病気で、とくに中年以降の女性に多い。

●症状●甲状腺全体が、蝶が羽を広げたような形にかたくはれて大きくなる。さわるとゴツゴツした感じで、首に不快感があり、肩こりをともな

うことが多い。

甲状腺ホルモンの分泌が減ると、甲状腺機能低下症を起こし、寒がり、声のかすれ、全身倦怠《けんたい》感、便秘、むくみ、集中力の低下、月経異常などの症状があらわれる。

●治療●甲状腺の機能が正常なら治療の必要はなく、ふつうの生活を送れる。甲状腺機能低下症がある場合は、甲状腺ホルモン剤を飲み続けて、甲状腺の機能を補う。

亜急性甲状腺炎

甲状腺《こうじょうせん》に炎症が起こる病気で、中年女性に多い。ウイルスが原因といわれているが、他人に感染する心配はない。

●症状●全身がだるく、発熱する。同時に甲状腺に痛みのあるかたいしこりができ、押すと激しい痛みを感じる。発熱は、微熱から高熱まで人によってさまざまである。

●治療●痛みが強い場合は、副腎皮質ホルモン剤や非ステロイド抗炎症剤を服用する。一～三か月飲み続ける必要があるが、その後、機能は正常化して症状は改善される。

リンパ節腫脹

細菌の感染などによってリンパ節に炎症が起こり、リンパ節がはれた状態をいう。

●症状●リンパ節がはれて痛む。はれやすいのは、首、わきの下、足のつけ根などにあるリンパ節で、発熱することもある。主な原因は傷口から入った化膿《かのう》菌の感染による炎症で、ほかに腫瘍《しゅよう》やがんの転移などでも起こる。

●治療●抗生物質などを用い、化膿している場合はリンパ節を切開して膿《うみ》を出す。

寝違え

朝起きたときに首を動かせないことがある。首の筋肉の一部が緊張したために起こる急性の筋肉痛で、多くは、不自然な姿勢で寝ていたことが原因と考えられる。

首すじを安静にして、痛むところを温めれば、ほとんどの場合、数日で治る。ただし、痛みが激しいときや長引く場合は、骨や頸椎《けいつい》の病気が原因になっていることも否定できない。整形外科で検査を受けることが大切だ。

その他の病気

脳卒中（→P61）
耳下腺炎（→P103）
頸肩腕症候群（→P129）
変形性頸椎症（→P137）
頸椎椎間板ヘルニア（→P138）
後縦靭帯骨化症（→P179）
関節リウマチ（→P173）
バセドウ病（→P66）

むち打ち症とは●

●頸椎《けいつい》に捻挫《ねんざ》・脱臼《だっきゅう》が起こる

自動車に乗っているときに追突されると、首が急激に後ろに曲がり、次の瞬間には反動で前に曲がる。また、追突した場合には、首が激しく前屈する。

こうした場合、頸椎部を捻挫して首に痛みが起こることが多い。ひどいときは頸椎の脱臼や骨折のほか、脊髄《せきずい》や脳の挫傷を起こし、頭痛や吐き気、めまい、耳鳴りなどがあらわれることもある。すでに頸椎に病変がある場合は、これらの神経症状がより起こりやすくなる。

●軽い捻挫でも首を安静に

骨折したり、神経に損傷を受けた場合は、事故直後から症状があらわれ、捻挫の場合には数時間たってから痛みやはれがはっきりしてくることが多い。いずれにしても、事故にあったときは、急いで整形外科を受診する。

また、軽い捻挫の場合でも首の部分を安静に保つことが大切で、寝るときは小さな枕を首すじ（うなじ）に当てて下から支えるようにする。症状が軽くなったら、入浴時には首までつかり、入浴後は軽くマッサージをするとよい。

肩がこる・張る・痛い

スタート

左右両方の肩が、全体的にこったり、張ったり、痛んだりしますか？

はい

肩こりがひどく、首や腕のほうにも傷みやしびれを感じますか？

頸肩腕症候群、胸郭出口症候群、後縦靱帯骨化症などの疑いがあります。整形外科へ

中年以降の人で、肩の痛みを感じますか？

肩関節周囲炎または変形性頸椎症の疑い。整形外科へ。女性の場合は、更年期障害の1つの症状としてあらわれることがあります。つらいときは産婦人科へ

とくに朝起きたとき、手や指など関節の痛みが強いですか？

関節リウマチの疑い。内科・整形外科で検査を

運動や作業のあとで痛みが起こりましたか？

筋肉痛と思われます。とくに野球などの球技では、肩やひじの腱に過労性の障害を起こしやすく、痛みも出がちです。症状が長引くときは、整形外科で検査を

肩から首または背中にかけて、しだいに痛みが強くなり、筋力低下や全身の衰弱がみられますか？

急げ！

脊髄の重い病気の疑いも否定できません。至急、整形外科・内科で検査を

慢性的な肩こりは、心身の疲労やストレスのほか、高血圧症や低血圧症が原因になったり、ときには肺や心臓など内臓の病気が原因で起こることもあります。ほかの症状にも注意して、気になるときは念のため内科で検査を。そのほか原因不明の痛みが続くような場合は、整形外科で検査を

いいえ

主に左肩に痛みやこりが起こりましたか？

胸の痛みや締めつけられるような感じをともないますか？

急げ！

狭心症や心筋梗塞、心膜炎などの疑いがあります。至急、内科へ

みぞおちの痛みや不快感をともないますか？

急げ！

急性膵炎や胃・十二指腸潰瘍の疑いがあります。至急、内科へ

寝違えや姿勢の悪さが原因かもしれません。原因を取り除いても症状が続くときは整形外科で検査を

主に右肩が痛み、背中や腹部の痛みをともないますか？

胆石症または胆嚢炎の疑い。ときに肝臓の病気でも起こることがあります。内科へ

肩の深部が痛み、せきをすると激しく痛みますか？

急げ！

呼吸器の重い病気が疑われます。発熱があれば肺炎や胸膜炎などの疑い。すぐに内科へ

肩を強打したり、ひねったり、肩の関節に強い衝撃を受けたあとに痛みが起こりましたか？

急げ！

肩の関節の捻挫または脱臼を起こした疑いがあります。至急、整形外科へ

目の疲れや視力異常、難聴など聴力の障害、むし歯や義歯の不適合、顎関節の病気、ストレスに起因する心の病気など、肩のこりや痛みが起こる原因はさまざまです。そのほか原因不明のこりや痛みが続くときや、ほかに症状をともなうときは、整形外科または該当する診療科で検査を

◆◆考えられる病気◆◆

頸肩腕症候群

肩や腕にいく神経の支配下に、痛みやしびれなどが起こる病気の総称。

●症状と原因●症状は不定で、首から肩、腕にかけての痛みとしびれ、肩こり、頭痛などが起こる。多くは原因不明だが、パソコンなどをよく使う人に起こりやすい。高齢者では変形性頸椎《けいつい》症や肩関節周囲炎、若い女性では胸郭出口《きょうかくでぐち》症候群などの病気が原因となる場合がある。

●治療●原因疾患の治療が先決で、体操やマッサージなどで筋肉のこりをほぐすと症状が軽減される。消炎鎮痛剤や温熱療法なども用いられる。

胸郭出口症候群

首から腕に向かう神経や血管が、鎖骨の後ろで首の筋肉などに圧迫されて起こる病気。やせてなで肩の若い女性や、生まれつき首の骨や筋肉に変形がある人、筋肉の発達がよくない人に多くみられる。

●症状●肩こり、腕から手にかけての痛みやしびれ、だるさなどが起こり、症状の悪化と軽快を慢性的に繰り返しながら徐々に進行する。

●治療●首や肩の筋肉を強くする運動療法が基本。重い物を手にぶら下げたり、手を肩の高さ以上に上げることは避ける。症状に応じて消炎鎮痛剤などが使われるが、改善しない場合は、病変部の手術が必要となることもある。

肩関節周囲炎（四十肩・五十肩）

中高年になって、自然に肩が痛み、腕が上がらなくなる状態。肩周辺の筋肉や腱《けん》に老化現象としての摩擦や変性が生じるためで、起こりやすい年齢から、四十肩、五十肩とも呼ばれる。

●症状●肩を動かしたときに痛みが起こり、腕を前に上げたり、まわしにくくなる。時間の経過で痛みは軽くなるが、傾向として早く治療を始めたほうが、治りも早い場合が多い。

肩こりの原因となる3つの部位

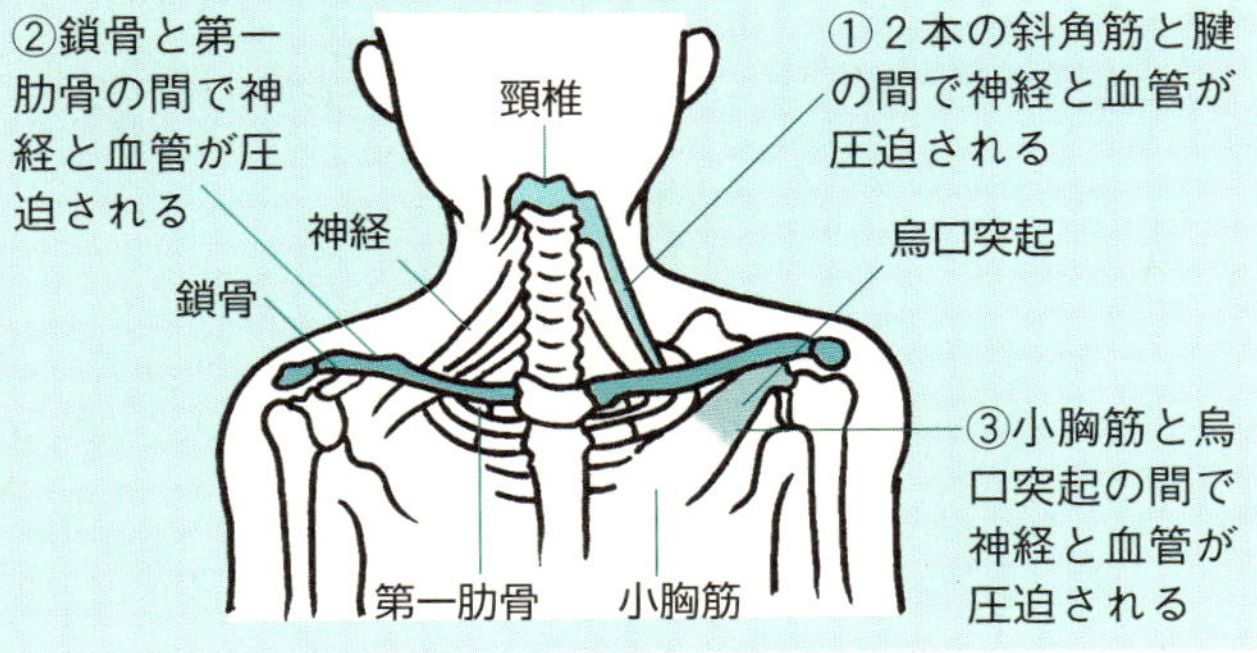
②鎖骨と第一肋骨の間で神経と血管が圧迫される
頸椎
①2本の斜角筋と腱の間で神経と血管が圧迫される
神経
烏口突起
鎖骨
③小胸筋と烏口突起の間で神経と血管が圧迫される
第一肋骨
小胸筋

●治療●初期には、麻酔剤や副腎皮質ホルモン剤の局所注射が有効である。しかし、進行した場合は、関節内外の癒《ゆ》着《ちゃく》によって関節の動きが制限されるため、運動療法が必要となる。温熱療法などで筋肉の緊張をほぐし、そのあと振り子運動や滑車、棒などを用いた体操で関節の可動域を広げていく。

その他の病気

- **後縦靱帯骨化症**（→P179）
- **変形性頸椎症**（→P137）
- **関節リウマチ**（→P173）
- **肺炎**（→P38）
- **高血圧症**（→P47）
- **低血圧症**（→P45）
- **狭心症**（→P131）
- **心筋梗塞**（→P132）
- **心膜炎**（→P133）
- **胸膜炎**（→P134）
- **胆嚢炎**（→P142）
- **胆石症**（→P143）
- **膵炎**（→P143）
- **更年期障害**（→P29）

胸が痛い・締めつけられる感じ

スタート

発熱をともないますか？

はい

肋骨にそって激しく痛み、のちに発疹があらわれましたか？

帯状疱疹の疑いがあります。内科・皮膚科へ

呼吸に合わせて痛みますか？

かぜ症状や下痢のあと、胸の中央部が痛みましたか？

急げ!

心筋炎の疑いがあります。すぐに内科へ

胸の圧迫感や息苦しさ、動悸などをともないますか？

急げ!

心臓や肺に何らかの障害が起きている疑いがあります。至急、内科で検査を

かぜでせきが続くと胸部の筋肉が痛むことも。また胆嚢炎では胸に近い上腹部が痛みます。内科へ

せきがひどく、さびいろのたんが出ますか？

急げ!

肺炎の疑い。すぐに内科へ

肩や首にかけて痛むときは心膜炎、背中に痛みが及ぶときは胸膜炎の疑い。すぐに内科へ

いいえ

胸やけがひどいですか？

とくに食事のときに強く痛みますか？

空腹時に痛みが強く、食事をとると痛みがやわらぐときは胃・十二指腸潰瘍の疑い。内科へ

座位か立位で水を飲むと、症状がおさまりますか？

食道炎の疑いがあります。症状がひどいときは内科へ

急げ!

食道裂孔ヘルニアの疑いがあります。すぐに内科へ

胸の奥のほうが締めつけられるような痛みが起こりますか？

吐き気や嘔吐、呼吸困難、冷や汗などをともなう痛みが5分以上続きますか？

急げ!

心筋梗塞または解離性大動脈瘤の疑い。大至急、内科へ

急げ!

狭心症発作の疑い。すぐに痛みがおさまっても内科へ

急に胸の痛みや動悸が起こり、息苦しくなりましたか？

呼吸器や心臓の障害はないのに、胸の痛みが起こるのですか？

強い不安や恐怖があり、めまい、冷や汗などをともなうときはパニック障害の疑い。精神科へ

急げ!

肺血栓塞栓症や気胸、不整脈などが疑われます。至急、内科へ

肋骨の表面近くがヒリヒリ痛みますか？

肋間神経痛または帯状疱疹後神経痛の疑い。ひどいときは内科へ

乳房が痛いのですか？

「乳房が痛い・しこりがある」(→P202)のチャートへ

スポーツや打撲などが原因で、胸の筋肉が痛むことがあります。ほかに思い当たる原因がなく、症状が長引くときは内科で検査を

◆◆考えられる病気◆◆

狭心症

心臓の筋肉（心筋）の収縮に必要な酸素が不足して、不安をともなうような胸痛が発作的に起こる状態をいう。労作性狭心症と安静狭心症があり、発作が頻回に起こったり、胸痛の程度が強く、持続時間も長いなど、悪化した状態を不安定狭心症と呼ぶ。

●症状●締めつけられる、焼けつく、などと形容される前胸部の痛みや圧迫感が急激に起こる。左胸部やみぞおちなどに起こったり、のどやあご、歯、左腕、背中へ痛みが放散することもあるため、胃・十二指腸、胆嚢《のう》、膵臓など消化器、歯、口腔《こうくう》の病気と間違えられることがある。症状が強いと、冷や汗や吐き気が起きたりする。ほとんどは数分でおさまるが、強い発作では十数分も続くことがある。

労作性狭心症が最も多く、食事や階段の昇降、運動時に胸痛が起こるときは、狭心症を疑う必要がある。また、夜間や早朝の安静時、ときには睡眠中に発作が起こったり、失神をともなうこともある。狭心症は、発作時以外には症状はなく、健康な人と変わらない生活が送れる。

●原因●心筋には冠動脈という血管によって酸素や栄養素が供給されている。しかし、動脈硬化による冠動脈の狭窄《きょうさく》があると、運動や興奮などで酸素の消費が増えたときに血液の供給が欠乏して発作をまねく。また、動脈硬化による狭窄がなくても、冠動脈に一過性のけいれんによる狭窄が起こると、酸素供給が減って安静時でも発作が起こる。

●検査と診断●心筋の酸素不足を調べる検査や、発作時の心電図で虚血による波型を確認できれば診断がつく。ただし、発作時以外の心電図は正常であることが多いので、携帯用心電計で長時間記録するホルター心電図や、運動負荷試験が行なわれる。超音波やシンチグラフィーなどの検査が必要なこともある。最終的には、大腿部や腕の血管から細い管を挿入する冠動脈造影検査によって、病状を把握し、治療方針が決定される。

●治療●薬物療法と外科療法に大別されるが、日常生活では、発作を起こさないようにきつい労作を避け、心身の安静を保つこと。また、動脈硬化を促す高血圧や糖尿病、脂質異常症（高脂血症）の予防と治療、それに禁煙や減量も大切だ。

薬物療法　治療の基本は薬物療法で、発作を緩和したり予防する薬剤が用いられる。発作時に硝酸剤（ニトログリセリンなど）の舌下錠またはスプレーを使用すると、胸痛は通常、数分でおさまる。発作の誘因がわかっているときは、事前に舌下錠を口に含む。硝酸剤は習慣になるからと敬遠する人がいるが、すぐに対処することが重要だ。硝酸剤のほか、β遮断《ベータしゃだん》剤、カルシウム拮抗《きっこう》剤、抗血小板《けっしょうばん》剤などの薬剤も用いられる。

外科療法　薬剤の効果が不十分なときや、心筋梗塞《こうそく》を起こす危険が高い場合は、先端に風船（バルーン）がついた管を冠動脈に挿入して、狭窄部を広げる経皮的冠動脈形成術（PTCA）が行なわれる。手術せずに狭窄を改善できるよい方法だ。バルーンで広げたあとに金属製の筒（ステント）を挿入する方法、自分の静脈や動脈で大動脈と冠動脈をつなぐ、冠動脈バイパス術が行なわれる場合もある。

不安定狭心症の治療　心筋梗塞に移行しやすいので、早急の入院治療が必要だ。抗狭心症剤や血栓《けっせん》溶解剤の点滴、PTCAまたは冠動脈バイパス術が行なわれる場合もある。

心筋梗塞

心臓の筋肉（心筋）を養っている冠動脈の内腔《くう》がふさがって血流が止まり、心筋が酸素欠乏から壊死《えし》を起こして働かなくなる。死に至る危険が高いので、一刻も早い集中治療が必要だ。

●症状●突然の激しい胸痛で始まる。締めつけられるような激しい痛みや圧迫感のために顔面蒼白になり、冷や汗を流してもだえ苦しむ。狭心症でも胸痛が起こるが、心筋梗《こう》塞《そく》の痛みははるかに強烈である。この痛みは少なくとも一五分間～数時間続き、ニトログリセリン舌下錠を用いてもおさまらないのが特徴だ。

痛みは前胸部に起こることが多いが、みぞおちのあたりが痛むこともある。また、あごや肩（とくに左腕内側）などに響いたり、吐き気や嘔吐《おうと》、便意をもよおすこともある。発作は、朝の活動を始めるときに多く起こり、朝九時前後に発症率が高くなっている。

●合併症●重い不整脈、心原性ショック、心不全などのほか、心臓破裂や心室中隔穿孔《せんこう》など重大な合併症がみられる。また心筋梗塞の経過中に、脳塞栓《そくせん》、肺塞栓などを合併すると、きわめて重症となる。

●原因●冠動脈硬化のために内腔が狭くなっている血管に、血液のかたまり（血栓《けっせん》）ができてつまって起こる。また、冠動脈の一部の急なけいれんによることもある。動脈硬化の危険因子としては、高血圧や脂質異常症（高脂血症）、糖尿病、肥満、運動不足、喫煙などがある。

●検査と診断●心電図をとると特徴的な変化がみられる。また、血液検査で白血球数の増加や赤沈の促進、クレアチンホスフォキナーゼ（CPK）など各種の血中酵素値の上昇が確認されれば、心筋が壊死していると判断される。

●治療●一刻も早く、救急車などで冠動脈疾患集中治療室（CCU）のある病院へ運ぶことが大切だ。発作後、三日間くらいまでは心臓の収縮力が弱いので、入院して厳重に管理する必要がある。壊死部分が大きいほど予後不良なので、梗塞の範囲をできるだけ小さくすることが治療上のポイントとなる。

急性期の治療　絶対安静が基本。状態によっては、起座位（起き上がって座る姿勢）にする。胸痛を取り除き、心臓への負担を軽くするために、モルヒネなどの注射を行ない、次いで鼻腔《びくう》カテーテルやフェイスマスクで酸素を与える。重症なら人工呼吸器による治療も必要となる。梗塞の拡大を防ぐために、冠動脈内に血栓を溶かす薬剤を直接注入、あるいは静脈に注射する方法のほか、先端に風船（バルーン）がついた管を冠動脈に挿入したり、金属製の筒（ステント）を埋め込む経皮的冠動脈形成術（PTCA）が行なわれることもある。冠動脈バイパス術は、狭窄《きょうさく》の程度がひどかったり、何か所も狭窄がある場合に行なわれる。

回復期の治療　約四～七日たって合併症がなく、症状が落ち着いてきたらリハビリテーションを始め、徐々に運動量を増やしていく。こうして急性期・回復期を順調に送れば、通常四～六週間で退院が可能になる。しかし、運動が過度になると、狭心症や心不全、不整脈を引き起こすこともあるので要注意。退院後の生活については、医師に細かな指示を仰ぎ、それを実行することが必要である。

解離性大動脈瘤
（急性大動脈解離）

大動脈の内膜が裂けて動脈壁内に血液が流入し、本来の血管腔《くう》（真腔）と新たにできた腔（偽腔）が分離してこぶ状にふくらんだ状態をいう。

●症状●突然、胸部や背中に激しい痛みが起こる。痛みは、首やのど、下あご、歯に響いたり、からだの上部から下部へ移動することもある。胸痛は心筋梗塞《こうそく》とは異なり、強弱の波があり、数日たつとしだいに軽くなる場合が多い。発汗、嘔吐《おうと》、不安感などもみられ、失神やショック状態に陥ることもまれではない。偽腔が破裂して大出血を起こすと死亡することもある。

●原因●多くは動脈硬化が原因で、先天的に動脈壁の弱い場合もある。高血圧症があると発生しやすい。

●治療●急性の動脈解離で、上行大動脈が裂けている場合には、緊急手術が必要だ。それ以外の場合は、降圧剤の点滴などによる内科的治療で経過を観察する。慢性期の解離性大動脈瘤《りゅう》では、破裂の恐れがある大きさ（通常の二倍以上）なら、患部を手術で切除し、人工血管に置き換える。

心筋炎

心臓を構成する筋肉（心筋）に炎症が起こる病気。多くは一過性だが、重症化することもあるので、発症初期は入院治療が必要である。

●症状●ウイルス性心筋炎では、発熱やせき、のどの痛みなどのかぜ症状や、吐き気や嘔吐《おうと》、下痢などの消化器症状で始まる場合が多い。数日から一週間ほどで動悸《どうき》や呼吸困難、むくみなどの症状があらわれる。多くは心膜炎を合併し、前胸部の痛みを生じる。劇症型の心筋炎の場合、心収縮が極度に弱まり、心不全やショック、あるいは不整脈による突然死を起こすこともある。

●原因●細菌やウイルス、真菌など病原微生物の感染のほか、薬剤や毒物、リウマチなどの膠原《こうげん》病、放射線などが原因。最も多いのはウイルス感染だが、原因ウイルスを特定できないこともある。

●治療●軽症なら安静と鎮痛剤のみで治ることもある。細菌やウイルスなどの感染に対しては、必要に応じて抗生物質や抗真菌剤、大量の免疫グロブリンなどが使用される。心不全を起こしていれば、食塩の摂取制限のほか、強心剤や利尿剤、血管拡張剤が投与される。劇症型の場合には、より強力な強心剤や昇圧剤が用いられ、必要があれば一時的に補助循環装置が使用される。不整脈に対しては、抗不整脈剤やペースメーカーによる治療が行なわれる。

心膜炎（心外膜炎）

心臓の外側をおおっている心外膜（心嚢《のう》）に炎症が起こる病気である。

●症状●発熱をともない、前胸部から肩や首にかけて刺すような痛みが走る。息を吸ったり、からだを動かしたりすると痛みが強くなり、前かがみの姿勢になると弱くなるのが特徴だ。呼吸は浅く速くなり、呼吸困難が起こることもある。原因によっては、胸痛が軽く、せきやたんが出て、かぜと間違われる場合もある。

慢性化すると、心膜がかたく厚くなって心臓の拡張が障害されるため（収縮性心膜炎）、脱力感や動作時の呼吸困難、肝臓のはれ、腹水、むくみが起こることがある。

●原因●原因不明の特発性心膜炎が最も多い。そのほかに化膿《かのう》性細菌や結核菌、ウイルスなどの感染や、心筋炎との合併、心筋梗塞《こうそく》などの心臓病、尿毒症、がん、膠原《こうげん》病などが原因で起こることもある。最近では、人工透析や胸部のがんに対する放射線治療によるものが増えている。

●治療●入院治療が必要で、発熱や胸痛がなくなるまでは安静を保つ。必要に応じて消炎鎮痛剤や利尿剤などが使用され、同時に原因となっている病気の治療が行なわれる。

収縮性心膜炎では、肥厚《ひこう》した心膜をはがす手術が必要になることもある。

不整脈

通常は規則正しい脈拍（心臓の収縮のリズムが）が、速くなったり、遅くなったり、不規則になった状態をいう。

●分類と症状●脈拍のパターンにより三つに大別される。

頻脈は脈が速くなるもの（一分間に一〇〇以上）で、発作性頻拍症がある。徐脈は脈が遅くなるもの（一分間に五〇以下）で、洞不全症候群、房室ブロックなどがある。リズムが乱れるものには、ときどき脈が飛ぶ期外収縮と、まったく不整になる心房細動、心室細動がある。

自覚症状としては、動悸《どうき》、胸部の不快感や胸のつまる感じがしたり、ときに胸痛やめまい、失神、倦怠感《けんたい》などがみられる。まれに突然死に至ることもある。しかし、不整脈はあっても、とくに支障をきたさない場合が少なくない。

●原因●心臓は、洞結節で発生する電気的刺激によって動く。この刺激が規則的に生じない、生じても途中で止まる、違う部位で生じると不整脈が起こる。心臓病や内分泌系の病気、腎臓の病気、薬剤などが原因となるが、多くは加齢にともなって起こる。

●治療●心電図検査などで不整脈の種類や重症度を診断するが、多くは治療の必要はない。原因疾患のある場合には、その治療が優先され、不整脈を抑えるために抗不整脈剤が使われることもある。ある種の頻拍発作に対しては、カテーテルで患部を焼いて取り除くアブレーション（心筋焼灼《しょうしゃく》術）という方法がとられる。

肺血栓塞栓症
肺梗塞症

主に血のかたまり（血栓《けっせん》）や脂肪のかたまりなどが肺動脈につまり、血流が途絶えた状態を肺血栓塞栓《そくせん》症と呼び、そのために肺の組織が壊死《えし》した状態を肺梗塞《こうそく》という。

●症状●胸の痛みや息苦しさ、不安感、冷や汗などの症状が急に起こる。また、呼吸や脈拍が速くなったり、唇や爪が青紫色になるチアノーゼ、血圧低下などもあらわれ、ときにショック状態から死に至ることもある。

●原因●最も多いのは、足の静脈にできた血栓が血流とともに肺に運ばれてつまるケースである。静脈に血栓ができやすい条件は、主に静脈炎、心臓病によるうっ血などで、妊娠や肥満、経口避妊薬（ピル）の長期使用でも起こる。また、腹部手術後の離床時や、病気などで長く寝ている人、長時間座ったままの職業の人のほか、長時間、飛行機などの狭い椅子に座ったままの状態でも起こりやすい（エコノミークラス症候群）。

●治療●緊急処置が必要で、つまった血栓を溶かすために血栓溶解剤、新しい血栓の発生を防ぐために抗凝血剤が用いられる。血圧低下によるショック状態には昇圧剤、胸痛や不安に対しては鎮痛剤や鎮静剤が投与される。太い肺動脈がつまった場合には、緊急手術が必要になる。

胸膜炎

肺を包む胸膜に起きる炎症で、肺の感染性疾患にともなうことが多い。

●症状●感染性疾患にともなう場合は、胸痛、背部痛、発熱、せきなどが起こる。胸水が増えると肺や心臓が圧迫され、胸部圧迫感とともに、せき、たん、息切れや呼吸困難、動悸《どうき》などがあらわれる。

●原因●感染症、悪性腫瘍《しゅよう》が主原因で、ほかに関節リウマチなどの膠原《こうげん》病、肺梗塞《こうそく》、膵炎、石綿（アスベスト）、薬剤などがある。感染症では細菌感染や結核によるもの、悪性腫瘍では肺がんによるものが多く、それぞれ、細菌性胸膜炎、結核性胸膜炎、がん性胸膜炎と呼ばれる。

●治療●検査による原因疾患の究明と、その治療が基本となる。呼吸困難がある場合は絶対安静で、低酸素血症があれば酸素吸入が行なわれる。胸水が大量にたまっている場合は、胸腔《くう》内に、胸腔用の特別なカテーテルを入れて、胸水を排出することもある。

気胸（自然気胸）

胸腔《くう》（肺と胸壁の間）に空気がたまった状態をいい、多くは肺の表面に孔《あな》があき、もれた空気で肺が押しつぶされて発症する。

●症状●突然、胸に痛みが起こり、その痛みが持続する。ときに背部痛や前胸部の違和感として感じられることもある。さらに息切れ、呼吸困難、からぜきなども出てくる。

●原因●原因の大部分は、肺の表面にできていた小さな嚢《のう》胞《ほう》の破裂で、この嚢胞は先天的、または成長の過程で自然にできることがある。

●治療●軽い場合は安静にして経過をみる。通常一週間ぐらいで、肺が自然にふくらんで治る。改善されない場合は、胸腔にチューブを入れて空気を吸引し、再び肺をふくらませる。この方法でも破れた嚢胞が修復されないときは手術が行なわれる。

パニック障害

前触れもなく激しい不安感や恐怖感に襲われ、文字どおりパニック状態に陥る急性の不安障害で、二〇～三〇歳代の女性に多くみられる。

●症状●突然、心臓がドキドキして、胸痛や息切れ、めまいやふるえ、発汗、吐き気などが起こり、「死んでしまうのではないか」という恐怖を覚える。心電図などの検査をしても異常は見つからないのに、一度発作を経験すると、それが引き金となって発作を繰り返す。発作は短時間で消失し、発作と発作の間には精神的な異常はみられない。

●原因●ストレスや過労が誘因となることが多く、極端に几帳面で心配性といった性格の人に起こりやすい傾向がある。遺伝や生育環境なども影響するとされているが、原因の特定はむずかしい。

●治療●生活や仕事などに支障をきたし、本人の苦痛が強いときは、早めに精神科を受診することが望ましい。治療は、精神療法と薬物療法が並行して進められる。

精神療法では、カウンセリングによって、不安や恐怖を引き起こすストレスの原因に対して、患者がいつの間にか身につけた「ゆがんだとらえ方」を修正していく手助けをする。薬物療法では、不安を軽くするために抗不安剤や抗うつ剤が用いられる。

●生活の注意●発作が起こったときは、とにかく静かに休み、深呼吸をして気持ちを落ち着かせること。症状は一〇～三〇分でおさまることを念頭に、発作と上手につきあいながら、根気よく治療を続けることが大切だ。

その他の病気

肺炎（→P38）
食道炎（→P153）
胃・十二指腸潰瘍（→P146）
食道裂孔ヘルニア（→P153）
胆嚢炎（→P142）
膵炎（→P143）
帯状疱疹（→P80）
肋間神経痛（→P145）

背中が痛い

スタート

運動や作業のあとに起こり、痛いところを軽くたたくと、痛みが強くなりますか？

はい → 単に筋肉痛と考えられます。悪い姿勢を長時間続けたときにも起こります。長引くときは、骨に異常がないか整形外科で検査を

いいえ ↓

背骨の中間あたりの突起を押すと激しく痛みますか？

→ 脊椎過敏症、またはお年寄りなら骨粗鬆症の疑いがあります。整形外科へ

← 背中から肋骨にそってピリピリ激しく痛み、数日後発疹があらわれましたか？

← 帯状疱疹が疑われます。内科・皮膚科へ

↓ 痛みは背中だけでなく、肩や首、腕あるいは腰にまで及びますか？

← 変形性脊椎症の疑いがあります。整形外科へ

→ 背中に抜けるような上腹部の痛みがありますか？

→ お年寄りで背中が丸くなってきましたか？

↑ 骨粗鬆症の疑いがあります。整形外科へ

↓ 高熱と激しいかぜ症状や関節の痛みをともなうときはインフルエンザの疑い。すぐに内科へ。背中の痛みのほかに症状がなく、軽くても長引くときや、安静にしていても痛む場合は、整形外科で検査を

↓ 右上腹部の痛みが右背部に放散するような痛みですか？

↓ 胆嚢炎や胆石症のほか、ときに肝臓など内臓の病気で痛むことがあります。すぐに内科へ

← しだいに痛みが強くなり、筋力が低下するとともに、全身が衰弱してきましたか？

← 急げ！ 脊髄や骨髄の重い病気の可能性があります。大至急、整形外科で検査を

↓ その痛みは主に食事に関係して起こりますか？

← 食道炎や胃・十二指腸潰瘍など腹部臓器の病気の疑いがあります。内科へ

↓ 尿の色の異常をともないますか？

→ 腎臓の病気が疑われます。尿が濁っていれば腎盂腎炎の疑い。内科へ

← 急げ！ 背中から左肩にかけての痛みをともなえば急性膵炎の疑い。すぐに内科へ

◆◆考えられる病気◆◆

骨粗鬆症

骨の内部では、破骨細胞による古くなった骨の吸収と、骨芽《こつが》細胞による新しい骨の形成が繰り返されている。この過程で、骨形成量よりも骨吸収量が多くなれば、骨量が減少して骨に無数の孔《あな》があき、骨折しやすくなる。

骨をつくるホルモンの働きが低下することなどにより、極端に骨の吸収が早まった状態が骨粗鬆症《こつそしょう》だ。

●症状●骨密度の低下自体による症状はない。骨密度低下によって脊椎《せきつい》に圧迫骨折が起こると、突然、腰や背中に痛みを感じる。痛みは背中の一定の部分に集中して、立ったり歩いたりすると強くなる。この痛みは数週間から数か月でほぼ治る。しかし、骨折を起こす部位が増え、骨折の程度も強くなってくると、背中

が丸まり、腰や背中にがんこな痛みが続くようになる。

最も注意が必要なのは、つまずいたり、軽くぶつけたりした程度でも、骨折しやすいということ。また、骨折が治るまでの期間も長くなる。骨折を起こしやすい部位としては、股関節に近い大腿骨頸《けい》部、手首や肩の関節周辺などがあげられる、

●原因●腎炎などによって起こる続発性（約五％）のものと、原発性のものに大別される。後者には、老化による骨形成細胞の機能低下が原因の老人性骨粗鬆症と、閉経によるエストロゲンの分泌低下に起因する閉経後骨粗鬆症、若年者に発症する特発性骨粗鬆症があるが、特発性骨粗鬆症はまれだ。

●治療●骨量の減少を抑えるための骨吸収抑制剤や、骨形成を促進するための活性型ビタミンD剤、カルシウム剤などが用いられることが多い。女性ホルモン剤が使われることもある。

●生活の注意●健康な人でも三〇歳ころをピークとして、それ以降に骨量が低下することは避けられない。したがって、ピーク時の骨量を増やすことと、骨量低下の速度を遅くすることが大切だ。そのためには、小魚や牛乳などでカルシウムを積極的に摂取するよう心がけよう。また、女性の場合、閉経後の急激な骨量低下は避けられないが、三〇歳ころ以降から閉経までの骨量低下を、運動によってある程度抑えることができる。

脊椎過敏症

●症状●脊椎《せきつい》の一部に強い痛みを感じ、とくに胸椎の中間部を押したり、叩いたりすると鋭い痛みを感じる。ただし、骨に触れない部分であれば、かなり強く押しても、あまり痛みを感じないことが多い。

●治療●精神安定剤や筋弛緩《しかん》剤の内服と、軽い体操が効果的。痛む部位に、局所麻酔剤を注射することもある。また、生活環境の改善などで、自然に治ることも少なくない。

変形性脊椎症
（変形性頸椎症／変形性腰椎症）

脊椎《せきつい》の椎体と椎体の間でクッションの役割を果たしている椎間板《ついかんばん》が変形し、椎体の縁に骨の突出（骨棘《こつきょく》）ができ、神経や脊髄《せきずい》が圧迫されて痛みなどが起こる病気。主に頸《けい》椎と腰椎に起こり、前者を変形性頸椎症、後者を変形性腰椎症と呼んでいる。

●症状●変形性頸椎症では腕や肩に、変形性腰椎症では腰や下肢に、症状がみられることが多い。最もよくみられる症状は痛みやしびれだが、筋力の低下や感覚障害、また、文字を書くなどの手先の細かい作業がうまくできなくなる、といった症状が起こることもある。背中に軽い疼痛《とうつう》やこわばりを感じることも多い。

●診断●X線単純撮影でも脊椎の変形がわかるが、CTやMRIを使えば、さらに正確な診断が可能だ。

●治療●変形性頸椎症なら頸椎カラーで、変形性腰椎症なら腰部コルセットで、患部を動かさないように保護する。温熱療法などの理学療法もよく行なわれる。また、消炎鎮痛剤や筋弛緩《しかん》剤、ビタミンB_{12}剤などの薬が用いられることもある。以上の治療を続けても症状が進行する場合には、手術が検討されることもある。

その他の病気

インフルエンザ（→P38）
食道炎（→P153）
胃・十二指腸潰瘍（→P146）
胆嚢炎（→P142）
胆石症（→P143）
膵炎（→P143）
腎盂腎炎（→P171）
帯状疱疹（→P80）

腰が痛い

スタート

腰を打ったり、重い物を持ち上げたあとに起こりましたか？

はい → 打撲やぎっくり腰、脊椎の老化が進んでいる人では変形性脊椎症の疑い。早めに整形外科へ

いいえ → 同じ姿勢を長時間続けているときに起こりましたか？

筋肉痛が考えられます。運動不足や肥満などでも起こりやすくなります。長引くときは骨に異常がないか、整形外科で検査を

背中が丸まったり、腰が曲がったりしていますか？

骨粗鬆症の疑いがあります。整形外科へ

むくみや尿の濁り、血尿など、尿の異常をともないますか？

腎盂腎炎など腎臓の病気の疑いがあります。排尿障害があれば尿路結石症の疑い。内科・泌尿器科へ

ふだんはあまり痛まないのに、長時間歩くと痛みますか？

ふだんは無症状でも、押すと痛む場合は変形性腰椎症が疑われます。整形外科へ

腰を動かすと痛みが強まり、足のしびれや痛みをともないますか？

腰椎椎間板ヘルニア、脊椎分離症、脊椎分離すべり症の疑い。整形外科へ

痛みがしだいに激しくなり、筋力の低下や全身の衰弱がみられますか？

急げ！ 脊髄や骨髄の重い病気の可能性もあります。至急、整形外科で検査を

女性ですか？

心身の疲れや、かぜなどの感染症による発熱時にも起こることがあります。安静にしていても治らなければ神経痛のほか、内臓の病気が関係している場合もあります。長引いたり、痛みがひどいときは整形外科で検査を

生理のときに痛みますか？

生理痛、月経困難症、ひどい場合は子宮内膜症の疑いもあります。産婦人科へ

中年以降の人ですか？

更年期障害が考えられます。痛みが強い場合は産婦人科へ

内臓の病気、あるいは卵巣や子宮など、女性特有の病気が原因で腰痛が起こることがよくあります。においの強いおりものや、生理以外の出血がみられるときは要注意です。産婦人科で検査を

◆考えられる病気◆

椎間板ヘルニア

椎間板《ついかんばん》は、椎体と椎体の間にあって、衝撃をやわらげるクッションの役割を果たしている。椎間板の中央には、やわらかい髄核があり、その周囲を線維《せんい》輪という比較的かたい軟骨が囲んでいる。椎間板ヘルニアとは、線維輪に亀裂が生じ、そこから髄核が押し出された状態をいう。最も多いのが、腰椎椎間板ヘルニアで、頸椎《けいつい》椎間板ヘルニアがそれに続く。胸椎に起こることは、まれである。

●症状●主な症状は、次のようなものである。

腰椎椎間板ヘルニア　腰痛のほか、足の痛みやしびれ、まひといった坐骨神経痛の症状が中心になる。坐骨神経痛は、片側だけに起こることが多い。

また、急性と慢性があり、急性の場合は痛みが激しく、

立ち上がれないこともある。一方、慢性の場合には、症状は徐々に強くなり、症状の軽快と再発を繰り返す。

　障害が起きた部位によっても症状が異なり、最も頻度の高い第四・第五腰椎間のヘルニアでは、かかとで立つ力が弱くなるが、第五腰椎・第一仙椎間のヘルニアでは、つま先で立つ力が弱くなる。障害が重い場合には、下肢の運動まひや、まれに排尿・排便障害が起こることもある。

　このほか、痛みのために背骨が左右どちらかに傾き、腰部の運動が制限されることも多い。

頸椎椎間板ヘルニア　首の痛みで始まることが多い。その後、左右どちらかの肩から腕に響く痛みとしびれ、脱力感、肩甲部の痛みがあらわれ、首が動かせなくなってしまう。重症の場合は、両手両足にしびれを感じ、両手が使いにくくなる。また、髄核が後方に大きく脱出した場合は、しびれが足の先にまで伝わり、階段の昇降時によろけることがある。

●治療●安静を保ち、薬物療法や理学療法（腰椎牽引《けんいん》、コルセット、温熱療法）で症状の改善をはかるのが基本だ。多くの場合、これらの治療によって、二～三週間で症状が改善する。

脊椎分離症 脊椎分離すべり症

脊椎《せきつい》の椎体と椎弓《ついきゅう》が断裂した状態を脊椎分離症、その結果、椎体がすべって前方に突出した状態を、脊椎分離すべり症という。大部分は、第四腰椎と第五腰椎に起こる。小児期の激しい運動が原因といわれている。

●症状●最もよくみられるのは腰痛だ。長時間立ち仕事をしたり、同じ姿勢を続けたりすると、腰に鈍く重い痛みが起こる。また、からだを後ろに反らせると、痛みが強くなる。下肢に、痛みやしびれを感じることも少なくない。

　椎体のすべりが強くなると脊柱管狭窄症《きょうさく》になり、間欠性跛行《はこう》が起こる。

●治療●多くの場合、腰部コルセットなどで腰椎を固定すれば、三～四か月ほどで治る。

ぎっくり腰（急性腰痛症）

　重い荷物を持ち上げたり、腰をひねるなどの動作をしたとき、突然腰にギクッと激痛が起こるのがぎっくり腰で、正式には急性腰痛症と呼ぶ。

●症状●痛みは腰部に集中して起こり、からだを動かすと強くなる。背筋が緊張し、腰を伸ばすことができずに前かがみになったり、寝返りや歩行がまったくできず、身動きできない状態になってしまうこともある。

●治療●かための布団に、最も楽な姿勢で横向きに寝て、安静を保つ。ひざと股関節を六〇度くらいに曲げた、エビのような姿勢をとると痛みが軽くなるといわれている。大半の人は、二週間ほど安静にしていれば症状が改善する。

　痛みが激しいときは、消炎鎮痛剤や筋弛緩《しかん》剤が処方されることもある。

●生活の注意●発症から二～三日の急性期は、入浴や飲酒、刺激性のある食物の摂取を避けたほうがよい。

　症状が軽くなっても、重い物を持たない、同じ姿勢を長く続けないなど、腰痛を引き起こす動作は避けるようにしたい。

その他の病気

変形性脊椎症（→P137）
腎盂腎炎（→P171）
尿路結石症（→P168）
月経困難症（→P210）
子宮内膜症（→P213）
骨粗鬆症（→P136）
更年期障害（→P29）

腹が急激に痛む

スタート

主に上腹部が痛みますか？

はい

胸の中央に、急に締めつけられるような痛みが起こりましたか？

急げ！ 狭心症または心筋梗塞の疑いがあります。大至急、内科・循環器科へ

とくに空腹時に、みぞおちのあたりが痛みますか？

胃・十二指腸潰瘍の疑いがあります。内科・消化器科へ

胸やけがひどく、食べ物が飲み込みにくくなりましたか？

急げ！ 食道炎や食道裂孔ヘルニアの疑い。内科・消化器科へ

痛みが背中や肩のほうに放散するように感じられますか？

急げ！ 左上腹部の痛みなら急性膵炎、右上腹部の痛みなら胆嚢炎、胆石症または胆管炎が疑われます。すぐに内科・消化器科へ

腹部全体がかたく張って痛みますか？

急げ！ 高熱をともなうときは急性腹膜炎の疑い。至急、内科・消化器科へ

吐き気や嘔吐をともないますか？

急に胃部のむかつきや不快感とともに、痛みが起こるときは急性胃炎の疑い。内科・消化器科へ

下痢をともないますか？

急げ！ 食中毒の疑いがあります。至急、内科・消化器科へ

急げ！ 腹痛が激しく、便もガスも出ないときは腸閉塞の疑い。大至急、内科・消化器科へ

いいえ

下腹部が痛むのですか？

肋骨にそってわき腹の表面近くがピリピリと痛みますか？

腰からわき腹にかけて刺すように痛み、尿が赤くなりましたか？

右下腹部が痛み、発熱をともないますか？

急げ！ 急性虫垂炎の疑い。高熱をともなうときは急性腹膜炎が疑われます。至急、内科・消化器科へ

下痢が起こりますか？

急げ！ ときに発熱や血性の下痢を繰り返すときは潰瘍性大腸炎の疑い。すぐに内科へ

吐き気や嘔吐をともないますか？

急げ！ 発熱、ときに便に血が混じる場合は急性腸炎、食中毒、赤痢などの疑い。至急、内科・消化器科へ

女性で血性のおりものをともないますか？

骨盤腹膜炎や子宮付属器炎の疑いがあります。すぐに産婦人科へ

女性で生理のときに痛みますか？

生理痛です。月経困難症や子宮内膜症が疑われます。産婦人科へ

腹部の急な痛みは、ストレスなど心因性の場合もありますが、多くは緊急の病気が疑われます。発熱や嘔吐があるときは、すぐに内科へ

肋間神経痛の疑いがあります。内科へ。のちに発疹をともなうときは帯状疱疹の疑い。皮膚科へ

急げ!
尿路結石症の疑い。吐き気や嘔吐をともなうこともあります。すぐに泌尿器科へ

スポーツなどで腹筋を使いすぎたときや、打撲や捻挫などによっても、腹部の筋肉が痛むことがあります。痛みが強いときは整形外科へ。ほかに症状をともなうときは該当するチャートへ

◆◆考えられる病気◆◆

腸閉塞（イレウス）

腸の内容物が、腸につまった状態を腸閉塞《へいそく》と呼ぶ。内容物の滞留によって腸が拡張し、強い腹痛や、吐き気、嘔吐《おうと》が起こる。

本来、腸閉塞とは、腸の一部が狭くなって内容物が通過できない状態をさし、腸のぜん動運動が低下して内容物が運ばれない場合は、偽性腸閉塞と呼ばれる。血行障害はともなわない単純性と、血行障害をともなう絞扼《こうやく》性に分類される。

●症状●腹部にけいれん性の強い痛みが絶え間なく起こり、腹部膨満感や便秘、下痢、食欲不振をともなう。吐き気や嘔吐もよくみられるが、小腸の閉塞では比較的早くみられるのに対して、大腸の閉塞ではしばらく時間がたってから起こる。なお、腸が完全に閉塞した場合には便秘が強くなるが、部分的な閉塞では下痢が起こることが多い。

偽性腸閉塞でもこれらの症状はみられるが、通常は腹部膨満感が主で、ほかの症状は比較的軽いとされている。

また、腸壁の弱い部分から腸の一部が飛び出したまま元に戻らなくなった状態は嵌頓《かんとん》ヘルニア、腸がねじれた状態は腸捻転《ねんてん》、腸の一部がそこに続く腸管の中に入りこんだ状態は腸重積と呼ばれる。いずれの場合も、腸壁が壊死《えし》して、腸の破裂や急性腹膜炎、感染症を引き起こし、早急に適切な治療を受けなければ死亡する。

●診断●腹部単純X線撮影が行なわれ、腸管の拡張、多量のガスや水分の貯留が認められれば、腸閉塞と診断される。閉塞部位や閉塞状態を調べるためには、X線造影が必要になる。腹部の超音波検査やCTが行なわれることもある。

●治療●治療は診断と同時に進められる。手術などで原因を取り除き、腸管内圧を下げて全身症状を回復させることが基本となる。

内科的治療としては、絶食し、鼻から胃や小腸の中にチューブを入れ、吸引器でガスと液体を吸い出して腸管内の圧力を下げる。また、嘔吐のために脱水状態に陥っている場合には、点滴や輸液が行なわれる。

腸炎

さまざまな原因によって、腸の粘膜に炎症が起こる病気。急性腸炎と慢性腸炎に大別される。

急性腸炎

腸の急性の炎症によって、下痢などの消化器症状があらわれる病気を、総称して急性腸炎と呼ぶ。かぜや寝冷えなどが原因で起こる軽症のものから、赤痢などによる重症のものまで、原因によって症状の程度はさまざま。大部分は二〜三日で自然に治るが、脱水症を起こしやすいので、水分補給には注意が必要だ。

●症状●下痢、嘔吐《おうと》、腹痛、発熱などが起こる。症状のあらわれ方は、原因や障害される腸の部位、年齢などによっても異なる。

細菌感染による場合は、激しい下痢や嘔吐、腹痛が起こ

る。発熱をともなうことが多く、しばしば高熱が出る。

感染以外の場合は、下痢が主な症状で、高熱が出ることはほとんどなく、嘔吐や腹痛をともなうことがあっても、ふつう二〜三日でおさまる。

●合併症●激しい下痢のために体内の水分や電解質が失われると、とくに高齢者や子どもは脱水症を起こしやすい。元気がなく、のどが渇いて舌が乾燥してきたら脱水症の可能性を考慮し、早めに医師の診察を受けるようにしたい。

●診断●軽症の場合は、特別な検査は必要ない。症状が重かったり、一週間以上続いているとき、高熱をともなう場合などには、細菌性腸炎を疑い、血液検査や検便が行なわれる。

●治療●大部分は、二〜三日で自然に治るので、症状が軽い場合は、消化のよいものを少量とり、市販の軽い整腸剤などを服用して、様子をみてかまわない。ただし、医師の指示を受けずに強い下痢止めや抗生物質を使用すると、かえって悪化することもあるので注意が必要だ。

数日、様子をみても改善しないときや、最初から症状が強いときは、医師の診察が必要になり、輸液で水分や栄養を補給し、原因に応じた治療が行なわれる。

慢性腸炎

腸の粘膜が、長期間にわたり炎症を起こしている状態をいう。慢性腸炎になると、食べたものが消化されないまま腸を通過してしまい、腸内で発酵や腐敗が起こる。

●症状●急性腸炎と同様に下痢を主症状とするが、便秘になることもある。下痢の程度は、軟便程度から水様便までさまざまで、ときには粘血便もみられる。また、腹痛は下腹部に起こることが多く、一般に痛みは軽い。腸にガスがたまって、おならが何度も出ることもある。

●治療●原因によって治療法が異なるので、医師の指示に従う。食生活の注意は、基本的に急性腸炎と同じである。ただし、急性腸炎と異なり、治療には時間がかかる。

虫垂炎（盲腸炎）

盲腸の先端についている虫《ちゅう》垂《すい》の内腔《くう》が閉塞《へいそく》して、血行障害と炎症を起こす病気。一般には盲腸または盲腸炎と呼ばれ、通常は突然起こる急性虫垂炎をさす。

●症状●最初は、みぞおちやおへその周辺の痛みと吐き気、嘔吐《おうと》で始まり、微熱が出ることもある。その後、痛みが右下腹部に移るとともに、痛みの程度も強まってくる。便秘になることが多いが、炎症が回盲部に限られた場合は下痢をともなうこともある。

腹痛は時間とともに強くなり、からだを動かしたりすると、さらにひどくなる。痛む範囲が広くなり、腹部が板のようにかたくなってきたときは、腹膜炎を起こしている恐れがある。

ただし、虫垂が盲腸の裏側などにある人の場合は、このような典型的な症状が出ないことが多い。

●治療●診断がほぼ確実であれば、原則として虫垂切除手術が行なわれる。診断が難しい場合は、抗生物質を用いながら様子をみることもある。

胆嚢炎 胆管炎

胆嚢《のう》または胆管に炎症が起こる病気で、多くの場合、合併して起こる。両者を合わせて、胆道炎と呼ぶこともある。

●症状●胆嚢炎の場合、急性であれば寒けやふるえ、吐き気が急にあらわれる。細菌感染による発熱のほか、胆嚢管の閉塞《へいそく》のためにみぞおちや右上腹部がふくれたり、上腹部とくに右上腹部が痛むことが多い。痛みの程度はさまざまだが、背中や肩にまで広がるような激痛が起こることが少なくない。また、黄疸《おうだん》をともなうこともある。

慢性胆嚢炎では無症状のこともあるが、多くは、右上腹部に軽い痛みと圧迫感が起こり、吐き気、ゲップ、腹部膨満感、下痢、便秘などの消化器症状をともなう。また、発熱や黄疸があらわれることもある。脂肪分の多い食事や疲労は、症状を悪化させる。

胆管炎は、急性胆嚢炎とよく似た症状で、寒けやふるえ、吐き気、高熱がみられる。一般に胆嚢炎の場合より症状は激しく、長く続き、黄疸があらわれやすいのが特徴だ。

●治療●胆嚢炎の場合、炎症の程度が軽ければ、絶食と輸液、抗生物質の投与などで治る。炎症が強いときには、腹壁から細い針を刺して胆嚢にたまった胆汁を体外に排出する。

胆管炎も、軽症の場合には、内科的治療が優先されるが、内視鏡を使って胆汁を排出することもある。

胆石症

胆石は、胆嚢《のう》から送り出される胆汁成分が、胆道内で固まってできる。主成分の違いによって茶色のビリルビン結石と、黄白色のコレステロール結石に分けられる。近年は脂肪摂取量の増加とともに、コレステロール結石が急増している。できる位置によって、胆嚢結石症、肝内結石症、総胆管結石症に分けられるが、ほとんどは胆嚢結石症なので、ここでは胆嚢結石症を中心に説明する。

●症状●腹部、とくにみぞおちから右上腹部にかけての痛み、発熱、および肝内結石、総胆管結石では黄疸《おうだん》が代表的な症状。吐き気や嘔吐《おうと》をともなうこともある。腹痛の程度はさまざまだが、発作的に起きて、背中や右肩にまで伝わる激痛は胆石疝痛《せんつう》と呼ばれ、特徴的な症状とされている。痛みは数時間でおさまることが多いが、腹痛のあとに発熱や黄疸が起きたり、白い便が出ることもある。なお、腹痛は、脂肪の多い食事や過食、精神的ストレス、過労などによって誘発されやすい。

腹痛以外は無症状の場合が多いが、ときに上腹部の不快感や膨満感、便秘などがみられることもある。

●合併症●急性胆嚢炎、急性胆管炎、急性膵炎などを合併することがある。

●治療●症状がない場合、または軽い腹痛程度の場合は経過観察となる。たびたび疝痛発作を起こしたり、重い腹痛で日常生活に支障をきたすような場合は、胆石溶解剤などによる薬物療法や、体外から衝撃波を当てて結石を砕く胆石破砕療法、腹腔《くう》鏡を使った胆嚢摘出術などが行なわる。

膵炎

膵臓に炎症が起こる病気で、急性膵炎と慢性膵炎に大別される。ただし、急性膵炎は膵液によって膵臓自体が消化されて起こるのに対し、慢性膵炎は腺房細胞と呼ばれる細胞が徐々に破壊され、膵臓全体がかたくなって起こる場合が多い。急性膵炎から慢性化するケースもある。

●症状●急性の場合には、上腹部、とくにみぞおちあたりに急に痛みが起こる。鈍痛から激痛まで痛み方はさまざまだが、腹部全体が痛んだり、背中や肩にまで痛みが及ぶことが少なくない。痛みは炎症が起きている間、同じ強さで続き、軽症の場合でも二～三日は続く。腹痛と同時に吐き気、嘔吐《おうと》、発熱などをともない、ときに黄疸《おうだん》もみられる。

一方、慢性膵炎では、上腹部痛がよくみられるが、一般に急性に比べて痛みの程度は軽い。吐き気や食欲不振、腹部膨満感などもあらわれる。また、進行してくると、下痢（脂肪便）や体重減少が起こり、黄疸、糖尿病を合併することもある。

●**治療**●絶食して点滴による輸液を行なうとともに、鎮痛剤や膵酵素阻害剤、H_2受容体拮抗《きっこう》剤、抗生物質などによる薬物療法が行なわれる。重症になると、人工透析、腹膜灌流などの集中治療が必要となる。それでも症状が改善しない場合は、外科的手術が行なわれることもある。

食中毒

細菌やその毒素、自然毒など、人体に有害な物質によって起こるもので、包装材料などの化学物質による場合も含む。各種の食中毒菌による細菌性食中毒と、それ以外の非細菌性食中毒に大別される。

細菌性食中毒

いろいろな菌が原因となるが、診断自体は、症状や、症状が起こった状況などから比較的容易。ただし、原因菌を確定するためには、細菌検査が必要になる。また、治療は、下痢による脱水を防ぐための水分補給をはじめとした全身管理と、薬物療法、食事療法が行なわれる。細菌性食中毒を起こす病原菌には、次のようなものがある。

腸炎ビブリオ　アジ、カレイ、イカ、タコなどの魚介類の生食によって起こることが多い。菌に汚染された魚介類などを食べてから、数時間で発症する。主な症状は腹痛、下痢、嘔吐《おうと》、軽い発熱などで、下痢は粘血便となることもある。

サルモネラ菌　生肉、卵、サラダなどが原因となる。潜伏期間は一二～四八時間で、主な症状は腹痛、下痢、嘔吐、発熱、脱力感など。治るまで六日ほどかかる。

病原性大腸菌　いくつかのタイプがあるが、最もよく知られているのが腸管出血性大腸菌のO－157。牛肉や、牛糞に汚染された野菜などを食べて感染する。鮮血便や腹痛、吐き気、嘔吐、発熱などの激しい症状を起こし、腎機能低下や脳症を引き起こす。

ウェルシュ菌　肉や魚肉を加熱調理したあと、翌日まで室温の中に放置したものを食べると起こる。発症までの時間はおよそ八～二〇時間で、初めに腹部膨満感がみられ、続いて激しい腹痛と下痢が起こる。嘔吐がみられることは少ない。一般に症状は軽く、一日ほどで治るが、まれに、小腸の出血性壊死《えし》によって命を落とす場合もある。

カンピロバクター　汚染された鶏肉や豚肉などを食べてから、二～一〇日で発症する。主な症状は下痢、激しい腹痛、嘔吐、発熱など。高熱が出ることもある。

ぶどう球菌　乳製品などで起こることが多く、汚染された食品を食べてから三〇分～六時間という短時間で発症する。初めに急な吐き気、嘔吐、上腹部の強い痛みなどがあらわれる。続いて水様便が出ることがある。発熱は、ほとんどみられない。

ボツリヌス菌　ハムや腸詰め、いずしなどが原因となる。一二時間～八日間で発症し、倦怠《けんたい》感や頭重感とともに、吐き気、腹痛、下痢、腹部膨満感などの消化器症状があらわれる。続いて神経・筋肉のまひ症状が起こり、まぶたが十分に開かない、物が二重に見えるなどの視力障害が起こる。細菌性食中毒のなかで最も症状が重く、呼吸困難、意識障害などを起こして、死に至ることもある。

非細菌性食中毒

細菌以外の原因による食中毒としては、次の三つが多い。

化学物質による中毒　鉛やヒ素、スズ、カドミウムといった金属のほか、変質した油脂などによって起こる。症状は、基本的に細菌性食中毒と同じで、腹痛や下痢、嘔吐《おうと》といった消化器症状がみられる。またメタノール中毒では、失明が起こる。治療では、強力な輸液療法のほか、胃の洗浄や人工透析などが行なわれる。

フグ中毒　フグの卵巣や肝臓などに含まれる、テトロドトキシンによって起こる。まず唇や舌先、指先にしびれが起こり、続いて手足の知覚が低下する。やがて運動筋がまひして、会話や動くことができなくなる。さらに進行すれば、呼吸ができなくなり、昏睡《こんすい》状態に陥って死亡する。

病院では、第一に食べたものを吐き出させて、胃洗浄と下剤によって胃や腸の内容物を排出する。テトロドトキシンは、食後八～一〇時間で尿と一緒に排泄されるので、それまでの間、人工呼吸と酸素吸入を続ける。

キノコ中毒　キノコに含まれる有毒成分にはいくつか種類があり、主なものはムスカリンなどのアルカロイド類である。日本で知られている毒キノコは二〇種類以上あるが、ツキヨタケとイッポンシメジが、約八〇％を占めている。

毒素の種類によって症状が異なり、ツキヨタケとイッポンシメジは、胃腸炎型に分類される。これは、食後三〇分～二時間後に、嘔吐や腹痛、下痢があらわれるタイプで、重症の場合は胸部の圧迫感や虚脱状態もみられる。

このほか、タマゴテングタケなどで起こるコレラ型は、六～一五時間ほどたってから、腹痛とともに激しい嘔吐、下痢が起き、脱水状態に陥る。ベニテングタケなどで起こる神経型では、腹痛などの消化器症状に続いて、めまいや視力障害、興奮、筋肉の硬直などがあらわれる。

治療としては、食べたものを吐き出すことが先決で、続いて胃や腸の洗浄を行なう。強心剤や人工呼吸器などを用いることもある。

肋間神経痛

背中から胸部、腹部にわたって左右に走っている一二対の末梢《まっしょう》神経が肋間《ろっかん》神経で、この神経の領域（胸や背中、上腹部など）が痛む。変形性脊《せき》椎《つい》症などの脊椎の病気や帯状疱疹で起こるほか、肺炎や胸膜炎など胸部疾患が原因になることもある。

●症状●突然、胸や背中に、激しい痛みが起こる。からだを曲げたりした際に、刺すような痛みを感じることもある。多くの場合、痛みは、からだの左右片側だけに起こる。また、瞬間的な痛みが繰り返し起こる場合と、鈍い痛みが持続する場合とがある。

●治療●消炎鎮痛剤やビタミン剤、筋弛緩《しかん》剤などが用いられる。痛みが強い場合には、末梢神経に麻酔をかける神経ブロックが行なわれることもある。

その他の病気

狭心症（→P131）
心筋梗塞（→P132）
食道炎（→P153）
食道裂孔ヘルニア（→P153）
胃・十二指腸潰瘍（→P146）
急性胃炎（→P59）
急性腹膜炎（→P150）
潰瘍性大腸炎（→P160）
尿路結石症（→P168）
赤痢（→P157）
骨盤腹膜炎（→P215）
子宮付属器炎（→P214）
月経困難症（→P210）
子宮内膜症（→P213）
帯状疱疹（→P80）

腹が慢性的に痛む

スタート

発熱をともないますか？

はい

わき腹から腰にかけて痛み、尿が白く濁りますか？

腎盂腎炎の疑いがあります。内科・泌尿器科へ

右下腹部が痛み、吐き気をともないますか？

虫垂炎、大腸憩室の疑いがあります。大腸憩室では左下腹部が痛むことも。内科・消化器科へ

上腹部が重苦しく、黄疸や全身の疲労倦怠感などをともないますか？

急げ！

肝炎や肝膿瘍、肝硬変のほか、胆嚢炎、溶血性貧血の疑いがあります。すぐに内科で検査を

下痢や便秘を繰り返しますか？

かぜが原因のこともありますが、長引くときは腸結核やクローン病、慢性腸炎など腸管機能の異常が疑われます。内科へ

ほかに異常がなくても、念のため内科で検査を。下腹部に不快感があるときは、慢性の腸の病気のほか、女性では婦人科系の病気の疑いもあります。内科・産婦人科へ

いいえ

みぞおちのあたりが痛みますか？

下腹部が痛みますか？

わき腹の痛みや腰の不快感があるときは、腎臓の病気が疑われます。ほかに腹部の症状がある場合でも、長引くときは内科で検査を

排尿回数が増えましたか？

膀胱炎の疑いがあります。泌尿器科へ

ここ数日、便が出ていませんか？

便秘症のようです。慢性の便秘で、痔でもないのに血便が出るときは、腸の重い病気が疑われるので内科・消化器科で検査を

腹部に不快感や膨満感があり、ときどきシクシクと痛み、顔色も悪いですか？

腸管機能の異常または寄生虫病などの疑い。また、吐き気や嘔吐があり、吐物に便臭がある場合は腸閉塞の疑いがあります。内科・消化器科で検査を

女性で、生理中ですか？

生理痛のようです。ひどい場合は子宮や卵巣の病気が疑われるので、産婦人科で検査を

◆◆考えられる病気◆◆

胃・十二指腸潰瘍

胃や十二指腸の粘膜に、胃酸による潰瘍《かいよう》ができる病気。胃液の消化作用が主な原因となることから、消化性潰瘍と呼ばれることも多い。消化器疾患のなかで最も多くみられるものの一つで、日本では十二指腸よりも胃に起こることが多い。

●症状●最もよくみられるのは、上腹部（みぞおち周辺）の痛みだ。潰瘍が十二指腸や胃の下部（十二指腸寄り）にできたときは主に空腹時に痛むことが多く、ときには、夜間、痛みのために目覚めることもある。多くの場合、水を飲んだり、軽いものを食べるとやわらぐのも、この病気の特徴の一つだ。なお、潰瘍が胃の上部（食道寄り）にできたときには、食後に痛むことが多い。

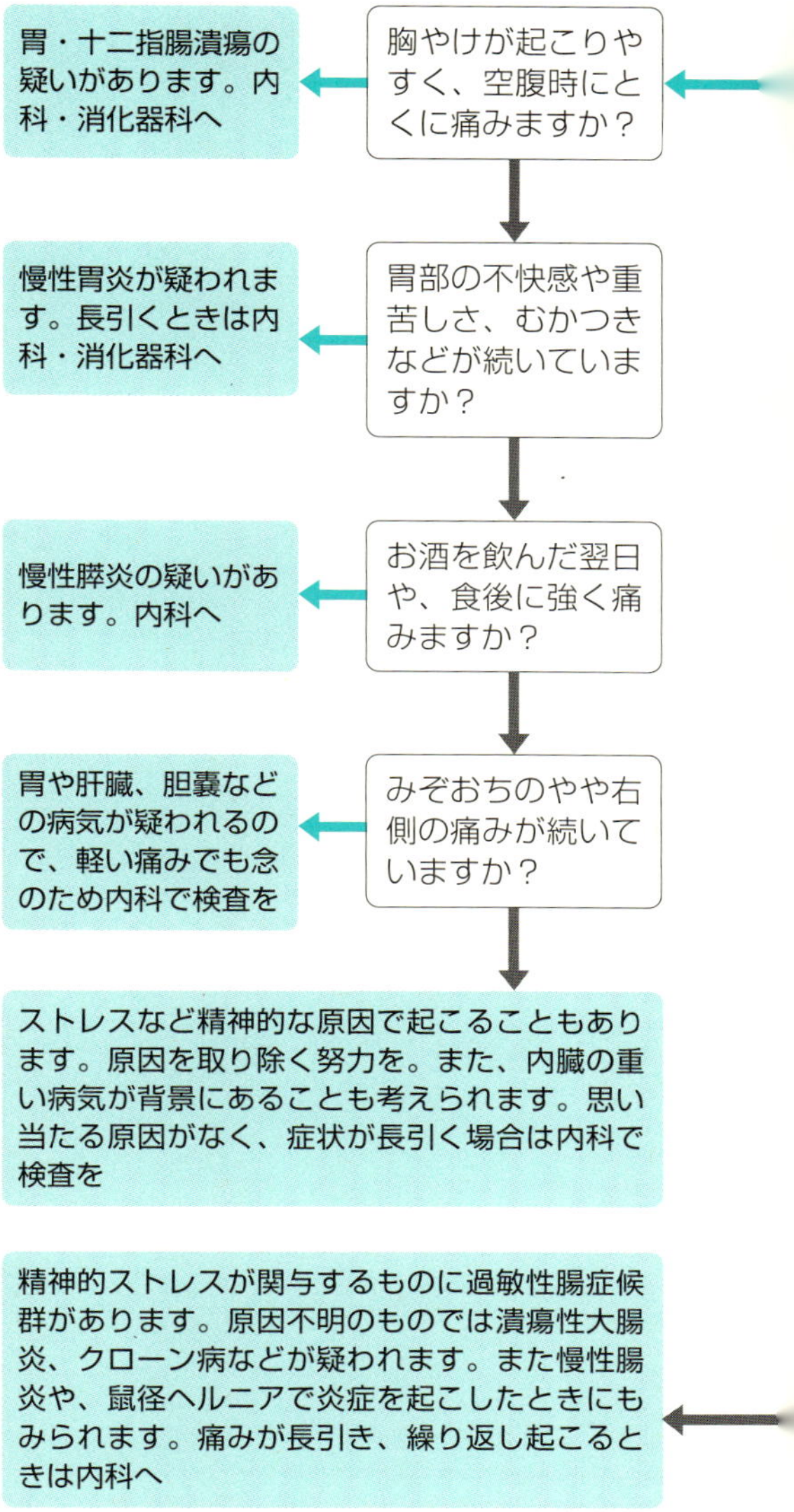
胸やけが起こりやすく、空腹時にとくに痛みますか？
胃・十二指腸潰瘍の疑いがあります。内科・消化器科へ
胃部の不快感や重苦しさ、むかつきなどが続いていますか？
慢性胃炎が疑われます。長引くときは内科・消化器科へ
お酒を飲んだ翌日や、食後に強く痛みますか？
慢性膵炎の疑いがあります。内科へ
みぞおちのやや右側の痛みが続いていますか？
胃や肝臓、胆嚢などの病気が疑われるので、軽い痛みでも念のため内科で検査を
ストレスなど精神的な原因で起こることもあります。原因を取り除く努力を。また、内臓の重い病気が背景にあることも考えられます。思い当たる原因がなく、症状が長引く場合は内科で検査を
精神的ストレスが関与するものに過敏性腸症候群があります。原因不明のものでは潰瘍性大腸炎、クローン病などが疑われます。また慢性腸炎や、鼠径ヘルニアで炎症を起こしたときにもみられます。痛みが長引き、繰り返し起こるときは内科へ

痛みは、初期には、ある程度時間が経過すれば自然に消失する。しかし、そのまま放置しているとしだいに強くなって、一日中痛むようになり、ときには背中が痛むこともある。また、痛みが起こる回数は一日一回またはそれ以上で、その状態が一週間から数週間続き、やがて治療をしなくても自然に痛みがなくなる。ただし、治療しなければ、二年ぐらいのち、ときには数年後に再発する。

このほか、胸やけやゲップ、吐き気、嘔吐《おうと》、食欲不振などがみられることもある。なお、高齢者の場合、目立った症状がないまま進行することが多いので注意したい。

●合併症●治療を受けないままで病気が進行すると、合併症を引き起こすことがある。

出血　潰瘍が粘膜下にある血管にまで及ぶと、出血して吐血や下血が起こる。出血量は肉眼ではわからないほど微量のこともあれば、大量に出血することもある。中等量以下の出血の場合は、コーヒーの残りかすのような黒っぽい色になるが、大量に出血したときには鮮血になる。出血が長期間続くと、めまいなどの貧血症状が起こり、大量に出血した場合にはショック状態に陥る。なお、高齢者では、腹痛がないまま突然に出血することがあるので、注意が必要だ。

穿孔《せんこう》　潰瘍が進行して胃や十二指腸の外壁を突き破り、貫通した状態を穿孔といい、十二指腸潰瘍に多くみられる。穿孔が生じると、急性腹膜炎を起こして腹部が板のようにかたくなり、強烈な痛みや発熱が起こる。

閉塞《へいそく》　潰瘍が胃の出口である幽門《ゆうもん》部や十二指腸にできると、潰瘍が治っても、その部分の柔軟性が失われて狭窄《きょうさく》が起こり、腸に食べ物が送られにくくなる。そのため胃の中に食べ物がたまってしまい、ひんぱんな嘔吐や食後の異常な満腹感、食欲不振などが起こる。

●原因●胃液には、粘膜を溶かしてしまうほどの強い消化作用があるため、胃には粘膜を胃液から守るための防御因子が備わっている。しかし、胃液の分泌が過剰になったり、防御因子の働きが低下したりすると潰瘍ができてしまう。

両者のバランスを崩す原因としては、アルコールやカフ

エイン、消炎鎮痛剤などの薬、精神的ストレスなど、さまざまなものがあげられている。最近では、ヘリコバクター・ピロリという細菌が、防御因子の働きを低下させ、消化性潰瘍の最も重要な原因となっていることが判明した。

●診断●X線造影や内視鏡検査が中心になる。胃液検査やヘリコバクター・ピロリの検査が行なわれることもある。

●治療●大部分は、薬物療法を中心に、軽い食事制限などの内科的治療で治る。手術が行なわれることは少ないが、穿孔が起きたり、出血が大量で止血できないとき、再発を繰り返してなかなか治らないときなどには、手術が行なわれることもある。

薬物療法では、ヘリコバクター・ピロリが原因の場合には抗生物質が、それ以外の場合には粘膜防御性潰瘍治療剤やH_2ブロッカー剤、制酸剤などが症状に応じて選択される。

クローン病

小腸や大腸を中心とした消化管に炎症が起きて、びらんや潰瘍《かいよう》が生じる原因不明の病気。近年は、日本でも増加傾向にある。症状が強く出る活動期と、表面的には治ったようにみえる寛解《かんかい》期を繰り返すという特徴がある。

●症状●潰瘍性大腸炎と似ており、腹痛や下痢で始まり、進行すると発熱や血便、貧血、体重減少などがみられる。自然に症状がおさまって寛解期に入ることもあり、寛解期が数年間続くこともある。

潰瘍性大腸炎と異なり、びらんや潰瘍は、口から肛門までのすべての消化管に起こるが、回腸と大腸に最も多くみられる。潰瘍ができると、一番外側の漿膜《しょうまく》に至るまで消化管壁が侵され、膿《うみ》がたまったり、周辺の臓器と癒着《ゆちゃく》したりすることもある。線維《せんい》化してかたくなったり、肉芽腫《にくげしゅ》ができることもある。

●診断●確立された検査法はまだないが、消化管のX線造影や、内視鏡検査で病変を観察し、血液検査で炎症反応や貧血の有無などを調べることで、ほぼ診断が可能だ。

●治療●症状が強い活動期には、絶食したうえで点滴による栄養補給を行ない、サルファ剤やステロイド剤などで炎症を抑える。症状がおさまれば、薬の量を減らして炎症の再発を予防する。腸閉塞《へいそく》を起こした場合などには手術が行なわれるが、腸を切除しても再発することが多い。

大腸憩室

消化管の一部が袋状にふくらんで、外側に飛び出した状態を憩室《けいしつ》といい、大腸に最も多くみられる。S状結腸に起こるケースが増えている。

●症状●憩室自体は無症状で、X線検査などの際に偶然発見されることが多い。ただ、ときには腸のぜん動運動の異常のために、下痢や便秘、腹痛など、過敏性腸症候群と似た症状が起こることがある。

また、憩室に便がたまるなどで炎症が起こると、便秘や強い下腹部痛、発熱などがみられる。炎症がさらに進行すると、腸閉塞《へいそく》や穿孔《せんこう》、腹膜炎を引き起こし、吐き気や嘔吐《おうと》、腹部膨満感などが起こる。

●原因●原因の一つは、便秘などで腸管内の圧力が高まることにある。その一方で、加齢により腸管の弾力性が低下すると、腸管が圧力に耐えきれずにふくらんでしまう。

●治療●症状がなければ、治療の必要はない。憩室炎が起きたときには、抗生物質が用いられる。穿孔、腸閉塞が起こった場合でも、約半数は薬などの内科的治療で治る。内科的治療で症状が改善しない場合には、手術が行なわれる。

寄生虫病

日本における寄生虫病としては、主に次のものがあげられる。症状は寄生虫によって異なるが、治療は駆虫《くちゅう》剤による駆除が中心になる。

ただし、鉤虫《こうちゅう》症やアニサキス症、フィラリア症では、手術による寄生虫の摘出が主体になる。

回虫症　人間の寄生虫病のなかで、最も多いものの一つだ。野菜などに付着した虫卵が、食べ物とともに人体に入って感染する。主な症状は上腹部の鈍痛だが、食欲不振、頭痛、めまいなどの神経症状がみられることもある。また、成虫が胆管や膵管、肝臓、虫垂《ちゅうすい》などに迷い込むと、激しい腹痛が起こり、肝膿瘍《のうよう》や腸閉塞《へいそく》を引き起こすことがある。

蟯虫症《ぎょうちゅう》　睡眠中に肛門周囲にはい出て産卵するため、肛門付近がむずがゆくなるのが特徴。右下腹部の痛みなど、虫垂炎に似た症状が出ることもある。

条虫（サナダムシ）症　日本では、マスの生食で感染する日本海裂頭条虫や、イノシシや鶏などの生食で感染するマンソン裂頭条虫が多い。多くの場合、腹痛や下痢、貧血、体重減少などがみられる。

鉤虫（十二指腸虫）症　日本の鉤虫症の大部分は、ズビニ鉤虫とアメリカ鉤虫によるものだ。前者は経口感染し、後者は幼虫が皮膚から体内に侵入して感染する。十二指腸の粘膜に食いついて血液や体液を養分として成長するため、感染すると貧血が起こり、顔色が悪くなり、だるさを感じるようになる。また、ズビニ鉤虫の場合にはのどの痛みやせきが、アメリカ鉤虫では皮膚炎が起こることもある。

吸虫症　肺吸虫、横川吸虫、住血吸虫など、いくつかの種類に分かれる。主に淡水の魚やカニ、エビなどから感染し、下痢便や粘血便、血たん、喀《かっ》血《けつ》などがみられる。放置すれば、肝硬変や肺性心、てんかんなどの合併症を引き起こすこともある。

包虫（エキノコッカス）症　日本では、キツネやネズミが排泄した虫卵が、野菜などに付着して経口感染する。約半数は肝臓に寄生して肝臓の腫《しゅ》大《だい》を引き起こし、右上腹部の痛み、黄疸《おうだん》、皮膚のかゆみなどがあらわれる。肺や腎臓、骨、脳などに寄生することもあり、放置すれば重い症状を引き起こす。

アニサキス症　サバやタラ、イカなどから感染し、激しい腹痛を引き起こす。腹痛は自然におさまるが、一〇日ほどたつと、胃壁や小腸に好酸球性肉芽腫《にくげしゅ》という病変ができる。

フィラリア（糸状虫）症　蚊に刺された際に幼虫が感染して起こる。人間のみに寄生するバンクロフト糸状虫や、犬に寄生する犬糸状虫などがある。バンクロフト糸状虫では、リンパ管炎やリンパ節炎が起こる。さらに進行するとリンパ管が破壊されてむくみが生じ、陰嚢水腫《いんのうすいしゅ》や象皮症などを引き起こす。犬糸状虫では、肺梗塞《こうそく》などが起こる。

その他の病気

腎盂腎炎（→P171）
膀胱炎（→P169）
肝炎（→P25）
肝硬変（→P30）
肝膿瘍（→P37）
胆嚢炎（→P142）
膵炎（→P143）
貧血（→P89）
慢性胃炎（→P154）
慢性腸炎（→P142）
腸結核（→P151）
潰瘍性大腸炎（→P160）
過敏性腸症候群（→P156）
虫垂炎（→P142）
腸閉塞（→P141）
便秘症（→P158）
鼠径ヘルニア（→P199）

腹が張る

スタート

腹部全体が丸くふくらみ、おへそのくぼみが浅くなりましたか？

はい → 以前、結核にかかったことがありますか？

→ 急げ！ 結核性腹膜炎あるいは腸結核の疑いがあります。すぐに内科へ

↓ あお向けの姿勢から上体を起こすと、腹の下のほうがふくらみますか？

→ 急げ！ 腹水がたまっている疑いがあります。腹膜炎や心不全のほか、内臓の重い病気で起こることが多いので、大至急、内科へ

→ 急げ！ おなかをたたくとポンポンと明るい音がするときは、胃や腸にガスがたまっている疑い。腹痛や吐き気をともなうときは急性胃炎や腸閉塞が疑われます。すぐに内科・消化器科へ

いいえ ↓ 主に右の肋骨の下のほうがはれている感じですか？

→ 全身がだるく、黄疸（白目や皮膚の黄ばみ）、皮膚の黒ずみ、手のひらが赤いなどの異常をともないますか？

↑ 急げ！ 肝炎や肝硬変など肝臓の病気、胆嚢炎や胆石症が疑われます。すぐに内科へ

↓ 症状が軽くても長引くときは、腹部臓器の重い病気の可能性も否定できません。他の症状にも注意して、念のため内科で検査を。また、強い外的衝撃を受けていれば、打撲や骨折の疑いがあります。整形外科へ

↓ 主にみぞおちのあたりが張っている感じですか？

→ 胸やけや胃もたれ、食事に関連した痛みがある場合は、慢性胃炎、胃・十二指腸潰瘍、膵炎などが疑われます。内科へ。嘔吐や吐血があれば重症です。しこりがあるときは重い病気の疑いもあります。内科で検査を

↓ 主に下腹部が張っている感じですか？

→ 張る・はれるというより、むくんだ感じであれば腎炎やネフローゼ症候群など腎臓の病気を疑います。また、症状が軽く、ほかに異常がみられないときでも、なかなか改善しないときは内科で検査を

↓ 便秘をしていますか？

→ 牛乳を飲む、野菜を多くとるなど、原因を解消する努力を。ほかに大腸の病気や、胃腸内にガスがたまっている疑いもあります。長引くときは内科で検査を

↓ 芋類や炭酸飲料をたくさんとりましたか？

→ 肥満が原因とも考えられますが、大腸の病気も疑われます。内科で検査を。女性の場合、生理時や内臓の冷えによって起こる起こることがあります。ひどいときは産婦人科へ

→ 発酵しやすい食品をとりすぎたときにみられます。心配ありません。ただし、それによる不快感やもたれが長く続くときは、胃腸の病気を疑います。内科で検査を

◆◆考えられる病気◆◆

急性腹膜炎

腹膜に急性の炎症が起きた場合を急性腹膜炎という。腹腔《くう》内に細菌感染して起こる細菌性腹膜炎、胆汁が流れ出て起こる胆汁性腹膜炎がある。

●症状●多くは突然に腹痛が起こり、腹部がかたくなる。初期には、腹部の硬直が、腹部の一部に限られる。この時期に適切な処置が行なわれないと、炎症は腹部全体に広がり、腹部全体がかたくなり、高熱が出る。動いたり、手で押したりすると痛みは増強

し、しばしば吐き気や嘔吐《おうと》をともなう。また、ときにはショック状態に陥り、冷や汗が出たり、唇が紫色になったりする。

さらに進行すると、腸の動きがまひして便やガスも出なくなる。

●治療●抗生物質が用いられるが、ほとんどの場合、薬物療法では不十分で、早急に開腹手術が必要になる。

慢性腹膜炎

慢性の経過をたどる腹膜炎で、結核性腹膜炎、がん性腹膜炎、癒着《ゆちゃく》性腹膜炎がある。

結核性腹膜炎

結核菌の感染によって起こる。化学療法の進歩により激減したものの、近年、増加傾向にある。

●症状●他の臓器の結核症から合併した場合には、それらの症状が前面に出ることが多い。腹痛などの腹部症状のほか、結核に共通してよくみられる微熱や倦怠《けんたい》感、寝汗などをともなう。病気が進行した場合には、腹水がたまって腹部がふくれあがったり、腹部臓器の癒着、腸管の狭窄《きょうさく》などを引き起こす。

●治療●抗結核剤による治療が中心になる。臓器の癒着や腸管の狭窄がある場合には、手術が行なわれる。

がん性腹膜炎

胃や腸、肝臓、卵巣などの腹部臓器にできたがんが、腹膜全体に転移して起こる。

●症状●腹水の貯留が主症状で、腹水を採取すると血液が混じっていることが多い。がんによって腸の運動が阻害されて便秘がちになり、進行すれば腸閉塞《へいそく》を起こす。また全身状態の悪化により、発熱や貧血などが起こる。

●治療●対症療法として利尿剤で腹水の除去をはかり、利尿剤が効かない場合は、腹部に針を刺して腹水を吸引する。

癒着性腹膜炎

腹膜内の損傷や出血、腹腔《くう》の炎症などにより、腸管などの腹部臓器が癒着した状態。

●症状●癒着の程度や範囲、合併症の有無などによって異なるが、臓器の癒着だけの場合は、症状があらわれないことが多い。しかし、癒着の結果、腸管に通過障害が起これば、腹痛や便秘、吐き気、嘔《おう》吐《と》などが起こる。

●治療●薬物療法などの内科的治療が中心になるが、腸管の狭窄や閉塞がある場合には手術が行なわれる。

腸結核

結核菌の感染によって、腸粘膜の内側を帯状に取り巻く潰瘍《かいよう》ができる病気。最近では肺結核と無関係に発症する原発性腸結核が多くみられる。

●症状●軽症の場合は無症状のことが多い。しかし進行すると、下痢や下血、便秘といった便通異常が起こる。また、腸管の炎症による発熱や腹痛、体重減少などもみられる。なお、腹部（とくに右下腹部）を押したときに、痛みを感じることが多い。

●治療●抗結核剤による薬物療法が行なわれる。ただし、腸管の狭窄《きょうさく》や腸閉塞《へいそく》などがあるときは、手術が必要になる。

その他の病気

心不全（→P64）
急性胃炎（→P59）
慢性胃炎（→P154）
胃・十二指腸潰瘍（→P146）
腸閉塞（→P141）
肝炎（→P25）
肝硬変（→P30）
胆嚢炎（→P142）
胆石症（→P143）
膵炎（→P143）
腎炎（→P68）
ネフローゼ症候群（→P69）

胃がもたれる・胸やけがする

スタート

ゲップが出ますか？

はい → 苦いゲップですか？

→ みぞおちから右上腹部にかけて痛みがあれば、胆嚢炎または胆石症の疑いがあります。内科へ。痛みがみられなくても、症状が長引くときは内科で検査を

↓ 臭いゲップですか？

→ ネギやニンニクなど、においの強い食品を食べたあとに出る一時的なゲップは心配ありません。しかし、みぞおちの痛みをともなうときは胃・十二指腸潰瘍、原因不明の嘔吐を繰り返すような場合は幽門狭窄症が疑われます。内科で検査を

↓ すっぱいゲップですか？

→ 食事のあとや満腹のときに出るゲップは、生理的なもので心配ありません。ほかに異常をともなうときは内科で検査を

→ 食道炎、胃炎、胃・十二指腸潰瘍、胃酸過多症などが疑われます。内科・消化器科へ

いいえ ↓ 女性で、妊娠中あるいは妊娠している可能性がありますか？

→ つわりのようです。産婦人科へ

↓ とくに食事をとるとひどくなり、胸からみぞおちにかけて痛みますか？

→ 急げ！ 食道炎や食道裂孔ヘルニアの疑いがあります。すぐに内科・消化器科へ

↓ 暴飲暴食をしたあと、血を吐きましたか？

→ 急げ！ 大量のお酒を飲んだあとならマロリー・ワイス症候群の疑い。至急、内科・消化器科へ

↓ やせ型で、ほとんど毎食後、胃のもたれや不快感がありますか？

→ 胃下垂症や胃アトニーの疑い。内科・消化器科へ

→ 胃部の膨満感や不快感、痛みなどをともないますか？

→ 痛みが強いときは急性胃炎、むかつきが長期間続くときは慢性胃炎が疑われます。内科・消化器科へ

→ 胸のむかつきが長く続き、締めつけられるような痛みが起こりますか？

→ 急げ！ 狭心症または心筋梗塞の疑いがあります。すぐに内科・循環器科へ

↓ イライラや心配事、過労、不眠などのストレスがありますか？

→ ストレスに起因する軽い胃炎と思われます。ストレスの原因を取り除いても治らないときは内科・消化器科で検査を

→ 喫煙者の場合はたばこの吸いすぎが原因とも考えられます。ほかにこれといった原因がなく、症状が長引くときは内科・消化器科で検査を

◆◆考えられる病気◆◆

食道炎

食道の粘膜に炎症が起こる病気の総称。炎症が進んで潰《かい》瘍《よう》ができたものを食道潰瘍と呼ぶが、一般には食道炎に含まれることが多い。

原因は多彩で、細菌感染や化学的刺激、外傷、全身性疾患（膠原《こうげん》病など）などがあげられる。なかでも最も多いのが、胃液の逆流によって粘膜が刺激される逆流性食道炎である。逆流性食道炎は、食道裂孔ヘルニアに合併するケースがよくみられる。また、高齢者や、腹圧が高くなる肥満者、妊婦に多い傾向がある。

●症状●食道炎の主なものには次のようなものがあり、タイプによって症状が異なる。

逆流性食道炎　主に胸やけや胸痛、嚥下《えんげ》困難、嚥下痛などがみられる。とくに寝ているときは胃液が逆流しやすいために、症状が強くなる。胸痛は、狭心症などの心臓疾患と間違われることもある。また、まれに嘔吐《おうと》や吐血が起こることがある。

感染性食道炎　細菌や真菌、ウイルスの感染によるもので、嚥下困難と嚥下痛が主症状。症状がみられないことがある一方で、症状が強く食事がとれないこともある。食道炎としては、比較的まれである。

腐食性食道炎　有機溶剤や農薬、防腐剤の誤飲などで起こり、食道狭窄《きょうさく》を起こす。誤飲後二～三週間に急激に発症することもあるが、通常は、炎症がおさまってから、徐々に食道が狭くなってくる。

●診断●問診や症状からだいたい診断がつく。

●治療●逆流性食道炎の場合には、胃液などの逆流を起こす原因を突き止め、それを除去する。それと同時に、制酸剤や粘膜保護剤などによる薬物療法を行なう。これらの薬で効果がない場合には、H_2受容体拮抗《きっこう》剤やプロトンポンプ阻害剤などが用いられる。食道に狭窄があれば、内視鏡などの先端にバルーン（風船）をつけて食道を広げる拡張術や、手術（食道バイパス術）などが行なわれる。

感染性食道炎では、感染菌に応じて、抗生物質や抗真菌剤、抗ウイルス剤などが用いられる。腐食性食道炎では、唾液《だえき》さえ飲み込めないことがあるので、輸液による栄養補給などの全身管理が必要になる。食道狭窄に対しては、全身状態の回復と食道の炎症がおさまるのを待って、手術が行なわれる。

食道裂孔ヘルニア

食道は、胸腔《くう》と腹腔の境にある横隔膜を貫いて胃につながっている。横隔膜には食道を通すための孔《あな》があいており、この孔を食道裂孔《れっこう》という。

食道裂孔ヘルニアは、腹部食道や胃が、食道裂孔を通って胸腔内に脱出した状態をいう。

●症状●まったく無症状の場合が多いが、胸やけや胸痛、嚥下《えんげ》困難、上腹部の膨満感、吐き気、嘔吐《おうと》、呼吸困難、動《どう》悸《き》などが、起こることがある。症状の有無は、胃が胸腔にどれだけ脱出しているかとは関係なく、胃液が食道に逆流しているかどうかによる。

●原因●先天的に食道が短いという説や、周囲の支持組織が何らかの原因でゆるむために起こるという説がある。五〇歳代以降の肥満体質の人、とくに女性に多くみられる。

●合併症●胃液が食道に逆流しやすくなるため、食道炎を合併することが少なくない。

●治療●無症状の場合は、治療の必要がない。逆流性食道炎による嚥下困難や胸やけなどの症状が強い場合には、胃酸の分泌を抑える薬や胃酸の逆流を防ぐ薬が用いられ、それでも症状が改善しない場合は、手術が必要になる。

胃酸過多症

胃液に含まれる塩酸とペプシンを胃酸といい、消化や殺菌などの重要な役割を果たしている。この胃酸が過剰に分泌されて、胃や十二指腸、食道の粘膜が傷つき、酸症状と呼ばれる症状があらわれるのが胃酸過多症である。

●症状●すっぱい液体が胃から口の中にこみあげてきたり、胸やけ、ゲップなどのいわゆる酸症状、上腹部の痛みなどがみられる。食事によって胃液が大量に分泌されるため、症状は通常、食後一～二時間で起こることが多い。

●治療●薬物療法として、胃酸を中和するための制酸剤や、胃酸の分泌を抑える薬などが用いられる。ストレスをまねかない、規則正しい生活をするなどの注意を守ることも重要になる。原因疾患があれば、その治療が優先される。

慢性胃炎

胃の粘膜に、慢性的な炎症が認められる病気を慢性胃炎と呼ぶ。ただし、医学的には、統一された定義があるわけではなく、その分類もさまざまである。近年、一般的になっているのは、表層性胃炎と萎縮《いしゅく》性胃炎とに分ける方法で、表層性胃炎が長期間続くことによって、萎縮性胃炎に変化していくと考えられている。

急性胃炎に比べると自覚症状は軽度だが、完全に治りきることはまれといわれている。

●症状●比較的多くみられる症状としては、上腹部の不快感や膨満感、食欲不振などがあげられる。炎症が強い場合には、吐き気や上腹部の痛みなど、急性胃炎と同じ症状があらわれる。

ただし、これらの症状が出るのは表層性胃炎の段階で、萎縮性胃炎に進むと無症状のケースが大半を占める。

●原因●表層性胃炎が繰り返されるうちに、傷ついた胃の粘膜が不完全に再生され、萎縮性胃炎へと変化すると考えられている。原因としては、生理的な加齢変化や非ステロイド抗炎症剤などの薬の副作用、自己免疫などがあげられているが、いまだに明確な原因はわかっていない。近年は、ヘリコバクター・ピロリ菌の関与が指摘され、主流になりつつある。

●診断●内視鏡検査で胃粘膜の萎縮所見が認められれば、容易に診断がつく。萎縮のある胃粘膜は、表面が滑らかではなく、血管が透けて見える。正確な診断には、組織の一部を採取して調べる生検が必要になる。

●治療●根本的な治療法はなく、症状に合わせた対症療法が行なわれる。胃のもたれや不快感などには、胃粘膜保護剤や胃の運動を活発にする薬が用いられる。吐き気や上腹部痛などが強い場合は、急性胃炎に準じて制酸剤やH_2ブロッカー剤などが使われる。また、近年、ピロリ菌を除菌する薬も開発され、用いられるケースが増えている。

胃下垂症 胃アトニー

胃の上端の位置は正常でも、胃の下端が骨盤の位置まで垂れ下がっている状態を胃下垂症という。このこと自体は病気ではなく、ほとんどの場合は無症状で、胃の機能にも問題はない。

一方、胃アトニーは、胃下垂症に胃の筋力低下をともなう状態をいう。胃のぜん動運動が低下するため、胃もたれなどの不快な症状があらわれることがある。

●症状●胃アトニーでは、胃の膨満感やもたれ感、鈍痛、食欲不振などがみられることがある。しかし、多くの場合は無症状で、定期健診などでX線検査を受け、偶然発見されることが多い。

●治療●胃下垂バンドや腹帯で固定したり、症状を軽くするために、胃の緊張を高めたり、ぜん動運動を亢進《こうしん》させる薬が使用されることがある。しかし、苦痛をともなわない限り、治療の必要はない。

むしろ、食事の回数を多くして、一度に食べる量を少なくするなどの食事療法が重要になる。

●生活の注意●食後は三〇分ほど右側を下にして横になると、胃に入った食物が腸に移行しやすくなり、不快な症状が軽くなる。

胃拡張症

何らかの原因で、胃の内容物がたまって胃が拡張した状態をいう。食べすぎたあとに胃が膨張するのを、俗に胃拡張と呼ぶが、大食と胃拡張症との間に因果関係はない。

●症状●強い胃の膨満感が主症状だが、上腹部の痛みや不快感、吐き気、嘔吐《おうと》、食欲低下などがみられることもある。胃から先の消化管が閉塞《へいそく》している場合は、便秘が起こることが多い。

症状が長引くと、しだいに食欲が低下して、やせてくることもある。

●原因●器質的なものと、機能的なものに大別される。前者としては、がんや潰瘍《かいよう》のために、幽門《ゆうもん》部や十二指腸が閉塞して起こることが多い。後者は、糖尿病神経障害などによって、胃の活動をコントロールする神経に障害が生じて起こる。

●治療●まず、胃拡張症の原因となっている病気の治療が先決である。胃拡張が著しい場合には、胃に管を通して、内容物を排出することもある。

マロリー・ワイス症候群

激しい嘔吐《おうと》のあとに、食道と胃の接合部である噴門の粘膜が裂けて、大量に吐血する病気。

●症状●最も特徴的な症状は、激しい嘔吐を繰り返したあとに起こる吐血で、血液は鮮やかな赤色をしている。そのほか、みぞおち周辺の痛みや胸やけなどをともなうこともある。大量に出血するとショック状態となり、生命が危険になることもある。

●原因●飲酒による嘔吐の際に発生することが多いが、過食や薬の副作用、脳腫瘍《しゅよう》、髄膜炎などによる嘔吐でも起こることがある。

●治療●通常は入院して絶食し、輸血や輸液によって食道と胃の安静を保つ。これで治る場合もあるが、出血が続くときは、内視鏡による止血が行なわれる。

幽門狭窄症

胃の出口である幽門《ゆうもん》部が、何らかの原因によって狭くなり、胃内容物の十二指腸への移動が妨げられてしまう病気。

●症状●胃部不快感や膨満感、ゲップ、しゃっくりなどに続いて大量の嘔吐《おうと》が起こり、嘔吐したあとは胃の不快感などの症状が軽くなる。嘔吐物やゲップに、強い酸臭または腐敗臭をともなうのが特徴だ。

●治療●まず、胃の洗浄を行ない、輸液による全身管理を行ないながら安静を保つ。明らかな幽門狭窄《きょうさく》が認められれば、手術が行なわれる。

その他の病気

狭心症（→P131）
心筋梗塞（→P132）
急性胃炎（→P59）
胃・十二指腸潰瘍（→P146）
胆嚢炎（→P142）
胆石症（→P143）

下痢

スタート

腹痛をともないますか？

- はい → 吐き気や嘔吐をともないますか？
  - はい → 寝冷えや、暴飲暴食、刺激の強い食品を食べたとき、冷たい物やアルコール類の飲みすぎのほか、バセドウ病などでも起こります。長引くときは内科・消化器科へ
  - いいえ → 発熱（ときに高熱）とともに、粘液または血の混じった便が出ましたか？
    - はい → 急げ！ 細菌やウイルスなどによる重い感染性腸炎の疑いがあります。しぶり腹があり、便に卵の白身のような粘液や鮮血、膿などが混じっているときは赤痢など伝染病の可能性が高いので、大至急、内科・消化器科へ
    - いいえ → 牛乳や卵など、特定の食品をとったときにしばしば起こりますか？
      - はい → 食物アレルギーの疑いがあります。内科・消化器科へ
      - いいえ → 生の魚介類や鮮度の落ちた食品を食べたあとで起こりましたか？
        - はい → 急げ！ 食中毒の疑いがあります。至急、内科・消化器科へ
        - いいえ → 急性腸炎が疑われます。多くは細菌やウイルスの感染が原因ですが、抗生物質などの薬が原因で起こることもあります。海外旅行後の発症では、伝染性の病気が疑われるので、必ず内科・消化器科で検査を
- いいえ → 何か薬を服用していますか？
  - はい → 薬の副作用の疑いがあります。担当医に相談を
  - いいえ → 不安や心配など、強い精神的ストレスがありますか？
    - はい → ストレスが原因で起こることがあります。長引くときは内科・心療内科へ
    - いいえ → 寝冷えや、暴飲暴食、刺激の強い食品を食べたとき、冷たい物やアルコール類の飲みすぎのほか、バセドウ病などでも起こります。長引くときは内科・消化器科へ

くしゃみや鼻水、せきなど、かぜの症状がありますか？

- はい → かぜからくる下痢のようです。安静にして、長引くときは内科へ
- いいえ → トイレの水に浮くような油っぽい下痢便ですか？
  - はい → 栄養分の吸収障害の疑い。慢性膵炎など膵臓の病気や肝臓の病気が考えられます。内科で検査を
  - いいえ → 発熱をともない、粘液または血の混じった下痢便を繰り返しますか？
    - はい → クローン病や潰瘍性大腸炎の疑いがあります。内科・消化器科へ
    - いいえ → 下痢と便秘を交互に繰り返し、いつまでも治らない場合には、過敏性腸症候群の疑いがあります。とくに精神的ストレスがあるときなどに起こりやすくなります。内科・消化器科へ

◆◆考えられる病気◆◆

過敏性腸症候群

心理的要因などで、慢性的に下痢や便秘、腹痛などが続く病気。近年、増加傾向にある。下痢のためにトイレの回数が増えるなど、若干の支障はあっても、一般的にはふつうの日常生活を送ることができる。

●症状●腹痛型、下痢型、便秘型、下痢・便秘交代型に分類されるが、実際にはこれらが混在しているケースが多い。

腹痛は、腹部に不快感や膨満感を感じる程度から、キリキリした痛みを感じるなどさまざまだ。痛む部位が一定しない、という特徴がある。下痢や便秘の程度も人によって異なるが、食欲不振や体重減少が起こることはない。

●原因●はっきりとした原因は不明だが、精神的ストレスのために、腸の緊張が高まる

ためと考えられている。

●診断●症状でほぼ診断できるが、過敏性腸症候群であることを確定する診断法はない。したがって、血液検査や尿・便検査、X線撮影やCTなどで、症状が似ているほかの病気でないことを確認する必要がある。そのうえで、①腹痛は排便によって消失する、②年に六回以上、症状があらわれる、③いったん症状が起こると三週間程度続く、などの条件を満たした場合に、過敏性腸症候群と診断される。

●治療●専門医を受診して、心配する必要のない病気であることを納得することが治療の第一歩だ。それだけで病気が治るケースも少なくない。そのうえで、心身ともに安定した状態で過ごせるような生活を心がける。

　薬物療法は対症療法として行なわれ、腹痛に対する鎮痙《ちんけい》剤をはじめ、下痢止めや下剤、消化管運動機能調整剤、精神安定剤などが、症状に応じて用いられる。ときには心理療法が必要なこともある。

食物アレルギー

●原因と症状●原因となる食物はさまざまで、サバやエビなどの魚介類、小麦や大豆、そばなどの穀物、卵や牛乳などがあげられる。必ずしも最初からアレルギーを起こすとは限らず、それまでは平気だったのに、突然、アレルギーを起こすことも少なくない。

　アレルギー症状は、原因となる食品を摂取してから二〇～三〇分後に出ることが多い。皮膚のアレルギー反応としてはじんま疹があり、全身に地図状の発赤やはれが起こり、重い場合には血圧低下や呼吸困難などのアナフィラキシー症状がみられる。胃腸などの消化器系のアレルギーでは、下痢や嘔吐《おうと》、腹痛などが起こる。呼吸器系では、のどのイガイガ感や気道粘膜のはれ、鼻炎などがあげられる。

●治療●最良の方法は、原因となる食物を摂取しないことだ。万が一、アナフィラキシー症状が出た場合には、すぐに救急車を要請する。その他の場合は、アレルギーを抑えるために抗ヒスタミン剤やステロイド剤が用いられる。

赤痢

　下痢を主症状とし、赤痢菌の経口感染によって起こる。日本では比較的まれになっているが、東南アジアなどへの旅行時には注意が必要だ。感染症予防・医療法により、二類感染症に分類されている。

●症状●感染から発症までの潜伏期間は一～四日。倦怠《けんたい》感や食欲不振などに続いて、寒けをともなう発熱（三八～三九度）が起こる。そして発熱と同時、または少し遅れて腹痛と下痢が始まる。腹痛は下腹部、とくに左下腹部に起こることが多く、痛む場所を押したり、便意をもよおすと痛みが強まるのが特徴だ。

　下痢は、初めはふつうの下痢便だが、進行すると膿《うみ》が混じったり、血液や卵白のような粘液が混じった粘血便になる。また回数は、一日に数回程度の場合もあるが、重症になると二〇～三〇回にもなる。排便してもすぐに腹痛と便意が起こるしぶり腹も、赤痢の特徴的な症状だ。

●治療●抗菌剤や抗生物質が用いられる。また、下痢や発熱による脱水対策として、点滴などで水分を補給する。

その他の病気

かぜ／かぜ症候群（→P120）

急性腸炎（→P141）

潰瘍性大腸炎（→P160）

クローン病（→P148）

食中毒（→P144）

膵炎（→P143）

バセドウ病（→P66）

便秘

スタート

急に便秘をするようになりましたか？

（はい）→ 腹痛をともないますか？

→ 事故などで背中に外傷を負ってから便秘が起こるようになりましたか？

腹痛をともないますか？ → 発熱をともないますか？

急げ！
慢性腸炎や虫垂炎など腸の病気のほか、肝臓や胆嚢、膵臓の病気が疑われます。すぐに内科へ

発熱をともないますか？ → 強い腹痛に吐き気や嘔吐をともない、ときに吐物に便臭がありますか？

急げ！
腸閉塞の疑い。腹部の膨満感があり、ガスも出なくなります。至急、内科・消化器科へ

腹部が丸くふくらんで、膨張感がありますか？

下痢と便秘が交互に繰り返し起こりますか？

過敏性腸症候群の疑い。胃・十二指腸潰瘍や婦人科の病気でも、このタイプの便秘がみられることがあります。内科・消化器科・産婦人科へ

腸の器質的な原因のほか、偏食や無理なダイエット、精神状態、生活環境の変化、薬剤の服用、運動不足などでも急な便秘は起こります。腹痛がひどく、長引く場合は内科・消化器科へ

（いいえ）→ 仕事や作業などで排便をがまんしたり、長時間座ったままでいることが多いですか？

便意を抑制したために起こる習慣性の便秘のようです。運動不足でも起こります。生活習慣の改善を

不安や心配事など、精神的な緊張があるときに起こりがちですか？

けいれん性の便秘の疑い。神経質な人や、ストレスがあるときによくみられます。リラックスを心がけましょう。何日も続き、気分が悪くなるようなときは内科・消化器科へ

減食中、あるいは水分の摂取量が少ないですか？

便中の水分が少ないと、便が固まって便秘になりがちです。また、食事量や食物繊維の摂取不足も原因となります。食生活を見直しましょう

寒がりになり、顔がはれぼったく、疲れやすい、だるい、筋力や活動性の低下などがみられますか？

甲状腺機能低下症が疑われます。内科・内分泌科へ

ほかに異常がなく、苦痛がそれほど強くなければ心配ありません。ただし3〜4日以上も排便がないときは内科・消化器科に相談を。お年寄りの場合は、弛緩性便秘といって、腸の運動が低下しているために便秘をしやすくなります。食べ物に気をつけて、軽くからだを動かすように心がけましょう

◆◆考えられる病気◆◆

便秘症

便がかたくて排便に困難をともなう、あるいは排便の回数が少なくなり三日以上排便がない、といった場合に便秘と呼んでいる。日常的によくみられる症状だが、重い病気が隠れていることもあるので、長引くときには受診するようにしたい。

なお便秘は、機能性便秘と、器質性便秘に大別される。

機能性便秘

●症状と原因●腸に器質的な

一時的な便秘は心配ありませんが、長引くときは内科へ

外傷によって、脊髄・神経系に何らかの障害が起きている疑いがあります。脳神経外科・整形外科で検査を

腸の中にガスがたまっているようです。ガスが出れば治りますが、長引くときは内科へ。からだを起こすと下のほうがふくらむときは、腹水がたまっている疑いがあります。腸の重い病気が潜んでいることもあるので内科・消化器科で検査を

病変がなく、排便のための機能が低下して起こるもの。大部分は病気以外の要因によるが、甲状腺《こうじょうせん》機能低下症や糖尿病、脳血管障害、パーキンソン病などで起こることもある。

けいれん性便秘、弛緩《しかん》性便秘、習慣性（直腸性）便秘の三つに分けられる。一般に、いずれのタイプも症状は軽度で、腹部の膨満感や不快感、軽い腹痛を感じる程度である。

けいれん性便秘　精神的ストレスなどで腸管の緊張が高まって起こる。けいれんによって腸管が収縮するため、便が小さく固い兎糞《とふん》便状になる。若年者に多い。

弛緩性便秘　腸管のぜん動運動が低下して、腸の内容物が直腸まで送られる時間が遅くなることが原因。習慣性便秘と並んで最も多く、高齢者や長期間寝たままの人によくみられる。ぜん動運動の低下は、老化などにより腹筋の力が弱まるために起こる。

習慣性（直腸性）便秘　便意を感じてもがまんするくせがついている人によくみられる。これは排便のための神経反射が低下して、腸内に便があっても便意を感じなくなるためである。浣腸を常用している人にもよくみられる。

●診断●原因となる病気がないかどうかを確認することが大切で、そのためには直腸指診やX線撮影、内視鏡検査などが行なわれる。

●治療●下剤が用いられることもあるが、基本となるのは生活療法で、便意を促す適度な運動と食物繊維の多い食事、十分な水分摂取を心がける。また、副作用として便秘が起きやすい薬がある。他の疾患の治療で、そのような薬を使用する場合には、主治医に緩下剤などを一緒に処方してもらうとよい。

なお、宿便は下剤や食事の工夫などでは簡単に治らないので、病院で摘出してもらうとよい。

器質性便秘

●症状と原因●大腸の病気により、腸内をスムーズに内容物が通過しないために起こる。急に便秘になったり、便秘が急に重くなった、便に血が混じるといったときには、器質性便秘の可能性が高い。また、強い腹痛や吐き気、嘔吐《おうと》がみられる場合には、腸閉塞《へいそく》を起こしている可能性がある。腸閉塞は、腸の内腔《くう》が狭くなって起こる場合と、反対に内腔が広がりすぎてぜん動が低下する場合とがある。前者の原因としてはがんやポリープのほかに大腸炎などがあり、後者の場合は特発性巨大結腸症が考えられる。

●診断●X線造影や内視鏡検査などのほか、血便がみられる場合には、便潜血検査が行なわれる

●治療●原因となっている病気に応じて、手術や薬物療法が行なわれる。

その他の病気

胃・十二指腸潰瘍（→P146）
慢性腸炎（→P142）
腸閉塞（→P141）
過敏性腸症候群（→P156）
虫垂炎（→P142）
肝炎（→P25）
胆嚢炎（→P142）
胆石症（→P143）
膵炎（→P143）
甲状腺機能低下症（→P70）

便の色がおかしい

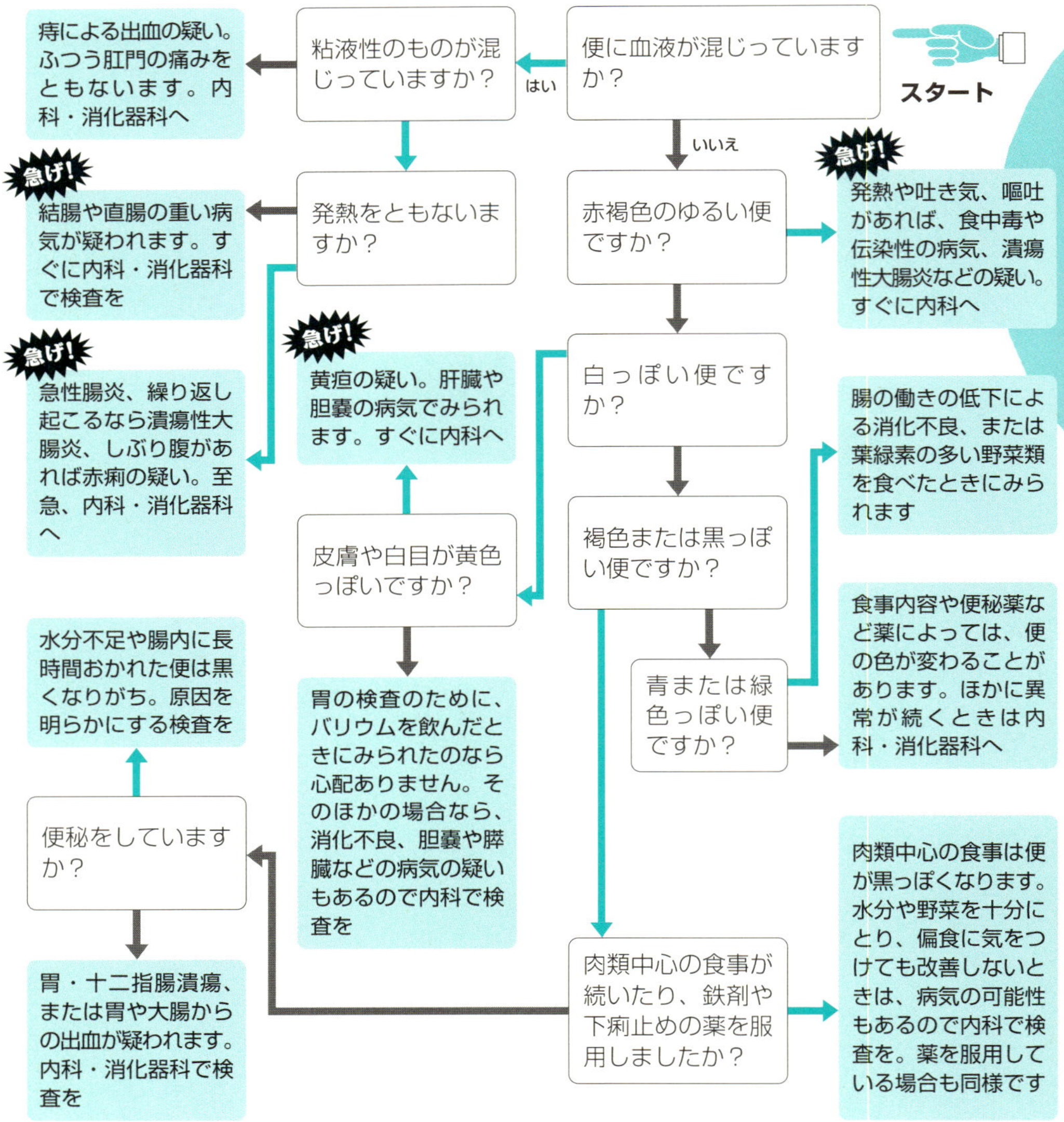

スタート
便に血液が混じっていますか？
はい
粘液性のものが混じっていますか？
痔による出血の疑い。ふつう肛門の痛みをともないます。内科・消化器科へ
発熱をともないますか？
急げ！
結腸や直腸の重い病気が疑われます。すぐに内科・消化器科で検査を
急げ！
急性腸炎、繰り返し起こるなら潰瘍性大腸炎、しぶり腹があれば赤痢の疑い。至急、内科・消化器科へ
いいえ
赤褐色のゆるい便ですか？
急げ！
発熱や吐き気、嘔吐があれば、食中毒や伝染性の病気、潰瘍性大腸炎などの疑い。すぐに内科へ
白っぽい便ですか？
皮膚や白目が黄色っぽいですか？
急げ！
黄疸の疑い。肝臓や胆嚢の病気でみられます。すぐに内科へ
胃の検査のために、バリウムを飲んだときにみられたのなら心配ありません。そのほかの場合なら、消化不良、胆嚢や膵臓などの病気の疑いもあるので内科で検査を
褐色または黒っぽい便ですか？
青または緑色っぽい便ですか？
腸の働きの低下による消化不良、または葉緑素の多い野菜類を食べたときにみられます
食事内容や便秘薬など薬によっては、便の色が変わることがあります。ほかに異常が続くときは内科・消化器科へ
肉類中心の食事が続いたり、鉄剤や下痢止めの薬を服用しましたか？
肉類中心の食事は便が黒っぽくなります。水分や野菜を十分にとり、偏食に気をつけても改善しないときは、病気の可能性もあるので内科で検査を。薬を服用している場合も同様です
便秘をしていますか？
水分不足や腸内に長時間おかれた便は黒くなりがち。原因を明らかにする検査を
胃・十二指腸潰瘍、または胃や大腸からの出血が疑われます。内科・消化器科で検査を

◆考えられる病気◆

潰瘍性大腸炎

腸の粘膜に原因不明の慢性的な炎症が起こり、多数のびらんや潰瘍《かいよう》ができる難病。

●症状●下痢、血便、腹痛を三大症状とする。とくに慢性的な血便が、一時的に症状が軽くなる寛解《かんかい》期を挟みながら繰り返されるのが特徴だ。また、炎症が広がるにつれて、血便もひどくなる。

●診断●内視鏡検査とX線造影検査が中心になる。

●治療●薬物療法が中心だが、効果がみられない場合には手術が行なわれる。

その他の病気

胃・十二指腸潰瘍 （→P146）
急性腸炎 （→P141）
赤痢 （→P157）
食中毒 （→P144）
痔 （→P162）
黄疸 （→P77）

大人の症状と病気●部位別症状

肛門が痛い・かゆい

スタート

痛いのですか？

はい

ふだんは痛まないのに、排便したときに痛みますか？

かたい便をするとき、肛門が痛むことは誰にでもありますが、焼けつくように痛むなら切れ痔、またはいぼ痔の一種の内痔核の疑いがあります。患部を清潔にして、数日様子をみても痛みがおさまらないときは肛門科へ

肛門の周囲にかたくて丸いしこりができ、痛みますか？

血栓性外痔核の疑い。いぼ痔の一種で、お湯で温めると痛みがやわらぎますが、ひどいときは肛門科へ

袋状のいぼが肛門の外に飛び出し、激しく痛みますか？

いぼ痔が外に飛び出した脱出性血栓性内痔核の疑い。患部をお湯につけ、押しても戻らないときは、すぐに肛門科へ

肛門周囲の皮膚がはれて、ズキズキ痛みますか？

発熱をともなうときは、肛門周囲膿瘍の疑いがあります。肛門科へ

痛みなどの症状が長く続くときは、重い病気の可能性もあるので肛門科で検査を

いいえ

血や膿が出ますか？

持続的なかゆみがあり、その部分に湿疹ができていますか？

湿疹、かぶれ、いんきんたむしなど皮膚炎の疑い。皮膚科へ。また、痔があると分泌物が出るため、周囲がただれたり、かゆくなったりすることがあります。ひどい場合は肛門科へ

以前から痔を患っていましたか？

汗をかいたり、局所を不潔にしていると、一時的にかゆくなることがあります。患部を清潔にしても長引くときは、蟯虫など寄生虫の感染、糖尿病など全身の病気、抗生物質などの薬が原因となっていることがあるので、内科で検査を。女性の場合は、おりものや卵巣機能の低下によることもあるので、産婦人科で検査を

排便時に真っ赤な血が出ましたか？

下着に血や膿がつきますか？

あな痔の疑いがあります。肛門科へ

発熱や腹痛、下痢をともないますか？

出血量が多いとき、あるいは繰り返し起こるときは肛門科へ。便に黒ずんだ血が混じる場合は、消化管出血の疑いもあるので内科・消化器科で検査を

急げ!

肛門の病気ではなく、潰瘍性大腸炎や感染性の急性腸炎が疑われます。すぐに内科へ

お尻をふくと、肛門から何か飛び出している感じですか？

いぼ痔が排便時に一時的に肛門の外に飛び出した脱肛の疑い。肛門科へ

ほかに異常がなければ、いぼ痔または切れ痔が疑われます。局所を清潔にして、ひどくなるようなら肛門科へ。出血がなかなか止まらないときは、直腸ポリープからの出血や、直腸の重い病気が原因となっている疑いもあります。早めに肛門科で検査を

痔

肛門部の疾患を総称して痔、または痔疾と呼んでいる。いぼ痔（痔核）、切れ痔（裂《れつ》肛《こう》）、あな痔（痔瘻《ろう》）の三つが全体の九〇％以上を占め、三大肛門病とされている。

いぼ痔（痔核）

排便時のいきみなどによって腹圧がかかると、網目状になった肛門付近の静脈にうっ滞が起こり、はれあがってしこりができる。これが痔核で、肛門の内側の直腸粘膜にできる内痔核と、外側の皮膚にできる外痔核とに大別される。通常は、両者が併存する。

●症状●内痔核の場合、初期には出血が唯一の症状で、排便時に真っ赤な血が出ることがあるが、痛みはない。出血は一般に軽度だが、ほとばしるように多量の出血が起こることもある。このような場合には、倦怠《けんたい》感や疲れやすいなどの貧血症状が出るが、比較的まれだ。出血の回数も、最初はたまにみられる程度だが、しだいに一週間に一～二度、ひどいときには排便のたびに出血するようになる。

また、ある程度進行すると、痔核が排便時に肛門外に脱出するようになる。当初は排便後、自然に内側に戻るが、やがて、指で押し込まないと戻らなくなり、さらに進むと脱出した痔核は戻らなくなり、肛門の外側に出たままになってしまう。この状態を脱出性血栓《けっせん》性内痔核という。

外痔核は、ふだんあまり症状が出ない。ただし、痔核の中にたくさんの血栓ができると、ズキズキと激しく痛む。これを血栓性外痔核といい、下痢や便秘、スポーツなどの際に、肛門に圧力が加わったときに突然起こる。大きさはエンドウ豆ほどで、通常は一つだけだが、ときには一度に数個できることもある。表面は青黒く透明感があり、出血することもある。

なお、痔核の人では痔核のために清潔を保ちにくいため、肛門周辺のかゆみを訴えることが多い。

●治療●症状が軽い場合は、肛門部を清潔にし、便秘を起こさないように注意するだけで、治療の必要はない。脱出した内痔核が指で押さなければ戻らなくなったり、痛みがひどい場合には、緩下剤のほか、炎症を鎮める坐剤や軟膏《なんこう》が用いられる。通常、三～四日で治るが、長引く場合や何回も繰り返す場合は、外科的な処置が必要になる。

切れ痔（裂肛）

肛門部にできる小さな亀裂で、かたい便を排泄するときに、肛門が切れて生じる。主な原因は便秘で、強くいきんだときに、肛門の伸び縮みしにくい部分が縦に長く切れて生じる。

●症状●排便時の痛みと出血が主な症状。裂肛《れっこう》が起こりやすい部位（ほとんどの場合、背中側の肛門の中央）には知覚神経が集中しているため、裂肛が生じると、強い痛みを感じ、排便後もしばらく持続する。さらに、排便時の激しい痛みを恐れて、排便をがまんすると、便秘はますます悪化して、裂肛も深くなるという悪循環を引き起こす。

●経過●急性の場合は、薬によって数日で治るが、炎症を起こすと治りにくくなり、慢性の潰瘍《かいよう》となることがある。

●治療●急性の場合は、肛門部を清潔に保ち、抗炎症剤などの坐剤や軟膏《なんこう》で痛みを抑える。また、便秘に対しては、緩下剤が用いられる。そのほか、慢性化して患部が盛り上がってきたときには、肛門括《かつ》約《やく》筋を切開する手術が行なわれる。

あな痔（痔瘻）

肛門周囲膿瘍《のうよう》が自然に破れたあとや切開治療後に、肛門への膿《うみ》の排出経路となったトンネル状の細い孔《あな》がふさがらないと、管状の瘻《ろう》管が形成される。これを痔瘻といい、瘻管の入り口は肛門から直腸に入るあたりにあるため、便の中の細菌が侵入して感染を繰り返す恐れがある。

●症状●膿がたまっていれば瘻管の出口から膿や粘液が出たり、出血がみられ、肛門周囲のはれや痛み、発熱も起こる。また、瘻管の出口を指で押すと、膿が出る場合もある。膿がすべて出てしまえば症状はおさまるが、瘻管があるかぎり、大半のケースで再発を繰り返す。

●原因●肛門周囲膿瘍のほか、クローン病が原因となることもある。

●治療●成人の痔瘻は自然には治らないので、炎症がおさまっているときに、瘻管をくり抜く手術が行なわれる。現在では、よほどの重症例でない限り、肛門の機能を温存する手術が可能になっている。

肛門周囲膿瘍

肛門から直腸に移行する境界部分を歯状線といい、のこぎりの歯のように起伏のある形状をしている。この部分の小さなくぼみに細菌が感染し、膿《うみ》がたまる病気を肛門周囲膿《のう》瘍《よう》という。

●症状●皮膚の下の浅い部分にできた場合は、肛門の周囲がはれあがり、ズキズキした強い痛みと発熱をともなう。

一方、皮膚の深い部分にできた場合は、外見上ははれがなく、はっきりした症状が出にくい。指で押すなどの刺激を加えない限り痛みも感じず、膿瘍が大きくならないと発熱も起こらないことが多い。

●治療●放置すると、細菌が血液に入って全身に広がるので、早めに切開して膿を出さなければならない。

しかし、膿が出て炎症がおさまっても、肛門への膿の排出経路であるトンネル状の瘻《ろう》管が残る。この瘻管を放置すると痔瘻を合併しやすく、痔瘻になると、肛門周囲膿瘍を繰り返す恐れがある。このため、単に膿を出すだけでなく、瘻管の手術も必要になる。

直腸ポリープ

消化管の粘膜が、いぼのように隆起した病変をポリープという。

多くは良性の腫瘍《しゅよう》だが、なかにはがん化する悪性のものもあり、組織を採取して良性か悪性かを判別することが重要になる。腫瘍性のものと非腫瘍性のものに大別され、さらに腫瘍性のものは、がん化する可能性の高い悪性のものと、がん化しない良性のものに分けられる。

●症状●肛門に近い部位では、異物感や残便感がみられることもあるが、ほとんどの場合、自覚症状はない。ただし、ポリープが大きい場合や、がん化している場合には、血便をともなうことが多い。

●治療●ポリープが悪性かどうかは、組織を採取して顕微鏡で確認しなければ判断できない。そのため、診断と治療を兼ねて、見つかったポリープすべてを切除するのが一般的だ。ただし、熟練した専門医であれば、内視鏡で観察するだけで悪性度の判断がつくことも多く、その場合には、すべてのポリープをとる必要はない。

その他の病気

潰瘍性大腸炎（→P160）

急性腸炎（→P141）

いんきんたむし（→P199）

糖尿病（→P164）

寄生虫病（→P149）

尿の量・回数の異常

スタート

尿の量が多いですか？

はい

多量に水分をとったわけでもないのに、異常に尿量が増えましたか？

急げ!
尿崩症などのホルモン異常、または脳の病気の疑いがあります。すぐに内科へ

のどが渇きやすく、水などをよく飲みますか？

血圧を下げる薬を飲んでいますか？

血圧を下げる薬には排尿を促す作用があります。心配ありませんが、ひどいときは担当医に相談を

顔や手足にむくみがありますか？

心臓や腎臓の病気が疑われます。内科で検査を

いいえ

排尿の回数が多いですか？

尿の量が少ないですか？

ほかに症状があれば該当するチャートへ

尿量が激減または無尿になり、疲労感や吐き気、嘔吐、意識障害などがみられますか？

急げ!
腎不全から尿毒症を起こしている疑い。大至急、内科へ

女性で、妊娠中ですか？

妊娠すると膀胱が圧迫されて頻尿になりやすくなります

排尿したあと、残尿感があったり、すぐ次の尿意を感じますか？

膀胱炎や尿道炎、または前立腺の病気の疑いがあります。泌尿器科へ

夜間、就寝後の排尿回数が多いのですか？

前立腺肥大症による尿道狭窄の疑い。前立腺の重い病気でも起こります。泌尿器科で検査を

夜間はそうでもないのに、昼間だけ排尿回数が多いのですか？

一般に年配者の場合は、泌尿器系の老化にともなって頻尿になりがちです。女性では婦人科系の病気が原因の場合もあるので、念のため産婦人科で検査を

精神的ストレスが原因と思われます。あまりひどいときは心療内科へ

◆◆考えられる病気◆◆

糖尿病

血糖値が異常に高くなる病気。インスリンがつくられなくなる1型糖尿病と、インスリンの分泌が低下する2型糖尿病に大別される。

●症状● 1型も2型も、症状は非常に似ている。最初にあらわれるのは高血糖に直接関係した症状で、血糖値が一六〇〜一八〇mg/dlを超えると、尿の量が大量になり、排尿による水分不足のために異常なのどの渇きを感じる。また、カロリーの多くが尿で失われるために体重が減り、強い空腹を感じる。そのほか、目のかすみや眠け、吐き気、運動持久力の低下などがみられることがある。

症状のあらわれ方は、1型と2型で異なり、1型糖尿病は突然に始まり、進行も早い。激しいのどの渇きと頻尿、体

糖尿病や、腎盂腎炎、腎硬化症など腎臓の病気の疑いがあります。内科で検査を

疲労倦怠感、あるいは発熱や食欲不振などをともないますか？

水分のとりすぎで、尿量が多くなったようです。心配ありません

さほど頻繁に飲んでいなくても、お茶やコーヒー、ビールなどを飲むと、それらに含まれるカフェインによって排尿が促進されます

水分をあまりとらなかったり、発熱や大量の発汗、下痢・嘔吐などで脱水状態のときは、自然に尿の量が減ります。十分な水分補給を

重減少、吐き気、疲労などが起こり、吐く息に特有のにおいがする。このような症状は糖尿病性ケトアシドーシスと呼ばれ、緊急の治療が必要だ。

これに対して2型糖尿病では、数年以上にわたって症状があらわれないか、あってもごく軽い。最初は軽いのどの渇きと尿量の増加がみられ、数週間から数か月たつと徐々に悪化してくる。

なお、2型糖尿病では血糖値がきわめて高くなり、精神錯乱や眠けなどが起こる、非ケトン性高血糖性高浸透圧性昏睡《こんすい》に陥ることがある。

●原因●1型は自己免疫が重要な要因と考えられている。2型は、遺伝的素因に、糖尿病を誘発しやすい生活習慣が加わることで発病すると考えられている。また、肥満は2型糖尿病の主な危険因子であり、患者の八〇～九〇%が肥満している。特定の疾患や薬が、2型糖尿病を誘発することもある。

●合併症●糖尿病の三大合併症と呼ばれるのが、糖尿病神経障害と糖尿病網膜症、糖尿病腎症だ。神経障害では手足のしびれや痛み、便秘などを引き起こす。網膜症では眼底出血が起こり、出血が少ないうちは症状はないが、放置すれば失明に至る。腎症は最も重大な合併症で、腎機能の低下から尿毒症に陥り、血液透析が必要になる。

ほかにも、頻度は少ないが、皮膚の感染症や肺炎、結核、動脈硬化症、心筋梗塞《こうそく》など、さまざまな合併症がみられる。

●診断●空腹時の血糖値が一二六mg／dℓ以上、または随時血糖値が二〇〇mg／dℓ以上の場合は糖尿病と診断される。

●治療●1型糖尿病にはインスリン療法が行なわれる。2型糖尿病では食事療法と運動療法を行ない、それでも血糖値が十分に下がらない場合には経口血糖降下剤を用いる。

食事療法の狙いは総カロリーの制限にあり、その範囲内であれば何を食べてもかまわない。もちろん、栄養のバランスには注意が必要だ。

食事療法とあわせて、毎日一定の運動をすると効果が上がる。医師の指示に従って、無理のない運動を選べばよい。

腎不全／尿毒症

腎臓の働きが著しく低下し、尿に排泄されるはずの水や電解質、有害物質が血液中に異常に増加した状態を腎不全という。そして、腎不全のためにさまざまな臓器に障害が生じ、多彩な症状が起きた状態を尿毒症と呼ぶ。

●症状●急性腎不全は、乏尿期と利尿期に分けられる。多くの場合、初めは尿量の減少がみられ、ときには無尿になることもある。ただし、尿量が減少しないこともある。

この乏尿期には腎機能が急激に低下して、吐き気や嘔吐《おうと》、むくみ、意識障害、頭痛、けいれん、全身のかゆみといった尿毒症の症状があらわれる。乏尿期は一〇日間ほど続き、経過がよければ利尿期を迎え

尿量が増加していく。その後、回復期に入り、腎臓の働きも改善する。

慢性腎不全では、尿の濃縮力低下により、多尿や頻尿が起こるほか、軽い貧血もみられる。さらに腎機能が低下すると多尿や貧血が進行し、全身倦怠感《けんたい》や食欲不振、動悸《どうき》などがみられるようになる。腎機能が本来の一〇%程度まで低下すると、尿毒症になる。

●治療●急性腎不全は治癒の可能性が比較的高くなってきた。腎不全の原因を取り除くとともに、乏尿期には水分とカリウム、たんぱく質の摂取を制限し、利尿期には水分とカリウムなどを補給する。経過が長引く場合には、腎機能が回復するまで血液透析が行なわれる。

慢性腎不全の根治療法はなく、食事療法と薬物療法により、残された腎機能を発揮できるようにする。それでも尿毒症の症状が改善しない場合には、血液透析が必要になる。

腎硬化症

高血圧や動脈硬化によって腎臓の組織に障害が起き、しだいに腎機能が低下する病気。良性腎硬化症《じんこうか》と、悪性腎硬化症がある。

●症状●良性腎硬化症は、初期は自覚症状に乏しく、腎機能も正常か軽度な低下にとどまる。しかし高血圧を放置すると、動脈硬化が進行して腎機能の低下が進む。

悪性腎硬化症は、血圧が急激に上昇し、腎機能が急速に低下して腎不全に進展する。主な症状としては、突然の視力障害、激しい頭痛、全身倦怠感《けんたい》、吐き気、嘔吐《おうと》などがあげられる。錯乱、昏睡《こんすい》、けいれんなどの高血圧性脳症を起こすこともある。

●治療●良性腎硬化症の場合は、降圧剤で血圧の上昇を抑え、食塩を制限する。悪性腎硬化症の場合は、すみやかに入院して治療を受けることが必要で、降圧剤のほか血液浄化療法も行なわれる。

尿崩症

水分が腎臓で吸収されなくなり、尿の量が異常に増える病気。先天性のものと後天性のものがある。後天性の原因としては、リチウムなどの薬剤、高カルシウム血症、多発性骨髄腫《しゅ》などがある。

●症状●尿量が増加して、少なくても一日に三ℓ以上になる。また、多尿のためにのどが渇いて多量の水を飲み、飲水量が少ない場合には脱水症を起こす。さらに、多飲のために食欲が低下し、体重が減少してくる。

●治療●抗利尿ホルモン剤が用いられる。なお、先天性の場合は、生後すぐに症状があらわれる。早急に治療しないと、後遺症として精神遅滞が残ることがあるので、注意が必要だ。

前立腺肥大症

前立腺が肥大するもので、老化による男性ホルモンの乱れによって起こる。高齢男性のほとんどにみられるが、それ自体は病気ではない。

●症状●肥大した前立腺に膀《ぼう》胱《こう》が刺激されるため、排尿回数が多くなる。とくに夜間の頻尿が目立つ。また、内腺（尿道周囲腺）が尿道を圧迫して、排尿困難が起こる。ひどくなると、排尿後も尿が膀胱に残り、頻尿がさらに進む。

●治療●症状が軽ければ、治療の必要はない。悪化した場合に、薬物療法や手術療法のほか、高温療法も行なわれる。

その他の病気

腎盂腎炎（→P171）
膀胱炎（→P169）
尿道炎（→P169）

尿をもらす

スタート

尿意を感じられますか？
- いいえ → 転倒・転落・交通事故などで、首や背中に強い衝撃を受けましたか？
  - 急げ！ 脊髄の損傷が疑われます。至急、神経内科へ
  - 脳卒中または多発性硬化症、パーキンソン病など脳神経系の病気がありますか？
    - 神経因性膀胱の疑い。神経が障害される病気にしばしばみられます。泌尿器科科で相談を
    - 糖尿病や脊椎の病気などで感覚・運動機能に障害がある場合にも起こります。泌尿器科で相談を
- はい → せきやくしゃみをしたり、重い物を持ち上げた拍子に起こりますか？
  - 腹圧性尿失禁の疑い。膀胱や尿道の括約筋が衰えたもので、出産経験の多い女性や年配者によくみられます。肥満や婦人科系の病気も影響します。もれる量が多く、気になるときは泌尿器科へ
  - 排尿後も尿の切れが悪く、残尿感がありますか？
    - 前立腺肥大症の疑いがあります。泌尿器科へ
    - 驚いたり、緊張や興奮したときに起こりますか？
      - 神経質な人にしばしばみられます。ひどい場合は、泌尿器科・神経内科へ
      - 尿意を感じてもトイレまでがまんできませんか？
        - 膀胱炎や尿路結石症などで排尿筋の過敏性が高まっている疑い。泌尿器科へ
        - 寒冷により膀胱が緊張して尿がもれることがあります。まれに尿管が腟につながっている先天異常もあります。泌尿器科で検査を

◆◆考えられる病気◆◆

尿失禁

排尿するつもりはないのに、意思に反して尿がもれてしまう状態を尿失禁という。原因によっていくつかのタイプに分けられるが、大半は腹圧性または切迫性の尿失禁で占められている。

腹圧性尿失禁は、せきやくしゃみをしたとき、重いものを持ったときなどに、腹圧が加わって尿がもれるもの。女性に多く、健康な人でも起こることがある。切迫性尿失禁は、膀胱《ぼうこう》に尿がたまっていないのに、突然尿意が起こって尿がもれる。神経因性膀胱によるものと、基礎疾患がないものとがある。

軽症の場合は、肛門括約《かつやく》筋や腟を収縮させる体操などで治る。それで改善しない場合には、薬物療法として交感神経刺激剤や副交感神経遮断《しゃだん》剤などが用いられる。

尿管開口異常

通常、膀胱《ぼうこう》三角部の外側に開口している尿管が、腟や外陰部など、別の部位に開いている先天性疾患。女性が全体の約七五％を占め、尿失禁を起こすことが多い。男性の場合は、尿道が長いことなどもあって、尿失禁を起こすことは少ない。発熱やわき腹の痛みがみられることもある。

治療には、尿管を本来あるべき膀胱に、つなぎ直す手術が行なわれる。

その他の病気

尿路結石症（→P168）
膀胱炎（→P169）
神経因性膀胱（→P169）
前立腺肥大症（→P166）
糖尿病（→P164）

尿をするとき痛い・出にくい

スタート

尿をするとき痛みますか？

はい → 排尿の終わりごろ、とくに強く痛みますか？
→ 膀胱炎や前立腺炎の疑い。膀胱炎は女性に多くみられます。泌尿器科へ

排尿し始めるときに強く痛み、下着に膿や血がついたりしますか？
→ 膿が黄色っぽいなら淋病、白っぽいなら尿道炎の疑いがあります。泌尿器科へ

ときに腹痛や血尿がみられますか？
→ 尿路結石症が疑われます。結石が膀胱や尿道にあると排尿痛を生じます。泌尿器科へ
→ ほかに異常がなくても、長引くときは泌尿器科で検査を

いいえ → 尿が出にくいのですか？

頭や背中を強打したり、あるいは脳血管障害やパーキンソン病、糖尿病、椎間板ヘルニアなどの病気にかかっていますか？
→ 神経因性膀胱の疑いがあります。脳から膀胱につながる神経の障害が原因です。泌尿器科・神経内科・担当医に相談を

下腹部に力を入れても尿が出にくく、出始めても勢いがないですか？

尿線が細かったり、何本かに分かれていますか？
→ 尿道狭窄や尿路結石症の疑い。あるいは尿道の先端部分（外尿道口）に尿道炎の膿が付着しているか、それが治ったあと粘膜に瘢痕や萎縮が残っていることも考えられます。泌尿器科で検査を

排尿中に止まってしまうことがよくありますか？
→ 尿道狭窄、または尿路結石症により尿流通過障害が起きている疑い。泌尿器科へ

中年以降の男性ですか？
→ 前立腺肥大症や前立腺炎、老化による膀胱や尿道括約筋の収縮力の低下などが疑われます。泌尿器科で検査を
→ 症状が軽度の場合でも、長引くときは何らかの原因が疑われます。膀胱付近の重い病気も否定できません。ときには緊張や不安などの精神的要因、薬の副作用などで尿が出にくくなることもあります。気になるときは、念のため尿器科で検査を

◆◆考えられる病気◆◆

尿路結石症

尿に溶けている成分が結晶となり、尿路に結石ができる病気。結石がある部位によって腎結石、尿管結石、膀胱《ぼうこう》結石、尿道結石に分けられる。

●症状● 小さな結石であれば尿とともに体外に排出されるが、ある程度以上の大きさになると、尿路にとどまって痛みを起こす。

腎結石では腰やわき腹、背中に持続性の強い痛みを感じ、下腹部にかけて痛みが広がる。吐き気や嘔吐《おうと》をともなう場合もあり、血尿がみられることも少なくない。細菌の感染が加われば、発熱もみられる。

結石が尿管下端部、膀胱近くまで下降すると、頻尿、残尿感などの膀胱刺激症状があらわれる。膀胱結石では、頻尿や排尿痛、血尿などが起こり、尿道結石では、排尿障害

のほか疼痛《とうつう》、血尿もみられる。

●治療●痛みに対しては、鎮痛剤や鎮痙《ちんけい》剤が使用される。結石を溶かす薬が有効な場合もある。これらの治療で排出できないときは、体外衝撃波結石破砕術などが行なわれる。

膀胱炎

泌尿器系の病気で最も多い。成人の場合、細菌感染によるものが大半を占める。

●症状●頻尿《ひんにょう》や尿の濁り、排尿痛、残尿感、血尿、尿失禁などが主な症状。発熱や腰痛があるときは、腎盂《じんう》腎炎を併発している恐れがある。ただし、慢性膀胱《ぼうこう》炎では、無症状のことも少なくない。

●治療●薬物療法と生活上の注意によって、一～二週間程度で治る。

神経因性膀胱

排尿をコントロールする神経系のどこかで障害が起こり、膀胱《ぼうこう》が正常に機能しない状態を神経因性膀胱という。

●症状●尿失禁や頻尿《ひんにょう》など、自分の意思に関係なく排尿が起こることもあれば、尿がスムーズに排泄されない排尿困難や残尿などがみられることもある。

●治療●主に薬物療法が行なわれる。

尿道炎

淋菌感染や化学物質の刺激などにより、尿道に炎症が起こる病気。ほとんどが、性行為によって感染する。

●症状●非淋菌性尿道炎の場合は、感染後二週間ほどで、透明あるいは白色の粘液性の分泌物が出る。淋菌性に比べて症状は軽く、かゆみを感じる程度である。淋菌性尿道炎の症状については、淋病の項を参照のこと。

●治療●原因となった病原微生物に応じて、抗生物質や抗菌剤が選択される。

尿道狭窄

尿の出口である尿道口や、尿道内部が狭窄《きょうさく》した状態を、尿道狭窄という。女性にはまれで、大半が男性にみられる。

●症状●尿の出かたが弱くなり、尿線が細くなる。ひどくなると尿を出そうといくら力んでも、したたるようにしか出ない。また、残尿のために排尿回数が多くなる。

腎臓に尿が逆流し、水腎症から腎機能の低下を引き起こすこともある。

●治療●尿道に管を挿入して、尿道内腔《くう》を広げる治療が行なわれる。

淋病

淋菌の感染によって炎症が起こる病気。代表的な性感染症で、保菌者との性交によって感染し、男性では淋菌性尿道炎、女性では淋菌性頸《けい》管腟炎などを引き起こす。

●症状●感染すると、二～三日、長い場合で一週間ほどで症状があらわれる。男性の場合は、排尿時の灼熱《しゃくねつ》感や灼熱痛のほか、尿道口から黄色または黄白色の膿《うみ》が出たりする。

女性では、初めは黄色のおりものが多くなる、症状は陰部のかゆみや、軽い排尿時痛などで、自覚症状がないこともある。

その後、炎症が強まるにつれて、腟や尿道口、下腹部などに痛みを感じるようになる。なお、オーラルセックスで感染した場合には、口内炎や咽頭《いんとう》炎が起こる。

●治療●抗生物質や抗菌剤を内服すれば、一週間ほどで治癒する。

その他の病気

前立腺炎（→P171）

前立腺肥大症（→P166）

尿の色がおかしい

スタート

尿が濁りますか？

はい → 尿の色が濃い黄色ですか？

発汗や嘔吐、下痢などがあれば、からだの水分が失われて尿が濃くなったと考えられます。朝起きた直後も同様です。またビタミンB剤など薬の服用でも濃い黄色になります。これらは心配ありませんが、ほかに異常があれば内臓の病気が潜んでいることもあるので、念のため内科で検査を

便が灰白色だったり、皮膚や白目が黄色っぽくなっていますか？

黄疸の疑い。肝臓や胆道系の病気であらわれます。内科で検査を

尿が赤褐色または赤ワイン色をしていますか？

赤褐色は血色素尿で、溶血性貧血の疑い。内科へ。赤ワイン色はポルフィリンという代謝物が体内に異常に増え、尿中に排泄されたもので、日光過敏症の原因になります。皮膚科へ

尿の中に何か入っていますか？

小さな結石なら排尿時に出ることがあります。糸くず状の物が浮かんでいれば慢性尿道炎の疑い。泌尿器科へ

尿の色が透明に近い、ごく薄い黄色になりましたか？

大量の水分摂取や利尿剤の服用、尿崩症などが疑われます。長引くときは内科へ

何か薬を服用、あるいは着色料の入った食品を食べましたか？

ある種の薬の影響、あるいは食品の色素が原因と思われます。心配いりませんが、薬を服用中で気になる場合は担当医に相談を。また、原因となっている食品の摂取をやめても続くときは泌尿器科・内科で検査を

ほかに異常がなければ、気のせいかもしれません。心配な場合は泌尿器科へ

いいえ → 下着に膿がつきますか？

急げ！ 尿道炎など尿道の化膿性の病気が疑われます。排尿し始めたときに痛みをともなうのが特徴です。すぐに泌尿器科へ

トイレが近くなり、排尿痛や下腹部の不快感をともないますか？

膀胱炎の疑いがあります。泌尿器科へ

腰のあたりに痛みを感じますか？

急げ！ 腎盂腎炎など腎臓の病気が疑われます。すぐに内科・泌尿器科へ

白っぽく濁っていますか？

急げ！ 腎盂腎炎や膀胱炎などの尿路感染症や、前立腺炎や前立腺膿瘍などが疑われます。膀胱の結核や重い病気でもみられます。すぐに内科・泌尿器科で検査を

尿の泡が盛り上がるほど多く、なかなか消えないですか？

たんぱく尿の疑い。腎臓の病気と、糖尿病、高血圧症など全身の病気の一症状としてみられることがあります。内科・泌尿器科で検査を

赤っぽく濁っていますか？

急げ！ 血尿が疑われます。急性腎炎や急性腎盂腎炎、急性膀胱炎、尿路結石症のほか、腎・泌尿器系の重い病気でみられます。至急、内科・泌尿器科へ

◆◆考えられる病気◆◆

腎盂腎炎

腎臓でつくられた尿は、腎杯を経て腎盂《じんう》に集められ、尿管を通って膀胱《ぼうこう》に流れこむ。細菌感染によって、腎盂および腎臓に炎症が起こる病気を腎盂腎炎と呼ぶ。女性に圧倒的に多く、急性と慢性に大別される。

急性腎盂腎炎

腎盂に細菌が感染し、急性の炎症が起こる病気。腎盂および腎盂と接している腎臓内部（腎実質）にまで炎症が及び、小さい膿瘍《のうよう》ができる。

●症状●全身倦怠《けんたい》感、食欲不振のほか、寒けとふるえをともなった高熱や、吐き気、嘔《おう》吐《と》、腰や背中、わき腹の痛みなどが突然起こる。また、膿《うみ》の混じった濁った尿や頻尿、排尿時の痛み、残尿感など、急性膀胱炎の症状もあらわれる。このほか、肉眼的血尿もしばしばみられる。

ただし、まれに発熱をはじめとした特徴的な症状が、あらわれないこともある。

●治療●重症の場合は入院治療が必要だが、軽ければ外来治療も可能だ。

抗生物質や抗菌剤などによる薬物療法が行なわれ、治療を開始してから三～五日で、熱などの急性症状はおさまってくる。

慢性腎盂腎炎

急性腎盂腎炎が慢性化するケースのほか、尿道狭窄《きょうさく》や腎結石、膀胱尿管逆流などが原因となることもある。放置しておくと腎障害が進み、やがては腎不全に陥ることもある。

●症状●活動期と非活動期があり、活動期には、発熱、寒け、腰痛、膿の混じった尿が出るなど、急性腎盂腎炎と同じような症状がみられる。しかし非活動期では、無症状のことが多く、症状がみられる場合でも、全身の倦怠感や不快感、微熱など、軽度な不定愁訴がほとんどを占める。

●治療●抗生物質などによる薬物療法が中心となる。

前立腺炎 前立腺膿瘍

精液をつくっている前立腺の炎症が前立腺炎で、急性と慢性に大別される。前立腺炎が進行すると、前立腺に膿《うみ》がたまるようになり、その状態を前立腺膿瘍《のうよう》と呼ぶ。

急性前立腺炎は淋菌、緑膿菌などの細菌感染が原因となる。一方、慢性前立腺炎は原因が明確ではなく、急性前立腺炎から慢性化するケースよりも、初めから慢性前立腺炎が起きることのほうが多い。

●症状●急性前立腺炎では、血尿や排尿痛が最初にあらわれる。その後、頻尿や尿の濁り、尿失禁などをともなうことが多い。寒けや発熱、頭痛などの全身症状がみられる場合もある。

なお、前立腺膿瘍に発展した場合には、高熱が続き、膿瘍が破れて膿が出ると熱が下がる。

慢性の場合は、急性に比べて症状が軽く、会陰《えいん》部や鼠径《そけい》部、尿道に鈍痛や不快感などがみられるのが一般的。軽症の場合には、自覚症状がないことも多い。

●治療●急性の場合は薬物療法が中心となるが、慢性では、薬物療法以外にも温熱療法など、さまざまな治療法が試みられる。

その他の病気

急性腎炎 （→P68）
尿路結石症 （→P168）
膀胱炎 （→P169）
尿道炎 （→P169）
黄疸 （→P77）
貧血 （→P89）
尿崩症 （→P166）
日光過敏症 （→P74）

手足の関節・筋肉が痛い

スタート

とくに関節が痛みますか？

はい → 外傷を受けて関節やその周囲がはれましたか？ → 急げ！ 捻挫や脱臼、骨折の疑い。患部を固定してすぐに整形外科へ

突然、足の指のつけ根が赤くはれ、激痛が走る発作を繰り返しますか？ → 痛風が疑われます。内科へ

痛みは手指にあらわれましたか？

ひじが痛みますか？

ひざが痛みますか？

指を動かすと痛みますか？　あるいは指をよく使う仕事ですか？ → 腱鞘炎の疑い。パソコンなどのキーオペレーターがかかりやすい病気です。整形外科へ

複数の関節が痛み、とくに朝の手指のこわばりが強いですか？ → 関節リウマチの疑いがあります。内科・整形外科へ

手首が痛み、自由に動かせなくなりましたか？ → 手指をよく使う人なら腱鞘炎が疑われます。ほかに筋肉痛などの思い当たる原因がない場合は、月状骨軟化症の疑い。手を酷使する若い人に比較的多くみられます。整形外科へ

症状が長引くときは内科または整形外科で検査を

いいえ → ふくらはぎが突然、引きつったように痛くなりましたか？ → こむら返りです。ふくらはぎのマッサージをすれば、すぐに治ります

運動や力仕事などのあとで、手足の筋肉が痛くなりましたか？ → 単なる筋肉痛です。十分に休養をとれば、数日で痛みはなくなります

歩くと足が痛み、休むと再び歩けるようになりますか？ → 中高年以上の人では、動脈硬化症や糖尿病の疑い。内科で検査を

急に両足が赤黒くはれて、痛みますか？ → 血栓性静脈炎の疑いがあります。内科・循環器科へ

腰から大腿部にかけて疼痛がありますか？ → 主に椎間板ヘルニアなどの脊椎疾患が原因となります。整形外科で検査を

とくに手の親指と人さし指に痛みがあり、夜間や手首を使ったあとに悪化しますか？ → 手根管症候群の疑いがあります。整形外科へ

筋肉の痛みの多くは、筋肉の炎症や血管の閉塞が主な原因で起こります。冷えると指先が痛み、白くなるレイノー現象は膠原病によくみられます。また、ときには重い病気が隠れていることもあるので、痛みが軽くても長引いたり、ひどくなる場合には、内科・整形外科で検査を

若い人で、よくスポーツをする人なら、離断性骨軟骨炎の疑い。野球の場合には野球ひじ、テニスの場合ならテニスひじとも呼ばれています。整形外科へ

ぞうきんを絞るようにしてひじをねじると、激しい痛みが肩に抜けますか？

打撲や外傷があれば正しい処置を。思い当たる原因がなく、痛みが続くときは整形外科へ

ひじを動かすと、初めのうちは痛むのに、しばらくすると痛みが軽快しますか？

ひじの変形性関節症の疑い。痛みが強いときは整形外科へ

歩くとももものつけ根あたりの関節が痛みますか？

変形性股関節症の疑いがあります。整形外科へ

とくに朝起きたときの歩き始めにひどく痛みますか？

変形性膝関節症の疑い。整形外科へ

急な発熱とともにひざがはれ、熱感がありますか？

脳や脊髄の病気のほか、かぜやインフルエンザなどの感染症や伝染性の病気でも、発熱とともに手足の痛みが起こることがあります。ほかの症状にも注意して、長引くときは内科・整形外科で検査を

化膿性膝関節炎の疑いがあります。整形外科へ

◆◆考えられる病気◆◆

関節リウマチ

全身の関節にこわばりや痛み、はれが起こり、放置すれば関節が破壊されて動かなくなる病気。代表的な膠原《こうげん》病で、関節以外の臓器にも障害が起こる。近年では、早期に治療を開始すれば、不自由なく日常生活を過ごせる人が多くなっている。

●症状●関節症状と関節以外の症状に大別できるが、いずれも初期には自覚症状はあまりみられず、血液検査などで偶然発見されることが少なくない。

関節症状　最初にはれや痛みが起こるのは、手足の指、手首、足首、ひじなどの小さな関節が多い。関節リウマチは、左右の同じ関節が同時に侵されるのが特徴の一つだが、発病初期には左右一方だけに症状が出ることもある。

関節痛の程度はさまざまで、何もしなくても痛む場合もあれば、動かすと痛む、押すと痛むといったケースもある。また、関節を動かし始めたときはこわばりが強いが、しばらく使っていると楽に動くようになるのも特徴の一つ。朝起きたときにこわばりが最も強いため「朝のこわばり」と呼ばれ、関節リウマチでは必ずあらわれる。

関節痛は軽快と悪化を繰り返しながら慢性化し、指のこわばりの持続時間は、病気が活動期になると長くなり、寛解期になると短くなる。また、関節痛は天候の影響を受けやすく、天候がよい日には痛みが軽く、天候が悪くなる前や雨の日、寒い日などに痛みが強くなる。

さらに関節の炎症が進むと関節内部に水がたまったり、軟骨や骨が破壊されて、十分に屈伸ができなくなる。その後、関節の破壊がさらに進むと変形し、手指が白鳥の首の形のようになったりする。こ

のほか、首を支えている頸椎《けいつい》の関節が侵された場合には、後頭部の痛みや手のしびれが起こることもある。

関節以外の症状　初期には、疲労感や倦怠《けんたい》感、食欲不振などがみられるほか、微熱や貧血、体重減少などがあらわれることもある。また、ときには、ひじやひざ、手首、足首に、リウマトイド結節といわれる米粒大からクルミ大のしこりができる。手のひらに赤い斑点があらわれる手掌紅斑《しゅしょうこうはん》がみられることもある。

なお、関節リウマチのなかには、関節以外の症状として血管炎が中心になる悪性関節リウマチがあり、胸膜炎や間《かん》質《しつ》性肺炎、心膜炎、心筋炎、消化管出血、腎障害など、重い合併症を引き起こすことがある。関節リウマチ全体に占める割合は約一%と低いが、前記の合併症以外に、末梢《まつしょう》血管に炎症が起きた場合には手足のまひやしびれ、皮膚の潰《かい》瘍《よう》などが起こる。

●原因●リンパ球に何らかの異常が生じてリウマトイド因子と呼ばれる自己抗体がつくられ、このリウマトイド因子によって、さまざまな症状が引き起こされると考えられている。

●診断●特徴的な症状がみられることに加えて、各種の血液検査や関節穿刺《せんし》、リウマトイド結節の生検などが行なわれる。また、X線検査では、特徴的な関節の像がみられる。

●治療●自己免疫が関与しているため、免疫異常を抑えて炎症を止めることに重点がおかれる。そのうえで、関節痛の緩和や、関節の変形防止、関節機能の再建など、QOL（クオリティー・オブ・ライフ＝生活の質）を保つための治療が行なわれる。

中心は薬物療法で、自己免疫を抑えて炎症や骨の破壊を阻止するために、抗リウマチ剤や免疫抑制剤、ステロイド剤などが使用される。なかでも中心となるのは抗リウマチ剤で、現在、最もよく使われている。もし、十分な効果が得られない場合には、免疫抑制剤が用いられる。関節の痛みに対しては、非ステロイド性抗炎症剤が、対症療法として使われることが多い。

このほか、温熱療法などの理学療法や運動療法、手術などが病状に応じて選択される。

変形性関節症

関節の軟骨組織と周囲の組織に変性が生じて、疼痛《とうつう》や関節のこわばりなどが起こる病気。こわばりや痛みは、関節リウマチと同様に、朝の起床時や長時間同じ姿勢を続けたあとに起こることが多く、しばらく動かしていると症状が軽くなる。頻度が高いのは、股関節と膝《しつ》関節だが、手の指やひじ、肩などにも起こる。

かつては、加齢によって軟骨がすり減るために起こるといわれていたが、現在では、軟骨細胞の代謝異常が原因との説が有力になっている。

変形性膝関節症

長時間の歩行や重い荷物を運んだあとや、和式トイレ、正座などによって、ひざを深く曲げたりすると発症する。進行するとひざの曲げ伸ばしが十分にできなくなり、骨の変形を引き起こすこともある。

●症状●典型的な症状は、歩行時や階段昇降時の膝関節の痛みである。とくに、歩き始めと階段を降りるときに痛むことが多い。関節包の炎症によって、関節に水がたまる関節水症を合併することも少なくない。

進行すると、関節の縁の骨が増殖しすぎて、骨棘《こつきょく》という隆起ができる。その結果、関節が動く際に摩擦が生じ、ひざへの衝撃を吸収できなくなる。こうなると骨や関節包、滑膜組織、腱《けん》、靭帯《じんたい》などにまで障害が及び、膝関節が不安定になって歩行時の痛みがいっそう強くなる。そして、痛みのためにからだを動かさなくなると、筋力が低下して関節への負担が増加し、痛みがますます強くなるという悪循環が起こる。

●治療●痛み対策として消炎鎮痛剤が用いられるほか、病気の程度に応じて理学療法や、内視鏡による治療、手術などが行なわれる。

膝関節のしくみ

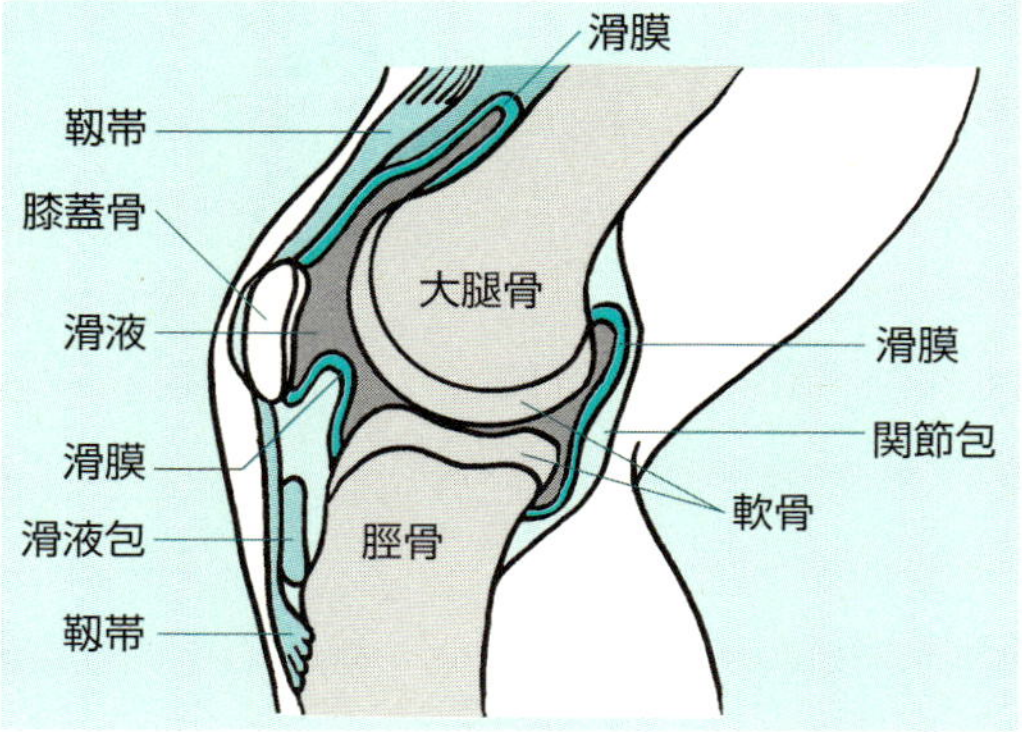
滑膜
靭帯
膝蓋骨
滑液
大腿骨
滑膜
関節包
滑膜
軟骨
滑液包
脛骨
靭帯

変形性股関節症

進行性で、女性に多くみられる。加齢にともなってあらわれるものと、ほかの病気が原因となって起こるものとがある。

●症状●最初のうちは、股関節を動かしたときにだけ、ものつけ根あたりに痛みを感じるが、進行すると安静時にも痛むようになる。痛みはものつけ根だけに起こるとは限らず、ももの裏側や腰に感じることもある。

痛み以外の症状としては、股関節の可動範囲が狭くなり、あぐらがかけなくなる。さらに進行すると、軟骨や骨がすり減るために左右の足の長さに差が生まれ、歩く際に足を引きずるようになる。

●治療●薬物療法としては、消炎鎮痛剤の内服・外用のほか、ステロイド剤の関節注入などが行なわれる。

また、悪い足を一定時間引っぱる持続牽引《けんいん》療法や、温熱療法などの理学療法が行なわれる場合もある。近年は、人工股関節置換術が行なわれるケースも増えている。

離断性骨軟骨炎

関節の中で骨をおおっている軟骨が、下層にある骨ごとはがれてしまう病気。ひじやひざ、足首などの関節にみられる。ひじの場合は、過剰な関節への負担が原因だが、それ以外の関節では、原因がわからないことも多い。

●症状●初期には軽い関節痛を感じる程度だが、進行するにつれて、階段の昇降や走ることが困難になる。軟骨が離断して遊離体になると、激痛が起こり、関節の動かせる範囲が限られてくる。関節に水がたまることもある。

●治療●骨の成長期にあり、軟骨と下層の骨が動いていなければ、関節に負担をかけた原因を取り除き、患部に負担をかけないことで治癒する。

一方、軟骨と下層の骨がはがれ落ちてしまった場合には、手術で骨片を固定する。ただし、離断して長期間たってしまった場合には固定が難しく、骨片を摘出することになる。骨軟骨片の固定や摘出には、関節鏡が使われることもある。

腱鞘炎

腱《けん》を包んでいる腱鞘《けんしょう》に、炎症が起こる病気。指や手首などの使いすぎが原因となる外傷性腱鞘炎、狭窄《きょうさく》性腱鞘炎と、細菌感染が原因となる化膿《かのう》性腱鞘炎がある。

外傷性腱鞘炎／狭窄性腱鞘炎

腱鞘のあるすべての部位に起こる可能性があるが、よくみられるのは手首や手の指、足首などである。

いくつかタイプがあるなかで、弾発指《だんぱつし》（ばね指）とドゥケルバン病がよく知られている。

前者は、指のつけ根の手のひら側に起こる腱鞘炎で、指の屈伸がスムーズにいかず、指の関節に痛みを感じたり、指の曲げ伸ばしができなくなる。後者は手首に起こり、手首の親指側の骨を押すと痛みを感じる。また、親指を開いたり、閉じたりした際にも痛みが起こる。

治療は、テーピングなどで患部の安静を保ちながら、消炎鎮痛剤やステロイド剤が用いられる。

化膿性腱鞘炎

腱にそって激しい痛みとはれが起こり、関節の動きが制限される。ただし、化膿性腱鞘炎のなかでも、結核性腱鞘炎の場合は、炎症症状があらわれることは少ない。

主に抗生物質による治療が行なわれるが、重症の場合には、早急に切開して膿《うみ》を出さなければならないこともある。

月状骨軟化症（キーンベック病）

手の月状骨に血液を供給している血管に障害が起こり、月状骨に血流が送られなくなって骨が壊死《えし》する病気。手首を酷使する職業の人に多くみられる。
●症状●手首のつけ根の中央が痛みはじめ、最終的には手首の甲側がはれて、こわばりが起こる。大半は利き手側だけに壊死が起こるが、両手に起こることもある。
●治療●月状骨への圧迫をゆるめるための手術が行われる。

化膿性膝関節炎

関節内に細菌感染が起こって化膿《かのう》し、関節が動かしにくくなる病気を化膿性関節炎という。どの関節にも起こるが、ひざの関節に起こることが最も多い。
●症状●ひざの関節に急激な痛みとはれが起こり、患部をさわると熱く感じる。また、関節内に膿《うみ》がたまり、ひざを動かすと痛む。寒けや発熱などの全身症状をともなうこともある。
●治療●関節を固定して動かさないようにするとともに、注射針で膿を吸引する。薬物療法では、抗生物質が用いられる。これらの治療でも炎症が治まらない場合には、患部を切開して、膿を出したり洗浄したりする。

痛風

細胞の新陳代謝の結果生じる尿酸が、血液中に異常に増えると、高尿酸血症という状態になる。そして、この状態が続くと尿酸が関節に沈着し、激しい痛みをともなった炎症を起こす。これが痛風である。高尿酸血症の人の一〇～二〇％に、痛風が起こる。
●症状●熱感をともなう激痛（痛風発作）が突然起こり、二～三日、あるいは一～二週間すると自然に治るのが特徴。ただし、高尿酸血症を放置したままでいると、一年ほどで発作が再発し、発作を繰り返すたびにその間隔が短くなって、回復にも時間がかかるようになる。
最初は足の親指のつけ根が痛むケースが多いが、足のほかの指やひざ、手首、足首などが痛むこともある。

発作が起こるのはいつも同じ関節とは限らないが、初期には同時に複数の関節が痛むことはない。また、ひざなどの大きな関節に炎症が起こると、発熱や頭痛をともなうこともある。

症状が慢性化すると、関節周囲や耳たぶ、皮下組織などに、痛風結節と呼ばれる米粒大の白いしこりができる。さらに進行すると慢性多発性関節炎となり、痛みが続いたり、尿酸によって骨の一部が破壊されて関節が変形する。

●合併症●腎臓の尿細管に尿酸が沈着すると、腎機能が低下して腎不全（痛風腎）になったり、尿路結石や腎臓結石ができやすくなる。また痛風患者には、高脂血症（脂質異常症）、糖尿病、高血圧症などの合併症が多くみられる。これらの病気は動脈硬化を促進するため、脳卒中や心筋梗塞《こうそく》などの血管障害が起こりやすくなる。

●診断●症状から痛風が疑われ、血液検査で血液中の尿酸値が高いことが確認されれば痛風と診断される。関節穿刺《せんし》や関節のX線撮影が行なわれることもある。

●治療●関節の痛みを軽減することと、高尿酸血症の改善を目的に治療が行なわれる。

関節の痛みをとるためには、コルヒチンのほか、非ステロイド性抗炎症剤が使用される。高尿酸血症の改善のためには、尿酸排泄促進剤や、尿酸合成阻害剤が用いられる。

●生活の注意●効果の高い薬が開発されたため、以前ほど厳しい食事制限はない。しかし、レバーや乳製品、ホウレンソウ、ビール、赤ワインなど、プリン体を多く含む食品は控えめにする必要がある。

脱臼

脱臼《だっきゅう》とは、関節がはずれた状態のこと。関節が完全にはずれたものを完全脱臼、一部がはずれたものを亜脱臼と呼ぶ。どの関節にも起こるが、肩やひじ、指の関節に起こることが多い。

●症状●痛みや関節を動かしたときの抵抗感、脱臼による関節部の変形などがみられる。肩やあごは、軽い衝撃でも簡単に脱臼してしまい、反復性脱臼になりやすい。

●治療●できるだけ早期に関節を正常な状態に戻し、包帯などで固定する必要がある。関節の周辺部に骨折をともなうこともあるので患部を冷やし、最も痛みの少ない位置で固定して、すぐに整形外科を受診する。なお、固定期間が過ぎたら、早めに運動を開始し、関節部がかたまらないように注意する。

捻挫

関節に急激に力が加わり、本来の動く範囲を超えて脱臼《だっきゅう》しそうになったあと、元に戻った状態を捻挫《ねんざ》という。足首、ひざ、手指の関節の順に多くみられる。靱帯《じんたい》や関節包、関節周辺の筋肉などが傷ついていることがあるので、早めに治療を受けることが大切だ。

●症状●はれと痛み、ときには皮下出血もみられる。靱帯が部分的、あるいは完全に切断された場合には、関節がぐらぐらと不安定になり、捻挫しやすくなる。また、痛みの強さと障害の程度は必ずしも一致ないので、軽く考えて動き続けると、症状が悪化することがある。

●治療●まず応急処置を行なったうえで、専門医を受診する。応急処置としては、患部を固定して安静にし、冷湿布を行なう。応急処置をすることで患部のはれや痛み、出血を抑え、切れた靱帯が離れるのを防ぐことができるので、治癒までの期間が違ってくる。

その他の病気

動脈硬化症（→P63）
血栓性静脈炎（→P71）
糖尿病（→P164）
膠原病（→P41）
かぜ／かぜ症候群（→P120）
インフルエンザ（→P38）
椎間板ヘルニア（→P138）
手根管症候群（→P179）

手足がしびれる・まひする

スタート

両手または両足にしびれやまひあらわれましたか？

→ いいえ：突然、頭痛や吐き気をともなって、片側の手足にしびれやまひが起こりましたか？

→ 急げ！ 脳卒中が疑われます。安静にして、大至急、脳神経外科へ。また、半身まひが数分〜数時間で回復した場合は一過性の脳虚血発作の疑い。脳卒中の前触れの心配もあるので、早めに検査を

以前に頭部を強打するなどの外傷を負いましたか？

→ 頭部外傷の後遺症、高齢者なら慢性硬膜下血腫の疑い。脳神経外科で検査を

→ 運動や力仕事などで、特定の筋肉を酷使した場合に起こることがあります。原因を取り除き、からだを休めても治らないときは、動脈硬化症などの病気が潜んでいることもあるので内科へ。また、頭痛や嘔吐、視力低下などをともなうときは脳の重い病気の可能性もあります。すぐに脳神経外科で検査を

↓ はい

発作的に手足のまひや脱力が起こり、これをたびたび繰り返しますか？

→ 周期性四肢まひといい、バセドウ病などでみられます。内科・内分泌科へ

手足がだるく、のどの渇きや尿量の異常をともないますか？

→ 糖尿病の疑いがあります。内科で検査を

かぜや下痢症状のあとで、突然、両手足にまひが起こりましたか？

→ ギラン・バレー症候群の疑い。内科・神経内科へ

→ とくに手袋や靴下をつける部位のしびれが強いですか？

→ 多発性神経炎の疑い。内科・神経内科へ

首の痛みや肩こりをともない、腕が上がらなくなりましたか？

→ 頸肩腕症候群、変形性頸椎症、頸椎椎間板ヘルニアなどが疑われます。整形外科へ

腰痛をともない、主に下肢にしびれを感じますか？

→ 変形性腰椎症や腰椎椎間板ヘルニア、後縦靭帯骨化症などの疑い。整形外科へ

→ 手指にしびれがあり、夜間や手首を使ったあとに悪化しますか？

→ 手根管症候群が疑われます。整形外科へ

冷たい空気にさらされたとき、手指の皮膚が蒼白に変化しますか？

→ 手足のしびれ感の多くは末梢神経の圧迫が原因ですが、ときに脳・脊髄など中枢神経の病気や、薬の副作用による場合もあります。症状が長引くときは、内科・神経内科で検査を。また、内科・外科的検査で異常が発見されないのに、症状が起こるときは転換性障害などストレスに起因する心の病気が疑われます。精神科・心療内科で相談を

↓ レイノー病またはレイノー症候群の疑い。内科へ

◆考えられる病気◆

多発性神経炎 ギラン・バレー症候群

多発性神経炎は、多数の末《まっ》梢《しょう》神経系が同時にダメージを受けるため、左右対称に感覚障害があらわれる。原因は完全に解明されていないが、有機物や薬の中毒、糖尿病などが原因となることがある。

同様の症状がみられる病気にギラン・バレー症候群があり、主に筋肉を動かす運動神経が障害され、四肢に力が入らなくなる。

●症状●主に手足の末端部に痛みやしびれなどの知覚まひが、左右対称にあらわれる。知覚まひの症状は原因によって異なり、急に始まったり、徐々にあらわれたりする。運動障害では、手足の力が低下し、足先がだらんとするようになり、歩行や文字を書くことが困難になってくる。症状は手よりも足に先にあらわれることが多く、足のみの場合もある。

　なお、ギラン・バレー症候群は、軽い発熱や頭痛のあとに起こることが多い。

●治療●多発性神経炎の場合、原因が中毒であれば、まず解毒を行なったうえで、ステロイド剤やビタミン剤、末梢血管拡張剤などを用いた治療が行なわれる。ほかの病気が原因となっているときは、その治療が必要になる。まひには、マッサージなどの理学療法が行なわれる。

　ギラン・バレー症候群では、病気がピークを過ぎると自然に治癒する場合も多いので、症状を取り除くための対症療法が行なわれる。

手根管症候群

手のつけ根の神経と指の腱《けん》が通っている部分を手根管《しゅこんかん》という。この病気は、手根管の中で神経が圧迫されるために起こり、中年の女性に多い。

●症状●最初は人さし指や中指に、しびれや痛みを感じる。小指や手首が痛くなることはない。痛みは、手首を動かしたり、物を強く握ったりすると強くなる。また、症状が進むと、親指のつけ根の筋肉が萎縮《いしゅく》してやせてくる。夜間に痛みが起こりやすいのも、特徴の一つだ。

●治療●症状が軽いうちは、添え木をして、神経の機能を回復させるためにビタミン剤を服用する。鎮痛のために、ステロイド剤の注射をする場合もある。重症の場合には、手術で手根管の中の圧迫要因を除去する必要がある。

後縦靱帯骨化症

脊柱管《せきちゅうかん》を取り巻く靱帯《じんたい》（後《こう》縦《じゅう》靱帯）が骨化し、脊髄《せきずい》を圧迫する病気。脊髄を圧迫するため障害が大きく、原因が不明なため、治療も難しい。

●症状●骨化が起こっても、数年間は症状が出ないことが多い。ただし、生まれつき脊柱管が狭い人は、急に神経症状があらわれることがある。

　神経症状としては、腕のしびれ、歩行障害、手足の運動障害などがあげられる。歩行障害は両足が突っ張るような症状で、痙《けい》性歩行と呼ばれる。

●治療●症状がないときには、治療は必要ない。ただし、神経の障害を起こさないように予防する必要がある。

　薬物療法で進行を抑えることは、あまり期待できない。そのため、医師の指導のもとで装具をつけるか、一〜二か月入院してベッド上で頸椎牽《けいついけん》引《いん》をしながら安静にする。これらの治療で改善が見込めなければ、手術が必要になる。

その他の病気

脳卒中（→P61）
頭部外傷（→P86）
慢性硬膜下血腫（→P86）
動脈硬化症（→P63）
糖尿病（→P164）
頸肩腕症候群（→P129）
変形性腰椎症（→P137）
変形性頸椎症（→P137）
頸椎椎間板ヘルニア（→P138）
腰椎椎間板ヘルニア（→P138）
レイノー病（→P46）
レイノー症候群（→P46）
バセドウ病（→P66）
転換性障害（→P188）

手指がふるえる

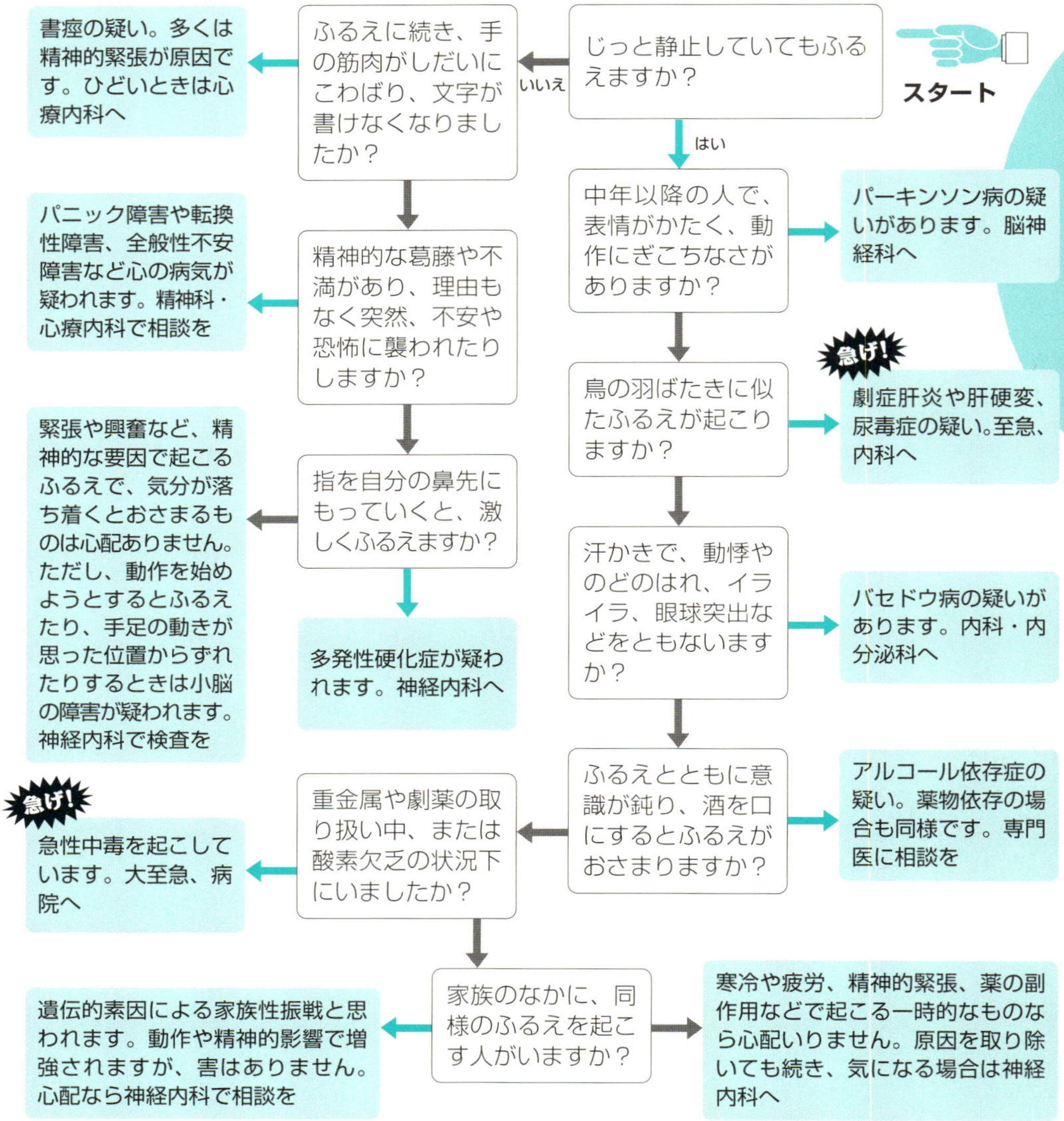
スタート
じっと静止していてもふるえますか？
はい
いいえ
中年以降の人で、表情がかたく、動作にぎこちなさがありますか？
パーキンソン病の疑いがあります。脳神経科へ
鳥の羽ばたきに似たふるえが起こりますか？
急げ！
劇症肝炎や肝硬変、尿毒症の疑い。至急、内科へ
汗かきで、動悸やのどのはれ、イライラ、眼球突出などをともないますか？
バセドウ病の疑いがあります。内科・内分泌科へ
ふるえとともに意識が鈍り、酒を口にするとふるえがおさまりますか？
アルコール依存症の疑い。薬物依存の場合も同様です。専門医に相談を
ふるえに続き、手の筋肉がしだいにこわばり、文字が書けなくなりましたか？
書痙の疑い。多くは精神的緊張が原因です。ひどいときは心療内科へ
精神的な葛藤や不満があり、理由もなく突然、不安や恐怖に襲われたりしますか？
パニック障害や転換性障害、全般性不安障害など心の病気が疑われます。精神科・心療内科で相談を
指を自分の鼻先にもっていくと、激しくふるえますか？
多発性硬化症が疑われます。神経内科へ
緊張や興奮など、精神的な要因で起こるふるえで、気分が落ち着くとおさまるものは心配ありません。ただし、動作を始めようとするとふるえたり、手足の動きが思った位置からずれたりするときは小脳の障害が疑われます。神経内科で検査を
重金属や劇薬の取り扱い中、または酸素欠乏の状況下にいましたか？
急げ！
急性中毒を起こしています。大至急、病院へ
家族のなかに、同様のふるえを起こす人がいますか？
遺伝的素因による家族性振戦と思われます。動作や精神的影響で増強されますが、害はありません。心配なら神経内科で相談を
寒冷や疲労、精神的緊張、薬の副作用などで起こる一時的なものなら心配いりません。原因を取り除いても続き、気になる場合は神経内科へ

◆◆考えられる病気◆◆

パーキンソン病

脳のドパミンという物質の不足によって、手足のふるえなどの運動障害が起こる病気。見かけ上はパーキンソン病に似た症状を示す病気も数多く、それらを総称してパーキンソン症候群と呼んでいる。

●症状●最も目立つのは、ふるえと筋肉の硬直、緩慢《かんまん》な動作、立っているときや歩行時のバランス障害で、これをパーキンソン病の四大症状と呼んでいる。

発病当初には、ふるえと歩行障害があらわれることが多い。ふるえは、からだを静止しているときに起こり、最初は左右の片側だけに起こるが、病気が進行するにしたがって反対側にも起こるようになる。歩行障害は、すくみ足といって、最初の一歩めが出にくくなり、歩幅も小さくなる。

歩行以外にも全体に動作が緩慢《かんまん》になり、方向転換や寝返りがうまくできなくなる。手足を曲げた特有の前傾姿勢も、よくみられる症状の一つ。また、筋肉の硬直によって顔の表情が失われ、口の開閉も小さくなって声が小さくなる。

このほか、自律神経も障害されて、便秘や起立性低血圧、排尿困難が起こることもある。抑うつなどの精神症状もしばしばみられ、高齢者では認知症状がみられることもある。

●診断●ほとんどの場合、特徴的な症状でほぼ診断できる。パーキンソン病とパーキンソン症候群との鑑別には、脳波検査やCT、MRI、血液検査などが行なわれる。

●治療●薬物治療が進歩しているので、症状の著しい改善が期待できる。最も有効なのは、ドパミン系の不足を補うレボドパの内服だ。近年では、その作用を高める薬との配合剤がよく使用される。

また、副作用軽減のために、最初はドパミン受容体刺激剤などを使用し、進行してからレボドパを追加することも多い。

アルコール依存症

常習的な飲酒の結果、身体的・社会的障害が生じた状態をアルコール依存症という。

●症状●酒を飲んだ翌日に前夜のことが思い出せない、毎日大量に飲酒する、飲酒による性能力の低下などがみられる場合には、アルコール依存症になりつつあると考えてよい。さらに進行すれば、酒を飲まないときに、離脱症状が起こる。主なものとしては、手のふるえや幻覚、不眠、寝汗、寒け、動悸《どうき》、吐き気などがあげられる。ひどいときには高熱が出て意識がもうろうとし、筋肉が硬直する場合もある。

●治療●基本的には、断酒が唯一かつ最良の治療法である。ただ、本人の治す意思がなければ非常に困難で、精神科の専門病棟などに入院することが望ましい。

多発性硬化症

神経線維《せんい》をおおっている髄《ずい》鞘《しょう》が壊れてしまう病気。免疫反応の異常によるとされているが、発病の詳しいメカニズムはわかっていない。

●症状●多彩な神経症状が、一定のパターンをとることなく、悪化と回復を繰り返すのが特徴。日本人では、最初に視神経の萎縮《いしゅく》や眼振《がんしん》などの視力障害があらわれやすい。

そのほか、障害が起きた部位に応じて、歩行障害や手足の感覚低下、排尿・排便の困難、構音障害などがみられる。

●治療●根本的な治療法はない。症状が悪化している時期にはステロイド剤が使用され、症状が落ち着いているときには、症状に合った薬物療法が行なわれる。

書痙

手がふるえて文字をうまく書けない状態を書痙《しょけい》という。恐怖症の症状の一つとして起こるほか、大脳や脳幹部の活動が過剰になって起こることもある。手のふるえは、文字を書くときだけに起こる。

心因性の書痙の場合は、薬物療法を行ないながら、時間をかけて精神療法を行なう。脳の過剰な活動による場合には、その原因を突き止めて、それに応じた治療を行なう。

その他の病気

劇症肝炎（→P26）
肝硬変（→P30）
尿毒症（→P165）
バセドウ病（→P66）
全般性不安障害（→P193）
パニック障害（→P135）
転換性障害（→P188）

爪の色・形がおかしい

スタート

爪の色が変わりましたか？
- はい → 青紫色に変わりましたか？ → 心臓や肺の病気、膠原病などが疑われます。内科で検査を
  - 青白くなりましたか？ → 貧血の疑いがあります。内科で検査を
  - 黒く変色しましたか？ → 爪全体が褐色になるのはアジソン病の疑い。内科へ。濃淡のある色素斑や爪の変形をともなうときは悪性の病気の疑いもあります。すぐに皮膚科へ
  - 白っぽくなりましたか？ → 緑色に変わるときは緑膿菌の感染、黄色くなるときは新陳代謝の低下や肺の慢性病変、薬剤の影響などが疑われます。皮膚科・内科へ
  - 爪が白濁してもろくなり、爪の下が厚ぼったくなっていますか？ → 水虫が爪に発生した爪白癬の疑い。皮膚科へ
    - 爪甲白斑症の疑い。皮膚科へ。また冷気に触れたときに、手指が白く変わるのはレイノー現象で、膠原病などが原因のレイノー症候群と、原因不明のレイノー病があります。内科で検査を
- いいえ → 爪の周囲の皮膚が赤くはれる、または化膿していますか？ → 爪甲周囲炎の疑いがあります。ときには膿が出ることもあります。皮膚科へ
  - 爪がぶ厚くなり、先が曲がっていますか？ → 爪甲鈎弯症の疑い。靴の圧迫により、親指によくみられます。皮膚科へ
  - 爪がやわらかくなりましたか？ → 爪甲軟化症の疑いがあります。皮膚科へ
  - 爪が割れたり、はがれたりしますか？ → 爪甲剥離症の疑い。甲状腺の病気やカンジダの感染によって起こることもあるので、皮膚科で検査を
  - 爪がデコボコに変形していますか？ → 乾癬の疑いがあります。皮膚科へ
    - 爪が丸く盛り上がるとともに、指の先端が肥大し、太鼓のばち先のようになりましたか？ → ばち状指の疑い。心臓や呼吸器の慢性疾患がある人にみられます。内科で検査を
  - 爪がスプーンのようにへこんでいますか？ → さじ状爪の疑い。貧血のときによくみられますが、爪そのものは病気ではありません。内科で貧血の検査を
  - 爪にひびやすじが入りますか？
    - 一時的な体調不良のあとで爪に横すじができることがありますが、心配ありません。縦すじは加齢によるものなら心配いりませんが、ときには爪のつけ根の病気が疑われることも。皮膚科で検査を
    - 水や化粧品、洗剤、薬品などの影響で爪がもろくなり、割れたり、変形したりすることがあります。原因と考えられるものの使用をやめても改善しないときは皮膚科へ

◆◆考えられる病気◆◆

爪の病気

爪の下部には毛細血管が集中しているので、血液の健康状態に影響されやすい特質がある。このため全身性の病気のシグナルとして、爪に異常が出ることが少なくない。

爪甲剥離症

爪の先端が、爪床《そうしょう》（爪の裏側の部分）からはがれる病気。はがれた部分は黄白色になるが、剥離《はくり》は爪の半分以上には進まず、爪が抜け落ちるようなことはない。ほとんどは、洗剤の刺激や機械的刺激が原因で起こる。ステロイド剤を塗り、その上からラップでくるむ密封療法が有効だ。

爪甲周囲炎

爪の周囲の皮膚が赤くなってはれる病気で、ほとんどの場合、化膿《かのう》して痛みをともなう。爪は灰白色に濁って、厚くもろくなり、やがて、周囲の皮膚との間に溝ができる。炎症が深部に及んだ場合にはひょう疽《そ》と呼ばれ、腱《けん》や骨にまで炎症が及ぶことが多い。

原因に応じて、抗真菌剤や抗生物質などが用いられる。

爪甲白斑症

爪が白くなる病気だが、爪全体が白くなることもあれば、点状や横縞状に白くなることもある。よくみられるのは点状の爪甲白斑症で、次いで横縞状が多い。これらはマニキュアなどが原因となることが多く、その場合にはマニキュアをやめれば自然に回復する。

爪甲鈎彎症

爪が異常に厚くなって鷲の爪のように曲がり、ときには長さが数cmに及ぶことがある。ほとんどが靴による圧迫が原因で、親指に起こることが多い。ただし、まれに下肢の血管や神経に障害を起こすことがある。日常生活に支障をきたす場合には、外科的に爪を切除する必要がある。

爪甲軟化症

爪を構成するケラチンが不足して、爪が異常に柔らかく、薄くなる病気。クリーニング業などアルカリ性物質を扱う人や、汗をかきやすい人にみられる。原因物質を取り除けば、少しずつ回復してくる。

さじ状爪

爪が、スプーンのようにへこむ。爪の先端だけへこむこともあれば、全体がへこむこともある。原因としては鉄欠乏性貧血がよく知られているが、胃切除後の貧血や、十二指腸虫症などでもみられる。それぞれの原因に応じた専門医の治療が必要となる。

ばち状指

指の先端が、太鼓のばちのように肥大した状態をばち状指という。

爪は左右の端が手のひら側に曲がり、丸く大きくなって、灰色や紫色に変化する。先天性の心疾患や、気管支拡張症などの慢性呼吸器疾患で起こる。

爪白癬

水虫を起こす白癬《はくせん》菌が、爪に感染して起こる病気。水虫を放置したままの足の爪によくみられ、爪の先端が黄白色に濁って厚みを増してくる。放置しておくと、爪がはがれてしまったり、細菌感染を起こしてはれあがってしまうことがある。

その他の病気

貧血（→P89）
アジソン病（→P76）
膠原病（→P41）
レイノー病（→P46）
レイノー症候群（→P46）
乾癬（→P80）

物忘れが多い・記憶がない

スタート

60歳以上の人ですか？
- はい → 体験したことのすべて、自分の居場所、時間の経過などがわかりませんか？
  - はい → 体験の一部を忘れたり、記憶の細部が不確かだったり、新しいことを記憶する能力が低下するのは、お年寄りによくある老化による物忘れで、心配ありません
  - ↓ 忘れたこと自体を自覚できない場合は、認知症が疑われます。精神科・脳神経科へ
- いいえ ↓

お酒を飲んで酔ったときの記憶がないのですか？
- → お酒を飲みすぎていませんか。アルコール常飲者で、物忘れや記憶の混濁がひどい場合はアルコール依存症の疑い。精神科・心療内科で相談を
- ↓

頭にけがをしたり、打つ・ぶつけるなどの衝撃を受けたことがありますか？
- → 急げ！ 頭部外傷、または慢性硬膜下血腫が原因で記憶障害を起こしている疑い。すぐに脳神経外科へ
- ← **突然、頭痛やめまい、吐き気などが起こり、意識がもうろうとして記憶がなくなりましたか？**
  - ← 急げ！ 脳卒中・脳炎の疑いがあります。大至急、脳神経外科へ
  - ↓ **脳卒中やてんかん、心臓病、腎臓病、糖尿病など慢性の病気がありますか？**
    - ← からだの病気が原因と考えられます。まずは内科・脳神経科で検査を
    - → **物忘れというよりは、ふと意識がぼんやりしてきて、周囲のことがわからなくなったり、動きが止まったりするなど、一時的に意識を失うことがありますか？**
      - → 急げ！ 脳卒中やてんかんなど脳の障害も疑われるので、すぐに脳神経科で検査を
      - ↓

ある一定の期間のことだけが思い出せないのですか？
- → 単なる物忘れは誰にでもみられます。たびたび起こり、極端にひどいときは精神科へ
- ← **一時的に記憶を失うだけでなく、そのとき強い不安感や恐怖感がこみあげ、動悸や息苦しさを感じることがありますか？**
  - ← 過去に体験した事故や災害、事件などの記憶が引き金となって起こるのは外傷後ストレス障害。ストレスや過労が誘因となって突然、激しい不安とともに起こる場合はパニック障害の可能性があります。長引いたり、繰り返し起こり、苦痛が激しいときは、早めに精神科で相談を
  - ↓ 精神的ストレスが原因で一定期間または過去のすべての記憶を喪失することがあります。解離性障害（ヒステリー）の一種で、つらい体験によって受けた心的外傷（トラウマ）に対する防衛反応としてあらわれます。精神科へ

◆◆考えられる病気◆◆

認知症

脳の病的な変性により、脳の知的機能が持続的に低下した状態をいう。脳血管性認知症と変性性認知症に大別され、後者ではアルツハイマー型認知症とレビー小体型認知症の二つが知られている。

●症状● 症状は多様で、程度にも個人差がある。大別すると、①物忘れや見当識《けんとうしき》障害（日時・場所・人がわからなくなる）、思考力・理解力・判断力など知的能力の低下、②不眠・幻覚・妄想《もうそう》・抑うつなどの精神症状、③徘徊《はいかい》・暴力などの行動異常、④日常生活能力（食事や入浴など）の低下や歩行障害、失禁などの身体症状、の四つがある。

脳血管性とアルツハイマー型、レビー小体型の三者では、症状のあらわれ方に異なる特徴がみられる。アルツハイマ

ー型とレビー小体型はいつの間にか発症し、進行はゆるやかだが、脳血管性のほとんどは脳卒中の発作をきっかけとして段階的に進行する。また、自分が病気であるという自覚が、脳血管性とレビー小体型では比較的長い期間保たれるのに対し、アルツハイマー型では早期からなくなる。

人格の変化はアルツハイマー型に顕著で、異常な言動に当惑させられるが、脳血管性とレビー小体型では、人格が比較的保たれる。ただレビー小体型の場合、具体性のある幻覚（幻視）がみられるのが特徴で、被害妄想やうつ状態もあらわれやすい。

●治療●認知症そのものを治す方法はなく、薬による対症療法が中心。自発性の低下やうつ状態、不安、焦燥《しょうそう》などの症状を抑えるため、脳循環改善剤や脳代謝賦活《ふかつ》剤、抗うつ剤、抗不安剤などが用いられる。これらの薬剤が効かない、興奮や幻覚・妄想などには精神安定薬剤が使用される。

●家族の対応●家庭では清潔を心がけ、骨折などで寝たきりにさせないように注意し、思いやりのある寛容な態度で接する。地域の介護・福祉サービスも上手に利用したい。

解離性障害（解離性ヒステリー）

心理的なストレスや葛藤《かっとう》は、無意識のうちに、心身にさまざまな症状を引き起こす。身体症状（転換症状）を示す場合を転換性障害、精神症状（解離症状）があらわれる場合を解離性障害という。以前はヒステリーと呼ばれていた。

解離性障害は、思考や感覚、行動の統一性に混乱を生じてバラバラになり（解離）、自己を見失う障害である。症状は、過酷な体験で受けた心的外傷（トラウマ）に対する防衛反応としてあらわれる。

●症状●症状によっていくつかのタイプがあり、ときにこれらが合併してあらわれることもある。

解離性健忘　過去の一定期間の記憶またはすべての記憶を失ってしまう。忘れるのは自分にとって不都合なこと、思い出したくないことだが、新しい情報を取り入れる能力は保たれている。女性に多く、比較的若い人に起こりやすい。

解離性遁走《とんそう》　突然、自宅や職場から離れて行方不明になる。自分の名前や家族、仕事なども忘れ、別の人間として、離れた場所で仕事をしていたり、さまよっていることも多い。

解離性同一性障害　一人の人物のなかに、異なった人格があらわれるもので、以前は多重人格障害と呼ばれていた。

離人症性障害　自分が自分自身から離れて、夢の中にいるような感覚がする。誰でも一時的に経験することだが、このような感覚が繰り返し起こるため、生活に支障をきたす。

●原因●強いストレス、あるいは心的外傷となるような体験が引き起こす苦痛を、別の何かにすり替える防衛反応と考えられる。具体的には、災害や事件、事故、仕事上の挫折、性的犯罪などがきっかけで起こることが多い。

●治療●早期に精神科医による治療を開始することが大切で、家族の理解と協力も欠かせない。抗うつ剤や抗不安剤などによる薬物療法で心理的抑制をやわらげたり、自己の再統合を手助けする精神療法などが行なわれる。

その他の病気

脳炎（→P36）
脳卒中（→P61）
てんかん（→P43）
糖尿病（→P164）
アルコール依存症（→P181）
頭部外傷（→P86）
慢性硬膜下血腫（→P86）
外傷後ストレス障害（→P192）
パニック障害（→P135）

言葉・会話の異常

スタート

言葉がもたつく、あるいは声がふるえますか？

はい

頭痛や吐き気、めまいなどをともないますか？

急げ!

脳卒中または脳動脈硬化症などの疑い。至急、脳神経外科へ

手足のふるえ・まひ・しびれ、歩行困難などの症状をともないますか？

しゃべろうとすると、言葉をなめらかに発せられないのは吃音症。寒さや疲労、精神的ショックや緊張などが原因で発声がうまくできないこともあります。原因を取り除いても症状が続くときは神経内科・精神科で検査を

パーキンソン病の疑いがあります。片方の目が見えない、物が二重に見えるなど視力異常をともなうときは多発性硬化症の疑い。脳神経科・内科へ

いいえ

言葉をまったく話せなくなりましたか？

失語症の疑いがあります。脳神経科・心療内科へ

口が開きにくいために、声が出にくく、話しにくいのですか？

「口が開きにくい」（→P113）のチャートへ

性格が変わったように話の内容がおかしくなりましたか？

言葉を発したり、理解したり、文字の判読に困難を感じますか？

疲労が原因となることもあります。休養をとってもよくならないときは失語症の疑い。脳神経科・心療内科へ

手足の力がぬけ、まぶたが下がり、やがて声が出なくなりましたか？

重症筋無力症の疑いがあります。神経内科へ

身体的な病気や薬物などの影響ではなく、心理的な要因で突然、声が出なくなったり、目が見えない、耳が聞こえないなどの感覚異常が起こることがあります。ほかに手足のしびれや筋力低下などをともなうときは転換性障害（ヒステリー）の疑い。精神科へ

高齢者で、物忘れが多く、しばしばトンチンカンなことをいいますか？

記憶違いなどで話に少々おかしなところがあるのは、お年寄りによくみられるもので、心配ありません。ただし、話す内容が異常な場合は認知症が疑われます。脳神経科・精神科で相談を

自分勝手な思い込みや猜疑心が強く、妄想めいたことをいったり、ときにささいなことで興奮したり、暴力的になったりしますか？

頭部にけがをしたり、衝撃を受けたことがありますか？

急げ!

頭痛やめまい、まひなどをともなうときは、頭部外傷による脳血管障害が疑われます。至急、脳神経外科へ

気持ちのあせりなどから、話の内容が混乱することがあります。一時的なものなら心配ありません。しかし、いつも理屈に合わない言動がある場合は統合失調症、言葉数が異常に多く、しゃべり続けるときは躁うつ病の躁状態を疑います。精神科で相談を

お酒をいつも多量に飲む人で、ときどきろれつがまわらないことがありますか？

アルコール依存症の疑い。精神科・心療内科へ

妄想性障害の疑い。被害者意識や嫉妬心が強く、対人関係に問題が生じる場合は精神科の治療が必要です

◆◆考えられる病気◆◆

うつ病（大うつ病性障害）

気分が落ち込んでゆううつになり、興味や活力がなくなる。代表的な気分障害で、アメリカ精神医学会では大うつ病性障害と呼ばれる。

●症状●気分が沈んでゆううつになり、何事にも悲観的で、元気がなくなる。自信がなく、くよくよと取り越し苦労ばかりするようになる。何をするにもおっくうで、仕事もできなくなり、人づき合いを避けて、家に閉じこもりがちになる。思考力や集中力、注意力、記憶力、判断力なども低下し、周囲の事柄に対して興味や関心も薄れ、喜びや楽しみを感じられなくなる。こうしたうつ状態は、とくに早朝から午前中に強い傾向がある。

身体的な異常としては、不眠（眠りが浅く、朝早く目が覚める）、食欲減退、体重減少、性欲低下がみられる。逆に、過眠や過食が目立つこともある。

また、身体的な不調のほうが強く前面に出るため、身体疾患が疑われて、うつ状態にみえないケースもある。これは仮面うつ病と呼ばれる。

●原因●原因について確かなことは不明だが、うつ病またはうつ状態のときには、脳の機能に変調が生じていることがわかっている。とくに、神経伝達物質のセロトニンやノルアドレナリンなどの働きが低下して、感情や思考などの情報伝達に支障が起きているのではないかと考えられている。

発症の誘因となるのは、多くの場合、人間関係や環境の変化など何らかのストレスで、近親者との死別、結婚、離婚、出産、昇進、退職、過労、転居、病気、経済問題などがあげられる。また、性格的には仕事熱心で凝り性、きちょうめんでまじめ、正義感や責任感が強い人ほど、ストレスをため込んでしまう傾向があり、うつ病を発症しやすいとされている。

●治療●早期発見、早期治療が大切で、放置すると半年から一年以上も症状が続く。本人が心の苦しみを訴えることも多いので、家族は早めに専門医に相談したい。

薬物療法（抗うつ剤）を基本に、精神療法を組み合わせるのが最も効果的と考えられている。同時に、仕事を休んでのんびりするなど、生活上のストレスを減少させる必要がある。物事を否定的にみたり、人と比べたりしないで、ストレスに強い性格に変えていく本人の努力も大切だ。

症状が軽ければ、外来通院で十分治療できる。しかし、自殺の恐れや衰弱、症状の急速な進行などがあるときは、入院治療が必要となる。

●家族の対応●怠けや精神的弱さと誤解されて、本人も自責の念に苦しむことが多い。非難や批判は厳禁だが、励ましも控えたい。励まされても元気になれず、かえってうつ気分を増大させてしまう。家族は患者の悩みに耳を傾け、支えになることが大切だ。

自殺をほのめかし、実際にそれを実行する人もいる。家族は、そうした徴候を見逃さないこと。「遠くに行きたい」などとつぶやいたり、不安や焦燥《しょうそう》が強かったり、不眠に悩まされたりしているときはとくに注意が必要だ。

躁うつ病（双極性障害）

躁《そう》状態とうつ状態が交互にあらわれる。アメリカ精神医学会では双極性障害と呼ばれ、躁とうつがはっきりと認められるタイプと、うつがはっきりと認められるが、躁は軽いタイプがある。

●症状●気分が高揚する躁状

態と、気分が沈むうつ状態の、相反する症状があらわれる。

躁症状　多弁でよく笑い、現実離れしたことを得意げに誇張して話す。活動的で、遠慮がなく、高価な買い物やギャンブルに走ったりする。睡眠時間が極端に短くても平気で、飲酒の量が増えたり、食欲や性欲が亢進《こうしん》したりする。反面、思考力や集中力、注意力、判断力などは低下する。

うつ症状　気分が沈んでゆううつになる。元気も自信もなく、喜びや楽しみを感じられなくなり、家に閉じこもることが多くなる。集中力や注意力は低下し、何事にも悲観的で、自殺の危険性も生じる。

●原因●脳のミトコンドリアの機能障害が関係するとの説があるが、詳しい原因は不明。多くは、生活上の出来事や環境からくるストレスをきっかけに発症する。

●治療●抗うつ剤は有効ではなく、気分安定剤の服用が中心。なかでも炭酸リチウムは躁状態とうつ状態の両方を改善する効果があり、再発予防にも有効される。また、精神療法が併用されるほか、薬物療法が無効の場合や、自殺の危険性が高くて急を要するときは、電気けいれん療法が行われることもある。

●家族の対応●躁とうつのリズムをつかみ、ギャンブルや浪費癖など躁状態のときにしがちなことを、躁になる前の平常時に注意する。うつ状態のときは、批判や励ましを避け、あせらずに療養に専念するようにすすめる。また、うつ状態のときに、自殺念慮《ねんりよ》が高まるので要注意。酒や薬物、金銭は家族が管理したい。

妄想性障害

妄想《もうそう》を唯一の症状とする障害で、中年期に多く発症する。その妄想は、現実生活で起こりうる内容で、統合失調症にみられるようなとっぴなことではない。以前はパラノイアと呼ばれていた。

●症状●多くは突然、妄想があらわれる。行動は一見ふつうで、統合失調症のような幻覚や思考障害などは起こらない。妄想の内容によって七つのタイプがある。

被害型　自分や身近な者が、誰かに悪意をもたれたり、毒を盛られると思い込むもので、このタイプが最も多い。

嫉妬型　被害型と並んで多いタイプ。配偶者や恋人に裏切られると思い込む。

誇大型　自分の価値や権力、知識、著名人との関係などを誇大に妄想する。

色情型　誰か（通常は社会的地位が高い人）に愛されていると、勝手に思い込む。

身体型　身体的欠陥や病気があるという妄想。

混合型　前記五つの型のうち、二つ以上があり、どれも優勢ではないもの。

特定不能型　前記六つの型のどれにも当てはまらないもの。

●治療●抗精神病剤を中心に、抗うつ剤、炭酸リチウムのほか、抗てんかん剤が用いられることもある。自殺の危険や、対人関係に重大な問題があれば、入院治療が必要となる。

●家族の対応●自分を害するために薬が処方されたという妄想をもち、服薬を拒むことがあるが、無理に飲ませようとしないこと。また、妄想が原因の自殺や暴力、虐待に注意し、場合によっては、警察などに相談する必要もある。

転換性障害（転換性ヒステリー）

医学的な検査をしても異常はないのに、手足のまひなどの運動症状、または声が出ない、目が見えないなどの感覚症状があらわれる。その発症に、心理的要因が大きく影響する身体表現性障害の一つで、以前は解離性障害（↓P185）

と合わせてヒステリーと呼ばれた。思春期に多く発症し、女性に多くみられる。

●症状●運動や感覚機能を損なう症状が一つ以上ある。運動症状では、手足がしびれたり動かなくなったり、筋力が低下して、立つ、歩く、持つなどができなくなる。手足の異常な動きやけいれんがみられることもある。感覚症状では、声が出ない、目が見えない、耳が聞こえない、においがわからないなどの症状がみられる。無意識に起こる症状だが、訴えはしばしば大げさでわざとらしくみえる。また、人が見ていない場所では起こらないのが特徴である。

●原因●ストレスや不安、葛《かっ》藤《とう》などが、無意識にさまざまな身体症状に形を変えて（転換）あらわれたものと考えられている。本人の性格や家庭・職場環境なども影響する。

●治療●本人が疾病《しっぺい》利得（病気で得られるメリット）に甘えている限り、回復は困難。早期に精神科に相談し、治療することが大切だ。薬物療法では、抗うつ剤や抗不安剤によって抑うつや不安を軽くする。精神療法では、共感をもって本人を支え、人格の成長を促す。家庭や職場における人間関係など、環境要因の改善も欠かせない。

吃音症と言葉のもつれ●

●多くは一時的な症状

しゃべろうとすると、舌や唇がうまく動かず、ふるえたりもつれたりして、言葉をなめらかに発することができない（どもる）状態を、医学的には吃音《きつおん》症という。原因はいろいろあり、心理的なものや体質的なもの、環境の影響などが、からみ合って起こると考えられている。

たとえば大勢の前で話すときに緊張して起こることもあれば、激しく怒ったときに興奮して起こることもある。また、ひどく寒い場合に思いどおりに口が動かせずに起きたり、からだに痛みがある場合にみられることもある。

しかし、これらは一時的な症状であって、とくに心配する必要はない。

●しゃべる練習で改善

一般に、緊張や興奮で起こる場合は、平静を保つように気持ちを落ち着かせれば、どもらずにすむことが多い。その方法としては、昔からよくいわれる深呼吸や、数字を数える方法などが意外に効果的である。寒冷による場合は、その対策さえ行なえば防げる。

いずれにしても、脳神経の障害に原因があるものでない限り、精神のリラックスを心がけ、しゃべる練習を繰り返すことで、吃音症は改善されることが多い。

失語症

脳出血や脳梗《こう》塞《そく》、または外傷などによる脳の器質的障害によって、今まで正常だった言語機能（聞く・話す・読む・書く）が障害された状態をいう。話せない点は同じだが、口やのどなど構音器官のまひなどによって、声を出せなくなる構音障害とは異なる。また、言語機能に支障が生じるので認知症と勘違いされやすいが、言語機能が失われただけで、人格や判断力などは発症前の状態に保たれている。

失語症は、手術や薬では治せない。長期間、繰り返し言語訓練を行なうことで、欠損した機能を少しずつ回復していく。言語聴覚士（ST）が、この訓練を担当しており、病院で紹介してもらえる。

その他の病気

統合失調症（→P191）
認知症（→P184）
脳卒中（→P61）
パーキンソン病（→P180）
多発性硬化症（→P181）
頭部外傷（→P86）
動脈硬化症（→P63）
アルコール依存症（→P181）
重症筋無力症（→P91）

行動・動作の異常

スタート

動きが多くなりましたか？

はい → いつもより気分が異常に高揚し、1日中活発でよくしゃべりますか？
→ 陽気で活動的な躁状態と、気分が極度に落ち込むうつ状態を繰り返す場合は躁うつ病の疑い。精神科へ

いいえ → 動きが少なく、動作が緩慢になりましたか？

行動が急に止まったり、同じ姿勢をとり続けたり、無口になったり、かと思えば支離滅裂なことを口走ったりしますか？
→ 思考や感情にまとまりがなく、妄想や幻覚などをともなうときは統合失調症が疑われます。精神科へ

過去に事故や災害、犯罪など心が深く傷つくような恐ろしい体験をしましたか？
→ 過酷な体験をしたあとは、誰しも警戒心や恐怖感から行動的でなくなりますが、通常はしだいに回復します。しかし、その体験の夢や幻覚をみたり、思い出すと動悸や発汗が起こり、眠れなくなったりするときは外傷後ストレス障害の疑いがあります。苦痛が強いときは、早めに精神科へ

気分の落ち込みがひどく、何をするにもおっくうで、気力・意欲がわきませんか？
→ ゆううつ感や集中力の低下をともなうときは、うつ病または躁うつ病のうつ状態、軽度のうつ状態なら気分変調性障害が疑われます。精神科へ
→ 過労からくる一時的な肉体的・精神的な疲れと思われます。仕事や学業などが忙しく、睡眠時間が減っていませんか。十分な休養をとっても回復しないときは、病気の可能性もあるので、念のため内科・精神科に相談を

意味不明の動作を繰り返したり、常識はずれの奇妙な行動をしますか？
→ 統合失調症の疑いがあります。精神科へ。また、頭部外傷後遺症や認知症、脳血管障害、脳の感染症など、脳の器質性障害でも同様の症状がみられることも。脳神経科で検査を

疑い深いですか？
→ 行動の様子には個人差があるので、とくに他人に害を与えない限り心配ありません。ただし、幻覚や妄想がある場合は脳や精神の異常が考えられます。すぐに精神科へ

自分勝手な思い込みや妄想が強く、ささいなことで興奮したり、乱暴になったりしますか？
→ アルコール依存症や統合失調症、妄想性障害の人にあらわれやすい症状です。精神科・心療内科で相談を

不安や恐怖をいつも感じていますか？
→ 錯覚や勘違いは誰にでもあることですが、猜疑心が限度を超えて人間関係に支障がある場合は問題です。お年寄りなら認知症の心配も。精神科へ

不安や恐怖を抱く対象がはっきりしていますか？
→ 不潔に対する恐怖から手を洗い続けるというように、ある特定の考えや行為にとらわれ、どうしてもやめられない場合は強迫性障害です。体調のささいな症状にとらわれ、重病と思い込むのは心気症の疑い。また、社会状況や対人関係、高い所や狭い所、動物や乗り物、先のとがったものなどに異常な恐怖を覚える障害もあります。苦痛で生活に支障をきたすときは精神科へ
→ 漠然とした不安にいつも悩まされ、動悸や息苦しさ、めまい、ふるえなど、からだにもさまざまな症状があらわれる場合は、全般性不安障害やパニック障害の疑い。精神科・心療内科へ

◆◆考えられる病気◆◆

統合失調症

思考や情動と行動との間にまとまり（統合性）がなく、幻覚や妄想《もうそう》などがあらわれて、現実と非現実の区別がつかなくなる。代表的な精神疾患で、多くは思春期から三〇歳代にかけて発症する。以前は精神分裂病と呼ばれていた。

●症状●特徴的な症状は、①妄想、②幻覚、③支離滅裂な会話、④異常な行動、⑤感情・思考・意欲の障害としてまとめられる。これらの症状のために、家事や仕事ができず、対人関係も悪化して、自らの生活管理や社会的機能を担うこともできなくなる。

妄想　常識では考えられないような内容で、ありえないと他人が指摘しても考えを訂正できない。妄想の内容は、誰かが自分を殺そうとしている、尾行している、盗聴している、自分は天皇の家系だ、といった現実離れしたものである。

幻覚　主として幻聴で、人の声が頭のなかに聞こえてくる。それは自分を非難する声である、自分が考えていることが声となって聞こえてくる、などと表現される。自分の行動について誰かが話している、仲間たちの間で自分のことを話題にしている、からだの一部分から声が聞こえる、などの特徴がある。

その他の症状　会話にまとまりがなくなり、支離滅裂で、何を話そうとしているのか、周囲の人にはわからなくなる。行動もまとまらず、ときに興奮したり、あるいは拒否的で口を閉ざしたり、コミュニケーションがとれなくなる。興奮、拒絶、無口、昏迷《こんめい》、同じ姿勢を続けることなどをまとめて緊張病性行動という。無気力で意欲もなくなり、考える内容も乏しく、感情の動きも少なく、また不適切な感情反応がみられる。社会的な引きこもりとなって、家に閉じこもることも多くなる。

●原因●現在、有力とされているのは、生まれつき、あるいは新生児期に何らかの原因によって脳のある部位に弱点が生じ、生後の生活のなかで種々のストレスが加わり、その弱点による機能障害によって発症するという説である。機能障害としては、脳内の神経伝達物質（ドパミン、セロトニン、ノルアドレナリン、グルタミン酸など）の過剰または欠如が考えられる。基本的には脳の異常が原因とされるが、それだけで発病するわけでなく、環境を含めた心理・社会的ストレスが引き金になると考えられている。

●治療●慢性の経過をたどるが、早期に治療を始める必要がある。症状をやわらげるとともに、社会への適応を目的として、薬物療法を中心に精神療法、社会療法などが行ななわれる。

多くの場合、抗精神病剤によって症状は軽快し、ほとんどの人は家庭生活や社会生活に復帰できる。しかし、約一割は治療が難しく、入院治療が長引くこともある。また、軽快しても予防のために継続的な薬物治療が必要で、それを怠ると症状が再発することがある。

●家族の対応●患者は、自分が病気だという意識が乏しいため、つい薬の服用を怠りがちとなる。薬の管理は本人任せにせず、きちんと飲ませるよう、家族が気をつけたい。また、閉じこもりの生活が、この病気に悪影響を及ぼすので、友人や知人など他人とのつき合い、通学、出社、家事など、社会と触れ合う機会を広げる必要がある。そのためには、社会復帰活動の医療チームと、本人や家族が密接な連絡を取り合い、協力することも大切だ。

外傷後ストレス障害（PTSD）

過酷な体験によって強烈な心的外傷を負うと、さまざまな身体症状や行動異常があらわれることがある。心的外傷とは、つらい体験による深い心の傷でトラウマとも呼ばれる。心的外傷を引き起こす体験としては、災害、戦争、テロ、拷問、誘拐、レイプ、虐待、事故や火災などがある。

●症状●恐怖や無力感を覚えるような、強い精神的ダメージを受けたあとに発症し、その体験の夢や幻覚を繰り返しみたり、思い出したりする。思い起こすと苦しくて、動悸《どうき》、発汗、頻脈などの生理的反応が起こり、その体験を想起させるような話題や場所、状況、人などを避けるようになる。

　また、体験の重要な部分が思い出せないことがある。これは「解離」という現象で、トラウマから自分の人格を守ろうとする防衛反応である。

　物事に対して無関心、無感動になり、仕事や結婚にも期待がもてなくなったりする。一方で、刺激に敏感になり、ささいなことに驚いたり、過度の警戒心をもったりすることもある。また、睡眠障害や集中力の低下もみられる。

●原因●過酷な状況下で受けたストレスである。しかし、同じ心的外傷を負っても、誰もがこの障害になるとは限らず、個人の主観的反応、つまりストレスに対する感受性が関係すると考えられる。

●治療●精神療法と薬物療法が中心となる。重症で、自殺や暴力の危険があるときには入院治療が必要となる。

　精神療法では、患者を共感とともに支える支持的精神療法のほか、リラクゼーション法や認知療法、催眠療法が行なわれる。過酷な体験を想起させる状況にあえて接することで慣らしていく行動療法や、互いのつらい体験を語り合う集団療法も有効だ。

　薬物療法では、抗うつ剤のほか、補助的に鎮静剤や催眠鎮静剤が用いられる。

●家族の対応●家族の理解と温かい励ましが必要だが、「がんばれば治る」といった叱咤《しった》激励は逆効果となる。女性では、性的犯罪によって起こることが多く、とくに慎重に対応する必要がある。

強迫性障害

　無意味だと自覚しながら、何度も同じ考えにとらわれたり（強迫観念）、同じ行為を繰り返し（強迫行為）、どうしても制止できずに苦しむ障害である。以前は強迫神経症と呼ばれていたもので、成人では男女差はないが、思春期では男子に発症しやすいといわれる。

●症状●その観念や行為のために時間が浪費され、仕事や学業の妨げとなり、人間関係に支障を生じることもある。

　強迫観念で最も多いのは、汚染や感染など不潔に対する恐怖。そのほか悪いことが起こったり、人を傷つけてしまうのではないかという予感、宗教的なもの、性的なものなどもみられる。

　強迫行為では、何回も繰り返し手を洗う、特定の数字が気になって道を歩くときもその数字に合わせてしまう、ガス栓や鍵などを何度も確認する、対称性や正確さにこだわり何時間もかけて直す、などの行為がよくみられる。

●原因●神経伝達物質（セロトニン）の調節障害や、脳の代謝や血流の異常、遺伝や環境など諸説あるが、まだ明らかではない。

●治療●抗不安剤や抗うつ剤を用いて、不安や抑うつをやわらげる。精神療法では、問題点を明らかにして望ましい考え方や行動を身につけさせる行動療法や、患者に共感し、勇気をもたせる支持的精神療法などが行なわれる。

気分変調性障害（抑うつ神経症）

うつ病ほど深刻でない、軽いうつ状態が慢性的に続く障害で、以前は抑うつ神経症と呼ばれていた。男性の二〜三倍と、女性に多くみられる。

●症状●ほとんど一日中、ゆううつ状態が続き、疲れやすく、思考力や集中力、判断力なども低下する。自信も自尊心もぐらつき、絶望を感じることもある。一方で、不機嫌になり、自分の現状に不満を感じ、それを他人のせいにする傾向がみられる。食欲や体重の急激な減少または増加、不眠または過眠もみられる。

●原因●神経伝達物質の異常や遺伝的要因もあるが、心理的ストレスの影響がうつ病より大きいと考えられている。

●治療●精神療法で、自分の性格の弱さや甘えに気づかせ、新たな思考や行動の方法を学ぶように導く。場合によっては、うつ病と同様に抗うつ剤が使用されることもある。

全般性不安障害

漠然とした不安症状が、状況にかかわらず生じてくる障害で、従来、不安神経症と呼ばれていた。女性に多く、二〇歳代に好発する。

●症状●不安の種が次々と毎日のようにあらわれ、数週間から六か月以上続く。主症状としては、次の三つがある。

心配　将来起こるかもしれない不幸（病気、事故、失敗など）を心配したり、自分では対処しようもない事柄を深刻に悩んだりするが、他人からはナンセンスにみえる。イライラ感、集中力・思考力・判断力の低下などもみられる。

運動性緊張　そわそわ、落ち着きのなさ、頭痛・頭重、ふるえ、身ぶるい、くつろげない感じ、などである。

自律神経性過活動　頭のふらつき、発汗、頻脈、呼吸促迫《そくはく》、胸痛または胸部不快感、めまい、口の渇きなどが起こる。

●原因●生来の性格、神経伝達物質の異常、社会的ストレス、家庭内の葛藤《かっとう》などが複雑にからんで起こる。

●治療●精神療法で不安の根源を見つけ出し、そのコントロールを学ぶ。並行して抗不安剤や抗うつ剤を中心とした薬物療法が行なわれる。

心気症

実際には病気ではないのに、重病であると思い込む障害。

●症状●脈拍や発汗、胃腸の動きなどの生理現象や、ささいな症状や感覚でも、重い病気ではないかと心配する。医師に「異常なし」と保証されても、病気がまだ発見されないのだ、あるいは特殊な病気なのだと信じている。このため、次々と病院を渡り歩くドクターショッピングに陥ることもある。多いのはがんだと思い込むものだが、最近はエイズを心配する人もみられる。

●原因●原因は不明だが、ストレスや不安、心の葛藤《かっとう》などが、無意識に身体的訴えに転換されて起こると考えられている。また、身体感覚に関する誤った解釈（認知のゆがみ）や、本人の性格、環境なども影響している。

●治療●身体症状に対する誤った解釈があるため、認知療法で正しく解釈できるように導く。薬物療法では、主に抗不安剤が使用される。

その他の病気

うつ病（→P187）
躁うつ病（→P187）
認知症（→P184）
パニック障害（→P135）
妄想性障害（→P188）
アルコール依存症（→P181）

陰茎が痛い・はれる・かゆい・しこりがある

スタート

かゆみがありますか？

はい → 亀頭の包皮でおおわれている部分がかゆいですか？

→ 亀頭と包皮内面がただれ、膿が出ていますか？

尿道にかゆみがあり、しごくと先端から黄色い膿が出ますか？

急げ！ 淋菌など細菌感染による尿道炎の疑い。泌尿器科へ

いいえ → しこりがありますか？

亀頭の根元あたりに、乳頭状のボツボツしたいぼがありますか？

陰茎に痛みのないしこりができ、ほかに自覚症状がない場合は性交後3週間ほどで発症する第一期梅毒の疑い。性交など思い当たる原因がなく、亀頭部に米粒大のしこりができるときは結核に起因する疑いも。泌尿器科へ

痛みのないものの多くは尖圭コンジローム症と考えられます。ただれてきた場合は梅毒の進んだものなど重い性病が疑われます。泌尿器科へ

性交後１週間ほどして、亀頭部や包皮内面に赤い丘疹、または痛みのある小水疱ができ、やがて潰瘍になりましたか？

赤い丘疹は軟性下疳、水疱なら性器ヘルペスの疑い。泌尿器科・皮膚科へ

射精時に痛みますか？

勃起時に痛みますか？

海綿体や尿道周囲が炎症を起こしている疑いがあります。泌尿器科へ

排尿にともなって激しく痛みますか？

主に排尿中の痛みなら急性尿道炎の疑い。排尿後なら慢性膀胱炎、尿路結石症、前立腺炎が疑われます。泌尿器科へ

勃起時に無理に陰茎を曲げたとき、ポキッという音がして痛み、はれあがりましたか？

急げ！ 海綿体が折れた疑い。すぐに手術が必要です。外科・泌尿器科へ

包茎を無理に反転させていたら、はれて元に戻らなくなりましたか？

急げ！ この状態を嵌頓包茎といい、整復手術が必要です。すぐに泌尿器科へ

陰茎のつけ根のはれや痛みがあれば、前立腺の炎症であることが多いので検査を。また性器を不潔にしておくと、湿疹やかゆみが起きやすいので清潔第一に。ほかに異常があれば、恥ずかしがらずに泌尿器科で検査を

男性性器のしくみ

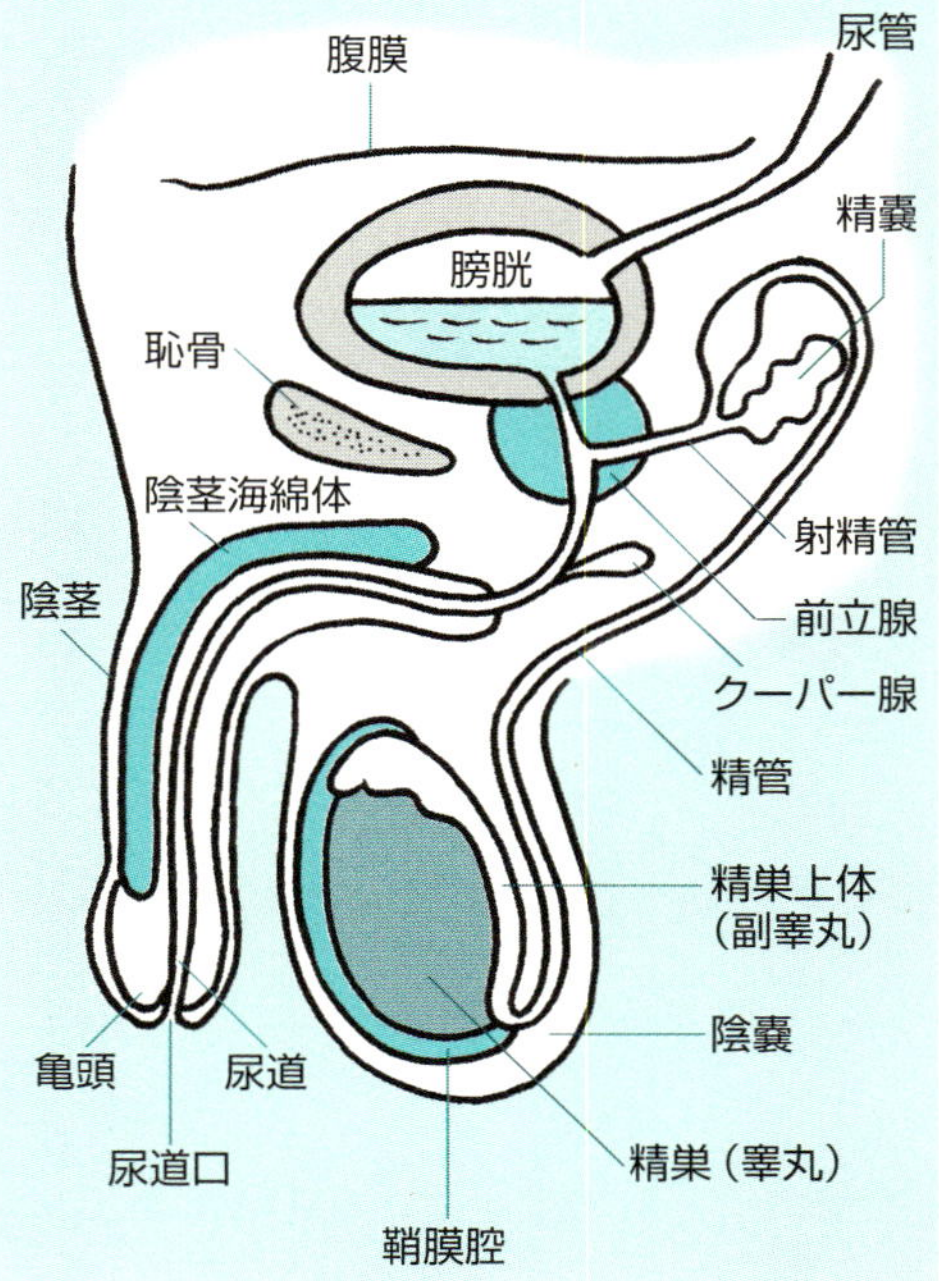

腹膜
尿管
膀胱
精嚢
恥骨
陰茎海綿体
射精管
陰茎
前立腺
クーパー腺
精管
精巣上体
(副睾丸)
陰嚢
亀頭
尿道
尿道口
精巣（睾丸）
鞘膜腔

包茎の人に多い病気で、亀頭の炎症が進んで化膿した亀頭包皮炎の疑い。泌尿器科へ

亀頭に粟粒大の水疱ができて軽い痛みをともなうときは性器ヘルペスの疑い。皮膚科・泌尿器科へ。また、単にあかがついてかゆいこともあります。清潔にしても、長引くときは泌尿器科へ

前立腺や精嚢に炎症が起きている疑いがあります。泌尿器科で検査を

◆◆考えられる病気◆◆

梅毒

スピロヘータの一種であるトレポネーマ・パリズムという微生物によって起こる性感染症の一つ。早期に治療すれば完治するので、疑わしいときは早めの受診が大切だ。

●症状と経過●感染後、長期間にわたって症状の出現と潜伏を繰り返すため、病期が一～四期に分類されている。

第一期梅毒　感染してから二～三週間の潜伏期間のあと、感染した部分に初期硬結《こうけつ》と呼ばれるかたいしこりが、一個または複数出現する。ふつう男性では亀頭冠状溝、包皮内面など、女性では膣、子宮口などにあらわれるが、キスなどで感染した場合には唇や舌、口腔《こうくう》粘膜、乳房、手指などに出る場合もある。初期硬結は数日たつと、表面がただれて硬性下疳《げかん》と呼ばれる潰瘍《かいよう》になる。痛みはなく、見逃されることが多い。

第二期梅毒　感染後約三か月たつと、全身の皮膚にバラの花びらに似たバラ疹と呼ばれる淡紅色の斑点や、微熱、全身倦怠《けんたい》感、脱毛があらわれる。数か月してバラ疹が消えると、皮膚からやや盛り上がった大豆大のブツブツ（丘疹《きゅうしん》性梅毒疹）ができる。このなかには、化膿《かのう》したり、表面が鱗粉《りんぷん》状になったり、やがて中心部が壊《え》死《し》を起こすものもみられる。丘疹性梅毒疹は、皮膚だけでなく、口腔や肛門の周囲、陰《いん》唇《しん》などの粘膜にもあらわれる。通常、この時期に発見されて治療に結びつくことが多い。

第三期梅毒　第二期までに治療を受けないと、約三年後には皮膚や骨、内臓などの一部分にゴム腫《しゅ》と呼ばれる、かたいしこりやこぶのようなものが出現する。皮膚にできたゴム腫は、ゆっくりと増殖しながら深部組織まで破壊し、やがて破れて潰瘍となる。

第四期梅毒　感染後一〇年以上経過すると、脳や神経が侵され、知覚障害や手足のまひ、歩行障害、認知症状などがあらわれる。また、心臓血管系が侵されると、胸部大動脈瘤《りゅう》や大動脈炎などを発症する。

●原因●梅毒は、性交やキスなどの性的接触で感染する。食器や衣服、入浴、公衆トイレなど、ふつうの日常生活で感染することはまずない。

●治療●ペニシリン、エリスロマイシン、テトラサイクリンなどの抗生物質が有効。第一～二期の早期梅毒なら、それらの薬剤を四週間ほど注射または内服すれば治る。

早期梅毒の場合は、治療後一～二年で梅毒血清反応が陰性になる。三期以降の梅毒では、十分な治療をして治っても、血清反応が長期にわたって陰性を示さないことがある。しかし、血清反応の抗体価が低い数値で固定した場合には、治療が終了され、その後は年に一、二回の検査を受けることになる。

●生活の注意●妊娠中の女性が梅毒にかかっていると、妊娠四か月以降の胎児に影響し、死産や早産を起こす。また、新生児に先天梅毒を引き起こすので、妊娠早期に治療する必要がある。このため、母子手帳が交付される際に、母親は梅毒血清検査を受けることになっている。

軟性下疳

ヘモフィルス・ジュクレイという細菌（軟性下疳《げかん》菌）で起こる性感染症の一つで、淋病、梅毒と並ぶ第三性病とも呼ばれる。抗生物質がよく効いて短期間で治るため、日本の患者数はきわめて少ない。

●症状●性交感染から四〜七日ほどで発症する。男性では陰茎の包皮内面や亀頭冠状溝、女性では陰唇《いんしん》や膣前庭《ぜんてい》に、大豆大の痛みをともなう赤い丘《きゅう》疹《しん》があらわれる。丘疹は、やがて不ぞろいの扁平な潰瘍《かいよう》に変わる。膿性《のうせい》の分泌物があって、触れるとやわらかくて痛みをともなうが、女性では痛みを自覚しないこともある。

潰瘍は治療をしなくても、数週間で瘢痕《はんこん》になるが、再発を繰り返す。潰瘍ができてから一〜二週間たつと、約半数の人は、もものつけ根にある鼠径《そけい》リンパ節がはれて痛む。リンパ節はしだいに大きくなって化膿《かのう》し、破れて膿《うみ》が出る。化膿すると発熱が起こる。

●原因●エリスロマイシンやST合剤などの抗生物質を、一〇日間内服する。潰瘍には、それらの薬剤を含んだ軟膏《なんこう》をガーゼに伸ばして貼る。

性器ヘルペス症

単純ヘルペスウイルスの性交感染により、主として外陰部に水疱や潰瘍《かいよう》ができる性感染症の一つ。

●症状●初感染の場合、平均一週間ほどの潜伏期間のあと、男性は陰茎や亀頭冠状溝、包皮内面、女性は陰唇《いんしん》や会陰《えいん》部、膣粘膜などに、強い痛みのある小水疱が多数あらわれる。

全身症状も強く、発熱や頭痛、筋肉痛、全身倦怠《けんたい》感などがみられる。女性の場合、痛みのため、歩行困難や排尿障害を起こすこともある。小水疱はやがて膿疱《のうほう》となり、一部は破れて潰瘍になる。ふつう小水疱ができて一〜二週間後に鼠《そ》径《けい》リンパ節がはれて、押すと痛みを感じる。

潰瘍は一〜二週間でかさぶたとなって治癒するが、治ったあとも、ウイルスが体内に潜伏してるために再発を繰り返す。ただし、二回め以降の再発の場合、水疱や潰瘍の数は少なく、比較的、症状も軽いことが多い。

●治療●軽症なら、抗ウイルス剤入りの軟膏《なんこう》を塗るだけで治る。重症の場合は、抗ウイルス剤（アシクロビル）を内服すると、一週間ほどで治る。セックスパートナーに症状がなくても、同時に検査と治療を受けることが大切だ。

亀頭包皮炎

亀頭や包皮に細菌などが感染し、炎症を起こす病気。包茎の人に起こりやすい。

●症状●炎症が軽度の場合は、亀頭と包皮内面が赤くなり、かゆみや焼けるような感じがする。悪化すると赤くただれたり、膿《うみ》が出て、排尿時に痛むこともある。

●原因●包茎のために包皮内に恥垢《ちこう》がたまると、その変化物の刺激で炎症が起こる。また、包皮内を不潔にしていると、細菌などが感染して起こることもある。

●治療●局部の消毒後、抗生物質を含む軟膏《なんこう》を塗るが、症状によっては抗生物質や抗炎症剤の内服が必要なこともある。真性包茎だけでなく、仮性包茎でも起こりやすいので、できれば手術で包茎を治すのが一番の治療法である。

その他の病気

前立腺炎（→P171）
尿路結石症（→P168）
膀胱炎（→P169）
尿道炎（→P169）
尖圭コンジローム症（→P206）
淋病（→P169）

陰嚢が痛い・はれる・かゆい・しこりがある

スタート

かゆみがありますか？

- はい → 股の内側に発疹ができ、赤く環状に広がっていますか？
  - → いんきんたむしの疑いがあります。皮膚科へ
  - ↓ とくに発疹はないのに、発作的にかゆくなりますか？
    - → 皮膚そう痒症の疑い。ひどいときは皮膚科へ
    - → 発疹が出て、激しいかゆみがあるときは悪化しないうちに皮膚科へ
- いいえ → はれていますか？
  - → さわるとしこりに触れますか？
    - → 精子侵襲症または精液瘤の疑いがあります。泌尿器科へ
    - ↓ 痛みをともなう潰瘍ができましたか？
      - → ベーチェット病の疑いがあります。内科へ
      - → ほかにこれといった症状がなく、思い当たる原因もないのに痛んだり、症状が軽くても長引くときは念のため泌尿器科で検査を
  - ↓ 激しい痛みをともないますか？
    - → りきむなど、腹部に圧力が加わるとふくらみますか？
      - ↑ 鼠径ヘルニアが陰嚢にまで下がってきた疑いがあります。嵌頓すると危険です。泌尿器科へ
      - ↓ 急げ！ 陰嚢水腫の疑いがあります。あるいはしこりが大きくなったり、はれただけで痛みがない場合は重い病気の可能性もあります。泌尿器科へ
    - ↓ 打撲などの強い外的衝撃を受けましたか？
      - → 急げ！ 精巣破裂の疑いがあります。至急、泌尿器科または外科へ
      - ↓ 発熱をともないますか？
        - → 急げ！ 精巣捻転症の疑いがあります。至急、泌尿器科へ
        - → 精巣炎、精巣上体炎の疑いがあります。精巣炎の場合は、将来、不妊症になる恐れもあります。できるだけ早めに泌尿器科で検査を

◆考えられる病気◆

精巣炎（睾丸炎）

精巣《せいそう》（睾丸《こうがん》）に炎症が起こる病気で、外傷で精巣を強打した場合を除けば、大部分は細菌感染で起こる。後遺症として、男性不妊症の原因となることがある。

●症状●急に寒けやふるえとともに、高熱が出る。陰嚢《いんのう》全体は赤くはれて熱感をもち、精巣も大きくかたくなって、強い痛みを感じる。押すと腹部に放散するほど激しく痛む。細菌感染による場合は、ふつう片側の精巣だけに起こる。

●原因●原因菌は、主に大腸菌、ぶどう球菌、連鎖球菌で、まれに結核菌の感染もみられる。ほかに、おたふくかぜ（流行性耳下腺炎《じかせん》）の原因となるムンプスウイルスの血行

感染で起こることもある。

●治療●安静を保ち、陰嚢に冷湿布を当て、サポーターで固定すると痛みがやわらぐ。細菌感染の場合は抗生物質が用いられ、耳下腺炎による場合は、ガンマグロブリンの注射が効くことがある。ふつう一〇～二〇日間で治る。

精巣上体炎（副睾丸炎）

精巣《せいそう》上体（副睾丸《こうがん》）に炎症が起こる病気。発症頻度が高く、何らかの原因で感染を起こしている場合にしばしばみられる。

●症状●寒けや高熱とともに、陰嚢《いんのう》が赤くむくんで大きくなる。精巣上体も大きくはれて、かたくなり、強い痛みと圧痛を感じる。陰嚢を持ち上げると軽くなる。痛みは、重くなると太もものつけ根（鼠径部《そけいぶ》）もはれるため、歩きにくくなる場合もある。

●原因●大腸菌、ぶどう球菌、連鎖球菌などの細菌の感染が原因。ほかの離れた感染巣から血行感染する場合もあるが、多くは、前立腺や膀胱《ぼうこう》などの近接臓器に感染があって、細菌が精管を通って精巣上体に侵入することで起こる。

●治療●陰嚢に冷湿布を当て、陰嚢をサポーターで固定する。病原菌に有効な抗生物質を投与すれば、数日～一〇日ほどで熱は下がるが、精巣上体のしこりは、三～六か月間残ることがある。膿瘍《のうよう》がある場合は、陰嚢を切開して膿《うみ》を出す。

精巣捻転症（睾丸捻転症）

精巣《せいそう》（睾丸《こうがん》）が回転して、精管がねじれてしまい、精巣への血流が妨げられる病気。乳児期と思春期に多く発生するが、どの年齢でも起こる可能性がある。

●症状●突然、精巣から下腹部にかけて激しい痛みが起こる。局所が赤くはれて、大きくかたくなり、精巣は上方につり上がる。多くは吐き気や嘔吐《おうと》をともない、発熱がみられる場合もある。

●原因●精巣と精巣上体（副睾丸）は、精索《せいさく》によって正常な位置からはずれないように底部に固定されている。しかし固定が悪いと、精索がねじれて捻転《ねんてん》が起こることがある。

●治療●治療が遅れると、精巣への血行障害が起こり、精巣が壊死《えし》して機能が損なわれる恐れがある。五～六時間以内に治療しないと危険なので、すぐに泌尿器科を受診する。陰嚢《いんのう》部の外側から、手で捻転を整復するが、整復できないときは、手術が必要になる。壊死を起こした場合は、摘出が行なわれる。

陰嚢水腫

精巣《せいそう》（睾丸《こうがん》）と精巣を包んでいる膜との間に、漿《しょう》液（膜から分泌される透明な液）がたまる病気。すべての年齢層にみられるが、とくに幼児期や老年期に起こりやすい。

●症状●水腫《すいしゅ》が小さいうちは、ほとんど自覚症状はない。しかし、陰嚢《いんのう》がふくれて大きくなると、不快感を覚えたり、歩行や性交、排尿などに支障を生じることがある。

●原因●誰でも生まれたときには、精巣周囲の膜腔《くう》に少量の液体がたまっている。正常な場合は自然に吸収されていくが、液体の量が多かったり、吸収が正常に行なわれない場合に起こる。精巣や精巣上体（副睾丸）に炎症や腫瘍《しゅよう》があったり、外傷を受けて起きる場合もある。

●治療●精巣や精巣上体の炎症、腫瘍、陰嚢の外傷などに続いて起きた場合は、もとの病気を治療する。幼児では注射器で中の液を取り除くと、自然に治ることが多い。青年期以降の場合は、再発することが多いので、手術による治療が行なわれる。手術は、陰嚢を切開して液体がたまる膜を取り除くもので、ふつう三〇分程度で終わる。

精液瘤

精巣《せいそう》上体（副睾丸《こうがん》）の上方に、液体がたまった袋（嚢腫《のうしゅ》）ができる病気で、性機能が盛んな青年期に起こりやすい。多くは、陰嚢《いんのう》にしこりを触れることで発見されるが、中の液体を調べて精子が多く認められれば診断がつく。

痛みや苦痛がないため、とくに治療の必要はない。ただし、嚢腫が親指大になると圧迫感を覚え、液を取り除いても再発するので、手術で摘除することもある。

精子侵襲症

精子が、精巣《せいそう》上体（副睾丸《こうがん》）の周囲の組織に侵入し、慢性的な炎症を起こして、かたいしこりをつくる病気。

●症状●しこりに触れると軽い痛みを感じる程度で、ほとんど自覚症状はない。

●治療●悪性の病気ではないので、とくに治療の必要はない。ただ、結核性の精巣上体炎と症状が似ており、摘出手術をして、初めて診断がつくことが多い。

鼠径ヘルニア

腹部臓器の一部が、腹膜に包まれたまま腹壁のすき間から外に脱出する状態をヘルニアという。代表的なのは、鼠《そ》径《けい》部（両足のつけ根のやや上の部分）に起こる鼠径ヘルニアで、比較的、男子に多くみられる。

●症状●鼠径部がふくれてやわらかいこぶのようになる。男子の場合は、鼠径部から脱出した腸が、陰嚢《いんのう》の中にまで入り込んで（陰嚢ヘルニア）、陰嚢が極端に大きくなることがある。女子の場合は、股関節部にのみ脱出する。

脱出は、とくに長時間歩いたり、立っていたとき、力仕事のあと、強いせきやくしゃみをしたときなど、腹圧がかかったときにみられる。脱出した腸は自然に腹腔《ふくくう》内に戻ったり、痛みもなく手で戻せるが、腹部に力を入れるとまた脱出してくる。

ときに脱出した腸がもとに戻らなくなり、腸が締めつけられて血行障害を起こすことがある（嵌頓《かんとん》ヘルニア）。

●原因●生まれつき腹壁に弱い部分がある場合と、後天的に腹壁が弱くなって起こる場合がある。前者は乳児や成人に、後者は高齢者に多い。

●治療●軽い場合は、そのまま様子をみることもあるが、自然に治ることはなく、根本的に治すには手術が必要となる。嵌頓を起こしている場合には、すぐに手術しないと危険なこともある。

いんきんたむし（陰部白癬）

真菌（カビ）の一種である白癬《はくせん》菌が、皮膚の角質層に感染して起こる病気で、若い男性に多くみられる。

●症状●内股や陰嚢《いんのう》などに、赤いブツブツがあらわれ、しだいに周囲へ環状に広がる。からだが温まると、激しいかゆみが起こる。

●原因●水虫と同様に白癬菌が皮膚に寄生して起こる。

●治療●抗真菌剤の軟膏《なんこう》を塗れば、一週間～一〇日間ほどで治るが、再発しやすい。

●予防●カビは熱や紫外線に弱いので、下着は熱湯消毒し、十分日光に当てるとよい。また、白癬菌は感染力が強く、再発しやすいので、患部の清潔を心がける。

その他の病気

ベーチェット病（→P111）

皮膚そう痒症（→P74）

早漏・インポテンス

スタート

まったく勃起しないのですか？
→はい：性欲が起こらないのですか？
→いいえ：勃起しても射精に至らないのですか？

性欲が起こらないのですか？
→事故などで頭部、頸部、背部、腰部などに外傷や強い衝撃を受けたことがありますか？
→全身の疲労感や倦怠感がありますか？

勃起しても射精に至らないのですか？
→全身の疲労感や倦怠感がありますか？
→射精するまでの時間が短いのですか？

全身の疲労感や倦怠感がありますか？
→配偶者またはセックスパートナーとの不和が続いていますか？
→気分が落ち込むことが多く、悲観的になったり、何をするにもおっくうになったりしますか？

気分が落ち込むことが多く、悲観的になったり、何をするにもおっくうになったりしますか？
→精神的な疲れや、うつの傾向があります。気分をリフレッシュしましょう。それでも改善されないときや、精神的苦痛が大きいときは精神科で相談を
→糖尿病や肝臓病、腎臓病、動脈硬化症、脳脊髄疾患、腹筋など運動器の障害のほか、アルコール依存症、脳下垂体や精巣の機能障害による男性ホルモンの低下、薬の副作用などでも、性欲減退や勃起不全が起こることがあります。長引くときは、主治医または内科・心療内科・精神科などで相談を

事故などで頭部、頸部、背部、腰部などに外傷や強い衝撃を受けたことがありますか？
↓
配偶者またはセックスパートナーとの不和が続いていますか？
↓
性交に不安や恐怖感がありますか？
↓
排尿のときに、痛みや排尿困難、残尿感をともないますか？

↓
精神的な緊張やストレスが続いていますか？
→糖尿病や肝臓病、腎臓病、動脈硬化症、脳脊髄疾患、腹筋など運動器の障害のほか、アルコール依存症、脳下垂体や精巣の機能障害による男性ホルモンの低下、薬の副作用などでも、性欲減退や勃起不全が起こることがあります。長引くときは、主治医または内科・心療内科・精神科などで相談を

射精するまでの時間が短いのですか？
→射精に至るまでの時間には個人差があります。愛撫や体位など互いに満足を得られる工夫をしてみましょう。泌尿器科や性治療専門のカウンセラーに相談するのもいいでしょう
→性交直前に射精が起こりますか？

性交直前に射精が起こりますか？
→性生活を始めたばかりの人や、性交経験の浅い人にはよくみられます。経験を積めば治るので、心配する必要はありません。なお、精神的な原因で起こることもあり、気になる場合はカウンセラーに相談を
→性に関することは個人差があるものなので、互いに満足が得られれば気にすることはありません。ほかに症状があれば、専門医に相談を

◆◆考えられる病気◆◆

インポテンス（勃起不全）

性的な衝動から始まり、射精で終わる一連の性的行為のうち、どこかに障害があるために完全な性交ができない状態をいう。ただ、最近ではより狭い意味で、陰茎が十分に勃起《ぼっき》しないために膣に挿入できないか、挿入できても勃起を維持できない状態とされ、ED（勃起不全）と呼ぶようになっている。

●原因と分類●勃起能力は正常なのに勃起できない機能性EDと、身体的な障害のため勃起できない器質性EDの二つに大別される。

機能性ED　うつ病などの精神疾患や、薬剤の副作用が原因になることもあるが、最も多いのは心因性のもので、性的無知や劣等感、精神的なストレスなどが関係している。また、本人の生活観や家族観、

脳や脊髄の神経障害が疑われます。整形外科・脳神経外科で検査を

互いに話し合って解決する努力が必要です。精神科や心療内科、性治療専門のカウンセラーに相談するのも方法です

性交への不安や恐怖が強いためと考えられます。長引くときは精神科・心療内科で相談を

前立腺炎または前立腺肥大症の疑いがあります。泌尿器科へ

ストレスが原因と思われます。ささいなことでも気にしすぎる神経質な人によくみられます。性器そのものに器質的な異常がなければ心配ありません。あせらず、心身を休めましょう

住環境のほか、本人と相手の性格など、いくつかの要因がからみあって起こると考えられる。

器質性ＥＤ　糖尿病や腎臓病、慢性前立腺炎などのほか、外傷や手術、神経の障害、血管の病気による陰茎の血流障害などが原因となる。

●治療●原因が機能性か器質性か、問診や各種の専門的な検査によって診断される。

機能性ＥＤに対しては、性環境の改善、性教育のほか、精神的な原因を究明してそれを除去するために、専門家によるカウンセリングが必要になることもある。また、降圧薬やホルモン剤、睡眠薬など、常用している薬剤が原因と考えられる場合は、担当医に相談して、薬剤を変えてもらうのも方法だ。

器質性ＥＤでは、原因となっている病気などの治療が優先される。それでも改善されない場合は、勃起補助具の装着や手術など特別な治療もある。動脈硬化によって陰茎動脈が閉塞《へいそく》し、器質性ＥＤに陥った場合は、血行再建術などが行なわれることもある。

現在、一般的なのは薬物療法で、クエン酸シルデナフィル（バイアグラ）や塩酸バルデナフィル（レビトラ）が用いられる。これらの薬は、機能性ＥＤだけでなく、器質性ＥＤにも有効であることが確認されている。しかし、これらの薬を使用できない人や、併用してはいけない薬剤もあるので、医師の指導に従う必要がある。また、深酒をつつしみ、過労が起きないようにして、規則正しい生活を送ることも大切だ。

早漏

正常な性行為ができても、陰茎を挿入する前に射精してしまったり、また挿入できても、短時間で射精してしまう状態をいう。とくに何分以内が早漏《そうろう》という基準はないが、女性の性的満足を得られないことがあるため、性的な自信喪失になり、インポテンスに陥ることもある。

●原因●器質的には、包茎《ほうけい》のために亀頭が敏感になっていたり、前立腺の病気などが原因となる。しかし、最も多いのは、心理的な原因で射精を抑制できない場合である。

●治療●一般的に、性交経験の浅い人は早漏であることが多く、経験によってしだいに改善されるので心配ない。また、パートナーの協力で体位などを工夫するのも、改善に役立つ。心理的なものが影響している場合は、泌尿器科または精神科の専門医に相談するとよい。

その他の病気

頭部外傷（→P86）
動脈硬化症（→P63）
糖尿病（→P164）
うつ病（→P187）
躁うつ病（→P187）
全般性不安障害（→P193）
アルコール依存症（→P181）
前立腺炎（→P171）
前立腺肥大症（→P166）

乳房が痛い・しこりがある

スタート

現在、授乳中ですか？
- はい → 乳頭が痛みますか？
- いいえ → 乳房にしこりがありますか？

乳頭が痛みますか？
- → 乳頭の炎症が疑われます。患部を清潔にして、痛みがひどかったり、異常分泌がみられるときは産婦人科・外科へ
- → 乳房が赤くはれて痛みますか？

乳房が赤くはれて痛みますか？

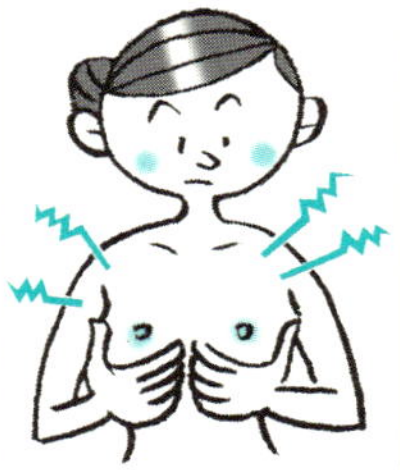

- → 急げ！ しこりがあり、月経期に入っても消えないときは、重い病気の可能性もあるので乳腺外科・外科で検査を
- → 分娩後3〜4日で母乳の出が悪くなりましたか？

分娩後3〜4日で母乳の出が悪くなりましたか？
- → 急性うっ滞性乳腺炎の疑いがあります。マッサージをして、乳汁を排出しても改善されないときは産婦人科・外科へ
- → 分娩後2〜3週間で高熱が出て、局所にかたいしこりを触れますか？

分娩後2〜3週間で高熱が出て、局所にかたいしこりを触れますか？
- → 急げ！ 急性化膿性乳腺炎の疑い。乳頭から膿が出ることも。すぐに乳腺外科・外科へ
- → 乳房が赤くはれぼったくなっていれば、重い病気の疑いもあるので乳腺外科・外科で検査を

乳房にしこりがありますか？
- → 痛みをともないますか？
- → 月経が止まり、乳首が黒ずんできましたか？

痛みをともないますか？
- → 乳腺線維腺腫が疑われます。重い病気の可能性もあるので乳腺外科・外科で検査を
- → 月経前に痛みが強まったり、乳房が張ったりしますか？

月経が止まり、乳首が黒ずんできましたか？
- → 妊娠の可能性があります。産婦人科へ
- → 月経前に痛みが強まったり、乳房が張ったりしますか？

月経前に痛みが強まったり、乳房が張ったりしますか？
- → 乳腺症や月経前症候群の疑いがあります。産婦人科・外科へ
- → 乳頭から血性または膿性など、異常な分泌物がみられますか？

乳頭から血性または膿性など、異常な分泌物がみられますか？

- → 急げ！ 乳腺症や乳管内乳頭腫のほか、乳房の重い病気が疑われます。乳腺外科・外科へ
- → 乳房に痛みや違和感を感じ、長引くときは乳腺外科・外科で検査を

◆◆考えられる病気◆◆

乳腺炎

乳腺に炎症が起こる病気で、大部分は出産後の授乳期に発生する。

急性うっ滞性乳腺炎

乳汁の通りが悪いために、乳汁が乳腺内にたまって（うっ滞して）起こる。乳汁分泌が盛んになる出産後三〜七日以内に起こりやすく、乳管の発育が未熟で、授乳にも不慣れな初産婦に、とくに多くみられる。

●症状●乳房の全体または一部分が赤くはれて、さわると痛みや熱感がある。全身の発熱はみられないが、高熱をともなうときは、急性化膿《かのう》性乳腺炎が疑われる。

●治療●乳汁のうっ滞を取り除くために、温湿布などで乳房を温めたり、乳房周囲から乳頭にかけてマッサージをし

乳がんの自己チェック

●寝床で

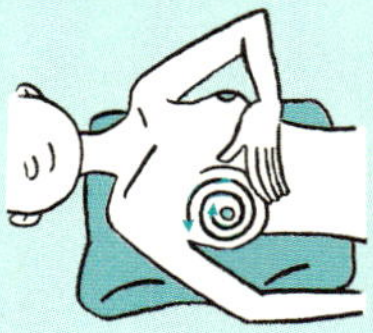

①乳頭から外へ、外から乳頭へと乳房全体を渦巻き状にさわる

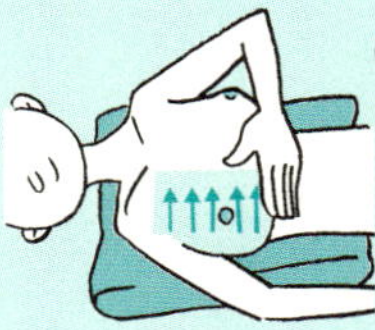

②乳房の外側から内側に向かって平行に、何回もさわる

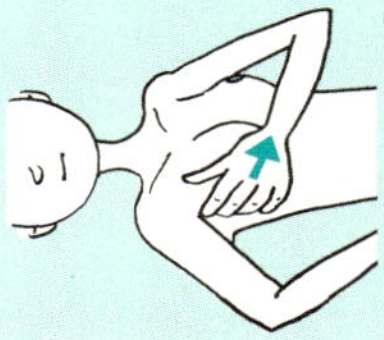

③わきの下に手指を入れて、しこりやリンパ腺のはれがないか調べる

●鏡の前で

手を上げ下げして、乳房の動きや皮膚の変化、出っ張りやくぼみ、引きつり、乳頭からの分泌物やただれがないかを観察。指の腹で乳房をなでて、しこりの有無もチェックする

乳房のしくみ

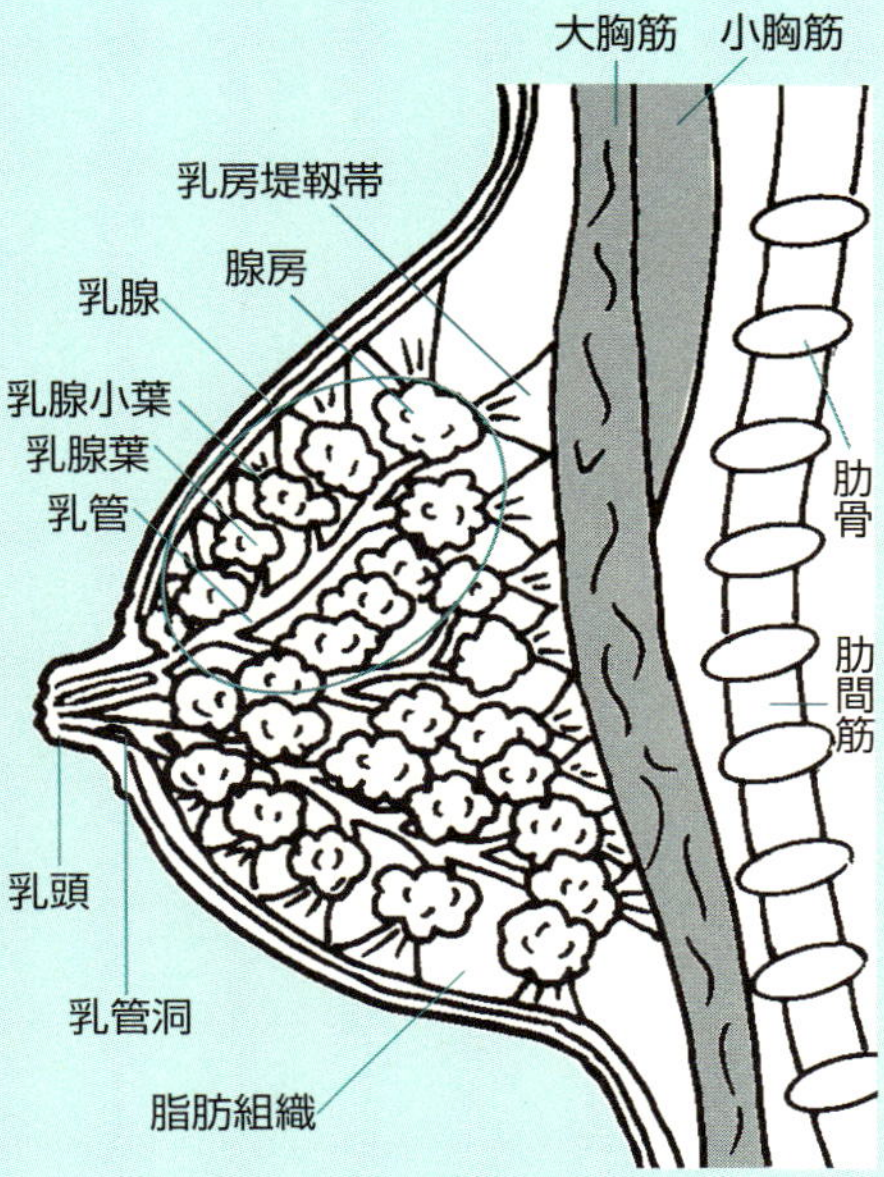
大胸筋
小胸筋
乳房堤靭帯
腺房
乳腺
乳腺小葉
乳腺葉
乳管
肋骨
肋間筋
乳頭
乳管洞
脂肪組織

乳腺…乳腺葉が15〜20集まったもの

て、授乳または搾乳《さくにゅう》をすれば、症状は改善される。

急性化膿性乳腺炎

乳頭の傷口などから侵入した化膿《かのう》菌の感染によって起こる病気で、多くは出産の二〜三週間後に発症する。

●症状●高熱と寒けが起こり、局所が赤くはれて、痛みのあるかたいしこりを触れる。さらに乳房内に膿《うみ》がたまって膿《のう》瘍《よう》ができると、その部分に波動を感じることもある。

●治療●乳房をブラジャーで固定し、授乳を中止して乳児への感染を防ぐ。膿瘍がなければ、抗生物質と非ステロイド性消炎鎮痛剤による治療を行ない、膿瘍ができていれば切開によって膿を出す。

乳腺症

乳腺に痛みのあるしこりができる。乳腺の病気では最も頻度が高く、とくに三〇〜四〇歳代の女性に好発する。

●症状●乳房内に、大小さまざまの自発痛または圧痛のある、ややかたいしこりができる。月経周期にともなって、繰り返し起こるのが特徴。一般に、月経の約一週間前にしこりが大きくなり、痛みも強まるが、月経が始まると症状は軽快する。乳頭からの異常分泌がみられたり、しこりが発育して大きな嚢胞《のうほう》（液体のつまった袋状のしこり）を形成することもある。

●原因●エストロゲン（卵胞ホルモン）に対する、プロラクチン（乳汁分泌ホルモン）の異常反応が原因と考えられている。

●治療●乳がんとの区別が大切で、検査によってがんでないことがはっきりすれば、治療の必要はない。痛みが強い場合は鎮痛剤を用いたり、ダナゾール（抗エストロゲン剤）などのホルモン療法が行なわれる。

乳腺線維腺腫

乳腺にできるしこり（良性腫瘍《しゅよう》）で、二〇～三五歳の女性に好発し、初潮前や閉経後にはほとんどみられない。

●症状●多くは直径二～三cmの球状または卵型で、複数できることもある。触診すると、表面はなめらかな、かたいしこりとして触れ、コロコロと動くのが特徴。皮膚のへこみや乳頭の陥没《かんぼつ》はみられない。

●原因●エストロゲン（卵胞ホルモン）に乳腺が反応して起こり、しこりは、乳汁をつくる乳腺小葉《しょうよう》の結合組織が増殖してできる。

●治療●腫瘍そのものはがん化することはなく、多くは閉経後に消失するが、がんと区別するために細胞診が必要となる。良性腫瘍であることが確認されれば、その後は定期的に検査を受けて経過をみてもらうだけでいい。ただし、美容上気になるほど大きくなったものや、短期間に大きくなるものは、摘出手術をすることもある。

乳管内乳頭腫

乳管の中に乳頭状に突き出たしこり（良性腫瘍《しゅよう》）ができる病気。しこりの大きさは米粒大のものが多く、まれに数cmほどになることもある。

●症状●乳頭付近を押すと、乳頭から血性または黄色がかった透明の分泌物が出る。しこりは、乳管の上皮が増殖してできるもので、ふつう乳管の開口部から一～二cmのところに発生する。多くの場合、さわってもしこりを触れないが、分泌物が乳腺内にたまると、しこりとして感じられることがある。

●治療●早期の乳がんとの鑑別が重要で、分泌物の細胞診や、乳管内視鏡による観察や組織診などが行なわれる。がんでないことがわかれば、手術をせずに経過をみることもある。がんだとしても、乳管内にとどまって転移や浸潤《しんじゅん》のないことが多いので、ほとんどは手術で治る。

月経前症候群（月経前緊張症）

月経が始まる一週間ほど前から、心身にさまざまな不快な症状があらわれる。症状は月経開始後に自然に消え、次の月経前に再び同じ症状が起こる、というパターンを繰り返すのが特徴。

●症状●精神面では、不安やイライラ、怒りっぽい、うつ状態、落ち着きのなさ、集中力の低下などがみられる。身体面では、乳房の痛みや張り、頭痛、めまい、吐き気、むくみ、肩こり、腰痛、下腹部の不快感、下痢、便秘、肌あれなどがみられる。

●原因●正確な原因は不明だが、月経前にホルモンの分泌が過剰になるために起こると考えられている。ほかに、セロトニンなど神経伝達物質の分泌異常や、ストレス、体質、環境などの関与も指摘されている。

●治療●月経が始まればおさまるが、日常生活に支障が出る場合は、産婦人科を受診する。薬物による対症療法が中心で、鎮痛剤や整腸剤、利尿剤などが用いられる。改善されない場合は、排卵を抑制するために低用量ピルが処方されることもある。

また、抗うつ剤のＳＳＲＩ（選択的セロトニン再取り込み阻害剤）も有効とされている。

●生活の注意●不快な症状も「月経が始まれば消える」と納得すれば、気分的にも楽になる。また、散歩やスポーツなどで積極的に気分転換をはかり、十分な休養と睡眠、規則正しい食事を心がけることが症状の緩和に役立つ。

陰部が痛い・かゆい・しこりがある

スタート

陰部が赤くはれていますか？

はい

外陰部のかゆみや痛みをともない、しだいにただれてきましたか？

外陰炎の疑いがあります。産婦人科へ

いいえ

かゆみがありますか？

急げ！

淋菌性腟炎（淋病）の疑いがあります。産婦人科へ

黄緑色の膿のようなおりものがありますか？

泡状の黄色いおりものはトリコモナス腟炎、黄色いクリーム状は非特異性腟炎、白い酒かす状ならカンジダ腟炎の疑い。産婦人科へ

黄色または白っぽいおりものが増えましたか？

原因不明のかゆみは外陰そう痒症の疑い。ひどいときは産婦人科へ。また、ナイロンなどの下着によるアレルギー反応、ダニやシラミの感染、単に局部の湿潤などが原因の場合もあります。産婦人科で検査を

腟の入り口付近が赤くはれて、痛みますか？

急げ！

バルトリン腺炎の疑い。化膿して親指大くらいにはれあがっていればバルトリン腺膿瘍の疑いがあります。産婦人科へ

陰部に何らかの炎症が起きていると考えられます。清潔にして、長引くときは産婦人科へ

外陰部にプツプツと小水疱がたくさんでき、強く痛みますか？

性器（外陰）ヘルペス症が疑われます。産婦人科へ

外陰部の内側（陰唇）がただれ、潰瘍ができましたか？

口の中にも同様の潰瘍ができ、皮膚に赤い発疹が出ましたか？

ベーチェット病の疑いがあります。内科・産婦人科へ

外陰部の皮膚や粘膜が、部分的に白く、かたくなりましたか？

外陰ジストロフィー症の疑いがあります。産婦人科へ

性交のあと、2～3日から2～3週間で病変があらわれましたか？

外陰や会陰部にとげ状のいぼが複数でき、痛みをともないますか？

外陰尖圭コンジローム症の疑い。性交後約3か月の潜伏期間があります。産婦人科へ

症状が軽くても、長引くときは産婦人科で検査を。中年以降の人なら、更年期障害の疑いもあります。卵巣の働きやホルモンの分泌に変化が起こるため、陰部に不快感や違和感がみられることがあります。苦痛をともなうときは産婦人科で相談を

性交後4～7日で腟口周囲や陰唇に痛みのある丘疹ができましたか？

軟性下疳が疑われます。産婦人科へ

性交後1～3週間で会陰部に潰瘍ができ、鼠径リンパ節がはれて痛みますか？

性病性リンパ肉芽腫の疑い。産婦人科へ

性交後2～3週間で腟口に痛みのないかたいしこりができましたか？

急げ！

第一期梅毒の疑いがあります。すぐに産婦人科で検査を

外陰炎

細菌や真菌（カビ）などの感染で外陰部に起きた炎症。多くは腟炎も合併しており、外陰腟炎のかたちをとる。

●症状●初期症状はかゆみだが、炎症が進むと痛みや熱感があらわれ、ただれると出血がみられる。腟炎を合併するとおりものが出る。

●原因●大腸菌などの一般細菌のほか、カンジダ菌やトリコモナスなどの病原微生物が感染して起こる。また、女性ホルモンの分泌低下、外陰部の不衛生も原因となる。

●治療●おりものの検査などで原因菌を調べ、それに有効な抗生物質入りの軟膏《なんこう》やかゆみ止めをを塗る。症状によっては副腎皮質ホルモン剤入りの軟膏も使われるが、使い方は医師の指示を厳守する。

また、局所を化粧石けんで洗うと悪化するので、湯で洗い流すだけにする。無刺激性の石けんなら問題ない。

性器（外陰）ヘルペス症

単純ヘルペスウイルスの感染で外陰部に炎症が起こる病気で、腟や子宮腟部に発生することもある。多くは性行為による性器や口唇《こうしん》からの感染で、最近増えている。

●症状●急性型と再発型があるが、急性型のほうが症状が強く、外陰部が広範囲にただれ、強い疼痛《とうつう》が起こる。発熱したり、痛みのために排尿や歩行ができなくなることもある。やがて小さな水疱がたくさんでき、浅い潰瘍《かいよう》となる。

再発型は、神経節に潜伏していたウイルスが疲労やストレスなどの誘因で、皮膚や粘膜に達して発症するもので、小水疱や潰瘍があらわれる。

●治療●軽症なら、抗ウイルス剤入りの軟膏《なんこう》を塗るだけで治るが、重症の場合は抗ウイルス剤（アシクロビル）を五日間続けて内服する。セックスパートナーも同時に検査・治療を受けることが大切だ。

外陰そう痒症

外陰部に強いかゆみが起こる病気の総称である。

●症状●陰部に激しいかゆみが起こり、夜眠れないこともある。つい引っかいてしまうため、かき傷から細菌感染して化膿《かのう》することもある。

●原因●外陰炎や腟炎などの病気が原因のこともあるが、多くは生理用ナプキンやおりものシートなどの刺激、発汗やむれなどで起こる。また、糖尿病や肝臓病、腎臓病など全身性の病気が原因の場合や、更年期や閉経期には、女性ホルモンの分泌低下でかゆみが起こることもある。

●治療●原因疾患の治療が優先されるが、対症療法として抗アレルギー剤、抗ヒスタミン剤、精神安定剤、ビタミン剤、副腎皮質ホルモン剤などが用いられる。女性ホルモンの減少が原因の場合は、ホルモン補充療法が行なわれることもある。なお、かゆみを誘発する刺激物やアルコールは控え、十分な休養と睡眠、バランスのよい食事、ストレスをためない生活も大切だ。

尖形コンジローム症

ヒトパピローマウイルスの性交感染によって、男性では陰茎の亀頭周囲や陰嚢《いんのう》、女性では大小陰唇《いんしん》や会陰《えいん》部、腟、男女の肛門周囲などに乳頭状のいぼ（良性腫瘍《しゅよう》）ができる。

●症状●三か月ほどの潜伏期間後に、薄茶色をしたとげ状の小さな突起物が数個あらわれ、やがて葉状になって角化する。炎症が起こるとかゆみや痛みをともなう。

●治療●手術や電気焼灼《しょうしゃく》、

外性器のしくみ

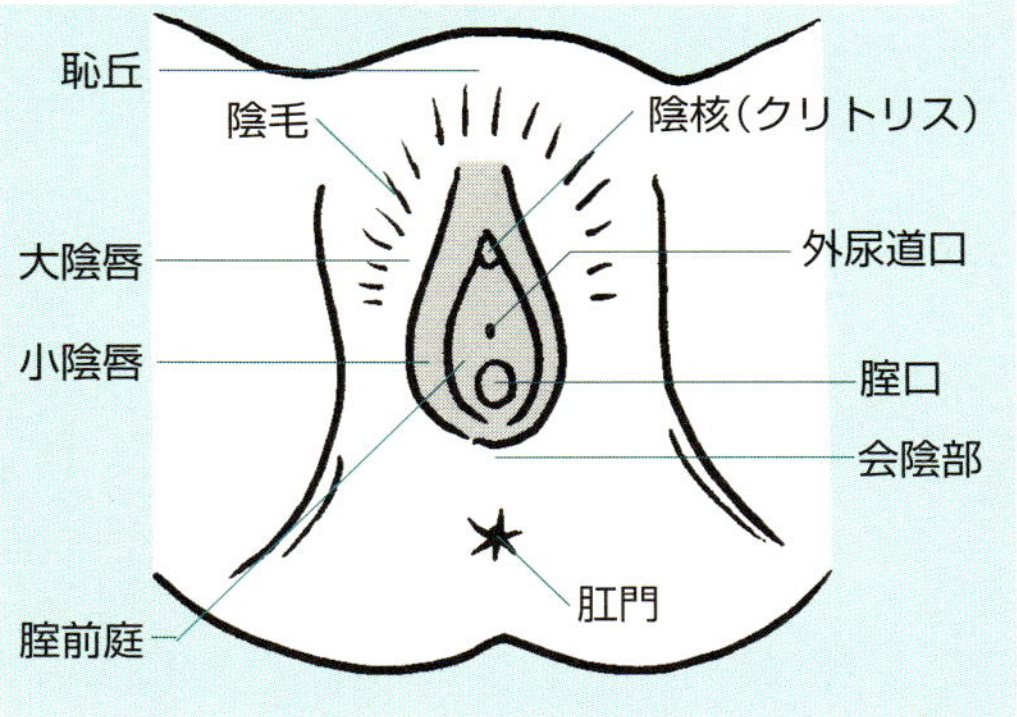
恥丘
陰毛
陰核（クリトリス）
大陰唇
外尿道口
小陰唇
腟口
会陰部
肛門
腟前庭

凍結療法、レーザー療法で取り除いたり、抗がん剤（フルオロウラシルやブレオマイシンなど）の軟膏《なんこう》を塗布する。いぼが完全除去できるまでには時間がかかるので、根気よく治療を続ける必要がある。

外陰ジストロフィー症

外陰部の皮膚や粘膜が正常な色素を失って、部分的に白色や赤色を呈したり、かたくなったりする病気。かつては外陰白斑症、外陰萎縮《いしゅく》症とも呼ばれ、外陰がんの前がん状態とも考えられていた。現在ではがんとの関連は薄いとされているが、完全に否定はできないので、白斑ができたらまず検査を受ける。

一般には、抗生物質や、副腎皮質ホルモン剤を含む軟膏《なんこう》やクリームを患部に塗るのが有効。病変部の組織に異常な細胞が認められる場合は、手術で病変部を含めて広く切除したり、抗がん剤（フルオロウラシルなど）の軟膏を塗布することもある。

バルトリン腺炎

バルトリン腺は腟口の左右にあり、性的興奮時に粘液を分泌して性交を容易にする働きがある。ここに淋菌や連鎖球菌などが感染して起こる。

●症状●開口部に灼熱《しゃくねつ》感、はれ、疼痛《とうつう》が起こり、これらの症状が腺部に広がってバルトリン腺炎となる。炎症が進んで膿《うみ》がたまると膿瘍《のうよう》となり、大きくはれて強い痛みと発熱をともなう。炎症を繰り返していると、開口部が癒着《ゆちゃく》して中に分泌物がたまり、鶏卵大の嚢胞《のうほう》となることもある。

●治療●はれと痛みが軽ければ、抗生物質と非ステロイド性消炎鎮痛剤で治る。はれや痛みが激しい場合は、膿を吸引するか、閉鎖した開口部を切開し、膿の排出口をつくる開窓《かいそう》術が行なわれる。

性病性リンパ肉芽腫
（鼠径リンパ肉芽腫）

クラミジア・トラコマチスという病原微生物の性交感染によって起こる病気で、淋病、梅毒、軟性下疳《げかん》と並んで第四性病とも呼ばれる。

●症状●感染の一～三週間後に、外陰部に小さな潰瘍《かいよう》が生じるが、短期間で治るため気づかないことがある。続いて鼠径《そけい》部や大腿部のリンパ節がはれて化膿《かのう》し、ハチの巣のような小さな孔《あな》があく。孔からは、数週間～数か月にわたり、膿《うみ》が出るようになる。

女性の場合、会陰《えいん》部に病変が起きると、直腸や肛門のまわりのリンパ節がはれ、直腸狭窄《きょうさく》による排便困難を起こすことがある。

●治療●テトラサイクリン系抗生物質の内服で治療する。性病に感染した場合は、セックスパートナーも同時に検査・治療を受ける必要がある。

その他の病気

カンジダ腟炎（→P214）
トリコモナス腟炎（→P214）
非特異性腟炎（→P215）
軟性下疳（→P196）
梅毒（→P195）
淋病（→P169）
更年期障害（→P29）
ベーチェット病（→P111）

月経の異常

スタート

18歳以上なのに月経がないのですか？

はい → まれですが原発性無月経の疑い。性染色体異常などの先天異常のほか、卵巣や子宮の形成不全や、腟閉鎖、処女膜閉鎖など腟や外陰の形成異常が原因となります。産婦人科で相談を

いいえ → 今まであった月経がなくなりましたか？

→ 45〜50歳以上の人ですか？

→ 更年期による閉経、あるいは閉経が近いことが考えられます。ほかに症状があれば、重い病気も疑われるので産婦人科で検査を

→ 続発性無月経の疑い。脳の視床下部、下垂体、甲状腺、副腎、卵巣、子宮などの病気によるホルモン産生異常が原因となります。そのほか拒食症、過度の運動やダイエット、精神的ストレス、さらには抗精神剤など薬の副作用でも無月経になることがあります。早めに産婦人科で検査を。もちろん妊娠中、または出産直後は月経がありません

→ 次の月経までの周期が短い、あるいは長いのですか？

→ 24日以内に繰り返され、出血量が多いですか？

→ 子宮筋腫の疑いがあります。産婦人科へ

→ 出血量が多いですか？

→ 月経の期間も長く、出血量も多いですか？

→ 月経中やその前後に腰や下腹部の痛み、腹部の張る感じがありますか？

→ 子宮付属器炎、月経困難症のほか、頭痛やむくみ、不安やイライラなどをともなえば月経前症候群の疑い。産婦人科へ

→ 出血量が少ないのですか？

→ 過少月経と呼ばれる症状です。卵巣ホルモンに対する子宮内膜の反応の低下、子宮内膜の萎縮など器質的な障害が原因になるほか、閉経前にみられるときは更年期障害の1症状としてあらわれます。産婦人科で検査を

→ 強い月経痛がありますか？

→ 思春期から20歳ごろまでは月経痛がよく起こります。年齢とともに軽くなっていくので心配ありません。また精神的な影響やホルモン・代謝の異常などさまざまな原因で起こることもあるので、長引くときや痛みが強いときは産婦人科で検査を

→ 長く続いたり、レバーのような血のかたまりが出るときは重い病気が疑われます。産婦人科で検査を

◆◆考えられる病気◆◆

原発性無月経

満一八歳に達しても初経がみられない状態をいう。

●原因●多くは、形成異常や染色体異常など先天性で、生まれつき卵巣などが発育不全を起こしている場合である。形成異常としては腟閉鎖や処女膜閉鎖があり、この場合、月経が起こっているのに腟や処女膜が閉鎖しているので出血がみられない。染色体異常にはターナー症候群、副腎性器症候群がある。ほかに脳の視床下部や下垂体の機能障害、甲状腺《こうじょうせん》機能低下症、糖尿病、腎臓病などの全身性の病気でも無月経になることがある。

●治療●卵巣の発育不全には、ホルモン補充療法が行なわれる。腟閉鎖や処女膜閉鎖では、閉鎖部の切開などが行なわれ、全身性の病気が原因の場合は、その治療が優先される。

続発性無月経

妊娠や授乳期、閉経などではなく、今までみられた月経が、ある時期からみられなくなった状態をいう。

●原因●最も多いのは、ホルモンの分泌をコントロールする脳の視床下部の機能低下による場合である。これには視床下部の腫瘍《しゅよう》のほか、精神的ストレスや、ダイエットによる極端な体重減少（拒食症など）、激しいスポーツのしすぎなども関係している。

ほかに高プロラクチン血症、甲状腺《こうじょうせん》や副腎皮質の異常、出産時の大出血、子宮内膜の炎症や癒着《ゆちゃく》、精神安定剤や抗がん剤の副作用、糖尿病などでも無月経になることがある。

●治療●続発性無月経の大半は、自然に回復することが多い。しかし、治療が遅れると永久不妊になることもあるので、原因を確かめたうえで、早めに産婦人科で治療することが大切である。

希発月経 頻発月経

正常な月経周期とされているのは二五〜三八日で、周期が、二四日以内の月経を頻発月経、三九日以上の月経を希発月経という。いずれも不妊の原因になることがある。

●原因●排卵の起こらない無排卵性（排卵がないのに月経のような出血がある、一種の卵巣機能不全）と、排卵をともなう排卵性がある。

無排卵性は思春期や更年期に多く、子宮発育不全、子宮萎縮《いしゅく》が原因となる。成熟期の女性の場合、ホルモンの分泌異常が疑われるが、希発月経では急な肥満や体重減少、糖尿病、肝臓病などの全身疾患が原因となるほか、原因不明

排卵と月経の起こるしくみ

①卵胞期

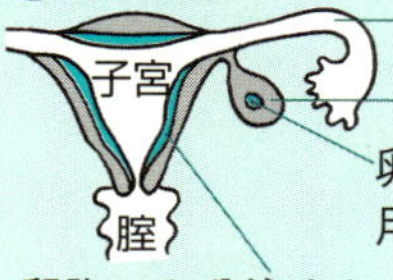

卵胞刺激ホルモンの作用で卵胞が成熟する

卵胞から分泌されたエストロゲンが子宮内膜を厚くする

②排卵期

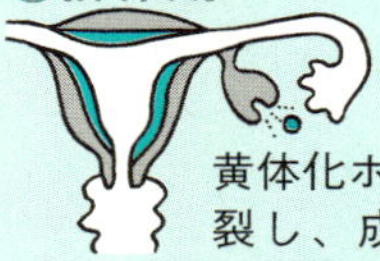

黄体化ホルモンの作用で卵胞が破裂し、成熟した卵子が飛び出す（排卵）。飛び出した卵子はすぐに卵管に吸い込まれる

③黄体期

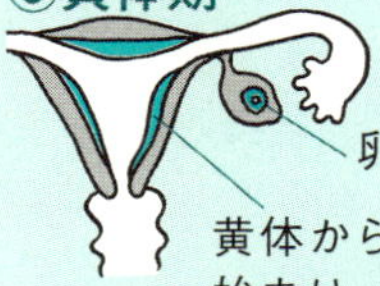

卵胞は黄体となる

黄体からプロゲステロンの分泌が始まり、受精卵が着床しやすいように内膜の性質を変える

④月経

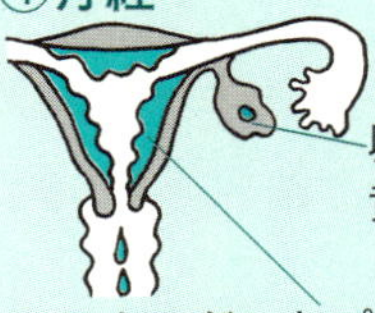

卵子が受精しないと、黄体は約２週間で退化していく

エストロゲンとプロゲステロンの分泌が急に低下し、子宮内膜がはがれて落ちて出血が起きる（月経）

初潮から5年くらいまでなら、周期が不安定で、1か月ほどずれることもあります。更年期で閉経期が近い場合も不規則になります。それ以外に頻発月経や希発月経が起きるときは、卵巣などのホルモン産生異常を疑います。産婦人科へ

30歳以上でこの症状がみられるときは子宮筋腫の疑い。月経痛がひどいときは子宮内膜症が疑われます。産婦人科へ

過多月経と呼ばれる症状です。子宮筋腫など子宮内膜に慢性の炎症があったり、出血性疾患や、肝硬変、高血圧症など全身性の病気がある場合にみられます。とくに血液のかたまりが多量に出るときは要注意です。産婦人科で検査を

のことも多い。排卵性の場合もホルモンの乱れが原因となる。希発月経は月経開始から排卵までの卵胞期が長いために起こり、一方、頻発月経は卵胞期が短いか、または排卵開始から次の月経までの黄体期が短いために起こる。

●治療●基本的に、妊娠を希望する人以外は治療の必要はない。妊娠を望む人や無排卵性の場合には、排卵誘発剤やホルモン剤を使用して月経周期を調整する。

過少月経　過多月経

月経周期は正常でも、出血量が正常範囲より少ない状態を過少月経、多い場合を過多月経という。

過少月経　出血は一日と続かず、血性のおりもの程度のこともある。卵巣ホルモンに対する子宮内膜の反応が低下している状態で、希発月経と同様、無排卵性月経や子宮発育不全、子宮萎縮《いしゅく》などが原因となる。排卵に異常があればホルモン療法が行なわれるが、卵巣や子宮に異常がなく、出血期間が短いだけの場合は治療の必要はない。

過多月経　月経血に血のかたまりが混じったり、出血量が多いと貧血になる。原因としては、子宮筋腫《きんしゅ》や子宮腺筋症、子宮内膜ポリープなど子宮自体の病気のほか、若い女性では、ホルモンの働きの乱れで起こることが多い。ほかに出血性疾患や肝硬変、高血圧症など全身性の病気でもみられる。原因治療が優先され、症状がひどいときは、経口避妊薬や止血剤を内服する。

月経困難症

月経時に下腹部の痛みや腰痛、頭痛などがあらわれる場合を月経困難症という。

●症状●月経が始まると同時、あるいは前日ごろから下腹部痛、腰痛、吐き気、嘔吐《おうと》、頭痛、乳房痛などが起こる。下腹部痛は、ふつう月経開始後一～二日でおさまるが、人によっては月経期間中、または終了後も数日続くことがある。

●原因●子宮筋腫《きんしゅ》、子宮内膜症、子宮内膜炎などの病気が原因となる病気の場合と、原因となる病気が認められない場合がある。いずれも子宮内膜でつくられるプロスタグランジンというホルモンが、子宮筋層を過度に収縮させるために起こる。

●治療●原因疾患の治療が優先されるが、痛みが強い場合は、抗プロスタグランジン性の鎮痛剤や、漢方薬、経口避妊薬が処方される。

卵巣の形成異常

卵巣の形成異常は性染色体異常による先天性のもので、ターナー症候群と呼ばれる。生まれつき卵巣組織が認められず、ひも状（索状痕跡様）のものになっている。卵巣から女性ホルモンが分泌されないため、第二次性徴が出現せず、必然的に無月経となる。そのほか低身長、翼状頸《よくじょうけい》（鳥が翼を広げたような首の形）など特有の症状がみられる。

診断には染色体検査が行なわれ、成長ホルモンが用いられる。無月経には、思春期になって薬物療法が行なわれる。

子宮の形成異常

子宮の形成異常には、重複子宮、双角《そうかく》子宮、弓状《きゅうじょう》子宮、中隔子宮、単角子宮など、さまざまな種類がある。いずれの場合も自覚症状はなく、また原因も不明である。

これらは不妊症や流・早産の原因になることがあり、その際に超音波検査などで発見されることが多い。軽度であれば妊娠、出産は可能だが、不妊症や習慣性流・早産の原因となる場合には治療が必要で、形成手術によって正常に近い形に整復が可能である。

外陰と腟の形成異常

先天的に腟や外陰に外形上の異常があれば、生後すぐに病院などで発見されることが多い。外形には個人差もあり、病的な例はまれなので、治療法などについては、担当医とよく相談する必要がある。

半陰陽

半陰陽とは、性器の形だけでは男女の区別ができず、両方の性の特徴をもっている状態をいう。真性半陰陽と男性仮性半陰陽、女性仮性半陰陽の三種類がある。

●症状●真性半陰陽は、精巣《せいそう》と卵巣の男女両方の性腺をもつもの。性染色体異常による性腺の発育異常が原因だが、きわめてまれである。男性仮性半陰陽は、性染色体と性腺は男性なのに外性器が女性化しているもの。精巣の発育不全や先天性代謝異常、妊娠中の母体への女性ホルモン投与などさまざまな原因で起こる。女性仮性半陰陽は、性染色体と性腺は女性なのに、外性器は陰核の肥大など男性化しているもの。胎児期に大量の男性ホルモンにさらされたときにみられ、大部分は男性ホルモンが過剰分泌される先天性副腎過形成が原因である。

●検査●出生時に外陰部に異常がみられたら、正確に性別を調べる必要がある。性染色体など細胞の専門的な検査が受けられる医療機関を受診することが大切だ。

幼児期に早くも第二次性徴が起こった場合や、思春期になって女子であるはずなのに初潮がない場合、また、陰核の肥大などの男性化が起こってくる場合とか、逆に男子であるはずなのに乳房が大きくなる場合などは、早めに専門医の診察を受けたい。

●治療●早期に男か女かを決め、手術できる時期がきたら、外性器の形成術などが行なわれる。ただし、人によっては染色体と社会生活上の性を一致させないほうがよい場合、つまり染色体は男でも女としたほうが自然な社会生活を送れると考えられる場合もあるため、治療の是非について慎重に検討する必要がある。

鎖陰

処女膜や腟、子宮などの女性性器の一部が閉鎖している状態をさすが、さらに欠損した状態を含めると、主なものに処女膜閉鎖、腟閉鎖、腟欠損症などがある。いずれも思春期に初潮がないため、産婦人科などを受診して発見されるケースがほとんどである。

処女膜閉鎖・腟閉鎖　月経があっても、血液の流出路が閉鎖されているので血液が排出されず、腟内や子宮内にたまってしまう。そのため、月経のたびに激しい下腹部痛が起こる。ひどくなると下腹部がふくらんで、排尿障害を起こす。治療は簡単で、閉鎖した部分を切開するだけで治る。後遺症はなく、セックスにも支障はない。

腟欠損症　子宮の欠損をともなう場合が多いため、月経がみられず、月経の貯留による痛みなどの症状もない。外陰部はほぼ正常なので、初潮をみるころになって無月経が続いて初めて異常に気づくことがある。人工造腟術によって性交は可能となるが、子宮の欠損をともなう場合は、妊娠・出産はできない。

その他の病気

子宮筋腫 （→P213）
子宮内膜症 （→P213）
子宮付属器炎 （→P214）
月経前症候群 （→P204）
更年期障害 （→P29）
高血圧症 （→P47）
肝硬変 （→P30）

おりもの・不正出血

スタート

月経でもないのに出血がありましたか？

- はい → 妊娠中あるいは妊娠の可能性があり、下腹部の痛みをともないますか？
  - → 急げ！ 流産、あるいは妊娠初期なら子宮外妊娠、胞状奇胎、中期以降なら胎盤の異常が疑われます。すぐに産婦人科へ
  - ↓ 性交後に出血が起こりましたか？
    - → 急げ！ 子宮頸管ポリープ、子宮腟部びらんの疑いがあります。子宮の重い病気の可能性もあるので、すぐに産婦人科へ

  - ↓ おりものをともなう出血がありましたか？
    - → 子宮頸管炎、子宮腟部びらん、子宮頸管ポリープ、子宮内膜炎、子宮付属器炎などが疑われます。産婦人科へ
  - ↓ 月経痛が激しくて出血量も多く、月経以外に出血がありますか？
    - → 急げ！ 子宮筋腫や子宮内膜症の疑いがあります。産婦人科へ
  - ↓ 更年期を過ぎて閉経を迎えたはずなのに、突然出血がありましたか？
    - → 急げ！ ときに萎縮性腟炎にもみられますが、子宮の重い病気の疑いも。至急、産婦人科で検査を
    - ↓ 子宮の炎症や感染症、悪性の病気のほか、卵巣機能の異常によるホルモンの変化が不正出血の原因となります。まれに出血しやすい血液疾患でも起こることがあります。月経と違う出血をみたときは、必ず産婦人科で検査を

- いいえ ↓ 黄色い泡状のおりもので悪臭があり、陰部のかゆみをともないますか？
  - → トリコモナス腟炎の疑いがあります。産婦人科へ
  - ↓ 酒かすのような白いおりもので、陰部の強いかゆみをともないますか？
    - → カンジダ腟炎が疑われます。産婦人科へ
  - ↓ 黄色いクリーム状または粘性のおりもので、いやなにおいをともないますか？
    - → 非特異性腟炎、萎縮性腟炎の疑いがあります。産婦人科へ
  - ↓ 黄緑色の膿のようなおりもので、陰部のかゆみをともないますか？
    - → 急げ！ 淋菌性腟炎（淋病）の疑いがあります。産婦人科へ
  - ↓ 白色または黄色っぽい粘性のおりもので、血が混じりますか？
    - → 子宮頸管炎、子宮腟部びらん、子宮頸管ポリープなどが疑われます。産婦人科へ
    - ↓ 月経と月経の間や性的興奮時、妊娠時では生理的におりものが増えます。おりものがいつもより多い、あるいは色がついているときは、子宮内膜炎や、卵巣と卵管など子宮付属器の炎症、骨盤腹膜炎などが疑われます。血性のものが混じるときは悪性のこともあるので、すぐに産婦人科で検査を

◆◆考えられる病気◆◆

子宮内膜炎

子宮内の粘膜に細菌などが感染して起こる炎症。多くは腟炎や子宮頸《けい》管炎に続発する。

●症状●血や膿《うみ》の混じったおりものが増える。子宮の圧痛や下腹部の痛み、腰痛、過多月経、不正出血、発熱もあら

われることがある。

●原因●主な病原菌は、大腸菌、ぶどう球菌、淋菌、クラミジアなど。流産や早産、分娩、人工妊娠中絶のあとに感染することが多い。避妊具などの異物、月経時の不衛生なども、感染の原因となる。

●治療●安静にして、病原菌に応じた抗生物質や消炎剤を使用する。人工妊娠中絶したときの残留物が子宮内にあるときは、掻爬《そうは》で取り除く。

子宮内膜症

子宮内膜および子宮内膜様の組織が、卵巣や卵管など子宮内腔《くう》以外の場所に発生し、増殖する病気。子宮の筋層中に発生した場合は、とくに子宮腺筋症と呼ぶ。月経がある女性に起こり、思春期や閉経後にはほとんど起こらない。

●症状●激しい月経痛や下腹部痛、腰痛など。月経痛は、月経が起こるごとに強まるという特徴がある。周囲臓器との癒着《ゆちゃく》があると、月経時以外にも下腹部痛や腰痛を感じる。

●原因●内膜細胞を含んだ月経血が一部逆流して別の場所に飛び火するという説や、環境汚染物質のダイオキシンの影響など諸説あるが、明確には解明されていない。

●治療●症状が軽い場合は、ホルモン療法や鎮痛剤で症状をコントロールする。癒着や卵巣のはれなど、症状が重い場合には手術が行なわれる。

子宮筋腫

子宮の筋肉にできる良性の腫瘍《しゅよう》で、三〇～四〇歳代の女性に多く発生する。

●症状●筋腫《きんしゅ》の発生場所や発育の程度によって異なるが、主な症状には、過多月経、不正出血、月経痛がある。月経に血のかたまりが混ざるようになると、顔色が悪くなったり、息切れなどの貧血症状があらわれる。筋腫が大きくなると、下腹部にしこりが触れるようになり、頻尿や便秘などが起こることもある。

●原因●思春期前や閉経期の発症がないことから、女性ホルモン（エストロゲン）の働きが筋腫の発生・発育に関与していると考えられているが、十分に解明されていない。

●治療●筋腫の大きさや症状の程度、年齢や妊娠の希望などを考慮して治療の可否が決められる。若くて妊娠の可能性を残しておきたい人や、妊娠中に筋腫が発見された人、更年期に近い人は、定期的な検査を受けて経過をみる。しかし、途中で症状が悪化したり、筋腫が大きくなったときは、手術が必要になる。

子宮頸管炎

子宮頸《けい》管に大腸菌、淋菌、クラミジアなどの病原菌が感染して起こる炎症。多くは腟炎が子宮頸管に及んで起こる。

●症状●急性期には膿《うみ》を含んだ黄色っぽいおりものが増え、慢性期には水様あるいは粘液性のおりものが出る。おりものによって外陰部のかゆみが起こる。子宮体部や卵管、卵巣などに炎症が広がると、発熱や痛みがあらわれる。

●治療●腟内を消毒・洗浄し、病原菌に応じた抗生物質や抗菌剤を用いる。

子宮腟部びらん

子宮の入り口付近が、一見ただれたように赤く見える状態。成熟期の女性にみられる生理的なもので、多くは病的なものではない。

●症状●びらんが大きいと、細菌の感染や刺激を受けて炎症が起こりやすく、おりものが増えたり、性交時の接触出血がみられることがある。

●治療●炎症が起きていれば、抗生物質などの腟錠を挿入して治療する。軽いびらんはこれでよくなるが、治らない場合は、びらんを電気やレーザーで焼灼《しょうしゃく》する。

子宮頸管ポリープ

子宮頸《けい》管の内膜の一部が増殖して、やわらかいキノコ状の腫瘍《しゅよう》ができ、子宮口から腟内に飛び出した状態をいう。

●症状●ときどき出血がみられ、とくに性交時に接触出血が起こる。しかし、無症状の場合もあり、診察時にたまたま発見されることも多い。

●原因●原因は不明だが、子宮頸部の炎症や、ホルモンの作用が関与するのではないかと考えられる。

●治療●細胞を調べ、がんでないことを確認したうえで、ポリープを切除する。外来で簡単に手術できるが、大きなポリープの場合は、入院が必要になることもある。また、再発もみられる。

子宮付属器炎

卵管と卵巣を合わせて子宮付属器といい、これらの器官に細菌などが感染して炎症を起こす病気。炎症が広がると骨盤腹膜炎を併発したり、慢性化すると不妊や子宮外妊娠の原因になることがある。

●症状●高熱や下腹部痛などを急激に発症し、おりものが増える。また、吐き気や嘔吐《おうと》、腰痛、不正出血などをともなうこともある。

●原因●クラミジアや淋菌、大腸菌などの病原菌が感染して起こる。背景として感染者との性行為、流産や分娩、避妊具、抵抗力の低下などがあげられる。

●治療●原因菌に応じた抗生物質が用いられる。痛みがひどいときは消炎鎮痛剤が処方される。周囲組織との癒着《ゆちゃく》がある場合には、手術の対象になることもある。

トリコモナス腟炎（腟トリコモナス症）

トリコモナスという原虫が、主に性交感染によって、腟あるいは外陰部に炎症を起こす病気。汚染された下着、便器などから感染することもある。

●症状●外陰部に強いかゆみや痛みを感じる。おりものは泡状で黄色みをおび、鼻にツンとくる悪臭がある。おりものの刺激で腟粘膜がただれ、性交時に出血したり、おりもので尿道口が刺激されると排尿時にしみたり、痛みが起こることがある。

●治療●抗トリコモナス剤の腟錠や内服剤が使用される。かゆみに対しては、抗ヒスタミン剤や副腎皮質ホルモン剤の軟膏《なんこう》やクリームを塗布する。再発しやすいので、医師の指示に従って徹底的に治療することが大切だ。

また、必ずセックスパートナーと一緒に検査・治療を受け、治療中の性行為にはコンドームを着用する。

カンジダ腟炎（腟カンジダ症）

カンジダという真菌（カビ）の一種が、腟内に繁殖して炎症を起こす病気。おりものの異常で受診する人の約一割はこの病気だといわれる。

●症状●酒かすやカッテージチーズのような白っぽいおりものが増え、腟内や外陰部に強いかゆみが起こる。多くは外陰炎を併発し、このため腟口を中心とした外陰部が赤くはれることもある。

●治療●抗真菌剤の腟錠や内服剤が用いられ、外陰炎に対しては軟膏《なんこう》やクリームを塗る。完全に治るまで四～五週間を要する。

性交感染することもあるので、ときに配偶者やセックスパートナーも検査を受ける必要があり、治療中の性行為にはコンドームを使用する。

非特異性腟炎

カンジダ菌やトリコモナスなど特定の病原微生物ではなく、一般細菌の感染によって起こる腟炎の総称。

●症状●悪臭のある、黄白色のクリーム状または粘性のおりものが増える。おりものが外陰部を刺激するため、かゆみを感じる。

●原因●原因菌は大腸菌、ぶどう球菌、連鎖球菌など。腟内にタンポンを入れたままにしたり、または全身的な病気によって、腟の自浄作用が低下した場合に感染しやすい。

●治療●抗生物質などの腟錠を挿入して治療する。炎症が周囲に広がっている場合は、外用剤や内服剤を併用する。

萎縮性腟炎（老人性腟炎）

卵巣機能の低下により、女性ホルモンの分泌が減少するため、腟の自浄作用が衰えて起こる非特異性腟炎（一般細菌による腟炎）をいう。

●症状●膿《うみ》を含んだ粘性のおりものが増え、ひどくなると血が混じる。腟にうるおいがなくなるので、性交痛があったり、出血しやすくなる。かゆみはあまりない。

●治療●がんでないことが確認されたら、子宮出血を起こさない女性ホルモン（卵胞ホルモン）を含む腟錠と、抗生物質の腟錠が併用される。

子宮外妊娠

受精卵が、卵管や卵巣、腹腔《くう》など子宮腔以外の場所に着床する妊娠をいう。ほとんどは卵管の粘膜に着床した卵管妊娠である。

●症状●初期には、下腹部の鈍痛と少量の出血など、ふつうの流産とほぼ同じ症状が起こる。受精卵が大きくなると、卵管の先から押し出されるか、卵管が破裂して腹腔内に大出血が起こる。出血が多いとショック状態に陥ることもある。

●原因●卵管妊娠の場合、卵管炎の後遺症による卵管の癒《ゆ》着《ちゃく》や狭窄《きょうさく》などが主な原因。

●治療●着床部位を切除して止血する手術が一般的だが、破裂していない場合は、卵管を保存する手術も行なわれる。

胞状奇胎

胎盤のもとになる絨毛《じゅうもう》が変性・増殖して、サケの卵のように液体を含んだ粒状になる異常妊娠を胞状奇胎《ほうじょうきたい》という。胎児はごく初期に死亡・消滅している。

●症状●妊娠初期の不正出血、強いつわりなどが起こる。

●治療●超音波検査で診断がつき、子宮内掻爬《そうは》を行なう。その後、絨毛がんが発生することがあるので、約二年間は定期検査を受け、主治医の許可が出るまでは妊娠は避ける。

骨盤腹膜炎

子宮や膀胱《ぼうこう》、直腸などの表面をおおう腹膜を骨盤腹膜という。その部分に病原菌が感染して起こる炎症をいう。

●症状●急に四〇度近い高熱が出て、激しい下腹部痛が起こる。血性のおりものがあり、寒けがしたり、吐き気や嘔吐《おうと》をともなうことも多い。

●原因●原因菌は大腸菌、ぶどう球菌、淋菌、クラミジアなどで、多くは子宮内膜炎や子宮付属器炎に続いて起こる。流産や早産、分娩、人工妊娠中絶のあとに感染しやすい。

●治療●入院して、原因菌に有効な抗生物質の点滴などを受ける。炎症がひどく、骨盤内に膿《うみ》がたまってしまったときは、手術で排膿《はいのう》する。

その他の病気

淋病（→P169）

更年期障害（→P29）

性欲減退・不感症

スタート

性欲が起きないのですか？

はい → 性交に対して嫌悪感がありますか？

いいえ → セックスに対して満足感が得られませんか？

性交に対して嫌悪感がありますか？ → 不感症が疑われます。

妊娠中あるいは出産直後の人ですか？

妊娠・出産が原因と思われます。心配ありません

40歳代後半以降の人ですか？

頭痛やめまい、発汗、動悸など多様な症状をともなうときは更年期障害かもしれません。産婦人科に相談を

全身の倦怠感や不安、気分の落ち込みなどを感じることが多いですか？

うつ病または躁うつ病、全般性不安障害が疑われます。精神科へ

不感症が疑われます。幼児期の体験、あるいはパートナー間の不和やストレスなど精神的な原因で起こることがあります。また、男性と女性の生理・性感の違いも原因となります。気になるときは、精神科・心療内科に相談を。まれにホルモンの分泌異常で起こることもあるので、その場合は産婦人科へ

結婚していますか？　または、特定のパートナーがいますか？

性行為に対する潜在的な不安感・嫌悪感などが原因となることがあります。あるいは女性の性的興奮のスピードが男性よりもゆっくりなため、男性の行為に満足できないことも考えられます

夫などのほかに、同居している家族がいますか？

家族が起きている、あるいは、目を覚ますのではないかという生活環境では、気になってセックスに気分がのらないことがよくあります

住まいが集合住宅で、ふだんから隣近所の音がよく聞こえますか？

セックスのときの物音がよそに聞こえるのではないかという心配があるため、十分な快感が得られないのもしれません

男性の行為に不満がありますか？

勇気をもって自分が快感を得られる愛撫や体位を相手に伝え、理解と協力を促しましょう。性行為では互いの思いやりとコミュニケーションを大切に

◆◆考えられる病気◆◆

不感症

女性で性欲があるのに、性交時の快感（オルガスムス）が少ないか、まったく得られない状態をいう。性交に対する不安や嫌悪、恐怖など心因性の場合が多い。暴力的な初体験や、性的な劣等感がある場合も快感が得られないことがある。また、性器の炎症などによる性交時痛、性器の発育不全も原因となる。男性側の原因には、早漏、性的無知などがあげられる。

　原因は複雑なので、治療にはまず原因を明らかにすることが第一。心理療法が必要な場合も多い。

その他の病気

うつ病（→P187）
躁うつ病（→P187）
全般性不安障害（→P193）
更年期障害（→P29）

親だからわかる異常のサイン

子どもの症状と病気

病状を的確に表現できない子どもにとって、親の冷静な判断と迅速な手当は何よりの頼りです。そのためには子どもの症状をよく観察することが大切ですが、もし判断に迷ったら、該当するチャートを開いてください。それが急を要する症状なのか、どんな病気が疑われるのかがわかります。しかし、このチャートはあくまでも判断の１つの目安です。最終的な診断は医師に仰ぎましょう。

症状の見方と医者のかかり方

子どものからだの異常に最初に気づくのは、子どもの家族です。しかし、ふだんの子どもの健康状態をよく知っていなければ、変化に気づきにくいものです。平熱や食欲、機嫌、睡眠、表情などを日ごろからよく観察しておくことが大切です。

ふだんとの違いに注目し全身状態から判断する

急を要する症状かどうかは、全身状態をみて判断します。子どもの場合、下痢や発熱などいつもと違う症状があっても、機嫌がよく、元気・食欲があるなら、少し様子をみても大丈夫なことがあります。ただし、子どもの病気は病状が急速に変化することがあるので、下図のような症状にはとくに注意しながら、観察しましょう。

●●●からだの部位別・観察のポイント●●●

[全身症状]
- ●機嫌が悪く、よくぐずる
- ●元気がなく、あまり動かない
- ●あやしても笑わない
- ●泣き方が弱々しい、または激しい
- ●ぐったりして力が入らない
- ●寝つきが悪く、眠りが浅い
- ●お乳の飲みが悪い・食欲がない
- ●体重があまり増えない
- ●吐く

[顔つき・表情]
- ●顔色が赤い、または青白い
- ●泣いたときや入浴のとき、顔や唇が紫色になる
- ●表情が乏しい

[目]
- ●白目が赤い、または黄色い
- ●まぶたがはれる・むくむ
- ●生後1か月を過ぎても光を目で追わない
- ●目がトロンとしている・視線が定まらない

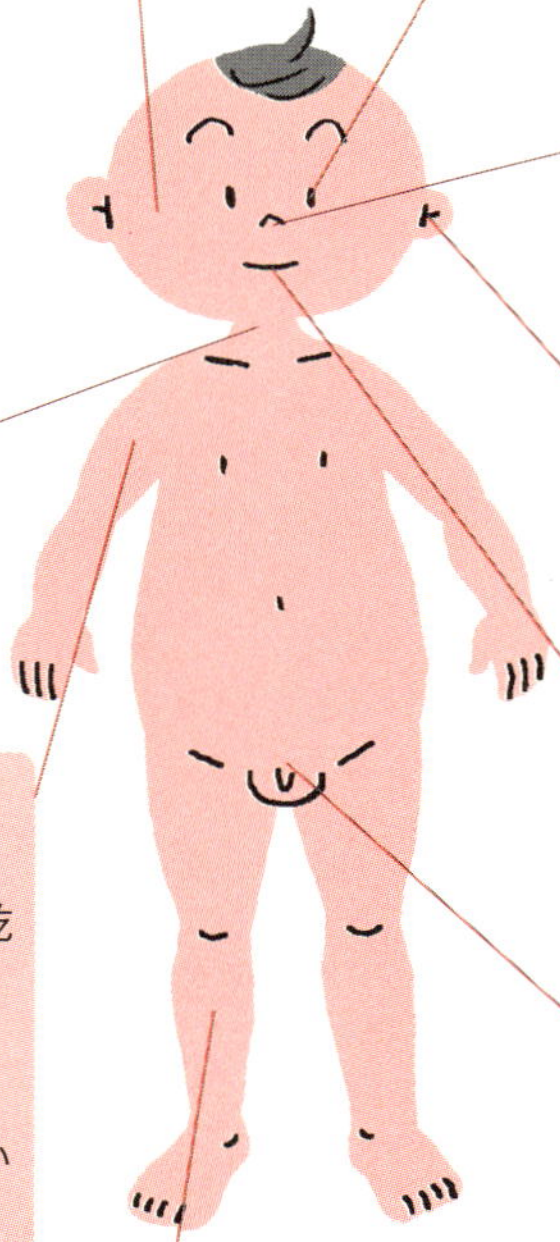

[鼻]
- ●鼻がつまる・口で呼吸する
- ●鼻血が出やすい
- ●鼻水に悪臭がある

[熱・脈拍・呼吸]
- ●ふだんより熱が高い
- ●せきが出る・ゼイゼイする
- ●呼吸や脈が速く、苦しそう
- ●肩で息をする

[耳]
- ●音や呼びかけに反応しない
- ●耳をしきりにさわる
- ●耳だれがある・痛がる

[皮膚・からだ]
- ●皮膚につやと弾力がない
- ●湿疹・発疹・ただれ・水疱・乾燥・できものなどがある
- ●皮膚の色がおかしい
- ●むくみがある
- ●おなかが張る・ふくらむ・かたいしこりがある

[口]
- ●よだれが目立って増えた
- ●口の中を痛がる
- ●舌にブツブツがある

[便・尿]
- ●便がかたい・便秘がち
- ●便がゆるい・下痢しやすい
- ●便に血が混じる・どす黒く腐敗臭がある
- ●尿の回数・量が多い、または少ない
- ●排尿時に痛がる
- ●尿の色・においがおかしい

[手足・からだの動き]
- ●手足を動かさない・動きがぎこちない
- ●足の開きが悪い・左右の足の長さが違う
- ●手足をかたくして、突っ張る
- ●けいれんを起こす

医者にかかるタイミングと目安

　夜間などに急に子どもの具合が悪くなると、一刻も早く受診すべきか迷うことがあります。しかし、機嫌がよく元気があるなら、朝になるのを待って、病院の診療時間内に受診すればよいでしょう。

　機嫌が悪く、元気がなくてぐったりし、下図のような症状がみられる場合は、大至急、受診します。下図以外でも症状が激しい場合や、ひんぱんに繰り返したり、しだいに強くなるような場合は、急いで受診します。

　生後三か月未満の赤ちゃんに三八度以上の高熱がある場合は、それだけで緊急事態と判断し、受診します。

　症状や発病の経過をメモしておくと、受診時に正確に医師に伝えられます。吐いた物や血便などがあれば、持参すると診断に役立ちます。

急を要する症状

　緊急の事態かどうかは、全身状態や機嫌のよし悪し、元気があるかどうかが判断のポイントになります。気になる症状が見つかったとき、機嫌が悪く、元気がなくてぐったりしているのであれば、早めに受診します。とくに、ここにあげたような症状がある場合は、一刻も早く受診してください。

けいれんを起こした

繰り返し起こるけいれんや、高熱時のけいれんがおさまっても意識がはっきりしないときは危険

嘔吐や下痢を繰り返し、ぐったりする

激しい嘔吐や下痢は、体力の消耗と脱水症状を引き起こすことが多い

乳児の泣き方の異常

火がついたように激しく泣くか、逆に弱々しく泣くのは、重い症状のサインの可能性が高い

高熱が出た

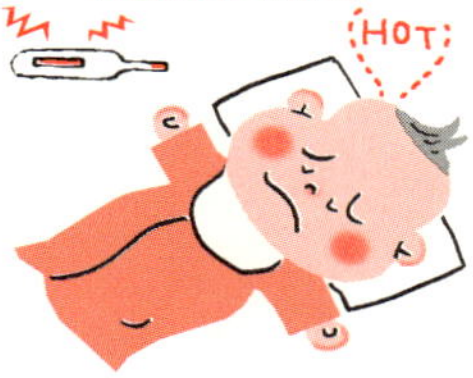

とくに3か月未満の赤ちゃんの38度以上の高熱は、機嫌に関係なく、すぐに小児科へ

血便が出た

下痢や便秘、激しい腹痛や嘔吐をともなう血便は非常に危険なので、大至急、小児科へ

顔色や唇の色が悪い

顔色が青白く、唇や爪が紫色になるチアノーゼが急に見られる場合は、重症のことが少なくない

呼吸が苦しそう

せきが出たり、ゼーゼー、ヒューヒューいう喘鳴のため、呼吸困難になることもある

脱水症を起こした

水分を受けつけず、唇が乾いたり目が落ちくぼんだりし、半日以上尿が出ていない場合は危険

視線が定まらない

目がトロンとしてうつろで、視線が定まらず、表情に生気がない場合は、意識障害が疑われる

反応が乏しい

意識がはっきりせず、呼びかけても反応が鈍いときは、脳に障害が起きている可能性もある

予防接種の上手な受け方

生後六か月を過ぎた赤ちゃんは、母体からもらった免疫がなくなり、感染症にかかりやすくなります。予防接種は、赤ちゃんを感染症から守り、健康維持に役立ちます。

予防接種法に基づき、予防接種は、勧奨接種（定期接種）と任意接種に分けられます。勧奨接種は接種時期（年齢幅）が定められており、自治体から無料券が配布されますが、実際に受けるかどうかは、保護者の判断にゆだねられます。任意接種は保護者が自分でスケジュールを決め、自費で受けます。

予防接種の種類によって、接種の時期や回数が異なるので、保健所や自治体で配布される資料などをよく読み、接種年齢になったら、体調がよいときに順に受けていくとよいでしょう。

●●●予防接種の種類と接種時期●●●

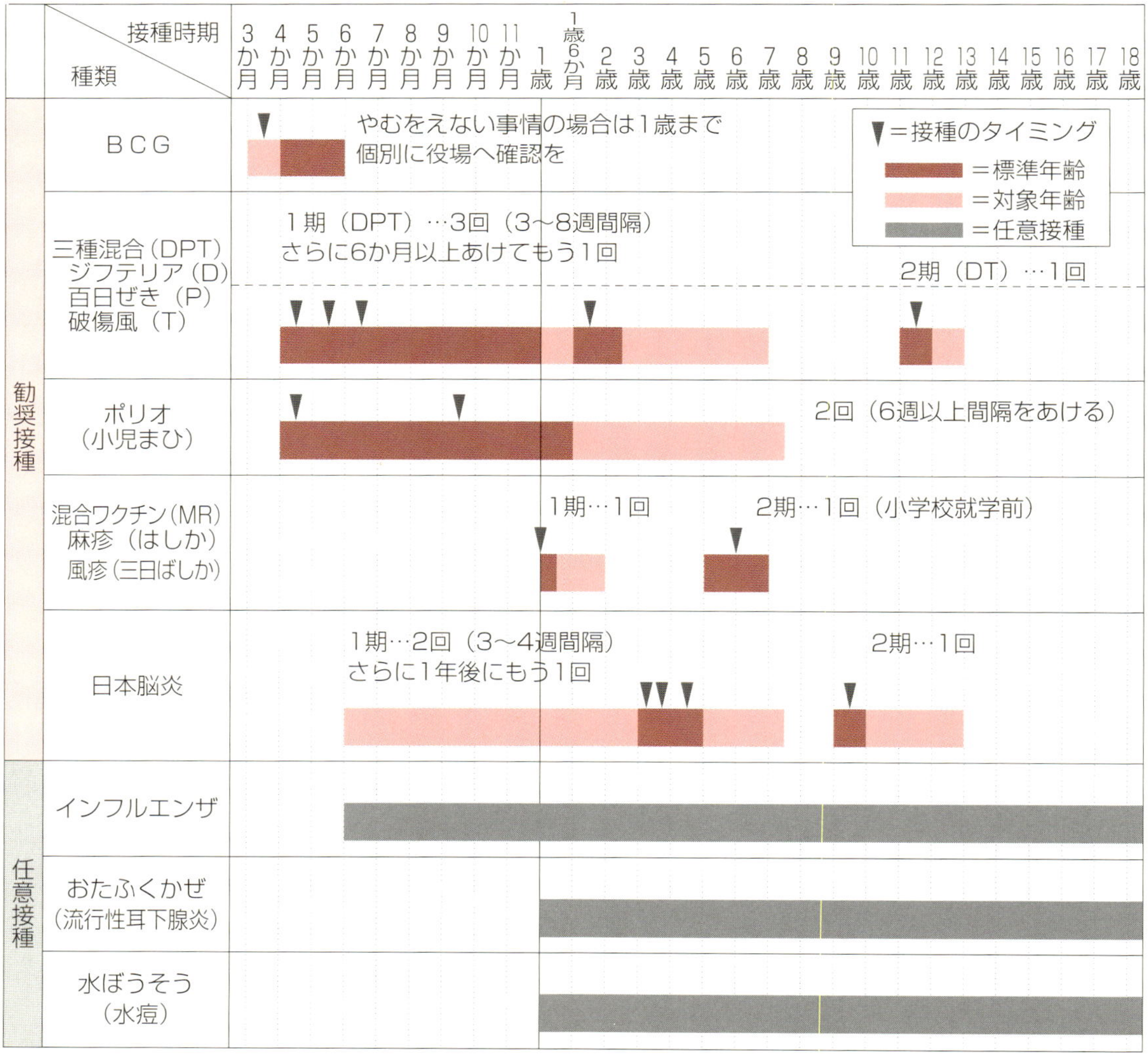

接種時期
種類
3か月 4か月 5か月 6か月 7か月 8か月 9か月 10か月 11か月 1歳 1歳6か月 2歳 3歳 4歳 5歳 6歳 7歳 8歳 9歳 10歳 11歳 12歳 13歳 14歳 15歳 16歳 17歳 18歳
勧奨接種
BCG
やむをえない事情の場合は1歳まで
個別に役場へ確認を
▼＝接種のタイミング
＝標準年齢
＝対象年齢
＝任意接種
三種混合（DPT）
ジフテリア（D）
百日ぜき（P）
破傷風（T）
1期（DPT）…3回（3〜8週間隔）
さらに6か月以上あけてもう1回
2期（DT）…1回
ポリオ
（小児まひ）
2回（6週以上間隔をあける）
混合ワクチン（MR）
麻疹（はしか）
風疹（三日ばしか）
1期…1回
2期…1回（小学校就学前）
日本脳炎
1期…2回（3〜4週間隔）
さらに1年後にもう1回
2期…1回
任意接種
インフルエンザ
おたふくかぜ
（流行性耳下腺炎）
水ぼうそう
（水痘）

知っておきたい小児がんの知識

子どものがん（小児がん）は、成人のがんに比べると発生頻度が低いとはいえ、先天性異常や事故と並び、死亡原因の上位を占めています。

子どものがんの大半は、白血病や脳腫瘍《しゅよう》、神経芽《が》細胞腫《しゅ》、悪性リンパ腫などの「肉腫」です。そのなかでも、血液のがんである白血病が最も多く、小児がんの約三分の一を占めています。

子どものがんは、進行が早く転移しやすいのが特徴で、発見したときはすでに全身に広がっていることも少なくありません。その場合、手術だけでは治せないので、薬による治療（化学療法）も行なわれます。

さいわい、子どものがんは薬や放射線に対する反応がよいので、現在では、手術と化学療法を併用した治療法によって、約半数の小児がんは治せるようになってきました。

子どものがんも、大人と同様に早期発見、早期治療が重要です。顕著な症状を示さないものもありますが、家族はふだんから子どものからだをよく観察し、異常があれば早く気づくことが大切です。自治体などで行なわれる定期健診なども必ず受けるようにしましょう。

●●●部位別がんの症状と治療●●●

	白血病
	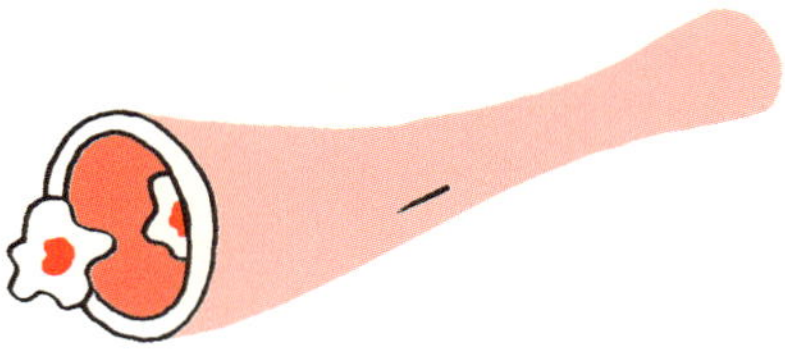
症状の特徴	●白血球をつくる細胞が悪性化して異常に増え、血液をつくる組織が侵され、正常な血液をつくる働きが低下する ●発熱、顔色が悪い、疲れやすいなどの全身症状が続く ●赤血球や白血球、血小板などの減少により、貧血を起こしやすくなったり、重い感染症にかかりやすくなったりする ●皮下や鼻、歯ぐきなどから出血しやすい、出血すると止まりにくい ●白血病細胞の浸潤による骨や関節の痛み、リンパ節や肝臓、脾臓のはれなどがみられることもある
好発年齢	●発症年齢は二～三歳児に最も多く、年長になるにしたがって減少する ●子どもの場合は、急性リンパ性白血病が約七〇%を占め、約二〇%が急性骨髄性白血病
検査と治療法	●血液検査と骨髄穿刺によって採取した骨髄液の検査で診断がくだされる ●白血病にはリンパ性と骨髄性があり、それぞれに急性と慢性がある。白血病のタイプに応じ、複数の抗がん剤を組み合わせた治療が行なわれる ●病状によっては、骨髄機能の回復をはかる寛解導入療法に続き、抗がん剤を服用する維持療法が続けられる。この間、赤血球や血小板の減少を防ぐ成分輸血や感染症対策なども行なわれる ●薬だけでは治療が難しい場合は、放射線療法や骨髄移植が行なわれることもある ●治療に二～三年はかかるが、最近は治療成績が向上し、五年生存率は、急性リンパ性白血病で七〇～八〇%、急性骨髄性白血病で六〇～七〇%で、完全寛解するケースが増えている

	脳腫瘍	悪性リンパ腫	神経芽細胞腫	ウイルムス腫瘍
		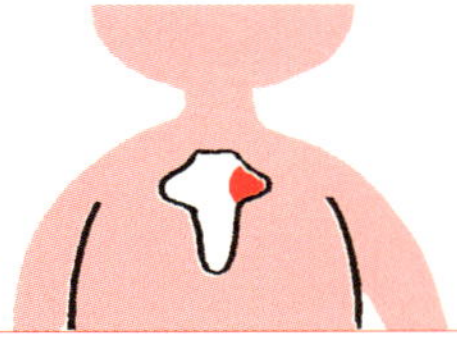	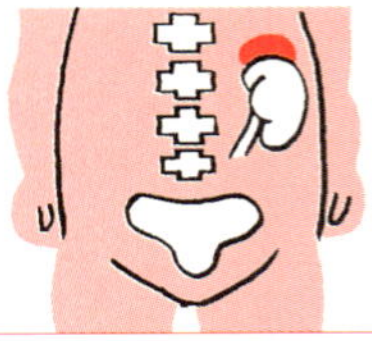	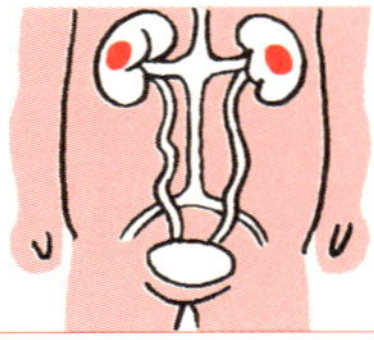
症状の特徴	●約半数が小脳や間脳に発生。初期には脳圧亢進による頭痛や吐き気・嘔吐などが起こるが、小さな子どもでは症状がはっきりせず、不機嫌なだけのこともある ●進行するとけいれんや意識障害、ふらつき、歩行困難、手足のまひ・しびれ、目の異常などもみられる	●リンパ組織に発生する悪性腫瘍。ホジキン病と非ホジキン病に大別され、頸部や縦隔（肺）、腹部のリンパ組織に発生することが多い ●リンパ節がはれるが、痛みはない ●呼吸困難、むくみ、腹痛を起こしたり、病気が全身に広がって白血病と区別しにくいこともある	●腹部のしこりやふくらみ、貧血、発熱、腹痛、体重減少などがみられることが比較的多い ●進行して骨や骨髄に転移すると、手足の骨や関節の痛みを訴える ●目のまわりに転移すると、くまができたり眼球が突出したりする ●七割以上に転移がみられる	●片側または両側の腎臓に腫瘍ができるため腹部が大きくふくれ、しこりを触れることで気づく場合が多いが、腫瘍がかなり大きくなるまでは、無症状のことが多い ●進行すると肺に転移し、呼吸困難を起こすことがある。血尿や腹痛があらわれることがある
好発年齢	●乳児が発病する例は比較的少なく、多くは年長児に発病する	●半数以上は三～一〇歳の子どもにみられ、三歳以下の発病はまれ ●女児よりも男児に多く発症する傾向がある	●五歳以下の乳幼児に起こる腫瘍で、子どもの腹部のがんでは最も多い。半数以上は三歳までに発病している	●子どもに特有の腎臓のがんで、多くは七歳未満に発病する ●とくに二～三歳で発病するケースが大半を占める
検査と治療法	●手術で腫瘍を取り除く ●手術が難しい場合には、放射線療法や抗がん剤による化学療法が行なわれる ●治療成績は年々向上し、最近では五年生存率が五〇～六〇％になっている	●はれたリンパ節や疑わしい組織をとって調べる。骨髄や脳に転移することも多いので、骨髄液や脊髄液の検査が行なわれることもある ●治療は抗がん剤の組み合わせによる化学療法が主体となるが、ホジキン病では放射線療法が併用されることもある ●最近は治療法の進歩により、五年生存率も向上し、治癒に近い長期生存が可能	●以前は尿検査によるマススクリーニングが生後六か月児に実施されていた。現在（マススクリーニングとしての一斉検査）は行なわれていない ●手術で腫瘍を切除し、抗がん剤による化学療法や放射線療法を併用 ●骨や骨髄に浸潤がある場合は、骨髄移植を検討 ●二歳未満の発見では治癒率が高く、とくに一歳未満で発見し、治療した場合は手術の経過も良好	●胎児期に腎臓の細胞のがん化が起こると考えられ、関係する遺伝子が見つかっている ●遺伝的な素因が認められる場合、定期的に腹部超音波検査を受けることが早期発見につながる ●手術で腎臓を摘出し、抗がん剤による治療が行なわれる。放射線療法が併用されることもある ●治療の有効性は高く、新生児期に発見して手術すれば完治も期待できる

骨肉腫・ユーイング肉腫	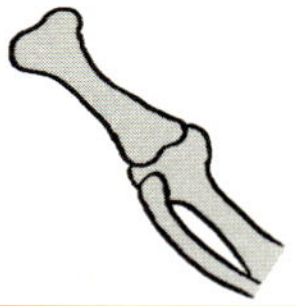	●骨の組織の腫瘍で、初期の段階では、運動のあと関節などの痛みを訴え、進行すると安静時でも痛む ●進行が早く、肺に転移しやすい ●とくにユーイング肉腫はまれな病気だが、悪性度が高い	●骨肉腫は一〇～二〇歳でひざや上腕部に発生することが多い ●ユーイング肉腫は五～一〇歳で骨盤や肋骨に多くみられる	●X線撮影、腫瘍の組織検査などで診断 ●骨の組織にできた腫瘍（肉腫）の切除手術と、抗がん剤による化学療法が併用される。手術が無理な場合は放射線治療が行なわれる
網膜芽細胞腫	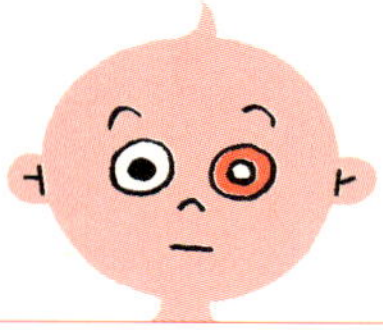	●眼底にできた腫瘍が光に反射し、瞳が白く光って見える（猫目） ●多くは片側の目に発生するが、両目に発生することもある ●視力低下や斜視、充血をともなう場合もある ●脳に転移すると、頭痛や嘔吐などが起こる	●目の網膜にできるがんで、ほとんどは三歳以下で発病する	●一部の症例では染色体異常や遺伝子の関与がわかっており、遺伝によるものは、両目に発生しやすい ●大きな腫瘍の場合、手術で眼球ごと摘出され、放射線療法と抗がん剤治療が併用される ●小さな腫瘍の場合、眼球の摘出はせず、放射線療法や光凝固療法に化学療法が追加される ●予後は良好で、治癒率は九〇％以上
肝芽腫	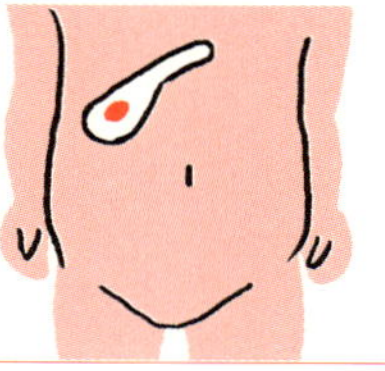	●肝臓の腫瘍だが、初期では肝臓病に特有の黄疸はみられない ●おなかがふくれたり、右上腹部に大きなしこりが触れることで気づくことが多い ●発熱や腹痛、嘔吐をともなうこともある。進行すると黄疸や食欲不振、体重減少などが起こる	●胎児期に肝臓ができる過程の未熟な細胞が、がん化したと考えられており、ほとんどは二歳以下で発病する	●血液中の腫瘍マーカーであるAFP（アルファ・フェトプロテイン）の値の上昇が診断の手がかりになる ●手術でがんができた肝臓の一部を切除するのが治療の原則。その前後に複数の抗がん剤を組み合わせた化学療法が併用される ●成人のがんに比べると、治りやすいとされている
横紋筋肉腫		●筋肉のあるところなら全身のどんな場所にも発生する可能性がある肉腫 ●多くは手足、眼窩、中耳、鼻、咽頭、会陰部、泌尿器などにでき、かたいしこりが触れるようになる	●筋肉にできるがんで、大部分が六歳以下に発病する	●手術で腫瘍の切除が行なわれるが、手足に発症した場合は、広範囲の切除や切断が必要になることもある ●最近では、抗がん剤や放射線などを併用した治療が行なわれ、治療成績が向上している
精巣（睾丸）腫瘍	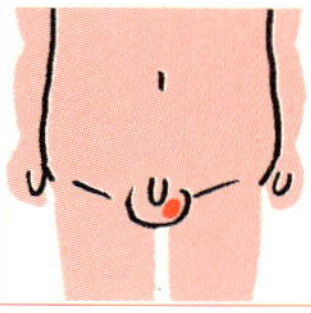	●片側の精巣に、痛みのないはれやしこりができる ●しこりと陰嚢は癒着しないので、陰嚢水腫やヘルニア、精巣炎といったほかの病気と区別できる	●精巣に発生するがんで、一～二歳児に最も多く、大部分が五歳以下で発病する	●腫瘍のできた精巣を切除し、人工精巣を入れる処置が行なわれるが、その後の成長には影響ない ●転移のある場合は、化学療法や放射線療法が併用される

先天性異常とマススクリーニング

代謝や内分泌の先天的な病気のなかには、症状が出てから治療しても、重い知能障害や発育障害を残してしまうものがあります。しかし、早期に治療を開始すれば、健康な子どもと変わらない生活を送れる場合も少なくありません。そこで現在は、早期発見のために、四種類の先天性代謝異常症と二種類の先天性内分泌異常症について、生後五日前後に、新生児マススクリーニング検査が実施されています。

検査方法は、足のかかとなどから血液をとって検査所に送って調べるという簡単なものです。ただしこれは確定診断ではなく、異常の可能性があるかどうかをふるい分ける検査です。検査の結果、異常が疑われた場合は、精密検査が必要になります。

生まれたばかりの赤ちゃんは、代謝能力が十分に発達していないので、異常がなくても検査結果が陽性となることもありますが、その場合は再度検査が行なわれます。

新生児マススクリーニング検査では、赤ちゃんのかかとなどから少量の血液を採取する

先天性代謝異常症

人間の成長・発育には、たんぱく質や糖質、脂肪、ビタミン、ミネラルといった栄養分や食物繊維などが必要です。これらの栄養分は、胃や腸で分解・吸収されて内臓や筋肉に運ばれ、からだに必要な成分に分解・合成されます。このような生命活動の流れを代謝といい、この代謝を制御するのに不可欠なのが酵素という物質です。

酵素の種類は数多いのですが、そのうちどれかの酵素が生まれつき不足していると、その酵素が関係する成分の分解ができず、蓄積が起こります。こうして発症するのが先天性代謝異常症です。

現在、以下にあげる四つの病気がマススクリーニングテストの対象疾患で、いずれも常染色体劣性遺伝によって起こります。

●フェニルケトン尿症

アミノ酸の一つであるフェニルアラニンを代謝する酵素が生まれつきないため、血液中にフェニルアラニンが増加してしまいます。それがフェニルケトンという物質になって、尿に排泄されます。

症状 生後六か月くらいから、表情が乏しい、おすわりや寝返りができない、けいれんなどの症状があらわれます。やがて、皮膚は白く、髪の毛が赤茶色になり、精神発達や運動機能の発達に遅れがあらわれてきます。

治療 生後一か月以内から、医師の指導のもとでフェニルアラニンの少ない特殊なミルクを与え、障害の予防につとめます。食事療法は、生涯、続けます。

●メープルシロップ尿症

アミノ酸の一つであるロイシン、イソロイシン、バリンを代謝する酵素が先天的に欠けています。そのため、ロイシンからできるケト酸が体内に蓄積します。

症状　尿や汗のにおいがメープルシロップに似ていることが特徴です。生後一〜二週間からお乳の飲みが悪くなり、知能の発達に遅れがみられます。症状が進むと嘔吐《おうと》やけいれんを起こし、重症の場合は昏睡《こんすい》状態になることがあります。放置すると、多くは数か月以内に死亡します。

治療　生後一か月以内から、特殊ミルクなど、アミノ酸を制限した食事療法が開始されます。

●ホモシスチン尿症

アミノ酸の一つであるメチオニンを代謝する酵素が先天的に欠乏しています。そのため、メチオニンの中間代謝物質であるホモシスチンが、尿に排泄されます。

症状　歩き始めの遅れなど、運動発達障害や知能障害が一〜二歳からみられ、近視や白《はく》内障《ないしょう》などの視力障害があらわれたり、手足や指が長くなったりします。二〇歳過ぎごろから骨粗鬆症《こつそしょうしょう》、心筋梗塞《こうそく》、脳血栓《けっせん》などを起こし、死亡することもあります。

治療　メチオニンを制限し、シスチンというアミノ酸を多くとる食事療法を生涯、厳しく続けます。薬物療法も効果を上げています。

●ガラクトース血症

糖質（乳糖）の成分であるガラクトースを代謝する酵素が生まれつき欠乏しているため、血液中にガラクトースが蓄積してしまいます。

症状　お乳の飲みが悪く、嘔《おう》吐《と》や下痢を起こし、体重があまり増えません。新生児期に白内障になったり、知能や運動機能の発達が遅れたりし、放置すると肝臓のはれ、黄疸《おうだん》、低血糖、腎臓や脳の障害があらわれたりします。細菌に感染しやすく、重い敗血症を起こす恐れもあります。

治療　乳糖を除去した特殊ミルクによる食事療法をすぐに始め、障害の発症を予防します。この病気の多くは、食事療法が生涯必要ですが、必要ない病型もあります。

先天性内分泌異常症

甲状腺《こうじょうせん》や副腎などの内分泌腺から分泌される物質を内分泌ホルモンといい、そのホルモンや内分泌腺の機能に生まれつき異常がある場合を先天性内分泌異常症といいます。さまざまな内分泌異常がありますが、マススクリーニングテストの対象疾患は次の二つです。

●先天性副腎過形成

副腎皮質（ステロイド）ホルモンを合成する酵素が生まれつきありません。欠損している酵素の種類により、いくつかの病型に分けられますが、最も多いのは、21水酸化酵素欠損症という病型です。九割以上がこのタイプで、副腎皮質ホルモンの一種のコルチゾールという物質が不足し、男性ホルモンが過剰に分泌されます。

症状　女児の外性器の男性化（半陰陽→P303）や、男児の性器の肥大化や色素沈着増進などが起こります。お乳の飲みが悪くなったり、嘔吐《おうと》や体重減少があらわれることもあります。症状が重い場合は、脱水症を起こしてショック状態に陥り、命に関わることもあります。

治療　早期に副腎皮質ホルモンの服用を開始し、それを生涯続ければ、発育にはほとんど支障はありません。女児の外性器異常は、二歳ごろまでに形成手術が行なわれるのが一般的です。

●クレチン症

甲状腺《こうじょうせん》ホルモンが先天的に不足しているために起こり、先天性甲状腺機能低下症（→P249）ともいいます。放置すると重症の知能障害があらわれますが、早期に治療を始めれば、よりよい生活を送ることができます。

子どもの発育と発達

子どもは成長がめざましく、病気のあらわれ方や治療法が大人とは違っています。そこで、子どもの年齢ごとにみられる身体的変化や特徴を知っていると役立ちます。

発達の目安とされるパーセンタイル値

現在、子どもの身体的な成長度をはかる数値的な目安として「パーセンタイル値」がよく利用されています。これは、子どもの身長や体重の数値を、月齢や年齢ごとに小さい方から大きい方へと順に並べて、最大値と最小値の間を一〇〇に分けたものです。

最小値から一〇番めにあたる数値を一〇パーセンタイル、五〇番めを五〇パーセンタイルと呼びます。通常、一〇～九〇パーセンタイルの間であれば、個人差と考えて問題ありません。しかし、順調に発育していた子どもが突然、それ以下または以上になったときは、念のため小児科を受診するとよいでしょう。

次ページ以降に月齢・年齢別の発達段階をまとめましたが、これはあくまでも目安です。子どもの成長には個人差があるのがふつうなので、数値や目安にとらわれすぎず、温かく見守りましょう。

●●●乳児身体発育曲線●●●

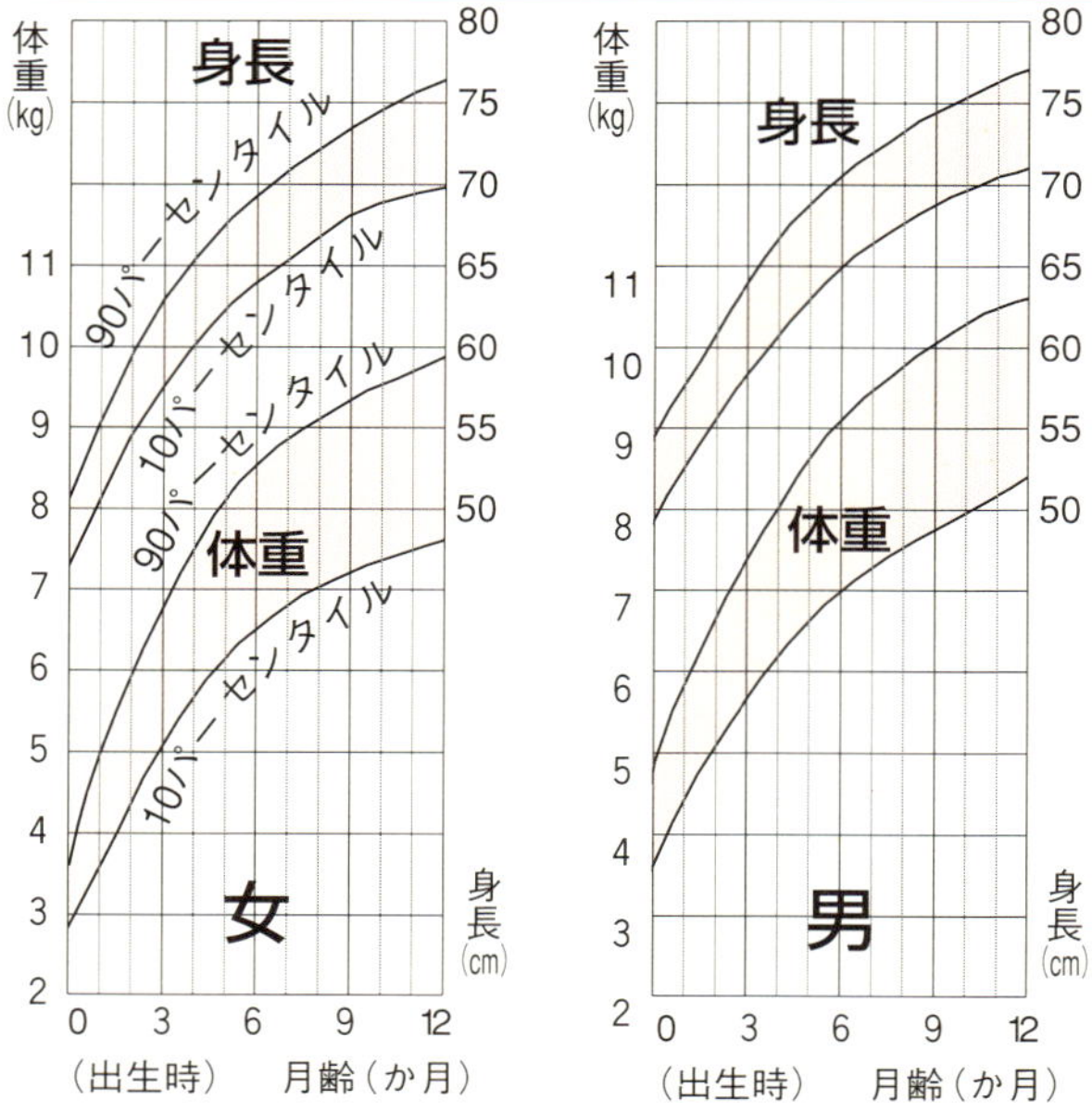

2000年厚生労働省調査

●●●幼児身体発育曲線●●●

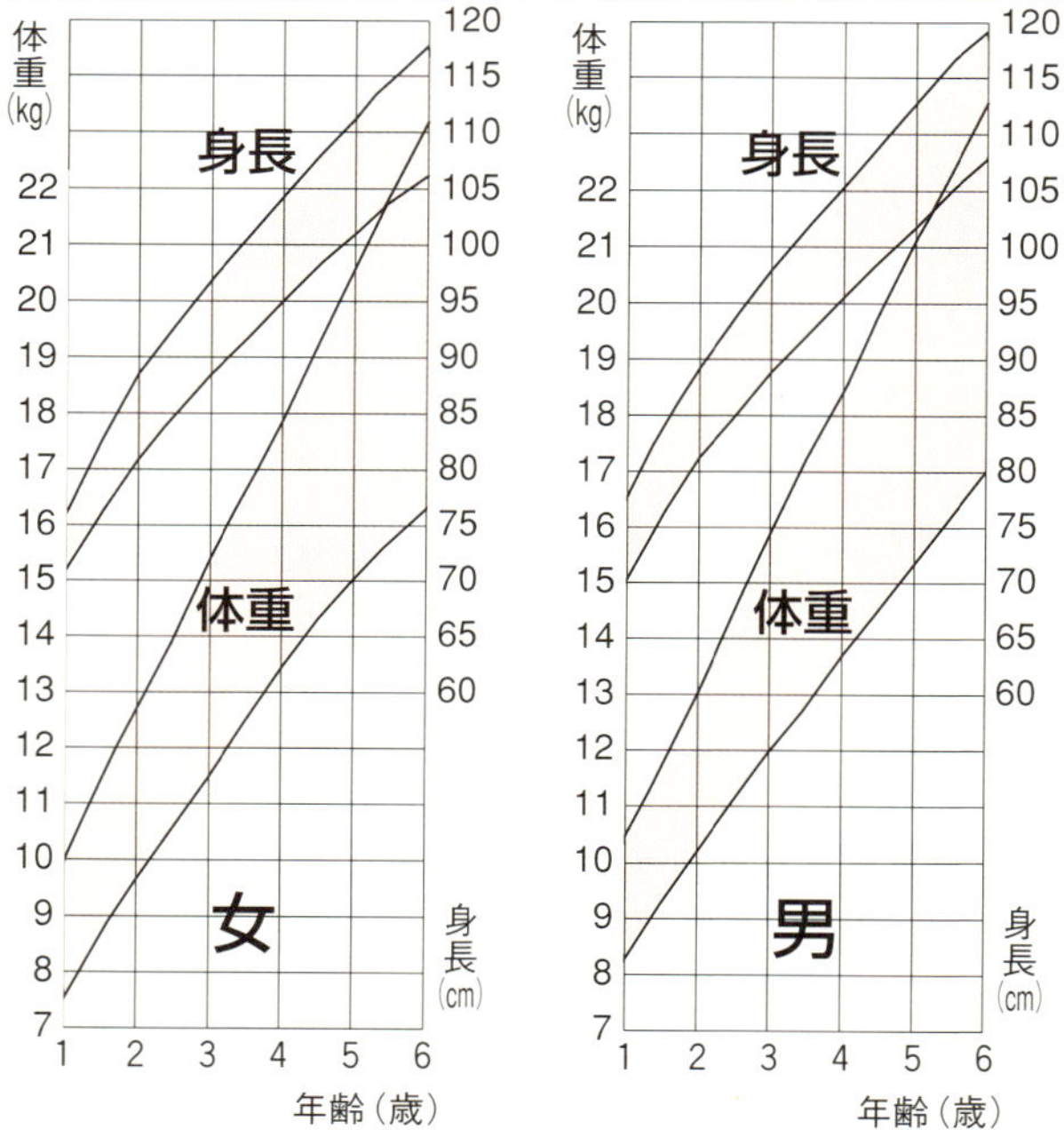

2000年厚生労働省調査

月例・年齢別　子どもの成長の目安

	誕生〜1か月まで	1・2か月ごろ	3・4か月ごろ
10パーセンタイル　体重（kg）	男 3.63　女 3.44	男 4.21　女 4.00	男 5.84　女 5.45
10パーセンタイル　身長（cm）	男 51.2　女 50.2	男 53.2　女 52.3	男 59.4　女 58.5
50パーセンタイル　体重（kg）	男 4.24　女 4.01	男 4.90　女 4.64	男 6.78　女 6.24
50パーセンタイル　身長（cm）	男 54.0　女 52.6	男 56.2　女 54.8	男 62.9　女 61.4
90パーセンタイル　体重（kg）	男 4.92　女 4.64	男 5.71　女 5.33	男 7.85　女 7.17
90パーセンタイル　身長（cm）	男 56.5　女 55.0	男 58.8　女 57.2	男 65.6　女 64.3
身体・運動機能の発達	母胎から外界へ出て、肺や心臓などのしくみが急激に変化する。誕生直後は哺《ほ》乳《にゅう》量が水分の消耗に追いつかず一時的に体重が減少するが、生後一〇日ほどで元に戻る。 まだ体温調節機能が未熟なので、まわりの温度が二〇〜二三度程度に保てるように注意する必要がある。	発育がめざましく、生後一か月で体重が一Kgほど増加し、ふっくらした体型になってくる。手足の動きが活発になってくる。 軽い赤ちゃん体操や、外気浴などを始めるのもこのころだが、外では紫外線を直接浴びすぎないよう、注意する必要がある。	個人差はあるが、体重が出生時の約二倍になる。 首のすわりもだいぶしっかりし、腹ばいにすると自分から首を持ち上げることもできるようになる。動きが活発で、汗をかくことも多くなる。 おもちゃを握れるようになるが、まだ長い時間は握れない。
精神・知能の発達	生まれたばかりの赤ちゃんには知能といえるほどのものはまだないが、視覚や聴覚などの知覚はある程度備わっており、強い光に顔を向けるとまぶしそうにしたり、大きな音に反応したりする。 触覚は母胎内にいるときからあり、出生直後でも、何かが口に触れると吸いつこうとする（吸綴《きゅうてつ》反射）。味覚や嗅覚も生まれた直後から備わっている。とくに味覚は、甘さを好み、苦さを嫌う。	よりはっきりと目が見えるようになり、光のさす方向を向いたり、動くものを目で追ったりする。音のする方向を向いたり、音を鳴らしてあやすと泣きやんだりする。 二か月ぐらいになると、あやしたのに反応して笑ったりし始める。 二か月の終わりごろには「アー」「ウー」といった意味のない音（喃語《なんご》）を発するようになる。	三か月に入ると、あやしたときキャッキャッと声を出して笑うようになる。認識する力や視力も発達し、家族の顔や声に反応したり、鮮やかな色柄を好んで目で追ったりするようになる。 感情表現が多彩になり、うれしそうに笑ったり、不機嫌なときに泣いたりするなど、喜怒哀楽がはっきりしてくる。

	5・6か月ごろ	7・8か月ごろ	9・10か月ごろ
10パーセンタイル	体重（kg） 男 6.75 女 6.30 身長（cm） 男 64.0 女 62.4	体重（kg） 男 7.36 女 6.85 身長（cm） 男 66.6 女 65.3	体重（kg） 男 7.82 女 7.22 身長（cm） 男 68.8 女 67.7
50パーセンタイル	体重（kg） 男 7.79 女 7.18 身長（cm） 男 67.0 女 65.4	体重（kg） 男 8.45 女 7.82 身長（cm） 男 69.7 女 68.1	体重（kg） 男 8.93 女 8.26 身長（cm） 男 72.0 女 70.5
90パーセンタイル	体重（kg） 男 8.98 女 8.25 身長（cm） 男 69.8 女 68.5	体重（kg） 男 9.67 女 8.98 身長（cm） 男 72.6 女 71.0	体重（kg） 男 10.15 女 9.42 身長（cm） 男 75.0 女 73.3
身体・運動機能の発達	体重の増え方がゆるやかになる一方、身長が伸び、ほっそりしてくる。 大人がひざの上に立たせると足を突っ張ってはねたりする。個人差はあるが、六か月めぐらいから自分で寝返りをうつようになる。 握る力もつき、目についたものを口に運んでしまうことが多くなる。	手の動きがかなり器用になり、両手におもちゃを持って遊べるようになる。個人差はあるが、このころおすわりができるようになったり、八か月以降は、はいはいを始めたりする。 個人差はあるが、多くは六～七か月で乳歯が生え始めるので、遊びながらでも歯磨きの習慣づけを。	手先を自由に使えるようになり、太鼓をたたいたりする。 つかまり立ちを始める子も多いが、その時期や段階には個人差があり、はいはいをせずに、いきなりつかまり立ちをする子どももいる。 離乳が進んで、一日三回の食事と適度なおやつが必要になる（離乳の完了は、一歳六か月前後といわれている）。
精神・知能の発達	物への興味があらわれ、手で握ったものをじっと眺めたりするようになる。身近なものには何にでも手を伸ばして握ってみようと興味を示すことが多くなる。 周囲の大人が食事するのをじっと見て、ほしそうに口を開け、食べることへの興味を示すこともある。二か月ぐらいからスープや果汁などで離乳の慣らしを始めるが、五か月ぐらいでは半流動食も食べられるようになり、本格的な離乳の開始となる。	知能の発達がめざましく、物への興味はさらに強まる。周囲の人間の区別がつくようになったり、自分の名前を呼ばれていることがわかったりする。知らない人を見ると泣きだすこともある（人見知り）。 おもちゃを取り上げられると怒る、いないいないばあなどに反応して喜ぶなど、感情表現がさらに多彩になる。離乳食が本格的になるが、食事中に席を立って遊んでしまったり、スプーンや食器で遊んだりすることもある。	周囲への関心がさらに強まると同時に動きも活発になるため、小さいものを手にとっていたずらするなど、ときには危険なものをいじってしまう恐れも出てくる。 「ウックン」「マムマム」などといった喃語《なんご》をさかんに発するようになる。 強く興奮すると、眠いのをがまんして起きてしまうこともあり、睡眠リズムが乱れて夜泣き（→P235）をすることもある。

11・12か月ごろ	1歳児	2・3歳児	4・5歳児
10パーセンタイル 体重（kg） 男 8.21 女 7.59 身長（cm） 男 71.0 女 69.8	10パーセンタイル 体重（kg） 男 8.39 女 7.79 身長（cm） 男 72.0 女 70.9	（2歳～2歳半未満） 50パーセンタイル 体重（kg） 男 12.07 女 11.53 身長（cm） 男 87.1 女 86.0	（4歳～4歳半未満） 50パーセンタイル 体重(kg) 男 15.90 女 15.50 身長(cm) 男 101.6 女 101.0
50パーセンタイル 体重（kg） 男 9.33 女 8.67 身長（cm） 男 74.4 女 72.7	50パーセンタイル 体重（kg） 男 9.51 女 8.88 身長（cm） 男 75.4 女 73.8	（3歳～3歳半未満） 50パーセンタイル 体重（kg） 男 13.97 女 13.49 身長（cm） 男 94.6 女 93.7	（5歳～5歳半未満） 50パーセンタイル 体重(kg) 男 17.96 女 17.55 身長(cm) 男 108.1 女 107.6
90パーセンタイル 体重（kg） 男 10.57 女 9.85 身長（cm） 男 77.4 女 75.6	90パーセンタイル 体重（kg） 男 10.77 女 10.06 身長（cm） 男 78.5 女 76.8		
動きがますます活発になり、行動範囲が広がる。つたい歩きを始める子どももいるが、個人差がある。 一歳前後の子どもは、筆記具を持たせると、紙になぐり書きをするようになる。	生後一年たつと、体重は出生時の約三倍、身長は約一・五倍になる。 一歳二～六か月ごろにほとんどの子どもがひとり歩きを始め、支えると階段も上るなど、運動機能の発達がめざましくなる。	体格や運動能力には個人差があるが、多くは足元がしっかりして、かなり上手に走ったり、跳びはねたりできるようになる。ボール遊びをしたり、公園の遊具などで遊ぶのを喜んだりする。	多くは身長の伸びが目立ち、赤ちゃん時代と違って、すらりとした印象になってくる。 運動機能も十分に発達し、走ったり、跳んだり、投げたりすることがよくできるようになり、友達とからだを動かす遊びをするようになる。
知能がかなり発達し、いろいろな物の名前を覚え始める。「ワンワン」「バイバイ」など簡単な言葉を理解し始め、一歳近くになると発語し始めたりする子どももいる。ただし発語には個人差があり、無口な子どももいる。 知能と運動機能が同時に発達し、物を持ったり使ったりして、遊ぶことを覚え始める。	自我がしだいにはっきりしてきて、思いどおりにならないとき、だだをこねることもある。聞きなれない音や怖い顔などへの恐怖心も芽生えてくる。 一歳ぐらいで多くは「マンマ」など簡単な単語を発し、一歳が終わるころには「マンマ・ちょうだい」など二語文を話し、会話もできるようになるが、個人差が大きい。	服の着脱など、自分でやれることが増えてくる。尿意や便意を人に伝えたり、トイレのしかたも覚えるので、徐々にオムツをはずせるようになってくる。 言葉数も増え、会話も増えてくる。発語の多少には個人差があるとはいえ、三歳ぐらいになってもまったく発語がない場合は、障害が疑われるので小児科を受診する。	知識欲が旺盛になり、「これ、なに?」「どうして?」という問いかけが増える。感情が複雑になり、愛情や嫉妬などもあらわすようになる。 友だちとの遊びのなかで集団のルールを理解し、自分の役割を自覚するようになる。 ほめられたりすると喜んで、お手伝いなどもするようになる。

乳児の発達の遅れ

スタート

生後3か月未満ですか？

はい → 頭囲が大きくなり、大泉門がふくらんでいますか？

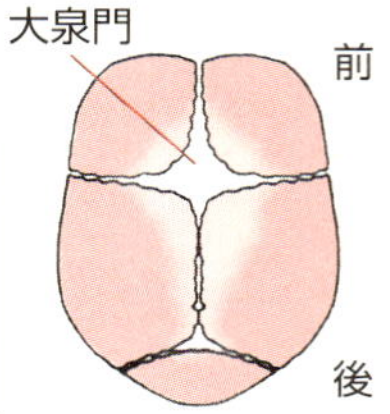

→ 急げ！ 水頭症の疑いがあります。すぐに小児科へ

↓ 首のあたりにしこりがあり、首が傾いて見えますか？

→ 筋性斜頸の疑いがあります。小児科へ

→ 泣き声やお乳の飲み方が弱々しく、体重があまり増えないのですか？

↓ 大きな音に反応しないのですか？

↓ 動くものを目で追ったりせず、あやしても笑ったりしないのですか？

→ 生後2～3か月ごろになると物の形や色がわかり、反応します。反応しない場合は視力の障害が疑われるので小児科または眼科へ。あやしても笑わず、表情が乏しい場合は精神遅滞や脳の障害の疑いもあるので、小児科へ

いいえ ↓ 生後3～4か月を過ぎても首がすわらないのですか？

→ 急げ！ 首のすわる時期には個人差がありますが、生後4か月を過ぎても首がすわらず、物を握れない、あやしても笑わないなどがあれば、先天異常や脳の病気が疑われます。小児科へ

↓ 生後5～6か月になっても寝返りをしないのですか？

→ 生後半年ほどで大半の子が寝返りをしますが、個人差があります。半年を過ぎても寝返りできず、表情が乏しい、動きが少ない、周囲へ興味を示さないなどの場合は脳の病気が疑われます。小児科へ

↓ おすわりしたり、物をしっかりつかんだりできますか？

→ 生後7～9か月ほどで大半の子がおすわりをしますが、個人差があります。10か月を過ぎてもおすわりできず、物をしっかりつかめない場合は小児科で相談を

↓ はいはいをしますか？

→ 生後8～9か月ほどで大半の子がはいはいをしますが、個人差があります。はいはいをせず、いきなりつかまり立ちをする子もいます。ほかに目立った発達の遅れがなければ心配いりません。もしあれば小児科で相談を

↓ つかまり立ちやつたい歩きをしますか？

→ 生後11か月ほどで大半の子がつたい歩きをしますが、個人差があります。はいはいや、つかまり立ちをし、足の力があれば心配いりません。足の力が弱い、両足の長さが違うなどの場合は小児科へ

↓ ひとり歩きができますか？

→ 1歳半を過ぎてもひとり歩きできない場合は股関節の障害や筋肉の病気、脳神経の病気などが疑われます。小児科へ

→ 歩くとき腰が片側だけ上下するように見えますか？

→ 先天性股関節脱臼が疑われます。小児科へ

↓ 発達は順調なようです。ほかに気になることがある場合は小児科で相談してみてください

急げ!

先天性代謝異常症や先天性内分泌異常症、先天性心臓病、脳性まひなどが疑われます。手足がだらんとして力が入らないなら筋肉の病気の疑いも。すぐに小児科へ

生後2か月ごろになっても大きな音のするほうへ顔を向けない場合は聴力障害（難聴）が疑われるので小児科または耳鼻咽喉科へ

しばしば泣いて泣きやまない場合はP234のチャートへ。ほかに気になることがあれば小児科で相談を

◆考えられる病気◆

精神遅滞

病気や先天異常などが原因で精神・知能の発達が遅れる障害をいう。

●症状●乳児期には、歩行など運動面の発達の遅れや、排泄の自立の遅れなどから、幼児期には、言葉数が増えないこと、他者との会話ができないことなどから、知的障害の可能性に気づく場合が多い。

さらに、落ち着きがない、周囲の人の働きかけに反応が乏しい、友だちと遊べない、こだわりが強く、かんしゃくを起こしやすいなど独特の行動がみられるほか、てんかんや睡眠障害を発症することもある。知的障害の程度が軽い場合は、就学年齢を過ぎてから異常に気づくこともある。

知的障害の程度は、知能検査の結果、知能指数（ＩＱ）が七〇以下で、その年齢に必要な社会的適応能力が低いほど、知的障害が重いとされる。

●原因●ダウン症候群やターナー症候群などの染色体異常（→Ｐ237）、先天性代謝異常症、先天性内分泌異常症、水頭症などの病気や、外傷などによる脳の障害、脳性まひ、胎内感染症や中毒症、栄養障害、不適切な生育環境など、さまざまな原因が考えられる。原因不明の場合もある。

●治療●原因疾患によっては、その治療を行なうことが、知的障害の発症や進行をある程度抑えることにつながる場合もある。同時に、知的障害の程度を早めに把握し、その子の能力をうまく引き出し、社会生活が可能になるよう、専門家の指導下での療育に取り組むことも大切になる。

水頭症

脳の中央部には髄液腔《くう》と呼ばれるすき間があり、髄液で満たされている。そこが異常に拡大し、髄液が大量にたまる病気を水頭症という。

●症状●頭囲が異常に拡大する。頭蓋内の圧力が上昇するため、乳児では大泉門《だいせんもん》（頭のてっぺんの骨のないやわらかな部分）が大きく開いたり、頭皮の静脈がふくらんできたりする。また、月齢相応に精神・運動機能が発達していない、あるいは後退しているなどの症状がみられる。頭蓋内の圧力が急に上がった場合には、嘔吐《おうと》、けいれん、昏睡《こんすい》（うとうと眠る）などの症状があらわれることもある。

幼児期以降では、頭痛、嘔吐がひんぱんに起こり、歩行障害、手足のまひ、けいれん、眼球の下方回転、意識障害などが生じることもある。

●原因●先天的な脳の形成異常や頭蓋内出血、出生時やそれ以降の脳の外傷・障害、髄膜炎、脳腫瘍《しゅよう》など脳の病気が原因となって起こる。

●治療●自然に治るケースもあるが、進行し、髄液がたまる場合は、髄液を腹腔や胸膜腔に流す手術が行なわれる。

その他の病気

先天性代謝異常症（→Ｐ224）
先天性内分泌異常症（→Ｐ225）
先天性心臓病（→Ｐ232）
先天性股関節脱臼（→Ｐ285）
脳性まひ（→Ｐ245）
聴力障害（→Ｐ265）
筋性斜頸（→Ｐ255）

乳児の体重が増えない・食欲がない

スタート

生後3週未満で、哺乳のたびにお乳を噴水のように吐きますか？

はい → **急げ!** 先天性肥厚性幽門狭窄症の疑い。すぐに小児科へ

いいえ → 1～2週間も便秘が続き、腹部がパンパンに張っていますか？

→ **急げ!** 先天性巨大結腸症の疑い。すぐに小児科へ

↓

顔が黄色っぽく、白目も黄ばんでいますか？

→ **急げ!** 先天性胆道閉鎖症や新生児肝炎による黄疸、新生児黄疸の疑いがあります。すぐに小児科へ

→ 生まれつき泣き声やお乳の飲み方が弱々しく、体重が増えないのですか？

→ **急げ!** 先天性代謝異常症、先天性内分泌異常症、先天性心臓病、脳性まひなどが疑われます。手足がだらんとして力が入らないなら筋肉の病気の疑いも。すぐに小児科へ

↓

体重があまり増えず、授乳後すぐに泣いたり、いつまでも乳首を吸っていて離さないですか？

→ お乳の量が足りていないのかもしれません。月齢に合った母乳やミルクの量を確認してみましょう

← ひんぱんに下痢を繰り返し、体重が増えないですか？

→ 母乳やミルク、牛乳を飲んだあとにおなかがゴロゴロ鳴って下痢をするなら乳糖不耐症の疑い。感染症や消化不良、食物アレルギーでも下痢が起こります。小児科へ

↓

発熱やのど・鼻の症状があり、お乳の飲み方や食欲が低下していますか？

→ かぜなどで体調をくずすと、お乳の飲み方や食欲が低下します。小児科へ。のどが痛いと食べ物が飲み込みにくく、鼻づまりがひどいとお乳を吸いにくくなります。耳鼻咽喉科へ

→ 離乳食を始めていますか？

→ 気温の高い時期などはお乳の飲み方や食欲が低下しやすく、体重増加が目立たず横ばいになりがちです。極度にやせたり元気がなかったりするのでなければ、あせらず様子をみましょう。ほかに気になる症状がある場合は小児科で相談を

↓

赤ちゃんが離乳食をいやがるのですか？

→ 離乳食になれていないか、好き嫌いが始まっている可能性があります。食事内容を工夫し、ひどくいやがっても無理じいしないこと。極端に食べず、元気がなくて体重も減るようなら、小児科で相談を

→ 乳児の体重は生後3か月ごろまでに出生時の倍ぐらいに増えますが、離乳期（とくに夏場）は、食べていても横ばいになることがあります。食欲や体重の増え方には個人差があるので、あせらず見守りましょう。ほかに気になる症状がある場合は小児科で相談を

◆◆考えられる病気◆◆

先天性心臓病

生まれつき心臓の一部に欠損や奇形があるもの、あるいは、心臓に直接関係ある血管に異常があるものをいう。

心室中隔欠損

心臓の左心室と右心室を仕切る壁（中隔）に孔《あな》が開いているため、肺への血流量が増加し、肺高血圧症や心不全を起こすこともある。

●症状●乳児期には、お乳の飲み方が悪い、息づかいが荒いなどの症状で気づくことがある。

●治療●肺高血圧症が起きている場合は一～二歳ごろまでに手術が行なわれる。中隔の孔が小さい場合、多くは三歳ごろまでに自然にふさがるが、ふさがらない場合は、学童期以降に手術が行なわれることがある。

心房中隔欠損

心臓の左心房と右心房を仕切る中隔に孔《あな》が開いているが、症状がほとんどあらわれない。そのため、乳幼児期には発見されないまま成長することもある。

●症状●疲れやすい、息が切れるなどの症状がみられることもあるが、目立った症状はあまりなく、学童期以降に健診などで発見されることも少なくない。中隔の孔が大きい場合、思春期以降に不整脈などがあらわれる場合がある。

●治療●中隔の孔が小さく、心臓や肺への負担が少ないようならそのまま様子をみることが多い。孔が大きい場合には、早ければ四～六歳ごろに手術が行なわれる。

肺動脈弁狭窄

右心室から肺へ血液を送る肺動脈の逆流を防ぐ弁が狭くなっているため、血液が流れにくくなる。

●症状●軽い場合は症状がほとんどなく、健診などで心雑音が発見されることがある。重症の場合はチアノーゼ（唇や爪が紫色になる）や呼吸困難が見られる。

●治療●鼠径《そけい》部（両足のつけ根のやや上あたり）の動脈から細い管（カテーテル）を挿入し、その先につけられた風船状の器具（バルーン）を徐々にふくらませて、肺動脈の狭くなった部分を押し広げる治療などが行なわれる。

ファロー四徴症

心室中隔欠損、肺動脈狭窄《きょうさく》、大動脈騎乗（大動脈が左右の心室をまたぐように位置する）、右心室肥大（右心室の心筋が厚くなっている）という心臓の四種類の形態異常が重なっている病気をいう。

●症状●生後六か月ごろからチアノーゼが目立ち、指先が太くなったり、歩くようになるとすぐ座り込んだり、呼吸困難になったりする。重症の場合は、意識をなくしてけいれんする無酸素発作を引き起こすこともある。

●治療●無酸素発作時には酸素吸入を行ない、発作を抑える薬を用いて対処する。通常は、一～一〇歳ごろまでに手術が行なわれる。

動脈管（ボタロー管）開存

胎児のころに機能していた、血液を肺動脈から大動脈へと送る動脈管は、生後二四時間で自然に閉まる。これが自然に閉まらない場合を動脈管開存といい、早産児に多くみられる。

●症状●軽い場合はほとんど症状があらわれないが、重症の場合には、肺への血流量が増加し、肺高血圧症が起きてくる。そのため呼吸が苦しくて、お乳が飲めないなどの症状があらわれる。

●治療●多くの場合、薬剤で治療できる。薬剤が効かない場合、手術が行なわれる。

その他の病気

先天性肥厚性幽門狭窄症（→P282）
先天性巨大結腸症（→P300）
先天性胆道閉鎖症（→P259）
先天性代謝異常症（→P224）
先天性内分泌異常症（→P225）
新生児黄疸（→P259）
新生児肝炎（→P259）
脳性まひ（→P245）
乳糖不耐症（→P298）
食物アレルギー（→P299）
かぜ／かぜ症候群（→P272）

乳児が泣く・泣きやまない

スタート

突然激しく泣きだしましたか？

はい

からだのどこかをぶつけたり圧迫したりしたときに泣きだしましたか？

急げ！
骨折や打撲、脱臼などの疑い。すぐに整形外科へ。頭を打ったあとで顔色が悪く嘔吐がある場合は、大至急、脳神経外科へ

足のつけ根にしこりがありますか？

急げ！
鼠径ヘルニアの嵌頓が疑われます。すぐに小児科または外科へ

足を縮めたり身をよじったりして激しく泣くなど、おなかを痛そうにしていますか？

ミルクや離乳食を与えたとき、急に泣きだしましたか？

ミルクや離乳食の温度・味などが原因かもしれません。口内炎ができてしみている疑いもあるので、その場合は小児科へ

耳だれが出たり、耳のあたりを痛がったりしますか？

激しく泣き続けるうちに突然ひきつけ、顔が青ざめて唇が紫色になったものの、数分間で治まりましたか？

ほかに症状がなくケロリとしているなら憤怒けいれんと思われます。それ自体は病気ではないので心配いりませんが、ひんぱんに繰り返す場合は念のため小児科へ

衣類に異物がついていないか、皮膚に傷がないかなどをチェックしてみましょう。発熱があれば急性疾患の疑いもあるので「熱が出た」（→P250）のチャートへ、皮膚にはれや赤みなどの異常があれば「皮膚の異常」（→P288）のチャートへ

いいえ

いつまでも泣きぐずって機嫌が悪く、指先を口に当てると吸い始めますか？

空腹と考えられます。授乳後1時間未満で泣き、体重がなかなか増えないなら栄養不足の疑いも。授乳間隔や母乳・ミルクの量、離乳食の与え方などを見直してみましょう

授乳やオムツ替えをしたり、あやしたりすると泣きやみますか？

赤ちゃんは、空腹時やオムツが汚れて不快なとき、甘えたいとき、不安なときなどに泣きぐずります。ほかに気になる症状がなく、抱っこをするとおさまるなら心配いりません

夜間に突然泣きだして泣きやまないものの、ほかにこれといった症状がみられないのですか？

夜泣きの疑い。ひんぱんに起こり、よく眠れないのなら、念のため小児科で相談を

赤ちゃんは、環境の変化や不快感などが原因で泣きぐずることがあります。室温などの室内環境や衣類などもチェックしてみましょう。ひんぱんに泣きぐずったり、ほかに気になる症状がある場合は小児科で相談を

◆◆考えられる病気◆◆

乳児疝痛
（三か月疝痛・三か月コリック）

生後三か月ぐらいの乳児が、これといった原因もなく夕方などのほぼ決まった時間帯に突然泣きだすもので、「たそがれ泣き」とも呼ばれる。

●症状●突然泣きだし、空腹でも病気でもないのに、なかなか泣きやまない。おなかが痛くて泣いているようにも見えるので「疝痛《せんつう》」と呼ばれ、実際におなかをマッサージすると泣きやむこともある。

●原因●夕方の暗さへの反応ではという説、腸にたまったその日一日分のガスが刺激となって、夕方ごろに腹痛を引き起こすのではという説、神経質で過保護ぎみの家庭にみられる心身症の一種では、とする説などがあるが、はっきりした原因は不明。

●治療●ほとんどの場合、しばらくすると自然に治る。授

急げ！
腸重積の疑い。大至急、小児科または外科へ。血便はなく発熱・嘔吐・下痢がある場合は急性虫垂炎や急性膵炎、急性胃腸炎などの疑い。すぐに小児科へ

嘔吐や血便がありますか？

激しい痛みが起きても、その後すぐにケロリと治るといった症状を繰り返すなら、反復性腹痛の疑い。生後3か月ぐらいの乳児が夕暮れどきなどに突然泣きだし、同様の症状を繰り返す場合を乳児疝痛（三か月コリック）といいます。多くは一過性のもので心配いりませんが、長期間繰り返す場合は小児科へ

中耳炎が疑われます。すぐに耳鼻咽喉科へ

乳してあやしたり、おなかをマッサージして腸内のガスを出させると、やがて落ち着き、泣きやむこともある。

夜泣き

寝ていた赤ちゃんが、夜間に突然泣きだし、なかなか泣きやまなくなる。生後半年ぐらいによくみられる。

●症状●抱いてあやしたり、オムツを替えたり、授乳したりすると一時的に泣きやむことがあるが、またすぐに泣きだす。昼間は元気で、泣く以外にはこれといってからだの症状はみられない。

●原因●日中に体験した不安や緊張が原因になることが多いといわれる。また、鼻づまりやかぜなどで体調をくずしたのをきっかけとして何度か夜中に泣いているうちに、夜の一定時間に目を覚ます睡眠リズムができてしまい、夜泣きを繰り返すこともある。

●治療●乳児期の夜泣きのほとんどは、数か月程度で自然にみられなくなる。睡眠リズムの狂いが心配な場合は家庭の生活リズムを整え、夜中によく眠れる環境づくりを。

鼠径ヘルニア

鼠径《そけい》部（両足のつけ根のやや上あたり）に起きるヘルニアで、脱腸とも呼ばれる。脱出した臓器が元に戻らなくなる嵌頓《かんとん》を起こすと、臓器が壊死《えし》する恐れがある。

●症状●男の子では、主に小腸が脱出し、鼠径部がやわらかいこぶのようにふくらむ。

女の子では、卵巣が脱出することが多く、ほとんど、股関節部にのみ脱出する。脱出した腸や卵巣は自然に腹腔《くう》内に戻ったり、手で押すと痛みもなく引っ込んだりするが、泣いたときや排便時などに腹圧がかかると、また脱出する。

これを繰り返すうち、脱出した臓器が元に戻らなくなる嵌頓が起こることがある。

嵌頓が起こると、激痛のため顔面蒼白になり、乳幼児は突然、激しく泣き叫ぶ。臓器の脱出部分のこぶは大きくかたくなり、痛む。

やがて痛みは、嵌頓を起こした部分から腹部全体に広がり、血流障害や腸閉塞《へいそく》があらわれてくる。

●原因●生まれつき、腹壁に開存している部分があるために起こる。男児にやや多く、弱い遺伝性がある。

●治療●早期手術が治療の基本となる。

嵌頓が起きた場合は、一時的に整復した場合でも入院を続行し、手術が行なわれる。

嵌頓が起きていない場合でも、生後二～数か月以降に手術が行なわれる。

その他の病気

憤怒けいれん（→P243）
反復性腹痛（→P281）
腸重積症（→P297）
急性胃腸炎（→P280）
急性虫垂炎（→P281）
急性膵炎（→P143）
口内炎（→P275）
中耳炎（→P264）

幼児の発達が遅い

スタート

運動機能の発達や、日常生活での動作の発達が、とくに気になりますか？

はい

ひとり歩きができますか？

エンピツやクレヨンを自分で持って落書きをしますか？

2歳前後の幼児は、筆記具と紙を与えると、なぐり書きをするようになります。2歳を過ぎても自分で筆記具を持てない場合は、手指の機能の発達が遅れている心配があるので、念のため小児科で相談を

はしやスプーン、フォークを使い、自分で食べられますか？

活発に運動し、公園の遊具などにも自分から乗りたがったり、ほかの子と遊びたがったりしますか？

2～3歳を過ぎてもあまり活発に動きたがらず、すぐに疲れて顔色が悪くなるようなら、何らかの病気が隠れているかもしれません。活発に動いていても、まわりの人や物にあまり興味を示さないなら、精神遅滞や自閉性障害があるのかもしれません。念のため小児科へ

オムツがはずれましたか？

自分で衣服の着替えをし、ボタンのかけはずしができますか？

運動機能の発達は順調なようです。ほかに気になる症状があれば小児科で相談を

いいえ

意味がわかって使える言葉が増え、よく話しますか？

個人差がありますが、2歳を過ぎても発語が極端に少ない場合は聴力障害（難聴）の疑いもあるので耳鼻咽喉科で検査を。精神遅滞や脳の障害、自閉性障害、染色体異常などでも発語が遅れます。小児科へ

「わんわん、いた」などの二語文を話し、「これ、なあに？」「どうして？」と何でも聞きたがりますか？

2～3歳ごろは二語文を話し、何でも聞きたがって、周囲の人との会話も増えます。しかし個人差もあり、無口な子もいます。話しかけても返事がなく、まわりの人や物に興味を示さないなら、精神遅滞や自閉性障害の疑いもあるので小児科へ

友だちと遊びたがり、語彙や表現力が豊かになりましたか？

自分の興味あることだけに執着し、話しかけに反応せず、他人のいうことを理解していないのですか？

脳の障害や自閉性障害、精神遅滞の疑い。2歳以降、急に周囲への反応を示さなくなったのであれば小児期崩壊性障害の疑い。小児科へ

3～4歳ごろになると友だちと遊ぶ楽しみを覚え、語彙も表現力も豊かになります。しかし個人差もあり、なかには言葉数の少ない引っ込み思案な子もいます。まわりの人や物に反応して、会話したり行動できるなら心配いりません

話し方や発音に気になるところはなく、楽しく会話できていますか？

幼児は語彙が増えてもいいたいことをすらすらいえないことがあります。しかし、ひんぱんにどもって言葉が途切れたり、特定の音を発音できない場合はコミュニケーション障害が疑われるので、小児科で相談を

言語機能や情緒の発達は順調なようです。ほかに気になる症状があれば小児科で相談を

1歳半を過ぎても自分で歩けない、歩こうとしない場合は、先天性股関節脱臼や骨・筋肉の病気が疑われます。脳性まひ、染色体異常などでも運動機能の発達が遅れることがあります。小児科へ

2～3歳ごろには手指が器用になり、はしを使える子も出てきます。はしが上手に使えなくても、スプーンやフォークを使い、自分で食べられれば心配いりません。スプーンやフォークもうまく持てない場合は、手指の機能の発達が遅れている心配があるので、念のため小児科で相談を

3歳ぐらいになるとオムツがいらなくなってきます。しかし個人差があるので、おもらしをしても叱りすぎないように。オムツはずれが多少遅くても、運動機能の発達が順調で、言葉も理解しよく話せるなら心配いりません

4歳ごろになると自立心も芽生え、いろいろなことが自分でできるようになります。しかし手指の器用さなどには個人差があるので、あせらず見守りましょう。手指に力が入らなかったり指の動きがおかしいという場合は、手指の機能の発達が遅れている心配があるので、念のため小児科で相談を

◆◆考えられる病気◆◆

染色体異常

人間の生体機能を決定する遺伝情報が搭載された染色体に異常が起こり、からだの機能や知能などにさまざまな障害があらわれる。

人間の細胞の中には、二本ずつ対をなした二三対、合計四六本の染色体がある。このうち二二対を常染色体、残り一対を性染色体という。性染色体にはXとYがあり、この組み合わせで性別が決定し、XXなら女性、XYなら男性として生まれる。

染色体に異常が起こる原因のほとんどは突然変異で、常染色体に異常が起こると、知的障害があらわれやすい。

ダウン症候群

二一対目の常染色体が三本ある染色体異常で、独特の容《よう》貌《ぼう》をし、精神・知能の発達に遅れがあらわれる。出生頻度は約八〇〇人に一人で、高齢出産ほど頻度が高い。

●症状●丸顔、目が細くつり上がっている、目と目の間が広い、鼻が低い、舌が大きく長い、耳が変形している、首が太く短い、後頭部が扁平、手のひらの幅が広いなどの特徴がある。新生児期は泣き声・哺乳《ほにゅう》力が弱々しく、心臓疾患や代謝異常、てんかん、血液の病気などを合併することがある。成長にともない知的障害や運動機能の発達の遅れが目立つものの、おとなしく成長し、ある程度ふつうの生活ができるケースも多い。

●治療●染色体異常そのものの根本的治療法はない。発達に合わせ、できるだけその子の能力を引き出し、社会生活が可能になるよう、早期から専門家の指導による療育やリハビリテーションに取り組むことがすすめられる。

ターナー症候群

女性のみにみられる染色体異常で、通常二本ある性染色体のXが一本しかない。

●症状●低身長で、思春期の年齢になっても、月経や乳房のふくらみ、恥毛の発育などが起こる第二次性徴がみられない。外性器の異常や知的障害はほとんどないため、乳児期には気づきにくい。

●治療●身長を伸ばすためには、成長ホルモンで治療が行なわれることがある。思春期以降は女性ホルモンを用いると女性らしい体型になるが、卵子は生成できない。

その他の病気

先天性股関節脱臼（→P285）
脳性まひ（→P245）
精神遅滞（→P231）
自閉性障害（→P305）
小児期崩壊性障害（→P305）
聴力障害（→P265）
コミュニケーション障害（→P308）

食欲不振

スタート

急に食欲が落ちたのですか？

はい

下痢や便秘が続いていますか？

いいえ

いつも食が進まないのですか？

からだがだるそうで元気がなく、顔色が悪いですか？

悩みごとや環境の変化、周囲の人との関係などで精神的ストレスになることが最近ありましたか？

精神的ストレスからくる拒食症の疑い。小さい子どもでは叱られたことや怖い体験をしたことがきっかけで起こることもあります。長引くようなら小児科または心療内科で相談を

顔が黄色っぽく、白目も黄ばんでいますか？

急げ！

急性肝炎の疑い。すぐに小児科へ

むくみや尿量の減少がありますか？

かぜをひいたときや疲れたときにも食欲は低下します。貧血やビタミンB_1の欠乏などでも顔色が悪く食欲不振となります。小児科へ

ふだんからやせたいという願望があって、あまり食べないのですか？

やせ願望からくる拒食症かもしれません。食事をまったくとろうとしなくなることもあり、命に関わります。小児科または心療内科へ

遊びや運動で、からだをしっかり動かしていますか？

運動しなければおなかがすかず、食欲も出ません。からだに異常がなければしっかりと、からだを動かしましょう。ほかに気になる症状がある場合は該当するチャートへ

おやつは時間を決めて適量与えていますか？

おやつを与えすぎると食事のときにおなかがすかず、食欲不振になります。おやつは食事で足りない分を補う程度の量にしましょう

食欲には個人差があり、もともと小食な子もいます。運動機能が著しく活発になる幼児期は、食事への関心が薄れて小食になることもあります。元気に動けるなら心配いりませんが、ほかに気になる症状があれば該当するチャートへ

朝起きたあと、ぼんやりして食欲がないものの、昼や夜はふつうに食べることができますか？

起立性調節障害があると、朝食が進みにくくなります。めまいや立ちくらみなどをともなう場合は念のため小児科へ

メニューによって喜んで食べたり食べなかったりしますか？

好き嫌いからくる偏食かもしれません。嫌いなものを無理に食べさせようとするとかえって食欲がなくなるので、調理に工夫を。食物アレルギーのため特定の食品を摂取できない場合は小児科医や栄養士に相談を

食べる量が少ないことがひんぱんにあり、元気がなくなってきましたか？

栄養不良や貧血の疑いがあるので小児科へ

子どもの食欲は一定せず、気分や雰囲気に左右されがちです。食が進まなくても元気そうなら心配ない場合が多いものです。ただし元気があっても顔色が悪い状態が続いたり、極度にやせたり、発育が止まったりする場合は小児科へ

消化器の働きが低下して食べられなくなっているようです。「下痢」（→Ｐ298）、「便秘」（→Ｐ300）のチャートへ

夏場の気温が高い時期なども食欲が低下するので食事内容に工夫を。無理に食べさせようとするとストレスになることもあるので、無理じいせずに見守りましょう。ほかに気になる症状があるなら、該当するチャートへ進むか、小児科で相談を

急げ！

急性腎炎の疑い。すぐに小児科へ

◆◆考えられる病気◆◆

急性肝炎

種々のウイルス感染によって発症する肝炎で、発症から半年程度の経過で完治する。

●症状●一般には発熱、食欲不振、だるい、腹痛、吐き気、嘔吐《おうと》、下痢などの症状で発症し、三～五日後に黄疸《おうだん》（皮膚や白目が黄色くなる）があらわれ、濃い黄色の尿や灰白色の便が出る場合もある。

乳幼児がウイルス性肝炎に感染した場合は症状があらわれないことが多く、軽いかぜのような症状が続く。

●原因●肝炎を引き起こすウイルスに感染して起こる。

A型肝炎

A型肝炎ウイルスで汚染された水や食品を口にすることで感染、発症する。潜伏期間は平均三〇日だが症状が出ないことも多い。ガンマグロブリンの投与で、約三か月間の予防効果が期待できる。治療には安静と食事療法（高カロリー・高たんぱく食）、点滴輸液療法などが行なわれる。

B型肝炎

B型肝炎ウイルスに感染して起こる。子どもの場合ほとんどが母子感染（出産時の産道感染など）だが、現在はワクチンによる予防が行なわれている。A型肝炎同様、安静と食事療法、点滴輸液療法などのほか、症状によってはステロイド剤やインターフェロンが使用されることがある。

その他のウイルス性肝炎

風疹や麻疹のウイルス、おたふくかぜのムンプスウイルス、かぜ症状を引き起こすアデノウイルスやコクサッキーウイルス、EBウイルスなども病因になる。乳幼児では、感染しても症状が出ないことが多く、軽いかぜのような症状が続く。年長児では発熱やのどの痛み、リンパ節のはれなどがみられることがある。特別な治療法はないが、二～四週間の安静で改善する。

輸血などでC型肝炎ウイルスが感染して起こるC型肝炎は、ゆっくり進行するため急性肝炎には含まれない。

拒食症（神経性無食欲症）

やせの原因となる器質性疾患がないのに、食欲がなく、やせてくる。従来は思春期によくみられたが、最近は小学生にもみられることがある。

●症状●食欲がなく食べようとしない、食べ物を受けつけない（拒食）、食べても吐いてしまう（嘔吐《おうと》）などの食行動の異常がみられる。体重増加に対する異常な恐怖がみられることが多い。やがて極端にやせ、思春期の女子では、月経が止まったりすることもある。

●原因●環境、家族・周囲との関係、精神的ストレス、本人の強いやせ願望など、さまざまな原因がある。

●治療●早期に専門医によるカウンセリングが必要。

その他の病気

急性腎炎（→P248）
貧血（→P246）
かぜ／かぜ症候群（→P272）
食物アレルギー（→P299）
起立性調節障害（→P247）

やせる

スタート

急にやせてきましたか？

はい → 食欲がなくなり、やせてきましたか？

食欲に変化がなくても、急に運動量が増えたりするとやせることがあります。元気に活動できるなら心配いりませんが、ほかに気になる症状があるなら該当するチャートへ進むか、小児科で相談を

食欲があるのにやせてきましたか？

のどが渇いて水分を多くとり、尿量や排尿回数が増えましたか？

小児糖尿病が疑われます。薄い尿が大量に出る場合は尿崩症の疑いも。小児科へ

疲れやすいわりにイライラして落ち着きがなく、汗をたくさんかき、胸がドキドキする（動悸）などの訴えがありますか？

甲状腺機能亢進症の疑い。小児科へ

好き嫌いなくきちんと食事をとり、運動量が著しく増えたわけでもないのに急にやせてきたなら、何か病気が隠れているのかもしれません。念のため小児科へ

いいえ → 発育・発達の遅れが目立ちますか？

やせていて、筋肉の緊張（こわばり）や、不随意（意志と無関係）の動作がみられますか？

先天性代謝異常症や先天性内分泌異常症、先天性心臓病などの疑い。小児科へ

脳性まひが疑われます。胎児期や出生時の障害で起こるほか、感染症や頭部外傷などによって起こることがあります。小児科へ

やせていて顔色が悪く、元気がないですか？

手足のむくみや呼吸困難、全身の倦怠感などが見られますか？

先天性心臓病または後天性心臓病が疑われます。小児科へ

貧血や肝疾患など内臓の病気が隠れているかもしれません。ほかに気になる症状があるなら該当チャートへ進むか、小児科で相談を

体型には個人差があり、生まれつきやせ型の体質をもつ子もいます。元気に活動できるなら心配いりません。ほかに気になる症状があるなら、小児科で相談を

◆考えられる病気◆

甲状腺機能亢進症（バセドウ病）

甲状腺《こうじょうせん》の働きが活発になりすぎ、血液中の甲状腺ホルモンが過剰になる病気をいう。

●症状●甲状腺がはれて大きくなり、首が太くなったように見えたり、脈が速く（頻脈《ひんみゃく》）、安静にしていても胸がドキドキしたり（動悸《どうき》）、眼球が突出してきたり、食欲があるのにやせてきたりする。また、汗をかきやすい、手指がふるえる、だるい、精神不安定、神経過敏などの症状があらわれることもある。

●原因●自己免疫疾患で、血液中に甲状腺を刺激する抗体が過剰にできてしまい、その結果、甲状腺の働きが活発になり、甲状腺ホルモンが過剰に分泌される。発生しやすい家族性要因（遺伝的な体質）があると考えられている。

●治療●甲状腺ホルモンを抑

学童〜思春期で、やせやダイエットへの関心が強いですか？

やせ願望からくる拒食症の疑い。食事をまったくとらなくなると極端にやせ、生命の危険もあります。小児科または心療内科へ

下痢や便秘が続いていますか？

消化器の働きが低下していることが原因のようです。「下痢」（→P298）、「便秘」（→P300）のチャートへ

精神的ストレスからくる拒食症をはじめ、食欲不振でやせる病気はいろいろあります。短期間で著しく体重が減った場合は小児科へ。ほかに気になる症状があるなら該当するチャートへ

える薬物が用いられる。

小児糖尿病

糖代謝の異常によって血液中の糖（血糖）が増え、尿中にも糖が排泄される病気で、1型・2型に大別される。血糖値が高くなりすぎると、糖尿病性昏睡《こんすい》に陥って意識を失い、命に関わることもある。

1型糖尿病

インスリン依存型糖尿病とも呼ばれる。学童期以下の子どもの糖尿病のほとんどはこれにあたり、突然発症する。

●症状●のどが渇いて飲み物をほしがり、排尿の量や回数が増える。多飲多尿のため、夜尿症になることもある。

1型では、これといった症状に気づかないまま急速に病気が進行して突然意識を失い、検査の結果、糖尿病性昏睡とわかるケースもある。

●原因●糖代謝に必要なインスリンが、膵臓から十分に分泌されなくなってしまう。

●治療●不足しているインスリンを注射で補うインスリン療法が生涯必要で、学童期からは自分で注射できるよう徐々に訓練が行なわれる。また、食事療法や運動療法などもあわせて行なわれる。

1型の場合、食事内容に大きな制限はないが、年齢や体格に応じたカロリーと栄養バランスを保つことが不可欠。運動は血糖値を下げるので、血糖値の変動に注意しながら行なう必要がある。治療や運動で血糖値が下がりすぎると、手足のふるえや冷や汗、意識の消失が起こることもある。

2型糖尿病

インスリン非依存型糖尿病とも呼ばれる。成人に多いタイプの糖尿病はこれにあたり、発症は1型ほど突然ではない。幼児期でこのタイプを発症する例は少なく、学童期以降で、偏食や肥満傾向がある場合などに発症することがある。家族的な発症もみられる。

●症状●のどが渇き多飲多尿になるほか、成人の糖尿病のように疲れやすく、よく食べるのに体重が減ったりする。

●原因●インスリンは分泌されていても、その働きが弱いために糖代謝がうまくできなくなる。元来、2型は成人にみられる生活習慣病タイプの糖尿病だが、極度の肥満や偏食などがあれば、子どもにも発症することがある。

●治療●食事療法と運動療法が中心となる。肥満があれば、主治医の指導下で摂取カロリーが制限される。食事療法と運動療法で改善できない場合は、経口血糖降下剤の服用やインスリンの注射が用いられることもある。

その他の病気

先天性代謝異常症（→P224）
先天性内分泌異常症（→P225）
先天性心臓病（→P232）
後天性心臓病（→P277）
脳性まひ（→P245）
貧血（→P246）
尿崩症（→P295）
拒食症（→P239）

けいれん・ひきつけ

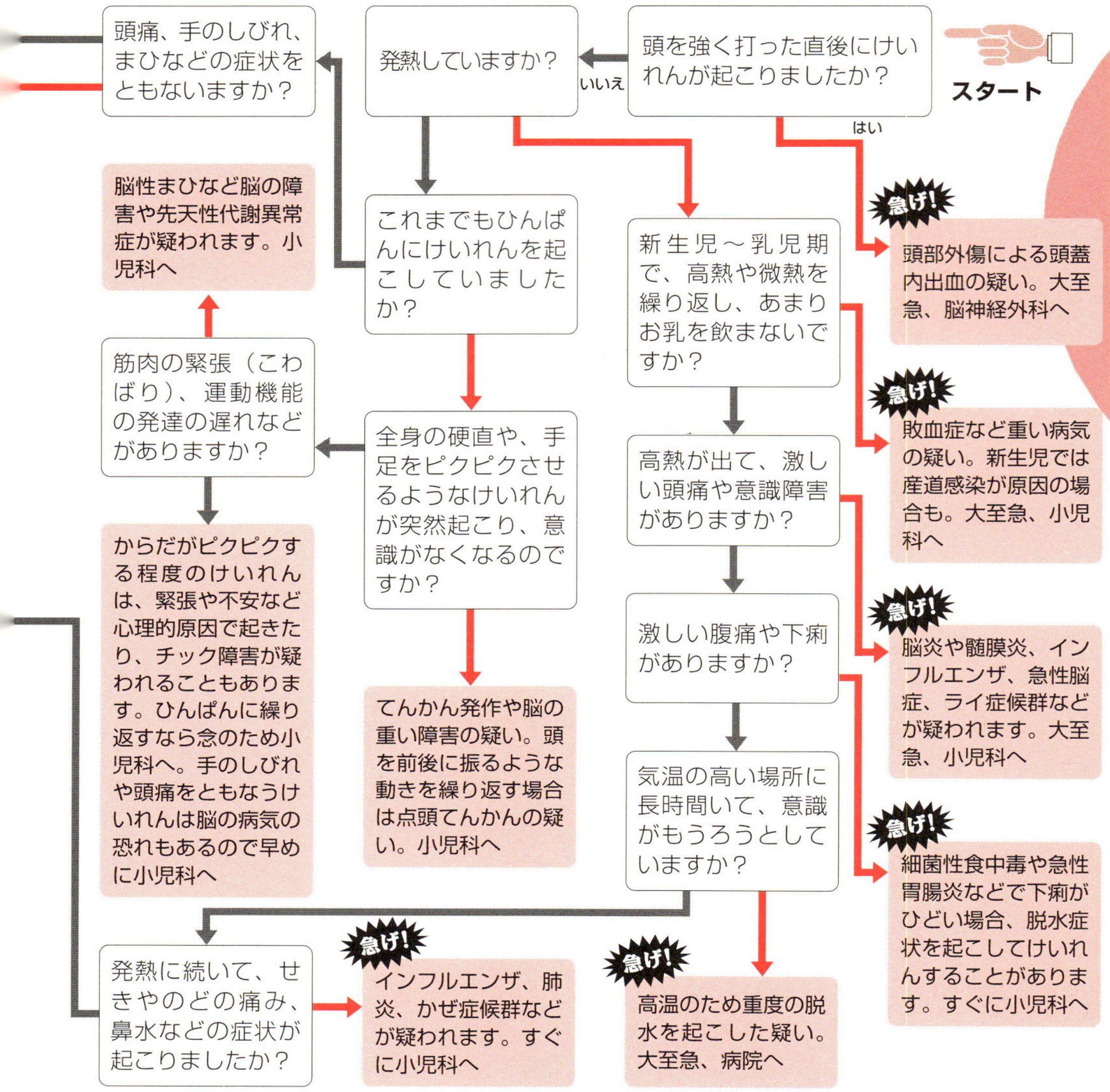
スタート
頭を強く打った直後にけいれんが起こりましたか？
はい
いいえ
急げ！
頭部外傷による頭蓋内出血の疑い。大至急、脳神経外科へ
発熱していますか？
新生児～乳児期で、高熱や微熱を繰り返し、あまりお乳を飲まないですか？
急げ！
敗血症など重い病気の疑い。新生児では産道感染が原因の場合も。大至急、小児科へ
高熱が出て、激しい頭痛や意識障害がありますか？
急げ！
脳炎や髄膜炎、インフルエンザ、急性脳症、ライ症候群などが疑われます。大至急、小児科へ
激しい腹痛や下痢がありますか？
急げ！
細菌性食中毒や急性胃腸炎などで下痢がひどい場合、脱水症状を起こしてけいれんすることがあります。すぐに小児科へ
気温の高い場所に長時間いて、意識がもうろうとしていますか？
急げ！
高温のため重度の脱水を起こした疑い。大至急、病院へ
これまでもひんぱんにけいれんを起こしていましたか？
全身の硬直や、手足をピクピクさせるようなけいれんが突然起こり、意識がなくなるのですか？
てんかん発作や脳の重い障害の疑い。頭を前後に振るような動きを繰り返す場合は点頭てんかんの疑い。小児科へ
頭痛、手のしびれ、まひなどの症状をともないますか？
脳性まひなど脳の障害や先天性代謝異常症が疑われます。小児科へ
筋肉の緊張（こわばり）、運動機能の発達の遅れなどがありますか？
からだがピクピクする程度のけいれんは、緊張や不安など心理的原因で起きたり、チック障害が疑われることもあります。ひんぱんに繰り返すなら念のため小児科へ。手のしびれや頭痛をともなうけいれんは脳の病気の恐れもあるので早めに小児科へ
発熱に続いて、せきやのどの痛み、鼻水などの症状が起こりましたか？
急げ！
インフルエンザ、肺炎、かぜ症候群などが疑われます。すぐに小児科へ

◆◆考えられる病気◆◆

熱性けいれん（ひきつけ）

発熱にともなうけいれんで、生後三か月ぐらいから五～六歳ごろまでによくみられる。

●症状●三八度以上の高熱にともなって、手足や唇、全身にけいれんが起こる。意識を失い、唇が紫色になることもあるが、数分程度でおさまる。けいれん後は意識がはっきりしているのが特徴。

●原因●子どもは脳の機能が未熟なため、高熱時は脳が刺激され、神経が興奮してけいれん発作などが起こりやすくなる。年とともに脳の機能が安定してくると起こりにくく、七～八歳ぐらいからは、ほとんどみられなくなる。

●治療●けいれんが左右対称にあらわれていて二〇分以内でおさまり、発作後に意識障害が続いておらず、二四時間以内に再発作があらわれなけ

首すじが突っ張る、口が開きにくいなどの症状が数日前から続いていますか？

→ 急げ！ 破傷風の疑い。すぐに小児科へ

薬を服用したり、刺激のあるにおいをかいだりしたあとに症状が起こりましたか？

→ 急げ！ 薬の副作用か化学物質の中毒症状が疑われます。顔面蒼白、嘔吐、意識消失、呼吸困難などのショック症状をともなう場合は危険な状態なので、急いで救急病院へ

激しく泣いたときに突然ひきつけ、顔が青ざめて唇が紫色になったものの、数分間で治まりましたか？

→ ほかに症状がなくケロリとしているなら憤怒けいれんと思われます。それ自体は病気ではなく心配いりませんが、ひんぱんに繰り返す場合は、念のため小児科へ

→ けいれんは脳や神経の障害が原因で起こるほか、軽いものは緊張や不安など心理的原因で起こることがあります。原因を調べるため小児科で受診を

呼吸と脈が速くなり、息苦しそうですか？

→ 過換気症候群の疑い。小児科へ

→ もやもや病など脳の重い病気やテタニーが疑われます。小児科へ

→ 高熱が出た直後に起きたけいれんが数分程度でおさまり、その後は意識がはっきりしているなら、熱性けいれんと思われます。「熱が出た」（→P 250）のチャートを参照し、小児科へ。発熱するたびに激しくひきつける場合は、てんかんなど脳の病気が疑われるので小児科へ

れば、心配のない熱性けいれんと思われる。この場合とくに処置は必要なく、発熱の原因疾患の治療が行なわれる。

それ以外の場合や、発作回数が多く、何度も長い時間繰り返す場合、七～八歳を過ぎても発作を起こす場合などは、てんかんに移行するケースもあるので、念のため小児科で検査の必要がある。

憤怒けいれん（泣き入りひきつけ）

激しく泣いてひきつけを起こすもので、一～二歳ぐらいの乳幼児によくみられる。

●症状●激しく泣いているうちに、息を大きく吸い込んで呼吸が止まり、顔色が青～紫色になり、全身が硬直してけいれんを起こすが、ふつうは、一分程度でおさまる。しばしば繰り返すことがあるが、四～五歳ぐらいまでには自然に起こらなくなる。

●原因と治療●激しく泣いて興奮するために起こるが、病気ではないので治療の必要はない。やさしく抱いてやると落ち着くことが多い。

破傷風

傷口から入った破傷風菌の毒素によって全身の神経が侵される病気だが、破傷風トキソイド（DPT・DT→P220）の予防接種をしていれば、ほとんど発症の心配はない。

●症状●頭痛、首がまわらない、口が開かないなどの症状で始まり、やがて起立・歩行困難、全身の強いけいれん、筋肉の硬直が起こる。呼吸筋などが硬直すると、生命の危険に陥る。

感染から発症までの潜伏期間は四～二〇日で、潜伏期間が短いほど生命を失う危険が高い。

●治療●破傷風ヒト免疫グロブリンや、抗けいれん剤などが用いられる。

急性脳症／ライ症候群

急に発症する原因不明の脳障害。約三五年前にオーストラリアの学者ライによって報告された急性脳症の一型は、ライ症候群と呼ばれる。

●症状●感染症にかかったあとなどに子どもの機嫌が悪く、高熱や嘔吐《おうと》、けいれん、意識障害などがあらわれる。

●原因●細菌やウイルスの感染が原因と考えられるが、原因不明の場合もある。ライ症候群は、全身臓器、とくに脳と肝臓のミトコンドリア（細胞中にあるエネルギーを生み出すところ）の機能異常で発症すると考えられているが、原因不明説もある。インフルエンザや水痘などではアスピリンとの関係が指摘されている。

●治療と予後●酸素吸入しながら脳圧亢進《こうしん》を抑える薬や抗けいれん剤などが用いられる。ライ症候群の場合は致死率が高く、一命をとりとめても、運動機能や知能に障害が残ることが多い。

てんかん

脳の電気的活動に異常が発生し、けいれんなどの発作が起こるが、薬で発作をコントロールすることもできる。

●症状●脳の一部から始まる部分発作では、からだの一部のけいれん、幻覚や幻聴などの感覚発作、不安や恐怖、ぼんやり感があらわれる精神発作、頭痛や腹痛などが生じる自律神経発作などが起こることがある。自律神経発作は学童期以降によくみられ、腹痛発作は腹性てんかんとも呼ばれる。また、瞬間的な意識消失や、意味なく歩き回る、口をモグモグさせるなどの行動がみられることもある。

脳全体に広がる全般発作では、突然意識を失い、からだを硬直させてけいれんする大発作や、瞬間的に意識が消失して動作が止まる小発作などがあらわれる。大発作では、失禁（おもらし）や昏睡《こんすい》、呼吸停止やチアノーゼがみられることもある。目がつり上がり、泡を吹くこともある。

乳児では、点頭《てんとう》てんかんという独特の発作がみられることがある。

●原因●さまざまな原因で起こる慢性脳疾患で、脳の神経細胞の過剰な放電によって反復性の発作が起こる。ほとんどは単独の発症で遺伝性はまれだが、一部に遺伝子異常が関与するものもある。

●治療●抗てんかん剤を適切に用いれば、約七割は発作を起こすことなく普通の生活を送ることができる。

点頭てんかん（ウエスト症候群）

生後三か月～一歳ぐらいの乳児に発症するてんかんの一種で、頭や手足の動きに特徴ある発作を起こす。

●症状●瞬間的にガクンと頭を下げるのと同時に、両手を上げたり手足を突っ張らせたりする動作を、短時間のうちに何回か繰り返す。この動作を単なるくせだと家族が思い込んでしまうと、病気の発見が遅れるので注意が必要。

放置すると、精神発達の遅滞や停止、運動発達の停止がみられる。

●原因●脳の電気的活動に異常が生じるもので、脳波検査ではヒプスアリスミアという特徴的な波形が認められる。

●治療●抗てんかん剤やビタミンB_6剤、副腎皮質ホルモン剤などを用いて治療する。早期治療により知的障害をくい止められる場合もある。

テタニー（低カルシウム血症）

血液中のカルシウム（血清カルシウム）が低下することでけいれんが起こる。

●症状●手指のふるえ、けいれん、こわばりなどが起こる。未熟児のテタニーでビタミンDも欠乏すると、骨の変形が起こる未熟児くる病を発症することがある。

●原因●生後数分から三六時間以内に起こる新生児テタニーは、糖尿病の母親から生まれた子どもに多く、帝王切開で生まれた子どもや、未熟児などにもみられる。それ以外では、ビタミンDの欠乏や副甲状腺《こうじょうせん》機能低下症、腎障害、過換気症候群、激しい嘔吐《おうと》などによっても血液中のイオンバランスがくずれて低カルシウム血症となり、テタニーの症状が起こることがある。

●治療●カルシウム剤を注射する。

脳性まひ

胎児期や新生児期など脳の発達過程に生じた脳障害のため、運動機能などに半永久的な障害があらわれるが、進行性の障害ではない。

●症状●出生時に未熟児であったり、泣かなかったり、新生児期に黄疸《おうだん》が強かったり、けいれんが起きやすかったりする。新生児〜乳児期は、周囲の人や物をじっと見ることがあまりなく、哺乳《ほにゅう》力が弱々しく、首のすわりが遅い、寝返りをうてないなど、発達の遅れが目立つ。手足の動きや姿勢が悪い、手足がかたく突っ張る、けいれんするなどの症状がみられたりする。

また、成長とともに運動機能の発達の遅れや筋肉の緊張、からだが反り返っているような感じ、やせぎみの体型が目立ち、眼球運動の異常（斜視《しゃし》、眼球の上転・下転）などが、あらわれることもある。てんかん発作の合併や、知覚・知能・言語・情緒の障害があらわれることもある。

ただし、脳性まひには必ず知的障害をともなうとは限らない。からだの一部のまひによる運動障害のみがあらわれ、知的障害があらわれない場合もある。

●原因●妊娠中毒症や事故による脳の損傷、早産、早期破水、難産、分娩異常、仮死状態での出産など、出生前後のトラブルにともなう脳の循環障害、低酸素症などが発症の誘因となる。

重症の新生児黄疸や脳の形成異常、先天性代謝異常症、妊娠初期の母体の感染症などによって起こることもあるが、原因不明の場合もある。

●治療●早期発見と早期治療が大切。障害の程度を早めに把握して、専門家の指導による療育に取り組む。

過換気（呼吸）症候群

発作的に呼吸が激しくなり、呼吸困難を起こすが、とくに原因となる病気はない。

●症状●呼吸が速く激しくなるため酸素が過剰に取り込まれ、動脈中の二酸化炭素が減少して、めまいや手足のしびれ、けいれんなどが起こる。

●原因●激しい運動など物理的な要因のほか、心配ごとや極度の疲労、興奮、恐怖、ストレスなどの精神的要因が息苦しさを引き起こし、激しい呼吸が起こると考えられる。

●治療●発作が起きたときは、ビニール袋か紙袋を口に当てて、自分が吐いた息を吸い込ませる。これを繰り返しさせると落ち着いてくる。

その他の病気

先天性代謝異常症（→P224）

敗血症（→P251）

脳炎／髄膜炎（→P252）

インフルエンザ（→P251）

肺炎（→P278）

かぜ／かぜ症候群（→P272）

急性胃腸炎（→P280）

食中毒（細菌性食中毒）（→P296）

もやもや病（→P257）

チック障害（→P306）

立ちくらみ・めまい

スタート

立ちくらみやめまいが、繰り返し起こりますか？

はい → 頭痛や吐き気、嘔吐をともない、日を追って症状がひどくなりますか？
→ 急げ！ 脳の重大な病気が疑われます。すぐに小児科へ

↓

ふだんから顔色が悪く、元気がない、食欲がないなどの症状がみられますか？
→ 貧血や栄養不良が疑われます。朝や午前中に元気がないことが多いなら、起立性調節障害の疑いも。小児科へ

↓

突然倒れ、けいれんを起こすことがありますか？
→ 急げ！ てんかん発作や脳の重い病気の疑い。小児科へ

↓

のぼせや頭痛、白目の充血をともないますか？
→ 赤血球増加症が疑われます。小児科へ

↓

音が聞こえにくかったり、耳鳴り、耳の痛み、耳だれなどがみられますか？
→ 中耳炎、聴力障害など耳の病気の疑い。耳鼻咽喉科へ。耳の病気も、めまいの原因になります

↓

ものが見えにくかったり、目が疲れたりすることがよくありますか？
→ 屈折異常や度の合わないメガネが、めまいの原因になることがあります。眼科へ
→ めまいがしばしば起こるなら、何か病気が隠れているかもしれないので、念のため小児科へ

いいえ ↓

頭部に強い衝撃を受けたあとに起こり、頭痛や吐き気、嘔吐をともないますか？
→ 急げ！ 頭部外傷による頭蓋内出血の疑い。大至急、脳外科へ

↓

気温の高い場所に長時間いて、意識がもうろうとしていますか？
→ 急げ！ 高温のため重度の脱水症状を起こしている疑い。大至急、病院へ

↓

突然、呼吸と脈が速くなって息苦しく、頭痛や手のしびれ・けいれんをともないますか？
→ 過換気症候群の疑い。小児科へ

↓

薬を服用したり、刺激のあるにおいをかいだりしたあとに、症状が起こりましたか？
→ 急げ！ 薬の副作用か化学物質の中毒症状が疑われます。すぐに救急病院へ

↓

換気の悪い室内などに長時間いたあと、症状が起こりましたか？
→ 急げ！ 換気の悪い部屋にいると、頭痛やめまいが起こることあります。ガスを使用していた場合は一酸化炭素中毒の恐れもあるので、すぐに病院へ
→ 立ちくらみやめまいは、睡眠不足や疲労、空腹、乗り物酔い、精神的ストレスなどが原因で起こることがあります。回復が遅く、気になる場合は小児科へ

◆◆考えられる病気◆◆

貧血

血液中の赤血球や、赤血球のなかにあるヘモグロビン（血色素）の量が、正常範囲を越えて減少した状態をいう。

鉄欠乏性貧血

子どもに最も多い貧血で、鉄分の不足からヘモグロビン合成が低下して起こる。

主な症状は、顔色が青白い、元気がない、不機嫌、食欲不振、体重が増えない、動悸《どうき》、めまい、息切れ、頻脈《ひんみゃく》など。軽いうちは自覚症状がほとん

どない。症状が進むと、むくみが出ることもある。

なぜ鉄分の不足が起こるのかを調べ、その治療とともに食事による鉄分摂取の指導や、鉄剤の投与が行なわれる。

巨赤芽球性貧血

赤血球がつくられるときに必要な葉酸やビタミンB_{12}が不足して起こる貧血で、骨髄《こつずい》中に巨赤芽球《きょせきがきゅう》という成熟する前の若い赤血球があらわれる。

鉄欠乏性貧血のような症状のほかに、舌炎や足のしびれなどを訴えることがある。

不足している葉酸やビタミンB_{12}を、注射や内服で補充する治療が行なわれる。

溶血性貧血

何らかの原因で赤血球が破壊され、新たな合成が破壊のスピードに追いつけず、貧血が起こる。先天性のものは日本人にはまれで、後天性のものは免疫が関与するケース、母子間の血液不適合による新生児溶血性貧血などがある。

鉄欠乏性貧血のような症状のほかに皮膚や白目が黄色くなる黄疸《おうだん》や、脾《ひ》臓のはれがみられることがある。

軽症なら治療の必要はない。後天性で免疫が関与する場合は、交換輸血や副腎皮質ホルモン剤が用いられる。

再生不良性貧血

血液細胞をつくる骨髄《こつずい》に異常が起こり、赤血球のほか白血球や血小板《けっしょうばん》も減少する。原因は不明で、薬剤や化学物質、免疫関与などの説がある。

鉄欠乏性貧血のような症状のほかに、白血球が減少するため抵抗力が低下し、感染症にかかりやすくなる。また、血小板の減少のため出血しやすく止血しにくい傾向がある。

難治性疾患だが、最近では骨髄移植やたんぱく同化ホルモン剤による治療などで改善がみられる。

赤血球増加症（多血症）

赤血球やヘモグロビン（血色素）が異常に多くなる病気。

●症状●新生児では多呼吸、唇が紫色になる、黄疸《おうだん》、嘔吐《おうと》などの症状があらわれる。

年長児では、多くは心臓や肺、腎臓の病気などに続いて起こり、顔や白目の充血、のぼせ、めまい、頭痛、耳鳴り、視力障害などがあらわれる。

●原因●原因は不明だが、新生児の場合は、胎盤や母親の血球が過剰に赤ちゃんに流入して起こるともいわれる。

●治療●血液濃度を正常にするための輸液や、血漿《しょう》を用いた交換輸血が行なわれる。

起立性調節障害

自律神経がうまく働かないため立ちくらみなどが起こる。

●症状●起立するときに立ちくらみやめまい、失神が起こる。朝の寝起きは血圧が低下して不機嫌なことが多く、朝食時は食欲がなく、午前中は調子が悪い傾向がある。

また、ふだんから顔色がすぐれず、疲れやすい、のぼせやすい、頭痛や腹痛、吐き気や嘔吐《おうと》が起こりやすいなどの自律神経症状もみられる。

●原因●起立するとき、からだは反射的に静脈を収縮させ、血液が下方にうっ血するのを防ぐが、この反射が十分に働かないと、頭部への血流が減少して症状が起こる。

●治療と予防●規則正しい生活で治ることが多い。

重症の場合には、昇圧剤や抗不安剤などが用いられることもある。

その他の病気

てんかん（→P244）
過換気（呼吸）症候群（→P245）
中耳炎（→P264）
聴力障害（→P265）
屈折異常（→P263）

むくみがある

スタート

目のまわりなど顔のむくみが目立っていますか？

はい → 尿の量や排尿回数が減りましたか？

- はい → ここ数週間ぐらいのうちに、かぜなどの感染症にかかりましたか？
  - はい → 急げ！ 急性腎炎や尿路感染症の疑い。発熱や血尿、排尿時の痛みをともなうこともあります。すぐに小児科へ
  - いいえ → 急げ！ 慢性腎炎やネフローゼ症候群の疑い。進行すると足にも強いむくみがあらわれます。すぐに小児科へ
- いいえ → 顔色が黄色っぽく、白目も黄色で、元気がなく、食欲がない、またはお乳をあまり飲まないですか？
  - はい → 急げ！ 肝臓・胆嚢・胆道の病気による黄疸の疑い。新生児か乳児なら、先天性甲状腺機能低下症、先天性代謝異常症、先天性内分泌異常症、先天性胆道閉鎖症などが疑われます。すぐに小児科へ
  - いいえ → 激しいせきや嘔吐を繰り返したあとに顔がむくみましたか？
    - はい → せきや嘔吐をしすぎると、顔面がうっ血してむくむことがあります。「せき」（→P270）「吐く・吐き気」（→P282）へ
    - いいえ → 寝起きや激しく泣いたあとなどに顔がむくむことがありますが、時間がたつと消えるむくみなら心配いりません。思い当たる原因がなく、いつまでもむくみが続くなら小児科へ

いいえ → おもに足がむくんでいますか？

- はい → 顔色が悪くて疲れやすく、少しの運動でも胸がドキドキして息切れが起こりますか？
  - はい → 先天性心臓病、後天性心臓病、不整脈などが疑われます。小児科へ
  - いいえ → 長時間立っていたあとなどは足がむくみやすいですが、よく休んでマッサージなどをすると回復するなら心配いりません。むくみが長く続いたり、ほかに気になる症状がある場合は小児科へ
- いいえ → 局所ではなく全身的なむくみで、ふだんから顔色が悪く、元気がないですか？
  - はい → 貧血や栄養不良の疑い。甲状腺機能低下症でも全身がむくむことがあります。小児科へ
  - いいえ → かゆみやかぶれ、虫刺され、皮膚を激しくこすったとき、打撲したときなどは、その部分がはれぼったくむくむことがあります。ひどい場合は皮膚科や外科へ。思い当たる原因がなく、いつまでもむくみが続くなら小児科へ。ほかに症状がある場合は該当するチャートを参照してください

◆◆考えられる病気◆◆

急性腎炎（急性糸球体腎炎）

血液をろ過している腎臓の糸球体《しきゅうたい》を中心に炎症が起こる病気。むくみ、血尿、高血圧が三大症状で、学童期に多い。

●症状●溶連菌（A群β《ベータ》溶血性連鎖球菌）感染による鼻炎などの上気道感染症や皮膚感染症（化膿《かのう》症）にかかったあと、一～二週間の潜伏期間を経て急に発症しやすい。そのため、くしゃみや鼻水、発熱などのかぜに似た症状に引き続いて赤ぶどう酒色の血尿や、目のまわりや足のむくみ、尿量減少などの症状があらわれる。

高血圧は、病院で測定して初めてわかるのが一般的で、血尿も、肉眼ではわからない程度のことも少なくない。

●原因●多くは、溶連菌の感染によって起こる。溶連菌が抗原になって糸球体の血管壁を障害し、糸球体の働きが低

下して発症するため、急性糸球体腎炎とも呼ばれる。

●治療●安静と食事療法が主体で、必要に応じて薬物療法が行なわれる。急性期（一～二か月）は、安静のため入院治療が基本。食事内容は、水分、塩分、たんぱく質、カリウムなどが制限される。

慢性腎炎（慢性糸球体腎炎）

腎炎が長引いたものだが、急性腎炎が悪化して慢性腎炎になることはほとんどない。

●症状●六か月以上も血尿やたんぱく尿があり、むくむ。

●原因●子どもの慢性腎炎では、IgA腎症がよくみられる。これは、腎臓の糸球体《しきゅうたい》の血管と血管の間にある細胞が増殖し、そこに免疫グロブリンというたんぱく質が沈着して糸球体に障害を引き起こすもの。原因は不明だが、免疫が関わっているとされる。

●治療と予後●安静と食事療法、ステロイド剤や免疫抑制剤を用いた治療が行なわれる。約半数は三年ほどで完治するといわれるが、治りにくい場合は将来、慢性腎不全へ進行することもある。

ネフローゼ症候群

腎臓の糸球体《しきゅうたい》が障害を起こして、大量のたんぱくが尿中にもれ出し、低たんぱく血症や高脂血症（脂質異常症）を引き起こす。

特発性ネフローゼ症候群と腎炎性ネフローゼ症候群に大別され、子どもの場合は特発性のほうが多くみられる。再発を繰り返しやすいが、大人になると治ることが多い。

●症状●強いむくみが特徴。初めはまぶたがはれぼったくなり、進行すると顔や手足にむくみがあらわれ、ときには腹水や胸水がたまることがある。むくみのために体重が増加する。その一方で、尿の量や排尿回数は減少する。

尿中のたんぱくが多いため、排尿したときに尿が異常に泡立つことがある。

●原因●原因は不明だが、免疫の異常と推定されている。

●治療●初発時は入院治療が原則となる。副腎皮質ホルモン（ステロイド）剤や免疫抑制剤を用いた治療と並行して、安静、食事療法（食塩・水分の制限）、感染予防などがすすめられる。

先天性甲状腺機能低下症（クレチン症）

甲状腺《こうじょうせん》ホルモンが生まれつき不足している病気。早期発見のため、新生児期にマススクリーニング検査（→P224）が行なわれている。

●症状●新生児期から泣き声が弱々しく、あまり泣かない、お乳の飲みが悪い、動きが活発でない、黄疸《おうだん》が長引くなどの症状があらわれる。

体型も特徴的で、手足が短く、両目が離れ、鼻が低い、舌が大きい、まぶたがむくんでいる、厚い唇を開けたままにしているといった独特の顔つきをしている。

また、毛髪が抜けやすく切れやすい、皮膚が乾燥しやすい、からだがむくむ、便秘がちなどの症状もある。周囲に無関心で知能の発達の遅れもみられる。治療せず放置すると、発達の遅れが進んだり、小人症になる恐れがある。

●原因●多くは、甲状腺の欠損または形成不全による。

●治療●甲状腺ホルモン剤を内服する治療が行なわれる。

その他の病気

先天性代謝異常症（→P224）
先天性内分泌異常症（→P225）
先天性胆道閉鎖症（→P259）
先天性心臓病（→P232）
後天性心臓病（→P277）
不整脈（→P259）
貧血（→P246）
尿路感染症（→P294）

熱が出た

スタート

高熱が出ましたか？

はい → 生後3か月以内の新生児または乳児で、お乳の飲みが悪く、元気がないですか？

いいえ → 発熱と前後してサーモンピンクの斑点があらわれたり、関節がはれたりしていますか？

若年性関節リウマチの疑い。高熱が出ることもあります。小児科へ

手や足や口に米粒大の水疱または淡紅色の発疹ができましたか？

手足口病の疑い。高熱が出ることもあります。小児科へ

小さな赤い発疹が全身に出て、耳の後ろのリンパ節がはれましたか？

風疹の疑い。小児科へ

微熱や鼻水など、かぜに似た症状が続いたあと、せき込んで苦しそうにしていますか？

かぜや疲れ、精神的ストレスなどからも軽い発熱が起こることがあります。微熱やせきが続くなら小児結核の疑い。小児科へ。微熱程度でもしばしば発熱を繰り返す場合は重い病気が隠れているかもしれないので念のため小児科へ。ほかに気になる症状があれば該当するチャートへ

急げ！ ゼイゼイいって苦しそうなら細気管支炎の疑い。顔を真っ赤にしてせき込み、ヒューっと息を吸い込む音がするなら百日ぜきの疑い。すぐに小児科へ

急げ！ 敗血症など重い病気の疑い。新生児では産道感染が原因の場合も。大至急、小児科へ

乳児が突然発熱し、熱が下がったあと、全身に発疹が出たほかは異常がないですか？

突発性発疹の疑い。小児科へ

激しい頭痛やけいれん、意識障害などがありますか？

急げ！ 脳炎や髄膜炎、急性脳症、ライ症候群などの疑い。すぐに小児科へ

腹痛や嘔吐、下痢などがありますか？

耳の痛みや耳だれがありますか？

中耳炎の疑い。耳鼻咽喉科へ。耳の下がはれているならおたふくかぜの疑い。小児科へ

のどの痛みやはれが目立ちますか？

発熱直後にけいれんを起こしたものの、数分でおさまり意識があるなら熱性けいれんと思われます。頭痛、せき、鼻水などがあればかぜ症候群、冬季ならインフルエンザの疑いも。高熱が続く場合は、脱水症状に注意して早めに小児科へ

のどの奥や上あごに、小さな水疱ができていますか？

ヘルパンギーナの疑い。小児科へ

呼吸が速く息苦しそうで、せき込みやゼーゼーいう音がありますか？

急げ！ 細菌性肺炎や急性気管支炎の疑い。すぐに小児科へ

急性扁桃炎や急性咽頭炎、急性喉頭炎の疑い。のどの赤みが強く、目も赤く充血していれば咽頭結膜熱の疑い。小児科へ

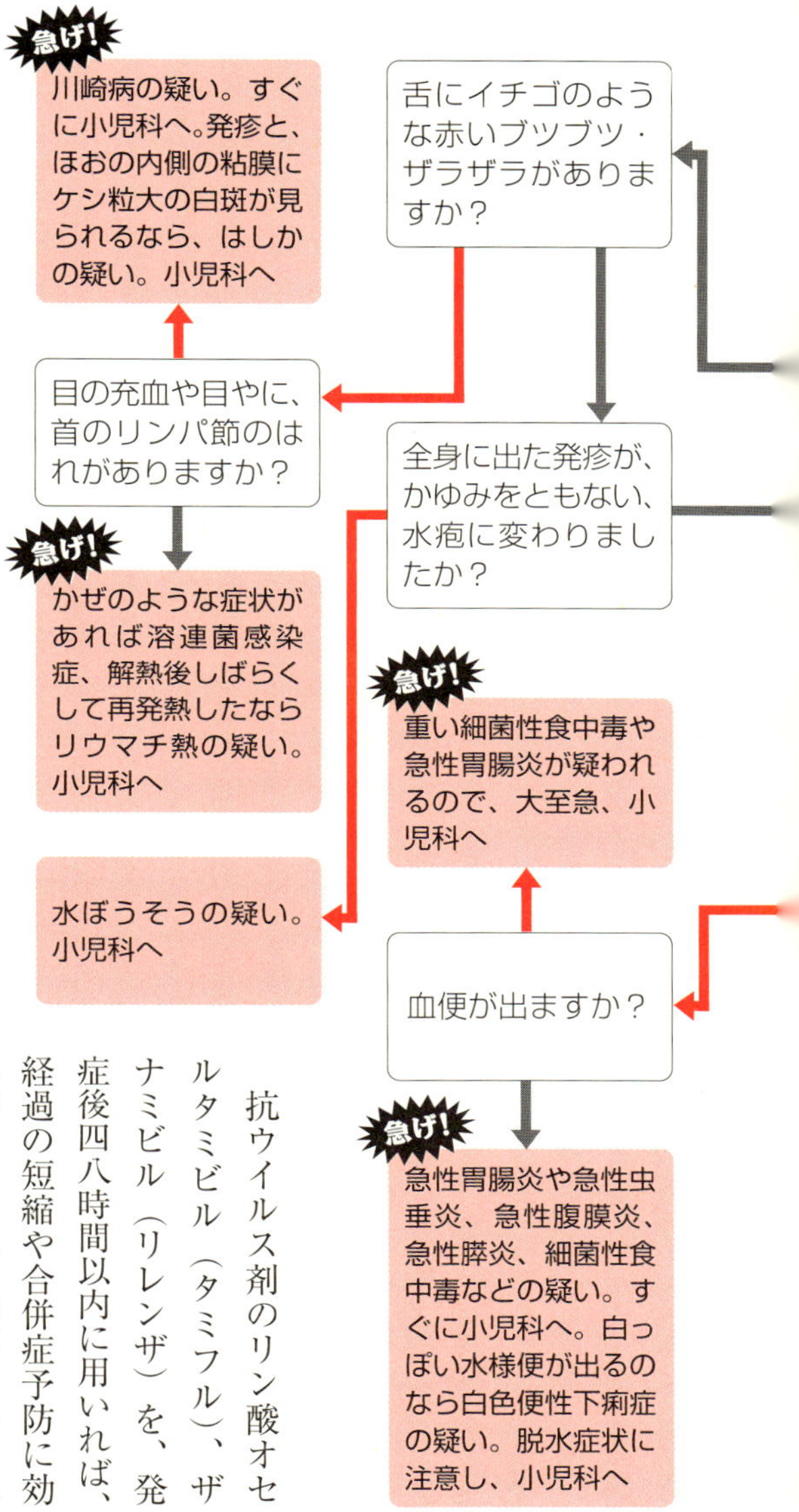
舌にイチゴのような赤いブツブツ・ザラザラがありますか？
目の充血や目やに、首のリンパ節のはれがありますか？
急げ!
川崎病の疑い。すぐに小児科へ。発疹と、ほおの内側の粘膜にケシ粒大の白斑が見られるなら、はしかの疑い。小児科へ
急げ!
かぜのような症状があれば溶連菌感染症、解熱後しばらくして再発熱したならリウマチ熱の疑い。小児科へ
全身に出た発疹が、かゆみをともない、水疱に変わりましたか？
水ぼうそうの疑い。小児科へ
血便が出ますか？
急げ!
重い細菌性食中毒や急性胃腸炎が疑われるので、大至急、小児科へ
急げ!
急性胃腸炎や急性虫垂炎、急性腹膜炎、急性膵炎、細菌性食中毒などの疑い。すぐに小児科へ。白っぽい水様便が出るのなら白色便性下痢症の疑い。脱水症状に注意し、小児科へ

◆◆考えられる病気◆◆

インフルエンザ

インフルエンザウイルスに感染し、重いかぜの症状が起こる病気。冬季に流行し、感染から一～三日で発症する。

●症状●頭痛や寒けがあり、三八度以上の高熱が出るのが特徴。子どもの場合、急激に熱が上がるためけいれんを起こすなど、重症化しやすいので注意が必要。のどの痛みやくしゃみ、鼻水、せき、たんなども、ふつうのかぜ症状より重くあらわれるほか、筋肉や関節の痛み、下痢や腹痛、吐き気、嘔吐《おうと》などをともなうこともある。

多くは三～四日で解熱するが、再度発熱したり、解熱後も重いかぜ症状が続くことがある。まれに、脳炎や脳症を合併することもある。

●治療●安静にし、他者への感染を広げないよう、学校や幼稚園は休ませる。

抗ウイルス剤のリン酸オセルタミビル（タミフル）、ザナミビル（リレンザ）を、発症後四八時間以内に用いれば、経過の短縮や合併症予防に効果があるという報告もなされているが、子どもへの使用は慎重に行なうよう求められている。熱に対し解熱剤が使用されることがあるが、非ステロイド系消炎剤のメフェナム酸やジクロフェナクナトリウムは、インフルエンザ脳症・脳炎との関連が指摘され、使用禁止となっている。

敗血症

細菌に感染した際に、細菌のつくり出す毒素が血液を介して全身にまわる病気で、重症になると生命に関わる。

●症状●高熱または微熱を繰り返したり、寒けやけいれんを起こしたりするほか、嘔吐《おうと》や下痢をともなうこともある。皮膚に出血斑がみられることもあり、新生児や乳児では、機嫌が悪く、お乳を吸う力が弱くなる。

重症の場合、顔面蒼白で意識障害やけいれんなどのショック症状を起こし、数時間で死亡することもある。

●原因●さまざまな細菌の感染が原因となる。中耳炎や扁《へん》桃《とう》炎、抜歯後の歯肉の傷、皮膚の外傷が化膿《かのう》して原因となることもある。

新生児の場合は、おへそや腸管から細菌感染を起こしたり、出生時に産道感染を起こし、発症することがある。

●治療●抗生物質などが用いられる。ショック症状を起こしているときは、一刻も早い手当が必要。

脳炎／髄膜炎

脳に炎症が起こるものを脳炎といい、脳や脊髄《せきずい》をおおっている髄膜に炎症が起こるものを髄膜炎という。

●症状●高熱と頭痛に、けいれんや嘔吐《おうと》などをともなう。

乳児では、ぐったりとして元気がなくなり、哺乳《ほにゅう》力の低下や嘔吐などが起こり、進行するとけいれんを起こす。

●原因●脳や髄膜にウイルスや細菌が感染し、炎症を起こす。子どもの場合、インフルエンザや結核、はしか(麻疹)、おたふくかぜ、風疹などの感染症に合併することがある。

また、頭部の外傷が原因となって感染し、脳や髄膜に炎症を起こすこともある。

脳炎のうち日本脳炎は、東アジアに分布するウイルス性脳炎で、コガタアカイエカに媒介される。日本脳炎は、予防接種で感染を予防できる。

●治療と予後●早急に入院治療が必要。細菌性脳炎・髄膜炎では抗生物質が用いられる。

脳炎は発症時の症状が重いほど、まひや知覚・知能障害などの後遺症が心配される。

ウイルス性髄膜炎に特効薬はないが、単純ヘルペスウイルスやサイトメガロウイルス以外のウイルスの感染は自然に治癒し、予後も良好といわれる。

細菌性髄膜炎は、知能障害やてんかんなどの後遺症が残る心配もある。

おたふくかぜ（流行性耳下腺炎）

急な発熱とともに耳の下（耳《じ》下腺《かせん》）がはれる病気。

●症状●急に四〇度近い高熱が出て、まず片側の耳下腺がはれあがり、頭痛や食欲不振などが起こる。はれは三日めぐらいに最大となり、そのころもう一方の耳下腺がはれてくる。片側がはれただけで終わることもある。

はれは一週間程度でおさまるが、引き続き激しい嘔吐《おうと》や頭痛をともなう脳炎や髄膜炎、ときに精巣《せいそう》炎や卵巣炎、難聴を合併するケースもある。

●原因●ムンプスウイルスの感染による。潜伏期間は一六〜一八日、感染期間は七〜一〇日だが、感染しても三〜四割ぐらいは発症しないこともある（不顕性感染）。

●治療と予防●ウイルスに対する特効薬はないが、予防接種で予防できる。発症した場合は、高熱や痛みに対して解熱鎮痛剤が用いられる。

川崎病（皮膚粘膜リンパ節症候群）

発見者・川崎富作博士の名から川崎病と呼ばれている。

●症状●突然、高熱が続く。白目が充血し、唇が赤く、舌にイチゴのような赤いブツブツができ、同時に首のリンパ節のはれなどがみられる。発熱から数日で全身に発疹が出て、手足がかたくむくんだり、手のひら、足の裏が赤くなったりする。発熱から一〇〜一二日ほどで、手足の指先の皮がむけることもある。

合併症として心臓の冠動脈にこぶ（冠動脈瘤《りゅう》）や炎症がみられ、それが原因で突然死をまねいたり、後天性心臓病を発症したりすることもある。

●原因●四歳以下の発症がとくに多いが、原因は不明。

●治療●心臓の合併症予防のため、入院治療と経過観察が行なわれる。これにより、冠動脈瘤ができて突然死するケースは著しく減少した。

リウマチ熱

溶連菌（溶血性連鎖球菌）の感染で高熱が出て、後遺症として心臓病を起こすことがある病気。感染は五〜一〇歳ぐらいに多いが、この菌自体はあまり強いものではなく、子どもによっては、感染しても発症しない場合がある。

●症状●三八度以上の高熱が出て、のどの痛みやはれが起こる。数日のうちに治るが、数週間後、再び発熱する。このとき半数近くが心臓に炎症を起こし、後遺症として心臓弁膜症などの後天性心臓病を引き起こす。

●原因●溶連菌（A群β《ベータ》溶血性連鎖球菌）の感染。

●治療●抗生物質が用いられる。後天性心臓病の発症を防ぐために、長期間の薬物治療が続けられる。

若年性関節リウマチ

一六歳以下の子どもにみられる関節の炎症。全身型、多関節型、少関節型の三タイプに分類される。

●症状●全身型（スチル型）は一〇歳以下に発症し、発熱と関節の痛み、はれなどの症状が起こる。リウマトイド疹と呼ばれるピンク色の不規則な斑（発疹）が皮膚にあらわれたり、検査で肝臓や脾《ひ》臓のはれが見つかったりすることもある。また、胸膜炎や心筋炎を合併することもある。

多関節型は、手指をはじめとする関節の痛みやはれ、熱感のほか、朝起きたときにこわばったり、指が曲がりにくくなったりすることもある。

少関節型は、ひじやひざなどの大きな関節部に痛みやはれ、熱感があらわれる。黒目（虹彩毛様体《こうさいもうようたい》）が炎症を起こして視力が低下することもある。このタイプは六歳以下の女児に多くみられる。

●原因●不明だが、感染症や免疫異常などの説もある。

●治療●アスピリンや、副腎皮質ホルモン剤などが用いられる。

軽快と再発を繰り返し、慢性の経過をたどるが、適切な治療を続ければ、機能障害や生命の危険は少ない。

小児結核

●症状●子どもの初感染結核では無症状のこともあり、発病初期の呼吸症状は少ない。進行するまで全身状態は良好で、発熱しても重症感があまりないことが多い。

●原因●結核菌に感染して起こる。乳児の感染のほとんどは、家族内感染によるので、予防接種をまだ受けていない乳児がいる家庭は、十分な注意が必要といえる。

●予防●ツベルクリン反応で結核菌の抗体の有無を調べ、抗体がない場合にはBCG接種（→P220）によって抗体をつくり、結核菌の感染を予防する。BCG接種はとくに播《は》種《しゅ》性結核や髄膜結核に有効といわれる。

●治療●入院し、イソニアジド、リファピシン、ピラジナミドなどによる治療が行なわれる。

その他の病気

熱性けいれん（→P242）
急性脳症／ライ症候群（→P244）
はしか（→P289）
風疹（→P289）
手足口病（→P290）
突発性発疹（→P291）
水ぼうそう（→P289）
溶連菌感染症（→P290）
急性扁桃炎（→P268）
急性咽頭炎（→P269）
急性喉頭炎（→P269）
咽頭結膜熱（→P269）
ヘルパンギーナ（→P269）
中耳炎（→P264）
かぜ／かぜ症候群（→P272）
百日ぜき（→P273）
急性気管支炎（→P271）
細気管支炎（→P272）
肺炎（→P278）
食中毒（細菌性食中毒）（→P296）
急性胃腸炎（→P280）
急性虫垂炎（→P281）
急性腹膜炎（→P281）
急性膵炎（→P143）
白色便性下痢症（→P296）

頭部の異常

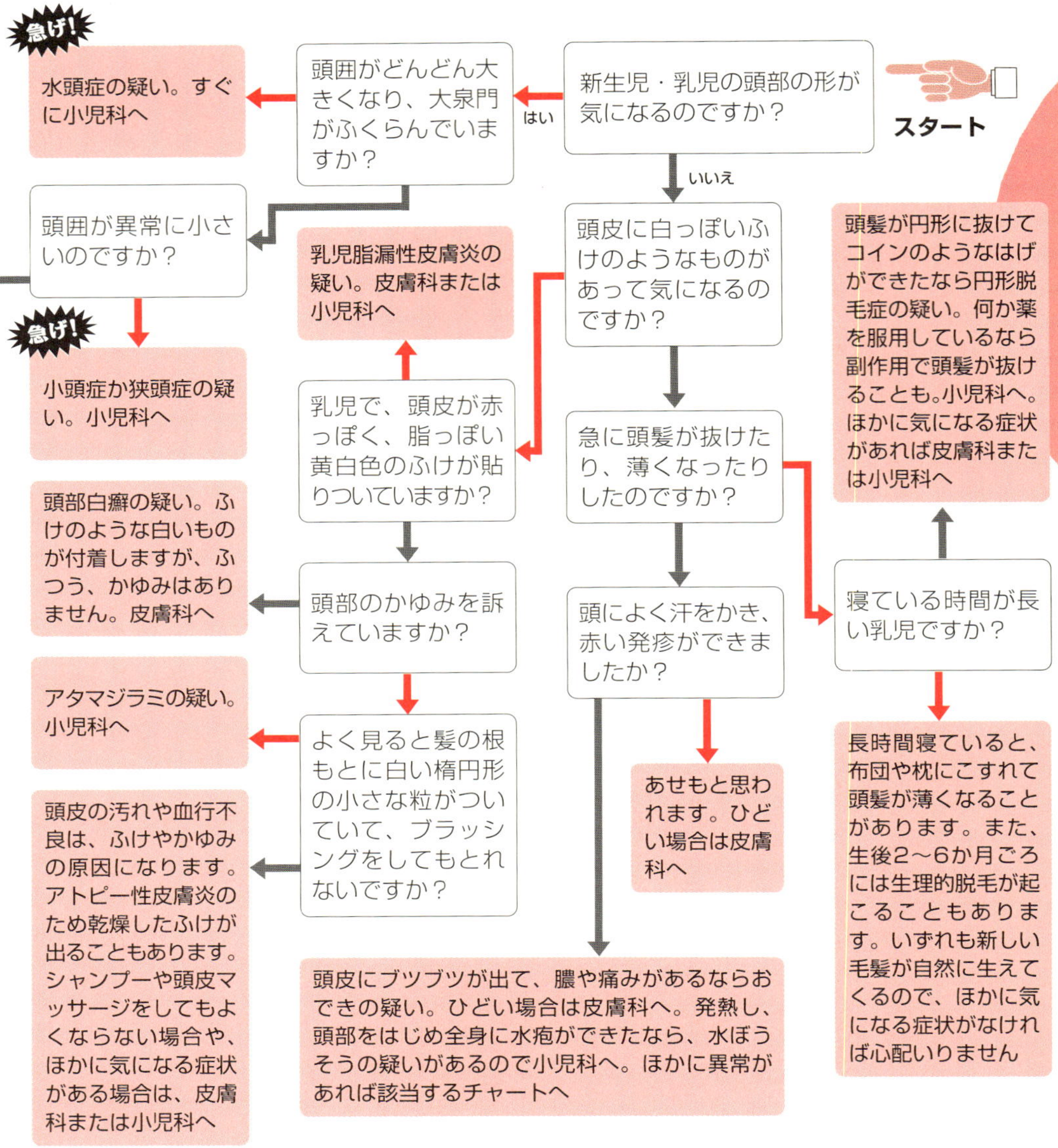

スタート
新生児・乳児の頭部の形が気になるのですか？
はい
頭囲がどんどん大きくなり、大泉門がふくらんでいますか？
急げ！
水頭症の疑い。すぐに小児科へ
頭囲が異常に小さいのですか？
急げ！
小頭症か狭頭症の疑い。小児科へ
いいえ
頭皮に白っぽいふけのようなものがあって気になるのですか？
乳児で、頭皮が赤っぽく、脂っぽい黄白色のふけが貼りついていますか？
乳児脂漏性皮膚炎の疑い。皮膚科または小児科へ
頭部のかゆみを訴えていますか？
頭部白癬の疑い。ふけのような白いものが付着しますが、ふつう、かゆみはありません。皮膚科へ
よく見ると髪の根もとに白い楕円形の小さな粒がついていて、ブラッシングをしてもとれないですか？
アタマジラミの疑い。小児科へ
頭皮の汚れや血行不良は、ふけやかゆみの原因になります。アトピー性皮膚炎のため乾燥したふけが出ることもあります。シャンプーや頭皮マッサージをしてもよくならない場合や、ほかに気になる症状がある場合は、皮膚科または小児科へ
急に頭髪が抜けたり、薄くなったりしたのですか？
寝ている時間が長い乳児ですか？
頭髪が円形に抜けてコインのようなはげができたなら円形脱毛症の疑い。何か薬を服用しているなら副作用で頭髪が抜けることも。小児科へ。ほかに気になる症状があれば皮膚科または小児科へ
長時間寝ていると、布団や枕にこすれて頭髪が薄くなることがあります。また、生後2～6か月ごろには生理的脱毛が起こることもあります。いずれも新しい毛髪が自然に生えてくるので、ほかに気になる症状がなければ心配いりません
頭によく汗をかき、赤い発疹ができましたか？
あせもと思われます。ひどい場合は皮膚科へ
頭皮にブツブツが出て、膿や痛みがあるならおできの疑い。ひどい場合は皮膚科へ。発熱し、頭部をはじめ全身に水疱ができたなら、水ぼうそうの疑いがあるので小児科へ。ほかに異常があれば該当するチャートへ

◆◆考えられる病気◆◆

小頭症／狭頭症

脳の発育障害や脳の病気のため、頭が通常より小さいものを小頭《しょうとう》症という。

本来は出生から一年近くかかって閉じる大泉門《だいせんもん》（新生児の頭頂部、頭蓋骨のつなぎめにできたブヨブヨした菱形のくぼみ）が出生前、あるいは出生後早期に閉じてしまい、頭部の発育が阻害されるものを狭頭《きょうとう》症（頭蓋縫合早期閉鎖）という。

●症状●頭部が小さく変形し、放置すると脳が発育できず、精神・知覚・運動機能の発達が遅れることもある。

●原因●胎内でのウイルス感染、染色体異常、先天性代謝異常症、被曝、遺伝などがあげられるが、多くは原因不明。

●治療●小頭症の根本的な治療法はないので、脳の発達促進のためのリハビリテーショ

頭にブヨブヨしたやわらかいこぶがあるのですか？

↑ 産瘤か頭血腫と思われます。病気ではなく自然に治るので心配いりませんが、念のため小児科医に確認を

↓ 頭の形には個人差がありますが、同じ方向ばかり向いて寝ていると頭の形がいびつになることもあるので、ときどき向きを変えましょう。首のあたりにしこりがあって頭部が傾いて見えるなら、筋性斜頸が疑われます。小児科へ

ンを早期に始めることが大切になる。一方、狭頭症では、閉じられた頭蓋骨のつなぎめを切り開く手術を早期に行なえば、脳の発育障害を防ぐことができる。

産瘤／頭血腫

出生時に産道内で強く圧迫されると、からだの一部に体液がたまって産瘤《りゅう》というやわらかいこぶのようなむくみができることがある。生後数日～数週間で自然に消失する。

一方、頭血腫《けつしゅ》とは、頭蓋骨とそれを包む骨膜との間に生じた出血がたまって血腫となったものをいう。出血は自然に吸収され、二週間～三か月ほどで消失する。

筋性斜頸

頭部を一方向にだけ傾けている斜頸《しゃけい》が、筋肉の作用で起こる場合をいう。

●症状●生後四～五日めごろから首の片側にしこりができ、だんだん大きくなる。同一方向ばかり向いて寝て、向きを変えてもすぐに元に戻る。

●原因●胎児期の姿勢の不自然さや、分娩時の強い力が作用すると考えられる。

●治療●しこりはほとんど（九〇％）、生後一年くらいまでには消えるので、受診して経過観察する。症状によっては、手術が必要なこともある。

アタマジラミ

髪同士の接触や櫛、帽子などを介して感染し、保育園や幼稚園、小学校などで集団発生することがある。

●症状●シラミに刺された頭皮には、強いかゆみをともなう赤い丘疹《きゅうしん》ができる。灰黒色の成虫は数も少なく、見つけにくいが、〇・五㎜ほどの白い楕円形をした卵は、髪の毛の根もとに付着していて、ふけのように見えることがある。

●治療●駆除《くじょ》専用のスミスリンシャンプーで三～四日おきの洗髪を三～四回繰り返す。細かい歯の櫛を使って髪を根もとからていねいにすくと、成虫や卵の付着予防になる。

乳児脂漏性皮膚炎

生後三か月くらいまでの乳児によくみられる皮膚炎。

●症状●初めは髪の生えぎわや眉毛に、湿りけを帯びた黄色いふけや脂っぽいかさぶたのようなものが付着し、しだいに頭部全体から顔へ広がる。わきの下やおへそ周辺、陰部、手足に広がることもある。通常、かゆみはない。

●原因●毛根付近の皮脂腺から分泌される皮脂（脂肪）がかたまり、炎症を起こす。ビタミンB群の代謝異常やマラセチア（カビの一種）が原因となることもある。

●治療●頭部の場合はベビーオイルなどでかさぶたをふやかし、ていねいにふきとり、石けんで洗い流し、白色ワセリンや亜鉛華軟膏《なんこう》などを塗る。

その他の病気

水頭症 （→P231）
頭部白癬 （→P83）
円形脱毛症 （→P82）
アトピー性皮膚炎 （→P292）
水ぼうそう （→P289）
おでき （→P292）
あせも （→P291）

頭が痛い

スタート

繰り返し痛みますか？

はい → 以前に頭を打ったことがあり、そのあともときどき痛がっていますか？

→ 急げ！ 打撲の後遺症の疑い。手足のしびれやまひがあるなら脳や神経に障害が起きている可能性も。すぐに脳神経外科へ

↓

頭の片側がときどき発作的に痛むのですか？

→ 片頭痛の疑い。心配ないことが多いのですが、念のため小児科へ

↓

首すじや後頭部・側頭部の筋肉がかたくしこって痛みますか？

→ 緊張型頭痛の疑い。ひどい場合は小児科へ。疲れ目や、屈折異常、度の合わないメガネをかけているために頭痛が起こることもあります。その場合は眼科へ

↓

めまいや立ちくらみ、吐き気や嘔吐をしばしばともないますか？

→ 赤血球増加症や貧血、起立性調節障害などの疑い。小児科へ。頭痛が日ごとに強くなる場合は脳の重い病気の恐れもあるので、念のため小児科で検査を

↓

鼻がつまりぎみで口を開けて呼吸していることが多く、頭が重い感じを訴えますか？

→ アデノイド肥大や副鼻腔炎の疑い。耳鼻咽喉科へ

↓

歯の痛みやかみ合わせの異常がありますか？

→ むし歯や不正咬合が原因かもしれません。歯科へ

→ 不安や緊張、精神的ストレスで頭痛が起こることもあります。回復が遅く、頻繁に繰り返す場合は念のため小児科へ

いいえ ↓

頭を強く打ったのですか？

→ 急げ！ 頭蓋内出血の恐れがあるので大至急、脳神経外科へ。嘔吐やけいれん、意識障害をともなうなら非常に危険な状態です

↓

化学薬品のにおいをかいだり、換気の悪い場所にいましたか？

→ 急げ！ 化学物質による中毒症状が疑われます。顔面蒼白で意識がもうろうとする場合は非常に危険な状態。すぐに救急病院へ

↓

激しい頭痛が突然起こり、嘔吐やけいれん、意識障害などをともないますか？

→ 高熱が出ましたか？

→ 急げ！ 脳炎、髄膜炎、急性脳症、ライ症候群、脳内出血などの疑い。至急、小児科へ

↓ 急げ！ もやもや病やてんかん、脳の重い病気の恐れがあります。至急、小児科または脳神経外科へ

↓

高熱または微熱がありますか？

↓ からだの疲れや精神的ストレスが頭痛を引き起こすこともあります。ほかにどんな症状をともなっているかよく観察し、該当するチャートを参照して小児科へ

↓

発熱し、せき、くしゃみ、鼻水など、かぜの症状がありましたか？

→ かぜ症候群の疑い。冬季の高熱はインフルエンザの疑いも。小児科へ

→ 急性疾患で発熱すると頭が痛むことがあります。「熱が出た」（→P250）のチャートへ

◆◆考えられる病気◆◆

片頭痛

繰り返し頭痛が起こるものの、これといった原因疾患がなく、家族性にみられる。

●症状●それまで元気だったのに、前頭部または側頭部などがズキズキ痛みだし、目の奥の痛みや吐き気、嘔吐《おうと》などをともなうこともある。

症状は数時間でおさまるが、長く続く場合もある。多くの場合、数日～数週間あるいは数か月に一度ぐらいの頻度で、同じような痛みを繰り返す。

●原因●不明の場合もあるが、親が頭痛もちだと子どもも似た傾向になるなど、家族的な体質が関与することも多い。頭痛発作を引き起こす誘因としては、疲労や睡眠不足、周囲との関係からくるストレスなどがあげられる。

●治療●痛みが耐えられないほどひどい場合は鎮痛剤が用いられる。片頭痛そのものは心配するほどの病気ではないが、たびたび繰り返す場合は、小児科医に相談を。

緊張型頭痛

成人に起こりやすい頭痛といわれるが、最近では、生活環境の変化から学童・幼児にもみられることがある。

●症状●頭を締めつけられるような痛みが続く。首すじや肩のこり、目の疲れなどをともなうことも多い。

●原因●悪い姿勢や疲労、精神的・肉体的ストレスなどが、神経や筋肉の緊張を高め、頭痛を引き起こすとされる。

●治療●痛みがひどい場合は鎮痛剤が用いられるが、ストレスを取り除くような生活環境の改善も必要となる。

もやもや病（ウイリス動脈輪閉塞症）

脳底部にもやもやした異常血管網がみられるため、このような病名がついた。日本人に多く、二歳以下の発症では重症の場合が多いとされる。

●症状●脳の血流が不足し、急に手足に力が入らなくなったり、からだの一部がまひしたり、けいれんが起こったりする。しびれ、失神、知覚障害、言語・運動機能障害などがみられることもある。

これらの発作が徐々に減り、五～六年で自然に治ることもあるが、反対に脳の血流障害が慢性化すると、脳梗塞《こうそく》や脳内出血を起こすこともある。

●原因●脳底部にあるウイリス動脈輪（大脳動脈輪）から前大脳動脈と中大脳動脈へ分かれる部分を中心に、動脈が細くなったり（狭窄《きょうさく》）つまったり（閉塞《へいそく》）する。なぜそうなるかはわかっていない。

この狭窄や閉塞は、脳の血流不足をまねくため、脳底部には、この血流不足を補う役割をしようと微細な血管網が生じ、もやもやしたものとしてCT画像などにあらわれる。しかし、この微細な血管網だけでは血流不足を補いきれないこともあるため、ときおり血流障害の発作が起こる。

●治療●血管拡張剤などを用いて血行を十分にすれば、発作は起こりにくくなる。薬物療法で不十分な場合は、血流を補う血管を増強させるための脳外科手術が行なわれる。

その他の病気

脳炎／髄膜炎（→P252）
急性脳症／ライ症候群（→P244）
インフルエンザ（→P251）
かぜ／かぜ症候群（→P272）
てんかん（→P244）
赤血球増加症（→P247）
貧血（→P246）
起立性調節障害（→P247）
アデノイド肥大（→P267）
副鼻腔炎（→P267）
むし歯（→P275）
不正咬合（→P275）
屈折異常（→P263）

顔色がおかしい

スタート

急に顔面蒼白になりましたか？

はい → 出血やけが、中毒の可能性があり、意識障害やけいれん、ふるえなどをともないますか？

→ 急げ！ ショックを起こしています。大至急、救急病院へ

↓

乗り物に乗ったり、気温の低い場所にいたりしましたか？

→ 乗り物酔いや、からだの冷えによると思われます。安静にし保温に努めても回復が遅い場合は小児科へ

→ 発熱や嘔吐、痛み、呼吸困難などをともなうなら急性疾患が疑われるのですぐに小児科へ。緊張や不安などで顔色が悪くなることもあります。回復が遅く気になる場合は小児科へ

いいえ ↓

いつも顔が青白く元気がないですか？

→ 朝元気がないことが多く、立ちくらみを起こしやすいですか？

→ 起立性調節障害の疑い。小児科へ

↓

疲れやすく、少しの運動でも胸がドキドキして息が切れたり、手足がむくんでいたりしますか？

→ 不整脈、先天性・後天性心臓病、貧血などの疑い。すぐに小児科へ

↓

顔色には個人差があります。運動や入浴のあとに肌に赤みが戻るなら心配ないでしょう。やせていて体重があまり増えないなら栄養不良や母乳・ミルク不足が疑われます。やせ方が著しい場合は、重い病気の疑いもあるので念のため小児科へ

↓

顔が赤っぽいのですか？

→ 両ほおにリンゴのような赤い斑点ができたのですか？

→ りんご病の疑い。小児科へ

↓

発熱していますか？

→ 発疹も出たなら、はしか、風疹などの疑い。かぜなどで発熱したときも顔が赤くなります。「熱が出た」（→P250）のチャートを参照し小児科へ

→ 暑いときや日焼けの初期、緊張、興奮、恥ずかしさなどから一時的に顔が赤くなることがあります。思い当たる原因がなく、のぼせや白目の充血があれば赤血球増加症の疑いもあるので小児科へ

↓

顔が黄色っぽいのですか？

↓

白目も黄色っぽくなっていますか？

↓

カボチャやミカンなど黄色い色素を含む食品をたくさん食べましたか？

→ 顔や手のひらが黄色っぽいほかに症状がなければ柑皮症と考えられます。色素の影響による一時的なもので、病気ではなく、自然に治るので心配いりません

→ 急げ！ 新生児黄疸、新生児肝炎、先天性代謝異常症、先天性胆道閉鎖症、急性肝炎、先天性胆道拡張症、ウイルソン病などによる黄疸の疑い。新生児なら赤血球増加症でも黄疸があらわれます。すぐに小児科へ

→ 貧血があると、まれに顔色が黄色っぽくなることがあります。顔色以外の症状にも注意し、気になる場合は小児科へ

顔が黒ずんでいますか？

→ 日焼けでもないのに顔が黒ずみ、だるそうで食欲がない場合、肝臓疾患が疑われることがあります。小児科へ

→ 顔色には個人差があります。「皮膚の異常」（→P288）なども参照してください

◆考えられる病気◆

不整脈

心臓の拍動のリズムが不規則に乱れるもので、健康な子どもに起こることもある。

●症状●主な症状は動悸《どうき》や息切れ。無症状の場合もあるが、血色の悪い顔色、不安感、呼吸困難、吐き気、嘔吐《おうと》などがあらわれてくる。乳児の場合は、元気がなく、お乳の飲みが悪くなる。

●原因●心臓の筋肉の規則的な収縮が乱れて起こる。これは、先天的な障害や疾患が原因になる場合と、後天的にかかった何らかの病気にともなって起こる場合がある。

●治療●健康な子どもにもみられ、治療を必要としないケースもある。心電図、超音波検査の結果、症状に合った治療が選択され、脈拍の乱れを改善するために、薬剤や電気刺激が用いられることもある。

新生児黄疸

血液中の胆汁色素（ビリルビン）が増え、皮膚や白目が黄色くなる状態を黄疸《おうだん》という。

生後二〜三日から七日ほどで黄疸がピークに達し自然に消える場合は、生理的黄疸なので心配ない。母乳栄養では、生後一か月過ぎでも黄疸が残ることがあるが、健康なら自然に消えるので心配ない。ただし、黄疸が強い場合や核黄疸（大脳基底核に胆汁色素が沈着して障害が起こる）の危険がある場合は、光線療法や交換輸血などが行なわれる。

新生児肝炎

生後二か月以内に発症する肝炎で、黄疸《おうだん》（皮膚や白目が黄色くなる）、濃い黄色の尿、灰白色の便などがみられる。

原因は、胎内でのウイルス感染と考えられている。一〜二か月で自然に治る場合が多いが、一〇％前後は悪化して肝不全などへ移行することがある。治療が遅れると予後に影響するので、強い黄疸が続く場合は早めに医師の診察を受ける必要がある。

先天性胆道閉鎖症

肝臓から排出される胆汁の通り道である胆管が閉鎖する病気で、ウイルス感染などが原因で起こることがある。

●症状●生後二週間ごろ、生理的新生児黄疸《おうだん》の消失後に黄疸（皮膚、白目が黄色くなる）があらわれ、だんだん強くなる。濃い黄色の尿、灰白色の便が見られる。

●治療●できるだけ早期に、手術を受ける必要がある。

先天性胆道拡張症（総胆管囊腫）

総胆管（肝臓から排出された胆汁を運ぶ管）が拡張し、胆道に通過障害が起こる。

●症状●右上腹部の痛みや、腫瘤《しゅりゅう》、黄疸《おうだん》（皮膚や白目が黄色くなる）が主な症状で、嘔《お》吐《と》、灰白色の便、発熱などをともなう場合もある。

●原因●膵液を分泌する膵管や総胆管などの形態異常によって、膵液が総胆管に流れ込んで炎症を起こし、拡張すると考えられている。

●治療●拡張した総胆管の切除手術が行なわれる。

その他の病気

先天性代謝異常症（→P224）
先天性心臓病（→P232）
後天性心臓病（→P277）
起立性調節障害（→P247）
赤血球増加症（→P247）
貧血（→P246）
急性肝炎（→P239）
ウイルソン病（→P262）
りんご病（→P290）
はしか（→P289）
風疹（→P289）
かぜ／かぜ症候群（→P272）

目の異常

スタート

物を見るときの様子がおかしいですか？

はい

乳児で、おもちゃや物を動かしても、目で追ったりしないのですか？

物を見るときの眼球の向きがおかしいのですか？

斜視の疑い。眼科へ

男児で、色の表現や識別がうまくできていないのですか？

色覚異常の疑い。眼科へ

物を見るとき眉間にしわを寄せたり、目を細めたり、首をかしげたり、物の近くに寄っていったりしていますか？

ふだんからしきりに目をパチパチさせてまばたきをたくさんしますか？

目が疲れたときや眠いときは、物を見る様子がいつもとは違うことがあります。本人が物の形や色をきちんと識別でき、目の充血や痛み、かゆみ、目やになどがなければ心配いりません

いいえ

生後数か月以内の乳児で、いつも涙目ですか？

先天性鼻涙管閉塞の疑い。眼科へ

目やにや涙、目の充血がありますか？

発熱していますか？

急げ！

発熱し、舌にイチゴのような赤いブツブツがあるなら川崎病やはしかの疑い。のどの赤みが強いなら咽頭結膜熱の疑い。すぐに小児科へ

かゆみがありますか？

アレルギー性結膜炎の疑い。眼科へ

急性結膜炎や流行性角結膜炎の疑い。さかさまつ毛があるときも涙が出やすくなります。痛みがあるなら、刺激臭がしみたり、異物が入ったりしたのかもしれません。眼科へ

まぶたの様子がおかしいのですか？

赤くはれて痛むなら麦粒種（ものもらい）、まぶたの下がゴロゴロする感じがあるなら霰粒腫の疑い。眼科へ。腎炎やネフローゼではまぶたがむくむことがあります。まぶたがたれ下がってくるなら眼瞼下垂の疑い。まぶたがひんぱんにピクピクけいれんするならチック障害の疑いも。小児科へ

黒目がおかしいのですか？

黒目の周囲に灰褐色～茶色の色素沈着があるならウイルソン病の疑い。小児科へ。黒目が大きく見えるなら緑内障、白っぽく濁るなら白内障の疑い。眼科へ

白目がおかしいのですか？

急げ！

白目が黄色っぽい場合は肝臓・胆嚢・胆道の病気による黄疸の疑い。すぐに小児科へ。のぼせやめまいがあり、白目が充血するなら赤血球増加症の疑い。小児科へ

目が疲れたときや片頭痛の症状でも、目の奥の痛みや目がチカチカする感じを訴えることがあります。目の異常がしばしば起こる場合や、ほかに気になる症状がある場合は、眼科または小児科へ

黒目が白っぽく濁っているなら先天性白内障の疑い。光をまぶしがったり、涙が出たりするなら、子どもにはまれですが、先天性緑内障の疑い。眼科へ

近視・遠視・乱視などの屈折異常や、弱視の疑い。眼科へ

チック障害の症状の１つかもしれません。小児科へ

◆◆考えられる病気◆◆

先天性白内障

生まれつき水晶体が濁っている。多くは両目に起こるが、片側だけのこともある。

●症状●瞳孔《どうこう》が白っぽく濁り、物を目で追わない。進行すると振子様眼振《がんしん》（眼球が揺れ動く）がみられる。

●原因●多くは遺伝性で、両親のいずれかが先天性白内障《はくないしょう》の場合によくみられる。また、母親が妊娠中にかかった風疹の胎内感染や先天性異常、妊娠初期の放射線被曝、薬剤の影響などが考えられる。

●治療●視力の発達が妨げられるので、できるだけ早期に水晶体の摘出手術をする必要がある。手術後はコンタクトレンズによる矯正が必要。

先天性緑内障

眼圧を調節する房水《ぼうすい》という液体の出口に生まれつき異常があり、房水がたまりすぎて眼圧が高まる。そのため失明の恐れがあるので、房水を出しやすくする手術が行なわれる。子どもではまれだが、進行すると眼球が牛の目のように飛び出した感じになり、牛眼と呼ばれる。

急性結膜炎

結膜（白目）に起こる急な炎症をいう。

●症状●結膜が少し赤くなる程度のものから、真っ赤に充血し、目が開けられないほど目やにが出てまぶたがはれあがるものまで、程度はさまざまである。

●原因●細菌やウイルス、アレルギーなどが原因で、結膜に炎症が起こる。

●治療●原因や症状により抗生物質や抗アレルギー剤、副《ふく》腎《じん》皮質ホルモン剤の点眼剤、軟膏《なんこう》などが用いられる。

流行性角結膜炎

感染力が強いウイルス性の炎症で、はやり目と呼ばれる。

●症状●初期にはかぜ症状や発熱がみられることもある。目の充血とまぶたのはれが著しく、目やにや涙が出て、乳幼児では偽膜《ぎまく》という白い膜を生じることがある。

●原因●アデノウイルスの感染が原因で起こる。潜伏期間は約一週間。

●治療と予防●非ステロイド系の点眼剤、軟膏《なんこう》が用いられることもある。他者への感染予防のため、目をさわった手指は石けんで洗い、タオルや洗面具を別にする。二～三週間で治るが、感染力が強いので、医師の許可が出るまでは通園・登校は控える。

アレルギー性結膜炎

アレルギー反応によって結膜に炎症が起こる。

●症状●目のかゆみ、涙、目やに、充血、まぶたのはれ、異物感、まぶしいなどの症状があらわれる。アレルギー性鼻炎をともなうこともある。

●原因●アレルギーの原因物質はスギやブタクサの花粉、ダニ、ハウスダスト、ペットの毛、薬剤など多様。

●治療●抗アレルギー剤や副《ふく》腎《じん》皮質ホルモン剤の点眼剤が用いられる。

ウイルソン病（肝レンズ核変性症）

銅代謝異常をもたらす先天性の遺伝病で、銅が肝臓、腎臓、角膜、中枢神経を中心に各臓器に沈着する。そのため、角膜には緑色または灰褐色〜茶色の輪が見える。黄疸《おうだん》（皮膚や白目が黄色くなる）、ふるえ、言葉の異常、血尿、たんぱく尿がみられることもある。無症状のまま進行し、突然、肝硬変を発症することもある。

治療では、銅を体外に排出させるためにキレート剤の内服などが行なわれる。

先天性鼻涙管閉塞（新生児涙嚢炎）

鼻の中にある涙の通り道（鼻《び》涙管《るいかん》）が生まれつきふさがっているため、目頭のあたり（涙嚢部《るいのうぶ》）に涙がたまって炎症が起こりやすくなる。

●症状と原因●ふだん目の表面を潤している涙は鼻涙管を通って排出されるが、鼻涙管が細すぎたり、ふさがっていると、涙の通りが悪くなる。そのためいつも涙嚢部に涙がたまり、目やにが出る。細菌が感染すると炎症（新生児涙嚢炎）が起こることがある。

●治療●生後三週間ごろから症状があらわれやすいが、六か月ごろまでに自然に治ることが多い。治らない場合は、ブジーという細い針金を鼻涙管に通す治療が行なわれる。

細菌感染に対しては抗生物質の点眼剤が用いられる。

麦粒腫（ものもらい）

まつ毛の根もとに細菌が感染し、炎症を起こすため、まぶたの縁の一部がはれ、押すと痛む。赤くはれ、熱をもつこともある。膿《うみ》を出そうとさわったり、こすったりすると、悪化して化膿《かのう》する。

軽い場合は抗生物質の内服や点眼で治療し、化膿している場合は切開して膿を出し、抗生物質の内服、点眼、軟膏《なんこう》などで治療が行なわれる。

霰粒腫

まぶたの裏にあって、脂肪を分泌する瞼板腺の出口がつまってしこりになる。そのため、まぶたにさわるとグリグリしたものに触れ、ゴロゴロと異物感があるが、ふつうは痛みもなく、目やにも出ない。細菌感染を起こすと、はれて痛むことがある。

しこりが小さい場合は、自然に治ることが多いが、大きい場合は、切開して取り除く治療が行なわれる。

さかさまつ毛（睫毛内反症）

赤ちゃんのまぶたは組織や筋肉が未発達のため、はれぼったくて、まつ毛が内側に向きやすい。そのため目の中にまつ毛が入ってしまい、白目が充血したり、目やにや涙が出たりするが、ほとんどは成長とともに自然に治る。

症状がひどい場合は角膜保護剤や抗生物質の点眼剤などが用いられ、六歳を過ぎてもまつ毛で角膜を傷つけ、視力が悪くなるような場合は、手術がすすめられることもある。

眼瞼下垂

まぶた（眼瞼《がんけん》）が下がった状態で、上がらなくなる。

原因は、生まれつきまぶたを上げる筋肉が弱い場合と、しだいに筋力が低下する重症筋無力症の場合、上まぶたを持ち上げる筋肉を支配する神経のまひによる場合などがある。

先天性で瞳孔《どうこう》が著しくまぶたにおおわれていない限り、物を見るのに支障がなければ手術を急ぐ必要はない。物を見るのに支障があるなら、早期に手術が必要になる。

屈折異常

物を見るときにレンズの働きをする水晶体の屈折状態によって起こる視力障害。

遠視

水晶体の屈折力が弱いため、遠くを見るときも、近くを見るときも、網膜上に正しく像を結べない。調節に努力が必要なため、目が疲れる。

乳幼児期に強度の遠視があると、視力がうまく発達せず、弱視と診断されることがある。調節努力のために内斜視《しゃし》になることもある。子どもの軽度の遠視は放置してもよいが、弱視や斜視の恐れがある場合は、メガネが必要。

近視

水晶体の屈折力が強すぎて遠くは見えにくいが、近くはよく見える。遠くを見るとき目を細めることで近視とわかることもある。メガネによる矯正が行なわれるが、幼児期から発生する極度の近視は、メガネでも正常視力まで矯正できないことがある。

乱視

角膜のカーブにゆがみがあり、縦方向と横方向の屈折度が異なるため、網膜上にはっきりと像を結べない。ものがぼやけたり二重に見えたりし、目が疲れる。遠視と同様に弱視の原因にもなるので、メガネによる矯正が行なわれる。

斜視

左右の目の視線がそろわず、目標に対して両目が正しく向かない。視線が内側に寄っているのを内斜視《しゃし》、外側に寄っているのを外斜視、上下どちらかに向いているのを上下斜視という。乳幼児には内斜視が多く、生後六か月以内に発見されるものを乳児内斜視という。一見、内斜視に見えても目の位置が正常なら偽斜視（仮性内斜視）で、成長とともに消失するので心配ない。

目の筋肉や神経のまひなど、原因はさまざまで、それに応じた治療が行なわれる。たとえば遠視が原因で起こる調節性内斜視はメガネで矯正する。それ以外の場合では、手術で治すこともある。

弱視

視力の完成する六〜九歳ごろまでに視機能の発達が妨げられると、メガネでも矯正できないほど視力が弱くなる。

生まれつきの斜視が原因の場合は斜視《しゃし》弱視といい、斜視のある目の視力が発達しない。また、強い遠視や乱視などを矯正せずにいると、屈折性弱視となる。そのほか眼瞼下垂《がんけんかすい》、先天性白内障《はくないしょう》なども弱視の原因となる。早期にメガネなどで矯正する必要がある。

色覚異常

色の識別が正常にできない。まったく識別できない色盲と、識別がつけにくい色弱がある。なかでも、灰色を背景にしたとき、赤または緑が見えにくい場合（赤緑異常）が多い。

子どもの場合、学校などの検査で発見されることが多く、幼児期には絵を描くときの色使いから気づくことがある。多くは伴性劣性遺伝によるもので、女子にはほとんどない。治療法はないが、日常生活上ほとんど支障はない。

その他の病気

片頭痛（→P257）
川崎病（→P252）
はしか（→P289）
咽頭結膜熱（→P269）
赤血球増加症（→P247）
急性腎炎（→P248）
ネフローゼ症候群（→P249）
チック障害（→P306）

耳が痛い・耳だれ・聞こえにくい

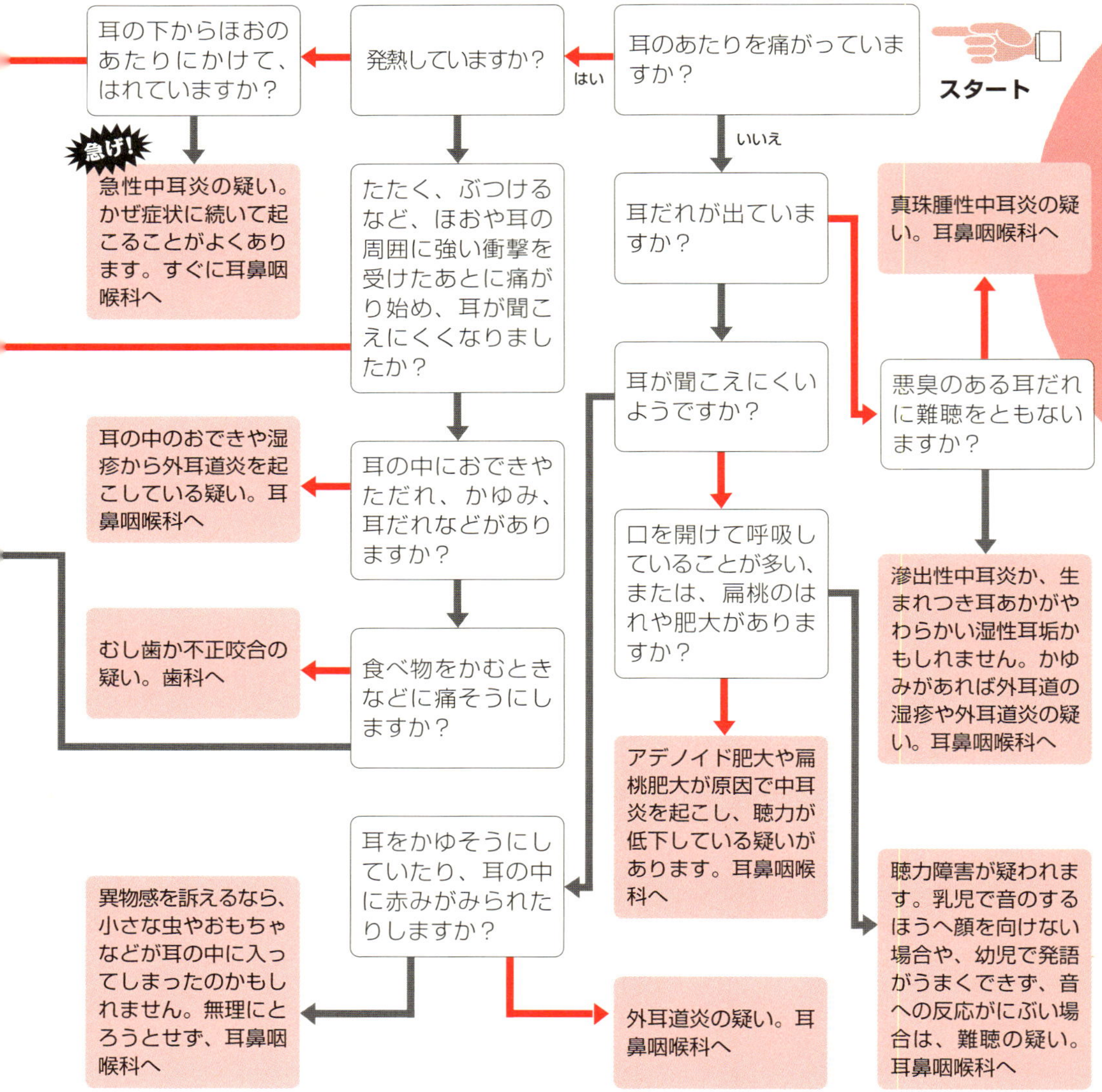
スタート
耳のあたりを痛がっていますか？
はい
いいえ
発熱していますか？
耳の下からほおのあたりにかけて、はれていますか？
急げ！
急性中耳炎の疑い。かぜ症状に続いて起こることがよくあります。すぐに耳鼻咽喉科へ
たたく、ぶつけるなど、ほおや耳の周囲に強い衝撃を受けたあとに痛がり始め、耳が聞こえにくくなりましたか？
耳の中におできやただれ、かゆみ、耳だれなどがありますか？
耳の中のおできや湿疹から外耳道炎を起こしている疑い。耳鼻咽喉科へ
食べ物をかむときなどに痛そうにしますか？
むし歯か不正咬合の疑い。歯科へ
耳をかゆそうにしていたり、耳の中に赤みがみられたりしますか？
異物感を訴えるなら、小さな虫やおもちゃなどが耳の中に入ってしまったのかもしれません。無理にとろうとせず、耳鼻咽喉科へ
外耳道炎の疑い。耳鼻咽喉科へ
耳だれが出ていますか？
耳が聞こえにくいようですか？
口を開けて呼吸していることが多い、または、扁桃のはれや肥大がありますか？
アデノイド肥大や扁桃肥大が原因で中耳炎を起こし、聴力が低下している疑いがあります。耳鼻咽喉科へ
悪臭のある耳だれに難聴をともないますか？
真珠腫性中耳炎の疑い。耳鼻咽喉科へ
滲出性中耳炎か、生まれつき耳あかがやわらかい湿性耳垢かもしれません。かゆみがあれば外耳道の湿疹や外耳道炎の疑い。耳鼻咽喉科へ
聴力障害が疑われます。乳児で音のするほうへ顔を向けない場合や、幼児で発語がうまくできず、音への反応がにぶい場合は、難聴の疑い。耳鼻咽喉科へ

◆◆考えられる病気◆◆

中耳炎

鼓膜の内側の中耳に炎症がおこる病気で、乳幼児期に多い。

急性中耳炎

●症状と原因●かぜの症状が原因で起こりやすい。耳が急に激しく痛み、高熱が出ることもある。乳幼児は痛みから不機嫌になり、夜泣きすることもある。悪化すると膿《うみ》がたまり、耳だれが出る。

●治療と予防●抗生物質の服用により二～三週間で治るが、再発して慢性中耳炎に移行することもあるので、根気よい治療が大切。かぜをこじらせない、鼻を強くかまないことが予防につながる。

滲出性中耳炎

●症状と原因●中耳に分泌物がたまり、難聴や耳がふさがった感じ、耳鳴りがあるが、

急げ！
おたふくかぜの疑い。繰り返し起こるなら反復性耳下腺炎の疑い。すぐに小児科へ

急げ！
鼓膜が破れたのかもしれません。すぐに耳鼻咽喉科へ

耳の中に異物が入ったときにも痛むことがあるので、念のため耳鼻咽喉科へ。飛行機やエレベーターに乗ったとき、耳の中がキーンとした感じで痛むのは気圧の差が原因です。時間がたつと自然に治るので心配いりません

乳幼児では気づきにくい。

急性中耳炎から移行したり、分泌液を排出する耳管の狭窄《きょうさく》などが原因となったりする。

●治療●約八割が六か月ほどで自然治癒するが、真珠腫《しんじゅしゅ》性中耳炎などを合併することがあるので、定期検診が必要。

症状によっては抗生物質や副腎皮質ホルモン剤の服用、鼓膜の切開、細いチューブによる分泌液の排出などの治療が行なわれる。

真珠腫性中耳炎

●症状と原因●急性中耳炎から移行して起こる慢性中耳炎の一種。鼓膜に開いた孔《あな》から上皮が中耳に入り込み、はげ落ちた上皮の角化物がたまって腫瘍《しゅよう》（真珠腫《しんじゅしゅ》）のように見える。痛みはなく、悪臭のする耳だれと難聴がある。真珠腫が大きくなると周囲の組織を破壊して、顔面神経まひやめまいを起こすことがある。

●治療●早期の手術が必要だが、鼓室形成術により聴力も回復し、予後もよい。

外耳道炎

外耳道（耳の入り口から鼓膜まで）に炎症が起こる病気。

●症状と原因●外耳道にできた外傷やおでき、湿疹などが細菌感染し、炎症が起こる。外耳道湿疹では、かゆみや水様の耳だれが出る。外傷などが原因のびまん性外耳道炎では、痛みや熱感があらわれる。慢性化すると、耳がふさがった感じがすることがある。

●治療●副腎皮質ホルモン剤や抗生物質などの軟膏《なんこう》、内服剤が用いられる。

反復性耳下腺炎

数か月から一年の間隔で耳《じ》下腺《かせん》のはれを繰り返すが、多くは成長とともに自然に治る。

通常、熱はなく、はれるのは片側の耳下腺だけで痛みも軽い。おたふくかぜ（流行性耳下腺炎）と違って他者へはうつらないが、鑑別診断には抗体価の検査が必要になる。

治療には、抗生物質や鎮痛剤が用いられることがある。

聴力障害（難聴）

子どもの聴力障害は、言葉や学習の遅れなどにつながる恐れがあるので、新生児期からの早期発見・治療が大切。

●症状●乳幼児期には音や声に反応がなく、片言も話さない、簡単な単語も理解できないなど、言葉の発達が遅いことから聴力の障害に気づく。

●原因●音が耳から脳に伝わるまでの経路のどこかに障害が起こる。遺伝、先天性、妊娠中の薬物の使用や感染症（とくに風疹）、出産時の異常、炎症性の病気、薬物などが原因となる。

●治療●音を伝える器官に障害がある伝音難聴では補聴器をつけたり、手術で治療することもある。音を感じる内耳や神経に異常がある感音難聴では、人工内耳手術で聞こえるようになることもある。

その他の病気

アデノイド肥大（→P267）
扁桃肥大（→P267）
おたふくかぜ（→P252）
むし歯（→P275）
不正咬合（→P275）
おでき（→P292）

鼻汁・鼻づまり・鼻血

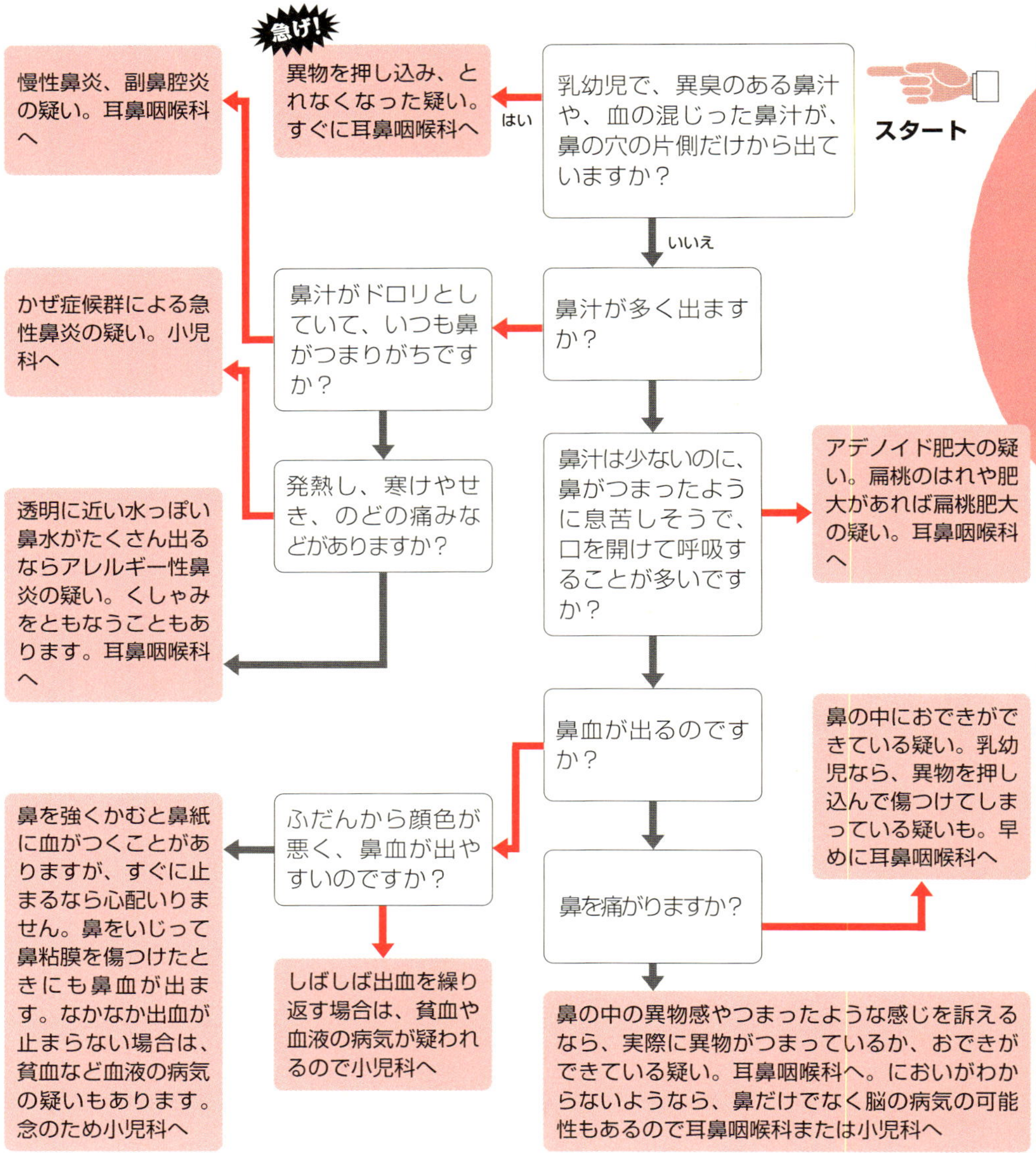
スタート
乳幼児で、異臭のある鼻汁や、血の混じった鼻汁が、鼻の穴の片側だけから出ていますか？
はい
急げ！
異物を押し込み、とれなくなった疑い。すぐに耳鼻咽喉科へ
いいえ
鼻汁が多く出ますか？
鼻汁がドロリとしていて、いつも鼻がつまりがちですか？
慢性鼻炎、副鼻腔炎の疑い。耳鼻咽喉科へ
発熱し、寒けやせき、のどの痛みなどがありますか？
かぜ症候群による急性鼻炎の疑い。小児科へ
透明に近い水っぽい鼻水がたくさん出るならアレルギー性鼻炎の疑い。くしゃみをともなうこともあります。耳鼻咽喉科へ
鼻汁は少ないのに、鼻がつまったように息苦しそうで、口を開けて呼吸することが多いですか？
アデノイド肥大の疑い。扁桃のはれや肥大があれば扁桃肥大の疑い。耳鼻咽喉科へ
鼻血が出るのですか？
ふだんから顔色が悪く、鼻血が出やすいのですか？
鼻を強くかむと鼻紙に血がつくことがありますが、すぐに止まるなら心配いりません。鼻をいじって鼻粘膜を傷つけたときにも鼻血が出ます。なかなか出血が止まらない場合は、貧血など血液の病気の疑いもあります。念のため小児科へ
しばしば出血を繰り返す場合は、貧血や血液の病気が疑われるので小児科へ
鼻を痛がりますか？
鼻の中におできができている疑い。乳幼児なら、異物を押し込んで傷つけてしまっている疑いも。早めに耳鼻咽喉科へ
鼻の中の異物感やつまったような感じを訴えるなら、実際に異物がつまっているか、おできができている疑い。耳鼻咽喉科へ。においがわからないようなら、鼻だけでなく脳の病気の可能性もあるので耳鼻咽喉科または小児科へ

◆◆考えられる病気◆◆

鼻炎

鼻腔《びくう》粘膜に炎症が起こる病気。乳幼児は鼻腔が狭く、粘膜が敏感なため、起こりやすい。

急性鼻炎

●症状●くしゃみ、鼻水、鼻づまりが急に起こり、のどの痛みや発熱をともなうこともある。乳児の場合は、鼻をズーズー鳴らしたり、口で呼吸したりする。そのためお乳が飲めなくなり、寝苦しくて夜泣きをすることもある。

●原因●おもにウイルスの感染による。

●治療●抗ヒスタミン剤が用いられる。鼻づまりがひどい場合は吸引が行なわれる。

慢性鼻炎

●症状●鼻水、鼻づまりが続き、頭が重く感じたりする。

●原因●もともとアデノイド

肥大や慢性副鼻腔炎などがあるために急性鼻炎が慢性化するケースが多い。

●治療●鼻腔内の洗浄や吸引、症状に応じて薬の点鼻や噴霧が行なわれるほか、原因疾患の治療が必要になる。

アレルギー性鼻炎

非感染性の鼻炎で、アレルギー反応によって起こる。

●症状●くしゃみ、水様性の鼻水、鼻づまり、目のかゆみがあらわれる。季節ごと（季節性）あるいは一年中（通年性）、繰り返し起こる。

●原因●アレルギーを引き起こす原因物質には、季節性のものでは花粉、通年性のものではダニ、ハウスダスト、カビ、ペットの毛などがある。

●治療と予防●症状をやわらげるために、抗ヒスタミン剤の内服、抗アレルギー剤の内服や点鼻などが行なわれる。

発症を予防するには、アレルギーの原因となる物質を避けることが大切。とくに季節性の場合は、早めに抗アレルギー剤の投与を受けて予防処置をとっておくとよい。

副鼻腔炎

鼻の奥の副鼻腔《びくう》に起こる炎症。急性鼻炎の炎症が副鼻腔に及んで急性副鼻腔炎となり、慢性化することもある。

急性副鼻腔炎

●症状●鼻水が水様性のものからドロッとした黄色になり、鼻づまりが起こる。多くの場合、発熱をともなう。

鼻づまりで呼吸が苦しくなるので、まだ鼻をかめない乳児の場合は、スポイトなどで鼻水を吸いとる必要がある。

●原因と治療●炎症の原因の大半は細菌感染によるものなので、抗生物質が用いられる。内服するほか、たまっている膿《うみ》を出して副鼻腔を洗浄後、抗生物質が注入される。

慢性副鼻腔炎

●症状●鼻水、鼻づまりが続き、口で呼吸するようになる。頭が重く感じられ、においに鈍感になることもある。

●治療●長期間、根気よく抗生物質を内服する治療が行なわれる。鼻づまりがひどい場合は、吸引や鼻の通りをよくする処置、手術が行なわれる。

アデノイド肥大（咽頭扁桃肥大）

鼻の奥にあるアデノイド（咽頭扁桃《いんとうへんとう》）が肥大する。

●症状●鼻づまりのため口で呼吸し、鼻声やいびき、頭が重い感じ、注意力散漫、聴力障害などをともなう。いつも口を開けているため、特有の無気力な顔つきになる。

小さい子どもでは、飲食がしにくくなることもある。

●治療●通常、アデノイドは三歳ごろから肥大し、六〜七歳をピークに徐々に小さくなるので治療の必要はないが、聴力障害や中耳炎、睡眠時無呼吸症候群などが起きる場合は、切除手術が行なわれる。

扁桃肥大（口蓋扁桃肥大）

扁桃《へんとう》は、咽頭《いんとう》扁桃（アデノイド）、耳管扁桃、口蓋《こうがい》扁桃、舌扁桃などから成るリンパ組織で、単に扁桃肥大という場合は、口蓋扁桃の肥大をさす。

口蓋扁桃もアデノイドも三歳ごろから肥大し、六〜七歳をピークに縮小するが、急性扁桃炎を繰り返して肥大すると、呼吸困難や飲食困難、吐き気、高熱の出る扁桃炎を起こしやすい。治療は、軽症なら抗生物質を内服、重症なら扁桃の切除手術が行なわれる。

その他の病気

かぜ／かぜ症候群（→P272）
貧血（→P246）
おでき（→P292）

のどが痛い

スタート

発熱していますか？

はい → のどの奥や上あごに、小さな水疱ができていますか？
- はい → ヘルパンギーナの疑い。小児科へ
- ↓ のどが赤く、白目も充血していますか？
  - はい → 咽頭結膜熱の疑い。小児科へ
  - ↓ 舌にイチゴのような赤いブツブツ・ザラザラがありますか？
    - はい → 溶連菌感染症の疑い。小児科へ
    - ↓ のどがはれていて、のどの奥の粘膜の表面に白い膜のようなものが見えますか？
      - はい → 急げ！ 急性扁桃炎の疑い。まれな病気ですが、咽頭ジフテリアや喉頭ジフテリアでも似た症状がみられます。すぐに耳鼻咽喉科へ
      - いいえ → かぜ症候群や急性咽頭炎が疑われます。声がれが目立つなら急性喉頭炎の疑い。小児科または耳鼻咽喉科へ

いいえ ↓ 小骨のある魚などを食べたあとに痛みだしましたか？
- はい → 魚の骨がのどに刺さっている疑い。しばらくしてもとれず、痛みが激しいときは、無理にとろうとせず、急いで耳鼻咽喉科へ
- ↓ 鼻水やくしゃみ、せき、寒けなどの症状がありますか？
  - はい → かぜの初期と思われます。安静にし、小児科へ
  - ↓ 急にのどが痛みだし、目がチカチカして涙が出たり、頭痛がして、気分が悪くなりましたか？
    - はい → 刺激のあるにおいをかいだり、煙を吸い込んだりしたあとに起きたなら化学物質の中毒症状の疑い。症状が重い場合はすぐに救急病院へ。屋外なら光化学スモッグの影響も疑われます。回復が遅い場合は病院へ
    - いいえ → むせたり激しくせき込んだりしたあとや、声を出しすぎたあとなどは、のどが痛くなることがあります。ほかに症状がなく、しばらくしておさまるなら心配いりません。空気が乾燥しているときものどが痛くなりやすいので、うがいをすすめ、部屋の湿度に気を配りましょう

◆◆考えられる病気◆◆

急性扁桃炎

扁桃《へんとう》と呼ばれるのどのリンパ組織のうち、口をあけると見える口蓋《こうがい》扁桃に、細菌などが感染して炎症が起こる。

●症状●のどに違和感があり、食べ物を飲み込むときに痛みを感じる。

口蓋扁桃の表面が赤くはれ、黄白色の膿《うみ》がみられ、高熱が続くこともある。扁桃表面に灰白色の膜のようなもの（偽《ぎ》膜《まく》）や、上あごの奥のやわらかい部分（軟口蓋）に出血斑が出る場合もある。

●原因●細菌やかぜのウイルスが感染して起こる。急性咽《いん》頭《とう》炎と同時に発症する。

●治療●安静にし、細菌感染の可能性がある場合は抗生物質、のどの痛みに対しては鎮痛消炎剤が用いられる。うがいは、炎症をやわらげる効果がある。

急性咽頭炎

咽頭《いんとう》（鼻の深奥からのど）に起こる炎症。

●症状●のどの乾燥感、何かがひっかかっているような感じがあり、食べ物を飲み込むときに痛む。高熱をともなうこともある。のどの奥の粘膜が赤くはれ、ブツブツがみられることもある。

●原因●ウイルスや細菌に感染して起こる。多くはかぜの症状としてあらわれる。

●治療●安静にし、痛みや発熱には鎮痛解熱剤、細菌感染には抗生物質が用いられる。うがいも効果がある。

急性喉頭炎

喉頭《こうとう》（のどの最も奥の声帯に近い部分）に起こる炎症。

●症状と原因●多くはウイルスや細菌の感染で、かぜの一症状として起こり、のどがいがらっぽい感じや声がれ、せきなどが出る。重い場合、声が出なくなることもある。

●治療●安静にし、抗生物質や消炎酵素剤、副腎皮質ホルモン剤などが用いられる。

ヘルパンギーナ

春から秋にかけて流行する夏かぜの一種。

●症状●急に三九度ぐらいの高熱が出て、のどの痛みや不快感を訴え、口を開けると、上あごや口蓋垂《こうがいすい》（のどちんこ）の粘膜に赤い小さな水疱がみられる。水疱はつぶれて潰瘍《かいよう》になることもある。頭痛、嘔《おう》吐《と》、腹痛など夏かぜの症状をともなうことも多い。

●原因●コクサッキーAというウイルスの感染で起こる。潜伏期間は二～四日程度。

●治療●熱は二～三日で下がり、一週間程度で治るが、安静が大切。高熱や痛みには、解熱鎮痛剤が用いられる。

咽頭結膜熱（プール熱）

咽頭《いんとう》炎と結膜炎が同時に起こるもので、夏場に流行し、プールなどで感染しやすい。

●症状●急に三九～四〇度の高熱が出て、のどが赤くはれて痛み、目も充血する。熱は四～五日続く。リンパ節のはれや、全身の倦怠《けんたい》感、頭痛や関節痛、腹痛、下痢などをともなうこともある。

●原因●アデノウイルスの感染で起こる。潜伏期間は五～六日程度。

●治療●高熱や痛みに対し、解熱鎮痛剤、結膜炎には二次感染を防ぐ抗生物質の点眼剤などが用いられることもある。

ジフテリア

のどにジフテリア菌が感染して起こる病気。死亡率も高いが、予防接種が普及し、日本での発症はまれになった。

咽頭ジフテリア

ジフテリア菌が咽頭《いんとう》に感染し、三八～三九度の発熱や倦《けん》怠《たい》感が起こり、のどが痛んで赤くはれる。頸《けい》部のリンパ腺がはれたり、扁桃《へんとう》が偽膜《ぎまく》（白い膜のようなもの）でおおわれ、それによって呼吸困難となり、死亡することもある。

初期段階で抗毒素血清により菌の毒素を中和するとともに、抗生物質で菌そのものを取り除く治療が行なわれる。

喉頭ジフテリア

ジフテリア菌が喉頭《こうとう》に感染し、発熱、声がれ、犬の遠ぼえのようなせきが出るのが特徴。偽膜がのどから気管支をおおい、呼吸できなくなることもある。咽頭ジフテリアと同様の治療が行なわれる。

その他の病気

溶連菌感染症 （→P290）

かぜ／かぜ症候群 （→P272）

せきが出る・のどがゼーゼーいう（喘鳴）

スタート

主にせきが出るのですか？

はい → 元気に遊んでいた子どもが突然激しくせき込み、のどに何かが入った様子がありますか？
→ 急げ! 気道に異物が入った恐れがあります。とれない場合は急いで小児科または、耳鼻咽喉科へ

↓

乳児で、かぜのような症状が続いたあと、発作的にせき込んだり、ゼーゼーと苦しそうにするのですか？
→ 急げ! 細気管支炎の疑い。すぐに小児科へ

↓

夜間に突然、犬の遠吠えのようなせきが出ましたか？
→ 急げ! 仮性クループの疑い。声がかすれているなら喉頭ジフテリアの疑いも。すぐに小児科へ

↓

微熱やかぜのような症状が続いたあと、顔を真っ赤にしてせき込み、ゼーゼーヒューヒューと音がするようになりましたか？
→ 急げ! 百日ぜきの疑い。すぐに小児科へ

↓

発熱して、呼吸が浅く速くなっていますか？
→ 急げ! かぜ症候群やインフルエンザ、急性気管支炎、肺炎の疑い。すでに肺炎を起こしていて、胸の痛みがあるなら膿胸、胸膜炎の疑いも。すぐに小児科へ

↓

せきと息切れに、胸の痛みをともなっていますか？
→ 急げ! 気胸が疑われるのですぐに小児科へ

↓

せき込んだあと、息を吐くときにゼーゼーいう音がして、呼吸が苦しそうですか？
→ 気管支ぜんそく、ぜんそく性気管支炎の疑い。小児科へ

→ 特定の食品をとると、発作のようにせき込み、呼吸が苦しそうになりますか？
→ 食物アレルギーが疑われます。小児科へ
→ 飲食中に軽くむせたり、煙を吸ったときや気温の変化、空気の乾燥などが引き金になってせき込むのは、生理的反応なので心配りません。ほかに気になる症状があるなら、該当チャートへ進むか、小児科で相談を

いいえ ↓

生後半年未満で、いつも呼吸するたびにのどがゴロゴロ・ゼーゼーいい、胸骨上部が上下しますか？
→ 先天性喘鳴かもしれません。多くは生後半年から1年程度で治ります。呼吸が苦しそうでなく、ほかに気になる症状がなければ心配いりません

↓

ふだんから鼻がつまったように息苦しそうで口を開けて呼吸し、のどの鳴る音が聞こえるのですか？
→ アデノイド肥大の疑い。扁桃のはれや肥大があれば扁桃肥大の疑い。耳鼻咽喉科へ

↓

たんがからみやすく、のどが鳴る音がするのですか？
→ くしゃみ、鼻水、のどの痛み、発熱などをともなうなら、かぜの初期症状が疑われます。小児科へ

↓

小さな子どもは気道が狭いため、呼吸のたびにのどがゼーゼーと鳴りやすいことがありますが、呼吸が苦しそうでなければ心配いりません。ほかに気になる症状があるなら、該当チャートへ進むか、小児科で相談を

◆考えられる病気◆

急性気管支炎

のどから肺に通じる気管支に炎症が起こり、せきやたんが出る。子どもは気管支が細いので、症状が起こりやすい。

●症状●最初のうちはコンコン乾いたせきと、ヒューヒューという喘鳴《ぜんめい》が聞かれる。やがてせきは、たんがからんだ湿ったせきになっていく。乳幼児では、たんがうまく出せないため、のどがゼロゼロと鳴ったり、呼吸がしにくくなったりする。さらに症状が進むと、三八度前後の熱が出る。

熱は一週間ほどで下がるが、せきは三週間ほど続く。それ以上せきが続く場合は気管支ぜんそく、ぜんそく性気管支炎などが疑われる。

●原因●ウイルスや細菌の感染による。多くはかぜをこじらせて起こる。

●治療●安静を保ち、せきがひどい場合は気管支拡張剤、たんを出しやすくするには去《きょ》痰《たん》剤、発熱には解熱剤などが用いられる。細菌感染の可能性があれば、抗生物質も用いられる。

発熱が長く続いたり、呼吸困難があって苦しく眠れない場合などは入院治療となる。

なお、乳幼児の場合、無理にせきを止めると呼吸困難に陥る危険があるので、せき止めの薬などを素人判断で用いるのは厳禁。必ず医師の処方で正しく用いるようにする。

気管支ぜんそく

息をするときゼーゼー、ヒューヒューと喘鳴《ぜんめい》が起こり、発作的に息苦しくなる。感染やアレルギーなどで起こる。

●症状●急に呼吸が苦しくなり、せきや喘鳴などのぜんそく発作が起こる。くしゃみ、鼻水などが発作の前触れとしてあらわれることもある。

発作は夜中にあらわれることが多い。重症の場合、呼吸困難で顔が真っ青になり、横たわらせるとよけい苦しがる。肩を動かして呼吸したり、息を吸うとき肋骨《ろっこつ》と肋骨の間がへこんだり、チアノーゼ（唇や爪などが紫色になる）があらわれたり、意識が遠のいたりすることもある。気管支に大量のたんがたまり、窒息する恐れもある。

●原因●細菌感染やウイルス感染による。または、ダニ、ハウスダスト、花粉、カビなどアレルギーの原因物質を吸い込むことで、気管支粘膜が過敏になり、症状が起こる。

過敏になった気管支は、粘膜の収縮やはれが起こって内側が狭くなり、粘りけのあるたんが分泌される。このため気管支がつまりがちになり、喘鳴や呼吸困難などのぜんそく発作が引き起こされる。

疲れや精神的ストレス、環境や気象の変化、たばこの煙なども、発作の誘因として関係があるといわれている。

●治療と予防●ぜんそく発作が繰り返し起こる場合は、気管支拡張剤や副腎皮質ホルモン剤、抗アレルギー剤などの服用や吸入療法が行なわれる。

アレルギーが原因の場合は原因物質を見つけ、排除することが発作の予防になる。たとえば、ハウスダストやダニが原因の場合は、こまめに掃除機をかけるなどして、室内の清潔を心がけるとよい。

症状の程度に応じて治療のガイドラインが作られており、主治医の治療プログラムに従って成人ぜんそくへの移行を防ぐ。また、不安感やストレスはぜんそく発作を誘発しやすいので、家庭ではあまり神経質にならないほうがよい。精神的ストレスによる発作を少なくするために、精神療法が行なわれることもある。

運動して呼吸筋を鍛えることも、発作予防につながる。

ぜんそく性気管支炎

気管支の細い乳幼児に多くみられる気管支炎の一種。

●症状●ぜんそくと同じようなゼーゼー、ヒューヒューという喘鳴《ぜんめい》はあるものの、呼吸困難は起こらない。かぜの症状が長引いたときに起こり、せき込んだときに吐いてしまったりすることもあるが、食欲があり、さほど機嫌が悪くないのなら心配ない。

●原因●かぜ症候群や急性気管支炎、細気管支炎、先天性喘鳴などが原因となる。

乳幼児は気管支が細いため、炎症により分泌物が多くなると、たんがつまって喘鳴が起こりやすくなる。とくに三歳ぐらいまでの乳幼児に多い。

●治療●症状が悪化した場合、必要に応じて抗生物質や気管支拡張剤、去痰剤《きょたん》などが用いられる。

数か月ごとに繰り返すこともあるが、成長につれ気管支が太くなるとしだいに起こらなくなってくる。

細気管支炎

気管支の最先端の細《さい》気管支の炎症で、二〜八か月の乳児に多くみられる。

●症状●鼻水や鼻づまり、軽いせきなどかぜのような症状が数日続いたあと、呼吸が速く荒くなり、発作的にせき込んだり、ゼーゼーと喘鳴《ぜんめい》が起こって苦しがったりする。熱はあまり高くないことが多い。息をするたびに肋骨《ろっこつ》と肋骨の間がへこんだり、チアノーゼ（唇などが紫色になる）を起こしたりすることもある。

●原因●RSウイルスなどのウイルスの感染による。

のどがゼーゼーいう喘鳴は、炎症によって細気管支の粘膜がむくんで分泌物がたまり、細気管支の内側が狭められるために起こる。

●治療●軽い場合は、部屋の湿度を高めにして安静を保ち、鼻水の吸引などをするだけでも数日で治る。症状が重く呼吸困難になった場合は、入院治療が必要。酸素吸入、輸液などを行なうと、一週間ほどで落ち着く。

先天性喘鳴

生後六か月ごろまでの乳児の呼吸に喘鳴《ぜんめい》が聞こえるもの。病気ではない場合をいう。

●症状●息を吸うたびゼーゼー、ヒューヒューという喘鳴が聞こえる。この音は哺乳《ほにゅう》時にとくに大きくなる。

●原因●多くは、喉頭《こうとう》軟化（無力）症といって、喉頭がやわらかいことが原因。

生後間もない乳児は喉頭のまわりがやわらかいため、息を吸い込むときに喉頭蓋という組織が一緒に動き、声門をおおってしまうためにゼーゼー、ヒューヒューというのどの音が出る。

●治療●多くの場合、のどの音は成長とともに自然におさまるので、のどの周囲などに病的異常がない限り、特別な治療は必要ない。

ただし、この症状のせいで呼吸が苦しく、よく眠れていない、お乳の飲みが悪い、いつも機嫌が悪いといった場合や、生後半年を過ぎても音が小さくならないなどの場合は、受診する必要がある。

かぜ／かぜ症候群
（急性上気道炎）

上気道（鼻からのどまでの、空気の通る器官全体）に急性の炎症が起こる病気の総称で、一般に「かぜ」といわれる。

●症状●乳幼児ではくしゃみ、鼻水、発熱、せきなどのほか、嘔吐《おうと》や下痢をともなうことがよくある。

言葉を話すようになると、自分でのど・鼻の違和感や痛みなどを訴える。頭痛や関節痛、全身の倦怠感《けんたい》をともなうこともある。熱はあまり高くならずに鼻やのどの症状だけが続くこともある。

安静にしていれば、ふつうは二～三日から一週間で治るが、せきや鼻水が残ることもある。症状が重く、長引く場合は、急性気管支炎や肺炎、急性中耳炎などを併発していることもある。

●原因●上気道に感染が起こり発症するが、かぜの原因となるウイルスは四〇〇種以上ある。そのほか連鎖球菌などの細菌やマイコプラズマ、クラミジアなどの病原微生物が原因となる場合もある。

●治療●かぜの原因ウイルスに有効な薬剤は今のところないので、治療は対症療法が中心になる。のどの痛み、頭痛、関節痛や発熱がひどい場合は鎮痛解熱剤、せきやたんには鎮咳《ちんがい》剤、鼻水が大量に出る場合は抗ヒスタミン剤などが用いられる。ほかの細菌の感染予防に、抗生物質が用いられる場合もある。

症状が改善するまで安静を保ち、発熱時は脱水に注意して水分を十分とらせる。部屋の空気が乾燥しすぎないよう、加湿と適度な室温維持にも注意を払うとよい。

百日ぜき

特有の激しいせきが長い間続く伝染性疾患。

●症状●かぜに似たせき、鼻水、くしゃみ、微熱などの症状が一～二週間続いたあと、この病気特有のせきがあらわれる。せきは、コンコンと爆発的に続き、そのあとヒューっと息を吸い込む「レプリーゼ」といわれる特有のせきを、長い間繰り返す。これにより、乳幼児では呼吸困難を起こして死亡することもある。

せきの発作は一日数回、一回二～三分程度。とくに夜間に多く起こる。激しいせきのため顔が赤く、唇が紫色になり、目の充血、嘔吐《おうと》などが起こることもある。激しいせきの発作が出る期間は四～六週間ほどで、徐々にやわらいでくる。

●原因●百日ぜき菌の感染による。潜伏期間は一週間～一〇日程度。

●治療と予防●発症の初期にはある種の抗生物質が有効だが、激しいせきが長期間続くと効果がない。

三種混合（DPT→P220）の予防接種で予防できるので、生後六か月ごろを目安に接種がすすめられる。

仮性クループ

（急性声門下喉頭炎）

声帯の近くの喉頭《こうとう》に炎症が起こり、特徴あるせきが出る。

●症状●くしゃみ、鼻水、発熱などかぜの症状で始まる。乾いたせきが出て声がかれ、ケーンケーンと、犬の遠ぼえに似たかん高いせきが出るようになる。夜中に急に激しくせきをするのが特徴で、呼吸困難やチアノーゼ（唇や爪などが紫色になる）をともなうこともある。

●原因●パラインフルエンザウイルスなどが喉頭に感染して炎症を起こす。かぜに合併して起こることが多い。

●治療●症状が重い場合は入院治療が必要。軽い場合は炎症を抑えるために副腎皮質ホルモン剤が用いられたり、喉頭粘膜のむくみをとるために血管収縮剤の吸入療法が行なわれたりする。

その他の病気

インフルエンザ（→P251）
喉頭ジフテリア（→P269）
肺炎（→P278）
胸膜炎／膿胸（→P279）
気胸（→P279）
アデノイド肥大（→P267）
扁桃肥大（→P267）
食物アレルギー（→P299）

口・口内の異常

スタート

歯や歯ぐきが気になるのですか？

はい → 歯を痛がるのですか？

歯ぐきから出血していますか？

いいえ ↓

舌が気になるのですか？

乳児で、お乳を飲むときの舌の動きが悪く、上手に飲めないのですか？

→ 舌小帯強直（短縮）症の疑い。小児科または口腔外科で相談を

乳幼児で、こすってもとれないお乳かすのような白い斑紋が舌にみられますか？

→ 鵞口瘡の疑い。放置すると広がるので早めに小児科へ

発熱し、舌にイチゴのような赤いブツブツ・ザラザラが出ましたか？

→ 急げ！ 溶連菌感染症、川崎病、はしかなどが疑われるのですぐに小児科へ

地図状の白く縁どられた紅斑が舌にみられますか？

→ 地図状舌という心配ないものと思われますが、気になる場合は小児科へ

→ 熱い物を食べたときや舌をかんだときなどに舌に傷ができ、痛みがあって治りにくい場合は口腔外科へ。舌に境界のはっきりした円形のできものがあるならアフタ性口内炎の疑い。口腔外科または小児科へ

唇がおかしいのですか？

→ 唇が乾いてひび割れやただれがあるなら口唇炎か口角炎、口のまわりに小さな水疱があるならヘルペス性口内炎の疑い。唇がはれてブヨブヨするなら粘液嚢胞の疑い。皮膚科または小児科へ

口腔内粘膜に赤い発疹や水疱ができていますか？

→ 手のひらや足の裏にも同じような水疱が出ましたか？

→ 手足口病の疑い。小児科へ

→ 水疱が口の周囲だけにあるならヘルペス性口内炎、かゆみをともなう水疱が全身に広がったなら水ぼうそうの疑い。小児科へ

→ 口の中のにおいや汚れが気になる場合はこまめなうがいや歯磨きをさせましょう。ほかに気になる症状があれば該当チャートへ進むか、小児科で相談を

かみ合わせが気になるのですか？

乳児の歯ぐきに白い粒のようなものがみられたのですか？

→ 上皮真珠かもしれません。歯肉の変形したもので、自然に消えるので心配りません

乳児がしきりに歯ぐきを気にし、おもちゃをくわえたり、よだれを流したりしますか？

→ 歯の生え始めの乳児によくみられる行為なので心配りません。口に入れても安全なものを与え、飲み込んだり口腔粘膜を傷つけたりしないよう、注意して見守りましょう

→ 歯が生えたり、抜け替わったりする月齢には個人差があります。歯の生え方や歯並びが気になる場合は歯科で相談を

歯をぶつけたわけでもないのに痛がったり、飲食物がしみたりするなら、むし歯の疑い。早めに歯科へ

歯肉炎・歯周炎など歯周病の疑い。歯科へ。歯ブラシで強くこすりすぎたときも血が出ることがあります。出血がなかなか止まらないなら、貧血や血液の病気が疑われるので小児科へ

不正咬合の疑い。歯科へ。あごの動きや形の影響と思われる場合は口腔外科へ

◆◆考えられる病気◆◆

むし歯（う蝕症）

むし歯の原因菌がつくる酸で歯が溶けたり、孔《あな》があく。

●症状●軽度（エナメル質むし歯）では痛みはなく、中程度（象牙質《ぞうげ》むし歯）では冷たい水や甘いものがしみる。重度では歯髄《しずい》が侵されて激しく痛み、末期では歯槽骨《しそう》も侵されて歯が崩れてしまう。

乳幼児の場合、口の中によく手を入れる、急に冷たい飲み物やかたい食べ物をいやがるようになったなどの場合、むし歯の可能性がある。

●原因●ミュータンス菌などの口腔《こうくう》内細菌が、歯についた食べかす・歯垢《しこう》の糖分を栄養に増える過程で酸を産生し、それが歯を溶かしてしまう。

●治療と予防●歯科では、むし歯の部位を取り去ってプラスチックやセラミック、金属などをつめる治療や、歯の表面を強化するフッ素塗布、歯垢がたまらないように奥歯の溝を埋めるシーラントなどの予防法が行なわれる。

家庭では早期から正しい歯磨きの習慣をつけさせる。ミルクや果汁を哺乳《ほにゅう》びんで飲ませながら寝かせたりせず、規則正しい食生活を心がける。

歯周病

歯垢《しこう》や歯石に細菌が繁殖して起こる歯ぐきの炎症。

歯肉炎

歯ぐきが軽くふくらむように赤くはれ、出血しやすくなる。この段階なら、きちんと歯磨きをすれば一週間ほどで治る。乳幼児では、ガーゼや乳幼児用歯ブラシなどで歯の汚れを落とすとよい。

歯周炎

歯肉炎が進んで出血や膿《うみ》がひどくなる。進行すると歯槽《しそう》骨（歯の根もとの骨）が溶けだして歯がぐらつき、やがて抜ける。症状改善には正しい歯磨きと、歯石除去などの治療が必要だが、子どものころに歯が抜けるまで進行することはほとんどない。

不正咬合

上下の歯が正しくかみ合わない状態をいう。

●症状●上あごが前に突き出る上顎前突《じょうがくぜんとつ》（出っ歯）、下あごが前に出る反対咬合《こうごう》（受け口）、奥歯をかみ合わせたとき前歯がかみ合わない開咬、上下のかみ合わせが横にずれた交叉咬合、歯が重なり合う叢生《そうせい》（乱ぐい歯）などがある。

食べ物をよくかめない、むし歯や歯肉炎になりやすい、発音がうまくできないなどの問題につながることがある。

●原因●家族的要因（親からの遺伝）で起こる可能性がある。指しゃぶりやゴム性乳首の使用など、後天的な原因でも起こる。叢生は、やわらかい食べ物が多い現代の食生活が一因ともされている。

●治療●矯正歯科で歯の状態に合う矯正具をつけるなどし、歯列矯正が行なわれる。

口内炎

口の粘膜の炎症で、子どもではアフタ性口内炎とヘルペス性口内炎が多くみられる。

アフタ性口内炎

アフタと呼ばれる円形の小さな潰瘍《かいよう》が、唇やほおの内側、舌などにできる。中央は白っぽく、周囲は赤く、境界がはっきりしていて、触れると激しく痛む。原因は不明だが、多くは一〜二週間ほどで自然に治る。治療にステロイド軟《なん》膏《こう》が用いられることもある。

ヘルペス性口内炎

ヘルペスウイルスの感染により、口の中や周辺に小さな水疱が多数でき、高熱や全身の倦怠《けんたい》感をともなう。自然に治ることもある。抗ウイルス剤による治療が行なわれる。

口唇炎／口角炎

口唇《こうしん》炎は唇の炎症で、唇のひび割れやただれが起こる。空気が乾燥すると起こりやすく、塩からい食べ物が触れるとヒリヒリ痛む。治療にはワセリンや非ステロイド系の塗り薬などが用いられる。

一方、唇の両端に起こる炎症を口角炎といい、口を大きく開けると裂けて痛む。多くは細菌や真菌の感染が原因で、かぜによる発熱やビタミン不足などが誘因となる。治療には抗生物質や抗真菌剤などの入った軟膏《なんこう》が用いられる。

舌小帯強直（短縮）症

舌の裏側の中央から舌先にかけて筋状に伸びている舌小《ぜつしょう》帯《たい》が先天的に短く、舌が十分に動かない状態をいう。かつては哺乳《ほにゅう》障害の原因とされることもあったが、最近は、舌小帯が短くても哺乳に影響がないことがわかってきた。

軽症なら成長とともに気にならなくなるが、舌小帯が極端に短いと発音に影響することがある。その場合、舌小帯を切開して伸ばす手術が行なわれるが、入院の必要はない。

上皮真珠

生後すぐまたは数か月の乳児の歯ぐきに、米粒大か小豆粒大の白く光るものがポツンとあらわれる。一〜二個の場合もあれば、歯ぐき全体にあらわれることもある。

歯を形成する細胞の一部が吸収されずに残り、表面に出てきたもので、数週間で自然に消えるので心配ない。哺乳《ほにゅう》時にじゃまになるような場合は歯科の受診がすすめられる。

鵞口瘡（口腔カンジダ症）

乳幼児のほおの内側、舌、唇などに、白いこけのような斑点ができ、ひどくなると膜のようにベッタリ付着する。カビ（真菌）の一種のカンジダ菌が感染したもので、不衛生な哺乳《ほにゅう》びんや乳首が感染経路になったり、母親が外陰カンジダ症の場合に起こることもある。ファンギゾンシロップの服用により、数日で治る。

地図状舌

舌の表面に、白っぽい盛り上がりや、白く縁どられた赤っぽいまだら模様ができ、日によって位置や形が変化する。

ふつう痛みはないが、舌のピリピリ感や灼熱《しゃくねつ》感、食べ物がしみる感じがすることもある。原因は不明だが、発熱後や、体力が低下しているときなどにあらわれやすく、男児より女児に多い。病気ではなく自然に治るが、痛みが強ければ、鎮痛剤が用いられる。

その他の病気

溶連菌感染症（→P290）
川崎病（→P252）
はしか（→P289）
手足口病（→P290）
水ぼうそう（→P289）
貧血（→P246）
粘液嚢胞（→P115）

子どもの症状と病気

胸が痛い・苦しい

スタート

最近、かぜなどの感染症にかかり、熱やせきが続いていますか？

はい → 濃い黄色のたんが出て、息を吸うたび胸が痛そうですか？

→ 急げ！ 気管支炎や肺炎が悪化して、膿胸を起こしているかもしれません。すぐに小児科へ

↓

寝ている姿勢のほうが胸の痛みが強く、起きて前かがみになったほうが楽そうですか？

→ 急げ！ 心筋炎・心膜炎など後天性心臓病患の疑い。すぐに小児科へ

↓

息を吸うたびに胸を痛がり、からぜきが出るなどして苦しそうですか？

→ 急げ！ 胸膜炎の疑い。すぐに小児科へ

→ 感染症で高熱が出たあとは、後天性心臓病を起こすことがあるので注意が必要。肺炎やぜんそく性気管支炎、気管支ぜんそくなどでせきが続くときにも胸が痛く、苦しくなります。小児科へ

いいえ ↓

からだを動かすたびに胸の痛みが強くなり、息苦しそうですか？

→ 急げ！ 気胸の疑い。すぐに小児科へ

↓

胸を何かにぶつけた、運動をしすぎたなど、原因が思い当たりますか？

→ 軽い打撲や運動による筋肉痛は自然に治ります。胸を強打したなら肋骨骨折の疑いもあるので、小児科または整形外科へ

↓

食事に関連して痛みが起こりましたか？

→ 食べ物を飲み込むときに胸の上のほうが痛むなら、食道の病気が疑われます。空腹時に胃の上部から胸にかけて痛みを訴え、食事をとると痛みがやわらぐなら、胃・十二指腸潰瘍の疑い。小児科へ

↓

ふだんから顔色が悪く、軽い運動でも息切れし、足のむくみや胸苦しさをしばしば訴えますか？

→ 急げ！ 先天性・後天性心臓病の疑い。小児科へ

↓

環境の変化や精神的ストレスが原因で、からだの痛みや息苦しさを訴えることもあります。ほかに気になる症状がないかよく観察し、該当するチャートへ進むか、小児科で相談を

◆考えられる病気◆

後天性心臓病

心筋炎、特発性心筋症、心膜炎、心内膜炎などがある。

心筋炎

ウイルス感染により心臓を動かす筋肉（心筋）に炎症が起こり、心臓が肥大してその働きが低下する。

●症状●せきや発熱などかぜの症状が数日以上続いたあと、動悸《どうき》や息苦しさがあらわれ、嘔吐《おうと》をともなうこともある。重症の場合は全身がむくんで意識がもうろうとする。

●原因●コクサッキーウイルスやインフルエンザウイルス、エコーウイルスなどが原因となるが、感染しても必ず発症するわけではない。

●治療●軽症の場合は自然に治るが、重症の場合は強心剤、利尿剤、血管拡張剤などが用いられる。

特発性心筋症

心筋に原因不明の異常が起こって心臓の働きが低下するもので、拡張型、肥大型などに大別される。

●症状●拡張型では心臓の収縮力が悪くなり、心臓が肥大する。息切れ、動悸《どうき》、足のむくみなどがあらわれ、重症の場合は息苦しさ、不整脈、全身のむくみなどが起こる。

肥大型では心臓の壁が厚くなり心室が狭められるが、子どもの場合は自覚症状はほとんどない。まれに動悸や胸部の不快感、胸痛、息切れ、めまいなどを訴える。

●治療●薬物治療や手術が行なわれるが、今のところ根治できる治療法はない。

心膜炎（心外膜炎）

心臓の外側をおおう心膜に炎症が起こる。

●症状●主な症状は発熱、胸の痛み、呼吸困難など。胸の痛みは、せきや深呼吸をしたとき、からだを横にしたときなどにとくに強まる。からだを起こしていたほうが、痛みがやわらぐことが多い。

●原因●細菌やウイルスなどの感染によって起こる。リウマチ熱などの膠原《こうげん》病（→P41・252）が原因となることもある。もともと心臓病があって手術を受けたあと、薬剤治療の影響などで起こることもある。

●治療●入院治療が必要。

ほかに原因不明の場合もあり特発性心膜炎と呼ばれる。

心内膜炎

心臓の内側をおおう心内膜に炎症が起こる。

●症状●三八度以上の発熱と、動悸《どうき》、息切れ、心雑音、不整脈などがあらわれる。微小な血液のかたまりが心臓や腎臓、手足の血管などにつまる塞栓《そくせん》症が起こることもある。

●原因●主に細菌やウイルス、真菌（カビ）などの感染によって起こる。

子どもでは、歯を抜いたときや鼻やのどの病気で粘膜に傷があるときなどに、抜歯痕や傷口から感染した細菌などが血液中から心臓に運ばれて発症することがある。

ほかに、膠原病（→P41）により発症することもある。

●治療●入院治療が必要。感染原因に有効な抗生物質などの薬剤投与と、場合によっては手術が行なわれる。

肺炎

主に肺の中の肺胞に炎症が起こる。原因や症状などによって種類が分けられる。

かぜなどに続いて起こるほか、食べ物や吐いた物を誤って気道内に飲み込んで起きるものもあり、これは嚥下《えんげ》性肺炎という。

カビなどを吸い込み、そのアレルギー反応で起きるものは、過敏性肺炎と呼ばれる。

肺胞の外側の壁の周辺に炎症が起こる場合は、間質《かんしつ》性肺炎と呼ばれる。

●症状●主な症状は発熱とせき、たんで、悪化すると呼吸困難や胸苦しさが起こる。乳児では、機嫌が悪く、呼吸が速まり、息苦しそうに小鼻をピクピクさせたりする。

一般に、ウイルス性肺炎は細菌性肺炎よりも症状が軽い。細菌性肺炎では、高熱が出てたんが濃く粘り、膿胸《のうきょう》を発症して胸が痛むこともある。

マイコプラズマ肺炎では、初期には乾いたせきを繰り返し、やがてたんのからんだ湿ったせきに変わる。

嚥下性肺炎では、ミルクなどが誤って気道に入ると、一時間以内にせきや喘鳴《ぜんめい》、発熱などがあらわれ、チアノーゼが起こることがある。

●原因●ウイルスや細菌、病原微生物の感染によって起こる。ウイルスによる肺炎の多くは、かぜやインフルエンザをこじらせて起こる。細菌性肺炎の場合は、肺炎球菌やぶどう球菌などが原因となる。

マイコプラズマ肺炎は、マイコプラズマという微生物の感染が原因で、学童期の子どもに多くみられる。

クラミジアという微生物に感染して起こるクラミジア肺炎は、乳児〜幼児期以降、学童にもみられる。乳児では、クラミジアが母親から胎内感染して起こることがある。

●治療●安静を保ち、保温、栄養、水分補給に気を配りながら、原因に応じた薬物治療が行なわれる。細菌に対しては抗生物質が用いられる。

気胸（自然気胸）

肺の内側と外側の表面をおおっている胸膜が破れ、胸膜のすきま（胸膜腔《くう》）にたまった空気によって肺が圧迫されて縮んでしまい、胸の痛みが起こる。けがなどのように外部からの原因が加わっていないのに発症する場合を、自然気胸《ききょう》という。

●症状●突然、胸の痛みと不快感、せき、息切れ、呼吸困難などが起こる。胸痛は鋭い痛みの場合と、鈍い痛みの場合がある。重症の場合、安静にしていても息苦しくなる。

●原因●子どもの自然気胸は、肺の表面に風船のようなふくらみ（嚢胞《のうほう》）ができ、それが破裂することによって起こるケースが多い。嚢胞は、生まれつきある場合と、成長の途中でできてくる場合や、細気管支炎などの後遺症でできる場合もある。

なお、自然気胸と違い、けがなどのため胸膜に孔《あな》が開いて起こる気胸は、外傷性気胸という。外傷の手当とともに、一刻も早く救急病院で治療を受ける必要がある。

●治療●胸膜の孔が小さい場合は、安静にしていると孔が自然に閉じ、胸膜腔にたまった空気も吸収されて、肺は元に戻る。

肺が元どおりふくらまない場合は、胸膜腔の空気を抜く処置がとられる。それでも肺がふくらんでこなかったり、しばしば再発を繰り返したりする場合は、手術が行なわれることがある。

胸膜炎／膿胸

肺の表面をおおう胸膜の炎症で、胸膜にたまった胸水が膿《うみ》状になるものを膿胸《のうきょう》という。

●症状●発熱やせき、たんなどのかぜ症状、肺炎の症状が続くとともに、胸の痛みが起こる。痛みは鋭く、せきや深呼吸をすると強く痛むようになる。

胸腔《くう》の中に膿状の胸水がたまる膿胸では、強いせきと濃い粘り気のあるたんがみられ、呼吸困難や唇が紫色になるチアノーゼ、強い腹部膨満感などが起きてくる。

●原因●胸膜への細菌感染による。とくに、細菌性肺炎が悪化すると起こりやすい。しかし最近は、肺炎の治療に抗生物質が用いられることが多いため、以前ほど膿胸に移行するケースは少なくなった。

ほかに、リウマチ熱や結核（→P252・253）、外傷、胸腔内の悪性腫瘍《しゅよう》が原因となることもある。リウマチ熱が原因の場合は熱が高く、胸痛も激しいが、予後は良好である。

●治療●細菌性肺炎から進行した場合は、抗生物質が用いられる。対症療法として消炎鎮痛剤、鎮咳《ちんがい》剤などが用いられたり、カテーテルという細い管で胸水を抜く処置がとられる場合もある。

その他の病気

先天性心臓病（→P232）
急性気管支炎（→P271）
気管支ぜんそく（→P271）
ぜんそく性気管支炎（→P272）
胃・十二指腸潰瘍（→P146）

子どもの症状と病気

おなかが痛い

スタート

何度も繰り返し腹痛（慢性的な腹痛）が起こりますか？

はい → おへその周囲などを激しく痛がるものの、しばらくすると自然に治るのですか？

→ 反復性腹痛、乳児なら乳児疝痛の疑い。内臓そのものの異常ではありませんが、ほかに気になる症状がある場合や、長期間繰り返す場合は、小児科へ

↓ 食事に関連して腹痛が起こるようですか？

→ 空腹時にみぞおちのあたりを痛がり、食事をとると落ち着くことが多いですか？

↑ 胃・十二指腸潰瘍の疑い。小児科へ

↓ 特定の食品をとったときに起こるなら食物アレルギーの疑い。小児科へ。嫌いな食べ物が出されたときに精神的ストレスから腹痛を訴えることもあります。小児科で相談を

↓ 便秘がちですか？

→ 便秘のときは腹痛が起こりやすくなります。また、下痢と便秘を交互に繰り返すなら過敏性腸症候群の疑い。小児科へ

↓ やせぎみで顔色が悪く、ふだんから元気がないですか？

→ 貧血や消化器の慢性的な病気、寄生虫病などが疑われます。小児科へ

↓ 子どもは、環境の変化や精神的ストレスが原因でからだの痛みを訴えることがあります。ほかに気になる症状がないかよく観察し、該当するチャートへ進むか、小児科で相談を

いいえ → 血の混じった便が出ましたか？

→ 嘔吐をともない、イチゴジャムのような粘血が混じった便ですか？

↑ 急げ！ サルモネラ、カンピロバクター、腸管出血性大腸菌などによる細菌性食中毒や急性胃腸炎が疑われます。大至急、小児科へ

↓ 吐き気や嘔吐をともなうのですか？

→ 腹部の張りやふくらみが目立ち、便やおならが出ないのですか？

↓ おへその周囲から右下腹部あたりを痛がりますか？

↓ 腹部の上側部分を痛がりますか？

↓ 下痢や発熱をともなうなら急性胃腸炎や食中毒の疑い。かぜ症候群でも腹痛や嘔吐が起こることがあります。小児科へ

↓ かぜの症状のあとに腹痛が起こり、皮膚に紫斑があらわれましたか？

→ 急げ！ 血管性紫斑病の疑い。下血することもあるのですぐに小児科へ

↓ 急な腹痛の起こる病気はさまざまあるので、念のために小児科で検査を。ほかに症状があれば、該当するチャートへ

◆◆考えられる病気◆◆

急性胃腸炎

急激に胃腸に炎症が起こる。

●症状●主な症状は腹痛、吐き気、嘔吐《おうと》、下痢で、ほとんどの場合が発熱をともなう。乳児では、お乳の飲みが悪く、不機嫌になる。

食後あまり時間がたたないうちにこれらの症状がみられた場合は、食中毒による急性胃腸炎が疑われる。症状が重

急げ！ 腸重積症の疑い。大至急、小児科へ

急げ！ 腸閉塞の疑い。大至急、小児科へ

急げ！ 急性虫垂炎や、それにともなう急性腹膜炎の疑い。すぐに小児科

急げ！ 急性膵炎の疑い。右上腹部が張って痛むなら胆道拡張症の疑い。すぐに小児科へ

いと、水様性の激しい下痢や、血便が出ることもある。

●原因●ウイルスや細菌の感染、暴飲暴食、冷えなど。

●治療●症状によっては食事を抜き、必要に応じて投薬や輸液（点滴）などが行なわれる。発熱や嘔吐、下痢が激しいと脱水症状になりやすいので、小児用電解質飲料などで水分を補給しながら安静を保つことが大切。

急性虫垂炎（急性盲腸炎）

盲腸の先端部にある虫垂《ちゅうすい》に炎症が起こるもので、盲腸炎ともいう。子どもの虫垂はラッパ状に開いているため虫垂炎になりやすいといわれる。

●症状●初期にはみぞおちやおへその周辺が痛み、その痛みが徐々に右下腹部に移行し、強まる。軽い発熱や嘔吐《おうと》、下痢、便秘などをともなうこともある。ただし、小さな子どもではっきりした症状があらわれないこともある。

●原因●細菌やウイルスの感染などで、血行が悪くなるために起こると考えられている。

●治療●抗生物質の投与や、虫垂の切除手術が行なわれる。

急性腹膜炎

腹部の臓器をおおっている腹膜に起こる急性の炎症。

●症状●激しい腹痛や発熱、吐き気、嘔吐《おうと》が起こる。

●原因●虫垂炎《ちゅうすいえん》や消化管潰瘍《かいよう》、腸閉塞《へいそく》などの病気に合併して起こる。腹腔《くう》内に感染原因がなく、腹部の外傷など外部から細菌に感染して発症することもある。

●治療●外科手術によって、腹腔内にたまった膿《うみ》が排除され、腹膜炎の原因疾患の治療が行なわれる。細菌感染には抗生物質が用いられる。

反復性腹痛（反復性臍疝痛）

突然、おへそのまわりに痛み（臍疝痛《さいせんつう》）が起こるが、内臓には異常がない。四～一四歳くらいに起こりやすい。

●症状●おへそのまわりが急に痛み、数分から数時間続く。これを一日に数回または週に数回程度繰り返す。腹痛のほか、頭痛やめまい、吐き気などを訴えることもある。

起床から登園・登校の時間帯の発症が多いが、症状が消えている間は元気で、これといった病気は見つからない。

●原因●精神的ストレスなどが原因で自律神経の緊張が起こり、腸にけいれん性の痛みを起こすと考えられている。

●診断と治療●血液検査や腹部X線検査などでほかの病気でないことが確認できれば、反復性腹痛と診断される。内科的治療の必要はないが、症状を引き起こす精神的な問題の解決が必要になる。

その他の病気

腸閉塞（→P283）
腸重積症（→P297）
食中毒（細菌性食中毒）（→P296）
かぜ／かぜ症候群（→P272）
先天性胆道拡張症（→P259）
胃・十二指腸潰瘍（→P146）
乳児疝痛（→P234）
血管性紫斑病（→P292）
寄生虫病（→P149）
貧血（→P246）
急性膵炎（→P143）
食物アレルギー（→P299）
過敏性腸症候群（→P299）

吐く・吐き気

スタート

発熱していますか？

はい → 高熱があり、激しい頭痛やけいれん、意識がもうろうとするなどの症状がありますか？ → 急げ！ 脳炎や髄膜炎、急性脳症の疑い。大至急、小児科へ

いいえ → ふだんからよく吐いたり、吐き気がありますか？

乳児が授乳のたびに吐くのですか？ → 乳児は胃の入り口が未発達で、授乳後に口からダラダラお乳が出てしまう溢乳がみられることがあります。ゲップをさせると吐かずに落ち着くなら心配りませんが、噴水のように吐くなら先天性肥厚性幽門狭窄症の疑い。すぐに小児科へ

吐いたとき、リンゴのような甘酸っぱい口臭がありますか？ → 周期性嘔吐症の疑い。小児科へ

急げ！ へその周囲から右下腹部あたりを痛がるなら急性虫垂炎、腹膜炎、上腹部を痛がるなら急性膵炎の疑い。至急、小児科へ

食事に関連して起きたなら食中毒による急性胃腸炎の疑い。せき、鼻水などの症状がみられるならかぜ症候群、冬季で高熱があるならインフルエンザの疑い。小児科へ

生後数日以内の新生児で、嘔吐物に血が混じったり、黒褐色の便が出たりしましたか？ → 急げ！ 新生児メレナの疑い。仮性メレナという心配のないものもありますが、検査をしないと鑑別できません。すぐに小児科へ

頭や腹部を強く打った、化学物質を誤飲したなどの原因が思い当たりますか？ → 急げ！ 頭部や腹部の強打で顔面蒼白になって吐くのは危険な状態。化学物質の誤飲は中毒症が疑われます。大至急、救急病院へ

子どもは、乗り物酔いや精神的ストレスが原因で吐くこともあれば、激しく泣いたりせき込んだりしただけで吐くこともあります。ほかにどんな症状があるかよく観察し、小児科へ

頭痛やめまい、立ちくらみをしばしば起こしますか？ → 激しい頭痛が日ごとに強まるなら、脳の重い病気の疑い。すぐに脳神経外科または小児科へ。片頭痛や起立性調節障害でも、頭痛と吐き気が起こります。小児科へ

◆◆考えられる病気◆◆

先天性肥厚性幽門狭窄症

胃の出口（幽門《ゆうもん》）にある筋肉の厚みが増して狭くなるため、胃の内容物を十二指腸へ順調に送り込めなくなる。

●症状●胃にたまったものがうまく幽門から出ないため、お乳を飲むと胃からあふれて逆戻りし、鼻や口から噴水のように吐き出されてしまう。そのため体重も増えにくい。生後二～四週間ぐらいからみられ、女児より男児に多い。

●原因と治療●原因は不明だが、幽門の肥厚《ひこう》が進んで狭窄《きょうさく》が重症となった場合は、外科手術が必要になる。

周期性嘔吐症
（自家中毒症・アセトン血性嘔吐症）

内臓の病気ではなく、二～一〇歳ぐらいによくみられる。

●症状●急にぐったりして元

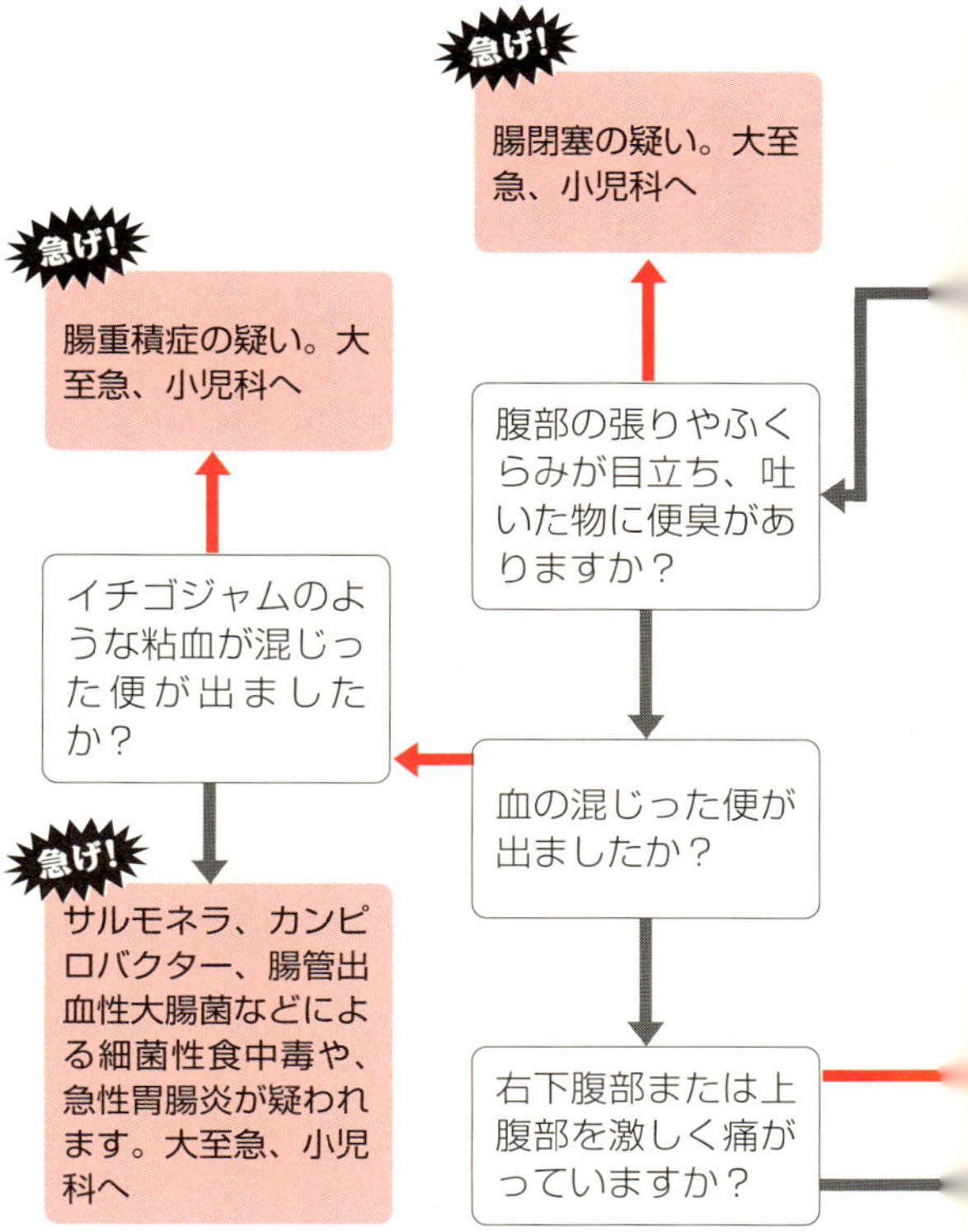

急げ!
腸閉塞の疑い。大至急、小児科へ
腹部の張りやふくらみが目立ち、吐いた物に便臭がありますか？
急げ!
腸重積症の疑い。大至急、小児科へ
イチゴジャムのような粘血が混じった便が出ましたか？
血の混じった便が出ましたか？
急げ!
サルモネラ、カンピロバクター、腸管出血性大腸菌などによる細菌性食中毒や、急性胃腸炎が疑われます。大至急、小児科へ
右下腹部または上腹部を激しく痛がっていますか？

気がなくなり、嘔吐《おうと》する。このとき、吐く息がリンゴのような甘酸っぱいにおいなのが特徴。何度も繰り返し吐くので、吐物に黄色い胆汁や血が混じることもある。顔色が悪く、食欲不振や倦怠《けんたい》感、頭痛を訴えることもある。

●原因●血液中にアセトン（ケトン）体という物質が増えるために起こる。アセトン体は脂肪がエネルギーに変わるときに生じるもので、吐いたときの特徴的な息のにおいは、アセトン体のにおいである。

かぜをひいたときや疲れたとき、精神的緊張が強いときなどに起こりやすいが、なぜこのようなときにアセトン体が増えるのかは不明。

●治療●治療法はないが、成長とともにみられなくなる。

腸閉塞（イレウス）

病気や外部からの圧迫、外傷後の癒着《ゆちゃく》など、何らかの原因で腸の一部がふさがって、激しい腹痛や腹部の膨満、吐き気や嘔吐《おうと》などが起こり、発熱することもある。大腸が閉《へい》塞《そく》した場合は、吐いた物から便臭がすることもある。

腸の内容物の吸引や点滴など内科的治療法もあるが、閉塞が続くと腸の組織が壊死《えし》する恐れもあるので、緊急に外科手術が行なわれる。

新生児メレナ

生後五日めぐらいまでの新生児にみられる吐物の異常。

真性メレナ

突然、吐血や下血などの消化管出血を起こす。血液の凝固に必要なビタミンKが欠乏して起こるもので、皮下出血や臍《さい》出血、まれに頭蓋内出血を起こすこともある。大量に出血すると生命にかかわる。

現在は予防のため出生直後と生後七日め、一か月健診時などにビタミンK_2シロップの投与が行なわれているため、真性メレナの発症はほとんどなくなっている。

仮性メレナ

吐物に血が混じったり、オムツに血がついたりするが、その血を検査すると、赤ちゃん自身のものでないことがわかる。分娩時に飲み込んだ母親の胎内の血が、吐物や便に混じっただけの心配のないもので、治療の必要はない。

その他の病気

脳炎／髄膜炎（→P252）
急性脳症（→P244）
インフルエンザ（→P251）
かぜ／かぜ症候群（→P272）
片頭痛（→P257）
起立性調節障害（→P247）
腸重積症（→P297）
急性虫垂炎（→P281）
急性腹膜炎（→P281）
急性膵炎（→P143）
急性胃腸炎（→P280）
食中毒（細菌性食中毒）（→P296）

手足の異常

スタート

手や足を痛がっていますか？

はい

発熱していますか？

2歳以下で、手を強く引いたり曲げたりしたあと、急に手をだらりとさせて激しく痛がりましたか？

ひざのすぐ下の骨が出っ張っていて痛がるのですか？

股関節を痛がり、歩くとき足を引きずるようにしていますか？

これといって思い当たる原因もないのに突然激しい痛みを訴えますか？

成長痛かもしれません。繰り返し強く痛むなら、まれに重い病気のこともあるので、念のため小児科または整形外科へ

いいえ

手や足の形がおかしいのですか？

ひじが内側または外側にねじれていますか？

内側へのねじれは内反肘、外側へのねじれは外反肘の疑い。整形外科へ

手や足の色がおかしいのですか？

手足のしびれやまひがあるなら脳神経の病気、手や足がだらんとして力が入らないなら筋肉の病気、むくみがあるなら腎臓や心臓の病気が疑われることがあります。ほかに症状があれば該当するチャートへ

マッサージや保温で回復するなら冷えが原因と思われますが、ふだんから顔色が悪くて指先やつま先の血色が悪いのなら、貧血の疑い。小児科へ。そのほかの手足の色の異常は「皮膚の異常」（→P288）のチャートへ

手指が曲がったまま伸びない、または伸びたまま曲がらないのですか？

ばね指の疑い。自然に治ることもありますが、念のため整形外科へ

生後すぐから股関節の開きが悪く、足を伸ばしたとき左右の長さが違いますか？

先天性股関節脱臼か股関節の発達の遅れが疑われるので小児科または整形外科へ

足の裏に土踏まずがないのですか？

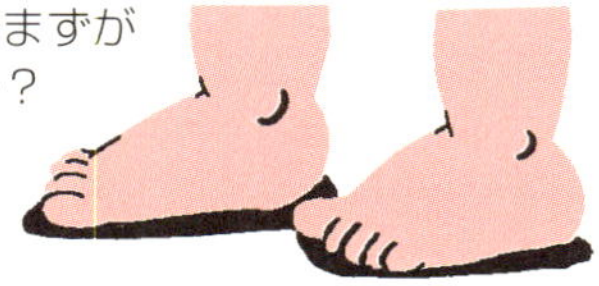

外反扁平足の疑い。成長につれ自然に治ることもあります

足先が内側または外側にねじれていますか？

内側へのねじれは先天性内反足、外側へのねじれは外反踵足の疑い。整形外科へ

両足がまっすぐそろわず、X字状またはO字状になりますか？

手足の長さや大きさ、形には個人差があります。運動機能に問題がなければ心配いりません。うまく歩けない、つかめないという場合は整形外科へ。まれに骨の代謝異常が原因で手や足の形の異常が起こることもあります。その場合は小児科へ

乳児は軽くひざの曲がったO脚が普通です。幼児は6歳ごろまでX脚が多いのですが、その年齢を過ぎても大きく脚が開いてそろわないなら、矯正が必要かもしれません。整形外科へ

急げ！ 発熱の前後にサーモンピンクの斑点があらわれたり、関節がはれたりしているなら、若年性関節リウマチの疑い。高熱でかぜ症状と関節の痛みがあるならインフルエンザの疑い。すぐに小児科へ

肘内症の疑い。応急処置でおさまることもありますが念のため整形外科へ

オスグッド・シュラッテル病の疑い。整形外科へ

単純性股関節炎やペルテス病などの疑い。整形外科へ

強く打ったりひねったりしたあとに激しく痛むなら、打撲や骨折、捻挫の疑い。整形外科へ。無理な動きをしたときや長時間の運動のあとに痛むなら、筋肉痛の疑い。しばらくしておさまり、ほかに症状がなければ心配いりません

◆◆考えられる病気◆◆

先天性股関節脱臼

生まれつき、または乳児期に起こる股関節の脱臼《だっきゅう》。

●症状●片側脱臼と両側脱臼があり、痛みはない。

片側脱臼では、左右の股関節の開き方が異なり、脱臼している側の足が短く見える。太もものつけ根の皮膚のしわが左右不均一で、両ひざを曲げてそろえたときの高さが違い、足の開きが悪いこともある。なかなかひとり歩きしなかったり、歩き始めても、腰が片側だけ上下するように見えて、気づくことがある。

●原因●関節がゆるく不安定なために起こる。胎内での姿勢や、出産時や新生児期に加わった強い力のほか、二〇%に家族性の原因もみられる。

●治療とケア●早期に治療すれば、完治の可能性がある。ひとり歩きを始めていて治療が遅れた場合、足を引きずるなどの後遺症が残ることもあり、改善には手術が必要になることもある。早期治療では、外科手術ではなく、整復器具などが用いられる。

ふだんから、赤ちゃんの股関節のしめつけや足の動きの制限が起こらないよう、オムツの当て方や抱っこのしかたに注意する。

単純性股関節炎

股関節に起こる炎症で三〜一四歳ぐらいの子ども、とくに六歳ごろに多くみられる。

●症状●股関節は痛むが、はれや発熱はない。

内側に足をまわそうとすると痛みが強くなり、痛みでうまく歩けず、足を引きずったりする。

●原因●かぜの症状や扁桃《へんとう》炎などのあとに発症することがあるが、直接の原因は不明。

●治療●安静を保てば一週間程度で痛みがなくなる。症状が強いときは、入院治療が行なわれることもある。

ペルテス病

一時的な足の血流異常から歩行困難になるもので、三〜一二歳ぐらいにみられる。

●症状●徐々に跛行《はこう》（足を引きずって歩く）の程度がひどくなり、股関節や膝《しつ》関節の痛みを訴える。ほとんどは片側の足に発症し、まれに両足に起こる。症状が進むと、発症した足が細く短くなる。

●原因●原因は不明で、大腿骨頭部（足のつけ根）の血管の血流が悪くなる。このため骨頭部が一時的に腐るが、まわりから血管が入り込み、二〜三年で元に戻る。

●治療●早期に治療を受ければ、骨の変形が目立たずに回復する。軽症なら股関節に装具をつけて治療する。重症の場合には、外科手術も検討される。

オスグッド・シュラッテル病

一〇～一五歳ぐらいの成長期でスポーツをしている男児に多くみられるひざの炎症。

●症状●ひざのすぐ下の骨が出っ張って痛む。痛みのために正座や階段の上り下りがつらくなるが、安静時はほとんど痛まない。幼児期よりも学童期に多く、年齢が上がると自然におさまってくる。

●原因●運動をすると、ひざのお皿の下にある脛骨《けいこつ》先端の粗面が、膝蓋靭帯《しつがいじんたい》に引っぱられる。これが激しく繰り返されて、炎症が起こる。

●治療●スポーツを中止することで、大半（五八％）に修復がみられる。治癒するまでには、一二～二四か月程度を要する。

O脚／X脚

両足を伸ばした形がOまたはX字状に見える状態で、一歳半ぐらいまでによくみられる。まれに骨の発育異常が原因で起こることもあるが、そうでない場合、ほとんどは成長とともに目立たなくなる。

成長しても極端なO脚やX脚のままで歩き方が不安定になる場合や、足の痛みを訴える場合、骨の発育異常が原因の場合などは、装具での矯正が行なわれることがある。

O脚

両ひざの間が、大人の指幅三本分以上開いている。胎内での姿勢によるもので、一歳半ぐらいまではO脚がふつうだが、体型には個人差がある。一歳半を過ぎてO脚ぎみだからといって、治療が必要とは限らない。

O脚とX脚

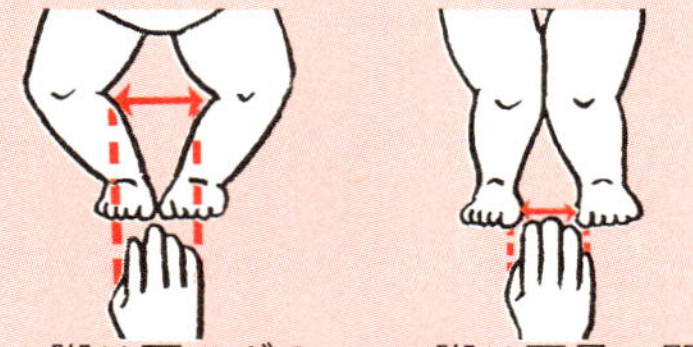

O脚は両ひざの間が指幅３本分以上開いている

X脚は両足の間が指幅３本分以上開いている

X脚

両足（内くるぶし）の間が大人の指幅三本分以上開いている。幼児は歩き始めるとX脚になるのがふつうで、一歳半～六歳ぐらいの子どもはほとんどがX脚。六～七歳ぐらいになっても治らず、歩行が不安定なら、治療が必要なこともある。

先天性内反足

生まれつき、足先が内側に向いていて足首が曲がっている。足の片側だけに起こる場合と、両側に起こる場合がある。原因は不明だが、女児より男児に多くみられる。

早めの矯正ほど治療効果がよいので、足の軟部組織がやわらかい生後一週間以内に、矯正装具治療が開始される。

外反踵足

生まれつき、足首がすねのほうに引きつけられるように曲がっている。後ろから見ると、かかとが少し外側に反って見える。胎児のとき、子宮底部に足が押しつけられていたことが原因と考えられる。

ほとんどは自然に治るが、筋肉の緊張が強い場合や、新生児期を過ぎても治らない場合は、ストレッチ運動や矯正装具による治療が行なわれる。

外反扁平足

足の裏が平らで土踏まずがない状態。たんに「扁平足《へんぺいそく》」「べた足」とも呼ばれる。

乳児は足の裏に脂肪があって扁平足に見えやすいが、支えて立たせ、足の裏をぴったり床につけて後ろから見ると

内反足と外反踵足

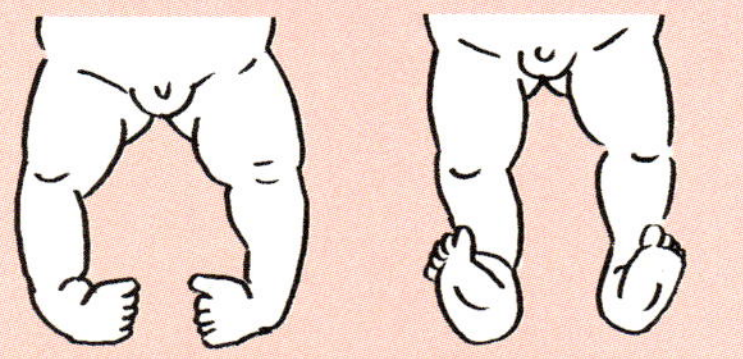

先天性内反足は足首が内側に曲がる

外反踵足は足の甲がすねにつくほど足首が曲がる

判別できる。扁平足なら外反《がいはん》踵足《しゅそく》と同じように、かかとが少し外側に反って見える。

土踏まずは二歳ぐらいで自然に形成されることが多い。はだしやつま先歩きなどで鍛えるのもよいといわれる。足の変形が強い場合は、矯正をサポートする靴がすすめられることもある。

成長痛

幼児期～学童期の成長が著しい時期に、これといった病気もないのに痛みが起こるもので、医学的病名ではない。

●症状●おもにひざや足首などが痛む。昼間は元気に遊んでいて、夜寝る前などに突然痛みを訴えることが多い。自然に治ったかと思うとぶり返し、数週間から数か月の割合で繰り返すことがある。

●原因と治療●子どもの活発な運動にからだの発達が追いつかず、痛みが起こると考えられている。生活環境の変化や心理的ストレス、睡眠障害などが原因のこともある。自然に治るので治療の必要はないが、まれに重大な病気が疑われるので、鑑別のための検査を受けておく必要がある。

肘内症

いわゆる「ひじが抜けた」状態で、二歳ぐらいまでの乳幼児に起こりやすい。

●症状●急に強く手を引っ張ったときや、転んで手を下敷きにしたときなどに、突然痛がって泣き、手をだらりとさせて動かせなくなる。痛むだけで、はれや熱感はない。

●原因●衝撃が加わることで、ひじの腱《けん》の位置がずれる。

●治療●ほとんどの場合、だらりとさせている手を持ち、手首が肩に近づくまで十分にひじを曲げてやると、ポキンと音がして治るが、医師に処置してもらったほうがよい。再発しやすいので注意を。

内反肘／外反肘

腕をまっすぐ伸ばしたとき、ひじが内側に曲がって見えるのを内反肘《ちゅう》、外側に曲がって見えるのを外反肘という。

●症状●わずかに曲がる程度なら、痛みもなく日常生活にも支障はない。変形が強いとひじの神経が引っぱられてしびれたり、ひじの動きが悪くなることもある。

●原因●骨折の後遺症など。ひじの骨の成長を促す骨端核や骨端線などにかかる部分を骨折すると、成長バランスに影響し、彎曲《わんきょく》する。

●治療●変形が強く、痛みやしびれ、手の動きに支障がある場合は、骨折後一年以上たってから、骨の変形を矯正する手術をすることがある。

ばね指（弾発指）

一歳前後から三～四歳ぐらいにかけて、主に親指に発症し、指が曲がったまま完全に伸ばせなくなる。無理に伸ばすと突っ張って、「コキッ」というスナップ音がすることがあるが、痛みはない。

はっきりとした原因は不明だが、ほとんどは一年以内に自然に治る。

治らない場合は、矯正装具による治療が行なわれる。

その他の病気

貧血（→P246）

インフルエンザ（→P251）

若年性関節リウマチ（→P253）

皮膚の異常

スタート

発熱していますか？

はい → 乳児が突然発熱し、熱が下がったあと、全身に発疹が出ましたか？

→ 突発性発疹の疑い。小児科へ

→ 発熱すると皮膚が赤くなります。高熱で具合が悪いと、顔面蒼白になることもあります。皮膚以外の症状をよく観察し、該当チャートを参照して小児科へ

いいえ → かゆそうにしていますか？

おへその周辺がおかしいのですか？

→ おへそがぷっくりと盛り上がっているなら臍ヘルニアの疑い。乳児のおへそがジクジクするなら臍肉芽腫、臍炎の疑い。小児科へ

皮膚に輪郭のはっきりしたふくらみのある紅斑ができていますか？

→ じんま疹の疑い。皮膚科または小児科へ

汗をかいたところに発疹が出ましたか？

→ あせもの疑い。皮膚科または小児科へ

透明な水疱がジクジクして破れ、周囲に広がりますか？

→ とびひの疑い。皮膚科または小児科へ

虫刺されをかいたあとに、小豆大の赤いブツブツができましたか？

→ 小児ストロフルスの疑い。皮膚科または小児科へ

顔やからだに赤いブツブツがみられ、繰り返しジクジクまたはカサカサしますか？

→ アトピー性皮膚炎の疑い。乳児なら乳児脂漏性皮膚炎の疑いもありますが、その場合はかゆみをともなわないこともあります。皮膚科へ

→ 接触皮膚炎やオムツかぶれでもかゆみが起こります。皮膚科へ

皮膚にブツブツができていますか？

→ いぼ状のブツブツの中央がへこんでいるなら水いぼ、かたくザラザラするなら尋常性疣贅の疑い。皮膚科へ。ブツブツが出たのが特定の食品摂取後なら食物アレルギー、薬の服用後なら薬の副作用の疑い。すぐに小児科へ

皮膚の色がおかしいのですか？

→ 皮膚がチクチクしたり痛がったりするなら、衣類に何か付着しているのかもしれません。ほかの症状もよく観察し、該当するチャートへ進むか、小児科で相談を

ぶつけたり圧迫したわけでもないのに、赤紫の斑があらわれましたか？

→ 血小板減少性紫斑病や血管性紫斑病の疑いがあります。小児科へ

オムツをしている子どもの陰部やお尻が赤くなっているのですか？

→ オムツかぶれの疑い。オムツの外にも赤みがあれば、皮膚カンジダ症の一種である乳児寄生菌性紅斑の疑い。皮膚科へ

からだの一部に赤・黒・青などの斑点があり、とれないですか？

→ 赤あざ、黒あざ、青あざかもしれません。皮膚科へ

とくに顔の色がおかしいのですか？

→ 両ほおのリンゴのような赤い斑点は、りんご病の疑い。発熱で始まることもあります。血色が悪いなら貧血の疑い。小児科へ。そのほかの顔の色の異常は「顔色がおかしい」（→P258）へ

→ 皮膚の色には個人差があります。ほかの症状も観察し、気になる場合は小児科へ

舌にイチゴのような赤いブツブツ・ザラザラがありますか？

急げ！

目の充血や目やにがあり、首のリンパ節がはれていれば川崎病の疑い。すぐに小児科へ。発疹と、ほおの内側の粘膜にケシ粒大の白斑がみられるなら、はしかの疑い。かぜのような症状があれば溶連菌感染症の疑い。小児科へ

発疹が全身に出たのち、かゆみをともなう水疱に変わりましたか？

水ぼうそうの疑い。小児科へ

手や足や口に、米粒大の水疱または淡紅色の発疹ができましたか？

手足口病の疑い。熱は出ないこともあります。小児科へ

小さな赤い発疹が全身に出て、耳の後ろや首のリンパ節がはれましたか？

風疹の疑い。小児科へ

発熱と前後してサーモンピンクの斑点があらわれましたか？

若年性関節リウマチの疑い。関節のはれや痛みをともないます。すぐに小児科へ

皮膚の一部が傷つき、はれて膿をもっていますか？

外傷から細菌感染して化膿した疑い。おできや面疔、湿疹などをかきむしってできた傷が化膿することもあります。皮膚科へ

◆◆考えられる病気◆◆

はしか（麻疹）

高熱と発疹が特徴の感染症だが、予防接種で予防できる。

●症状●三八度以上の高熱が出て、鼻水やせきなどかぜの症状、目やになどが目立つ。発熱から三日ほどで、口腔《こうくう》内（ほおの内側など）にコプリック斑という小さな白い水疱ができる。続いて全身に淡紅色の発疹が出る。発疹は徐々に色が薄くなり、一か月ほどで消える。中耳炎や肺炎、脳炎などを合併することもある。

●原因●麻疹ウイルスによる。潜伏期間は一〇～一二日。発熱直後～発疹が出て五日目ぐらいまで他人に感染しやすい。

●治療●ウイルスに対する特効薬はない。熱に対しては鎮痛解熱剤などが用いられる。

風疹（三日ばしか）

母親の妊娠初期の感染は胎児に障害をもたらす恐れがあるが、予防接種で予防できる。

●症状●発熱とともに全身にピンクの発疹が出て、耳の後ろや頸《けい》部のリンパ節がはれる。熱はあまり高くないことが多く、数日で下がる。

●原因●風疹ウイルスによる。一度感染すると免疫ができるが、乳児期の感染では成長後に再感染することもある。

●治療●とくに治療をしなくても、安静にしていれば一週間ほどで自然に治癒する。

水ぼうそう（水痘）

乳幼児がかかりやすい、かゆみのある発疹が出る感染症。

●症状●高熱または微熱が出て、かゆみのある赤い発疹が全身に広がる。発疹は小豆大の水疱となり、やがて膿疱《のうほう》となり、二～三日でかさぶたになる。かさぶたは七～一〇日で自然にはがれ落ちる。

●原因●水痘帯状疱疹ウイルスの感染による。潜伏期間は通常二週間。

●治療●かきむしると細菌感染して重症化しやすいので、かゆみを抑える薬が用いられる。抗ウイルス剤で症状を軽くできる場合もある。

手足口病

乳児期から就学前の子どもにみられ、夏に流行しやすい。

●症状●口の中や手のひら、足の裏などに、だ円形で赤く縁どられた水疱が出る。食事のとき口の中の水疱が痛むことがある。三八度前後の熱が出ることもあるが、ほとんどの場合、三日前後でおさまる。水疱は五～七日で消える。

●原因●コクサッキーウイルス、エンテロウイルスなどの感染による。

●治療●口の中の水疱の痛みが強い場合は、それをやわらげる塗り薬が用いられる。

溶連菌感染症（猩紅熱）

溶連菌感染症のうち、のどの痛みと発疹が特徴的なものを、猩紅熱《しょうこうねつ》という。

●症状●高熱とのどの痛みやはれ、かぜに似た症状、首のリンパ節のはれなどがあらわれる。舌には赤いブツブツしたものがみられ（イチゴ舌）、やがて全身に鮮紅色の発疹が出る。熱は数日～一週間程度で下がり、発疹も消える。

●原因●溶連菌（A群β《ベータ》溶血性連鎖球菌）の感染による。潜伏期間は二～七日間。

●治療●原因菌に対して有効な抗生物質が用いられる。

りんご病（伝染性紅斑）

リンゴのような赤いほおになるのが特徴の感染症。

●症状●三～五日の発熱後、ほおに赤い発疹、腕や太もも、お尻などにレース状の赤い発疹が広がる。かゆみやほてりをともなうことがある。熱は出ないことも多く、発疹は四～一〇日程度で消える。

妊婦が感染すると、流産を引き起こす恐れがある。

●原因●ヒトパルボウイルスB19の感染による。潜伏期間は七～一六日。発症後三～四日は他者に感染する。

●治療●とくに治療をしなくても治る。かゆみがひどい場合、かゆみ止めが用いられる。

とびひ（伝染性膿痂疹）

かゆみをともなう水疱ができ、夏に流行しやすい。

●症状●皮膚にかゆみをともなう水疱ができ、かきこわして中の液が健康な皮膚につくと、さらに感染部位が広がる。破れた水疱はかさぶたになるが、しばらくして自然に治る。

感染力が強く、ほかの子どもにうつることもあるので、かさぶたがきれいになるまでは、入浴やプールなどを控えるようすすめられる。

●原因と治療●黄色ぶどう球菌や連鎖球菌などの細菌感染による。連鎖球菌の感染では腎炎を併発することもある。

傷口やあせも、虫刺されなどをかきむしったところから感染しやすい。治療には抗生物質が用いられる。

水いぼ（伝染性軟属腫）

ポックスウイルスの感染により、直径一～五㎜ぐらいの半球状のいぼができる。表面は光沢があり、中央がへこんで見えたりする。手足にかたまってできやすく、ひっかくなどして、いぼの中の液がつくと感染が広がり、いぼが増えたり、ほかの子どもにうつったりする。

いぼの数が少なければ、ピンセットでつまみとって消毒する治療が、皮膚科で行なわれる。硝酸銀溶液の塗布や、液体窒素凍結などの治療法もあるが、自然に治ることもある。

尋常性疣贅（いぼ）

ヒト乳頭腫《しゅ》ウイルスにより、手足の甲や指、ひざ、ひじなどにいぼができる。小さなブツブツがしだいに大きくなり、皮膚から盛り上がって直径二〜一〇㎜ぐらいになる。表面はザラザラしてかたい。

ひっかいたりして、いぼの中の液がほかの部分につくと感染が広がり、いぼが増えたり、ほかの子にうつったりする。完全に取り除くには、皮膚科で、液体窒素で凍結して除去する治療法がある。

突発性発疹

主に一歳以下の乳児が突然発熱し、発疹が出る。

●症状●発熱後三〜四日で熱が下がり、薄いピンクの細かな発疹が全身に出るが、数日で消える。熱のわりに機嫌がよく、あまり食欲も落ちない。

●原因●ヒトヘルペスウイルスの6型や7型の感染による。それぞれの型に別時期に感染し、二度発症することもある。

●治療●とくに治療しなくても自然に治るが、ほかの病気の可能性がないか、小児科を受診し経過をみる必要がある。

小児ストロフルス（虫刺され）

強いかゆみをともなう小豆大の赤いブツブツが、主に腕や足にできる。乳幼児は虫刺されに対する免疫が不十分なため、蚊やノミやブヨなどに刺されたとき、皮膚に過剰な反応が起こると考えられている。治療には、炎症を抑える副腎皮質ホルモン剤や、かゆみを抑える抗ヒスタミン剤などが用いられる。

あせも（汗疹）

汗をかきやすい部分の皮膚が炎症を起こして赤くなり、かゆみや細かいブツブツがみられるもので、汗疹ともいう。子どもはとくに髪の生えぎわ、首、わきの下、オムツの当たる部分などにできやすい。汗をていねいにふいて皮膚を清潔にし、衣服やオムツをこまめに替え、薄着と風通しのよい環境にすると予防できる。ひどい場合は副腎皮質ホルモン剤が処方されることもある。

オムツかぶれ（オムツ皮膚炎）

オムツに密着する部分の皮膚に赤みやかゆみが起こり、触れると痛む。原因は、オムツの素材や付着した尿、便などの刺激、真菌感染などが考えられる。

ふだんからオムツはこまめに替え、皮膚を清潔にし、乾燥を心がけることが予防につながる。症状がひどい場合は非ステロイド性抗炎症剤の外用剤が用いられる。

乳児寄生菌性紅斑

オムツかぶれから移行することが多く、症状も似ているが、乳児寄生菌性紅斑では、直接オムツが触れない部分にも病変が広がる。

●症状と原因●鼠径《そけい》部やお尻の割れめなどオムツを当てた周辺の皮膚にカンジダ菌が感染し、赤い発疹が出る。悪化すると、かさぶたができて薄い膜状にむけたり、小さな紅斑や膿疱《のうほう》ができる。

●治療●抗カンジダ菌の軟膏《なんこう》が用いられ、薬を塗って一〜二週間で症状はほとんどなくなる。さらに一週間ほど薬を塗ると、ほぼ完治する。

皮膚カンジダ症（カンジダ皮膚炎）

カンジダ菌というカビ（真菌）の一種に感染して起こる皮膚の炎症で、皮膚の赤みやただれ、小水疱ができたりする。関節の内側やわきの下、股間、お尻などにできやすく、乳児ではオムツかぶれやあせもなどと間違えやすい。

治療には抗真菌剤が用いられるが、軽い場合は皮膚を清潔に保てば、自然に治る。

おでき（せつ／よう／面疔）

いわゆる「できもの」のことで、毛穴に細菌感染が起こり、その部分の皮膚が赤くはれ、盛り上がる。とくに顔面にできたおできを面疔《めんちょう》、毛穴一つだけを中心に化膿《かのう》したものをせつ、複数の毛穴が化膿したものをようという。

化膿がひどいと激しく痛み、発熱することもある。周辺の衛生状態が悪いと悪化しやすいので清潔にし、治療には、抗生物質などが用いられる。

血小板減少性紫斑病

止血の働きをする血小板《けつしょうばん》が減り、皮膚に出血斑ができる。

●症状●皮膚に赤または赤紫色の斑、鼻血や歯ぐきの出血、血尿、消化管出血、頭蓋内出血がみられることがある。

●原因●免疫異常が原因と考えられるもの（特発性）と、再生不良性貧血などの血液の病気や、ウイルス感染などに続くもの（続発性）がある。

●治療●特発性の場合は止血剤や副腎皮質ホルモン剤、免疫グロブリンによる治療、続発性の場合は、原因疾患の治療が行なわれる。

血管性紫斑病（アナフィラクトイド紫斑病）

アレルギー性紫斑病またはヘノッホ・シェーンライン紫斑病とも呼ばれる。

●症状●主に手足などに紫または赤紫色の斑ができる。関節のはれや痛み、腹痛、下血などをともなうこともある。一か月前後で斑は消えるが、再発することもある。再発を繰り返すと、むくみや血尿があらわれる腎炎（紫斑病性腎炎）を併発することがある。

●原因●溶連菌（溶血性連鎖球菌）やかぜなどのウイルス感染後、一～三週間ぐらいで発症する。感染に対して、過剰な免疫反応が起こった結果、からだの各所の微小血管に炎症を引き起こしたり、血液凝固因子の働きに異常が生じるためと考えられている。

●治療●対症療法として、副腎皮質ホルモン剤などが用いられる。再発した場合は、腎炎併発の早期発見のため、定期的な尿検査が行なわれる。

アトピー性皮膚炎

アレルギーが関与し、成長するにつれて症状が変化する。

●症状●乳児では顔や頭、耳の周辺、手足の関節部分、足のつけ根などに、赤い小さなブツブツができてジクジク、カサカサしたり、かゆみをともなったりする。幼児期以降は、顔の症状は減少し、首や手足の関節部に症状が集中しやすい。症状を繰り返すうちに皮膚が赤く肥厚《ひこう》したようになったり、耳の周辺がジクジクして耳たぶの下が切れる「耳切れ」が起きたりする。

●原因●食物アレルギーや皮膚への刺激、ダニやハウスダストなどの刺激が関係して発症することがある。家族や親戚にアレルギー性疾患の人がいる場合は発症しやすい。

●治療●原因になる物質を避け、副腎皮質ホルモン剤や抗アレルギー剤、抗ヒスタミン剤などが用いられる。

臍ヘルニア（出べそ）

いわゆる出べそのことを、臍《さい》ヘルニアという。

●症状●おへそが出っ張って見える。女児に多く、激しく泣いて腹部に力が入ると、とくに出っ張りが大きくなる。

●原因●おへその周囲は、腹筋が左右に分かれて臍輪《さいりん》という孔《あな》が形成されているが、乳幼児の腹筋は十分に発達していないため、おなかに力が入って腹圧が強まると、腹膜におおわれた腸管が臍輪から飛び出し、おへそが出っ張って見える。

●治療●ほとんどは二歳ぐらいまでに自然に治る。治らない場合は、外科手術が行なわれる。

臍炎／臍肉芽腫

新生児のへその緒が自然にとれたあと、しばらくしてもおへその周囲がすっきりせず、ジクジクした感じが続く病気。

●症状●へその緒の脱落後、二〜三週間たってもおへそのまわりが赤くジクジクしているものを臍炎《さいえん》という。さらに、臍肉芽腫《にくげしゅ》では、おへその部分に赤いベタベタした組織が盛り上がってくる。

●原因●細菌感染による。とれたへその緒の一部が体内に残った場合、臍肉芽腫となる。

●治療●臍炎の治療には、消毒剤と抗生物質などが用いられる。臍肉芽腫の場合は、硝酸銀で焼き切るか、ひもで縛りとる処置が行なわれる。

あざ

皮膚の色がまわりとはっきり違い、自然に消えるものと、消えないものがある。消えなくても、美容上、気にならなければ、治療の必要はない。

気になる場合は、レーザー光線療法で皮下の色素細胞を破壊する治療などが行なわれる。あざの種類によっては、ある程度成長してから治療をしたほうがよい場合がある。

赤あざ

何らかの原因で皮膚の血管が増殖し、そこの血流が増え、血液中のヘモグロビンの色が皮膚に透けて見えるものを赤あざという。

種類が多いが、平らな赤いしみのようなあざが生まれつきあって自然に消えないものを、赤ぶどう酒様血管腫《しゅ》という。生後間もなく赤い斑点があらわれ、イチゴのように皮膚表面が盛り上がるが、数年で自然に消えるものを、いちご状血管腫という。皮膚の深い部分にできてこぶ状になり、自然には治らないものを、海綿状血管腫という。

また、まぶたや上唇の上端などにあらわれるが、数年ぐらいのうちにおおむね消えるサーモンピンクのあざを、サーモンパッチという。これに似たものが首筋にでき、成長後にも残る場合を、ウンナ母斑という。

黒あざ／ほくろ

黒または褐色で、皮膚のメラニン色素が集まったもの。直径五㎜以下をほくろ、それより大きいものを黒あざといい、これらはまとめて母斑細胞性母斑または、色素性母斑ともいう。

急に大きくなったり、盛り上がったり、ただれたりして、悪性化（がん化）することがまれにあるが、その場合はレーザー治療などで除去する必要がある。

青あざ

皮膚のメラニン色素が真皮（皮膚の深部）に集まり、青みがかって見える。このうち、顔の片側の目のまわりからほおにかけてでき、自然に消えることがない境界が不明瞭な青あざを太田母斑という。

一方、腰やお尻のまわりに広がる青あざを蒙古《もうこ》斑という。これは日本人の乳児のほとんどにみられ、多くの場合、五〜六歳ごろまでに自然に消える。

その他の病気

貧血（→P246）
若年性関節リウマチ（→P253）
川崎病（→P252）
乳児脂漏性皮膚炎（→P255）
接触皮膚炎（→P73）
じんま疹（→P74）
食物アレルギー（→P299）

尿の異常

スタート

尿の量や回数が増えましたか？

はい → のどがよく乾いて水分をとる量が増え、尿量が多くなりましたか？

いいえ → 尿の量や回数が減りましたか？

尿がもれますか？

昼間はもれないのに、夜間になるともれますか？

夜尿症の疑い。5〜6歳を過ぎてもひんぱんに夜尿があり、心配な場合は小児科へ

ひんぱんに尿意を訴え、夜中もトイレに行く回数が多くなりましたか？

子どもは、冷えや、緊張などの精神的要因で頻尿になることがあります。ほかに気になる症状がある場合は小児科へ

急げ！ かぜなどの感染症にかかったあとで発熱があれば急性腎炎の疑い。発熱がないならネフローゼ症候群の疑い。すぐに小児科へ

顔や手足にむくみがありますか？

汗をたくさんかいたときや下痢をしているときは、尿量が減ることがあります。脱水症状にならないよう水分補給が必要です。ほかに気になる症状があれば該当するチャートへ

尿の色がおかしいのですか？

排尿のたびに痛がるなら、尿道口周辺にただれや傷がある疑い。念のため小児科へ。尿道口の異常は「性器の異常」（→P301・302）へ

黄褐色の尿が出て、顔や白目も黄色っぽいですか？

急げ！ 急性肝炎、新生児肝炎、胆道閉鎖症などで黄疸があらわれている疑い。大至急、小児科へ

赤っぽい尿が出るのですか？

腰や下腹部を強く打ったあとに尿が赤っぽくにごりましたか？

急げ！ 腎臓や膀胱などの尿路の損傷で血尿が出たのかもしれません。すぐに小児科へ

赤い色素を使用した薬品を服用したり食品をとったりしましたか？

せき止めや解熱剤、食品などの赤い色素で尿が赤くなることがあります。一時的なもので心配いりません

白っぽい尿が出るのですか？

急げ！ 発熱をともない、白く濁った尿が出るなら尿路感染症の疑い。小児科へ

濃い黄色の尿が出るのですか？

尿の色はもともと黄色っぽいものですが、朝の起床直後の尿はとくに濃い色をしています。ビタミン剤などを飲んだときも濃い黄色になりますが心配いりません

尿の色には個人差があります。ほかに気になる症状があれば該当するチャートへ

◆考えられる病気◆

尿路感染症

尿路（腎臓・尿管・膀胱《ぼうこう》・尿道）のどこかに細菌などが感染して炎症が起こる。

腎盂腎炎

細菌感染によって腎臓の腎《じん》盂《う》に炎症が起こる。一歳未満の乳児では、この病気の八〜九割が男児だが、幼児期は、

男児に比べて尿道が短い女児のほうがかかりやすい。

●症状●三八度以上の熱が出る。乳幼児では食欲不振や嘔《おう》吐《と》、黄疸《おうだん》などがあらわれ、学童期以上では腰や背中の痛み、だるさなどを訴える。

●原因●大腸菌などの細菌感染による。再発を繰り返す場合は尿路の異常が疑われる。

●治療●原因菌に応じた抗生物質が用いられ、多くの場合は治療から三〜四日で症状が消える。尿路の先天異常がある場合は、抗生物質の内服治療が長期間行なわれる。

膀胱炎

細菌感染による膀胱《ぼうこう》の炎症で、腎盂《じんう》腎炎と同様に女児に多い。

●症状●排尿回数が増えるが、少量をひんぱんに排泄するだけで、全体の尿量は増えない。排尿痛や残尿感を訴えたりする。血尿や濁った尿が出て発熱することもあるが、高熱が出ることはあまりない。

●治療●原因菌に応じた抗生物質が用いられる。治るまで一〜二週間程度の内服が必要。

急性出血性膀胱炎

一般の膀胱《ぼうこう》炎と異なり、ウイルス感染によって起こるもので、夏場によく発症する。一般の膀胱炎が女児に多いのに対し、男児に多くみられる。

●症状●一般の膀胱炎と同じ症状に加え、排尿の終わりに赤または茶色の血尿が出る。血尿は四日ほど続く。

●原因●夏かぜを引き起こすアデノウイルスの感染による。

●治療●血尿が続くので重病と思われやすいが、検査でこの病気と診断がつけば、十分な水分補給をして安静にしているだけで自然に治る。

尿崩症

尿の生成・排泄をコントロールするホルモンの異常で、尿の量が異常に増える。

●症状●排尿回数と排尿量が急に増える。大量の水分が尿として体外に出てしまうのでのどが渇き、水をよく飲む。そしてまた排尿する。そのため脱水を起こし、脱水によって高熱が出ることもある。

乳児期にはオムツを替える回数が急に多くなり、幼児期には夜尿症が起こることで、初めて気づくことがある。

●原因●抗利尿ホルモン（尿が出すぎるのを防ぐホルモン）の分泌が低下する中枢性尿崩《にょうほう》症と、抗利尿ホルモンの尿細管への作用に障害をきたす、腎性尿崩症などがある。

●治療●尿量の増加を抑える薬が用いられる。たとえば、デスモプレシンという薬を一日一〜三回点鼻する方法などがよく行なわれている。

その他の病気

小児糖尿病（→P241）
急性腎炎（→P248）
ネフローゼ症候群（→P249）
血小板減少性紫斑病（→P292）
急性肝炎（→P239）
新生児肝炎（→P259）
先天性胆道閉鎖症（→P259）
夜尿症（→P307）

疲れやすく、きちんと食べていてもやせていくなら糖尿病の疑い。色の薄い尿が大量に出るなら尿崩症の疑い。小児科へ。これらの病気では急に尿量が増えるため、夜尿症になって気づくこともあります

幼少期までの子どもは、遊びに夢中なときや、精神的緊張・不安などによっておもらしをしてしまうことがあります。また、発達途中で膀胱の働きが未熟なため、尿がもれてしまうことがあります。心配な場合は小児科へ

急げ！

膀胱炎など尿路感染症かもしれません。排尿時に痛みを訴えることも。すぐに小児科へ

急性腎炎や尿路感染症、血小板減少性紫斑病でも血尿が出ることがあります。小児科へ

便の色がおかしい

スタート

赤っぽい便が出ましたか？

はい → 便に血が混じっていますか？

→ トマトやニンジンなど赤い色素を含んだ食べ物を多くとると便が赤っぽくなることがありますが、心配いりません。ほかに気になる症状があれば該当チャートへ

→ 激しい腹痛や嘔吐がみられますか？

→ 血がついているのはおもに便の表面で、排便時や排便後にお尻の痛みを訴えますか？

→ 潰瘍性大腸炎やクローン病、紫斑病などで消化管出血があると、便に血が混じることがあります。腹痛をともなうことが多いので、もう一度ほかの症状をよく観察し、小児科へ

いいえ → 白っぽい便が出ましたか？

→ 米のとぎ汁のような白っぽい水様便が出たのですか？

→ 急げ！ 白色便性下痢症の疑い。すぐに小児科へ

→ 顔が黄色っぽく、白目も黄色いなど黄疸の症状がありますか？

→ 急げ！ 急性肝炎、新生児肝炎、先天性胆道閉鎖症・胆道拡張症などの疑い。肝臓・胆道・胆嚢の病気で黄疸があると、灰白色の便が出ることがあります。すぐに小児科へ

→ 消化不良のときは、食べた食品の種類によっては便が白っぽく見えることもあります。ほかに気になる症状があれば該当するチャートへ

→ 黒っぽい便が出ましたか？

→ 新生児で、嘔吐物に血が混じったり、黒褐色の便が出たりしましたか？

→ 便秘で腸の中に長くとどまった便は黒ずむことがあります。幼児期以降の子どもで、タール状の黒っぽい便が出るときは、胃・十二指腸潰瘍などで消化管出血を起こした疑い。すぐに小児科へ

→ 急げ！ 新生児メレナの疑い。仮性メレナという心配ないものもありますが、鑑別には検査が必要。すぐに小児科へ

→ 乳児で、緑っぽい便が出ましたか？

→ 緑便といって、母乳栄養にも人工栄養にもみられます。機嫌がよく、お乳をよく飲み体重増加が順調なら心配いりません

→ 乳幼児は消化器官が発達途上で未熟なため、食べた食品が完全に消化されず、そのままの色や形で便の中に混じることがあります。ほかに気になる症状がなければ心配いりません

◆◆考えられる病気◆◆

白色便性下痢症
（ロタウイルス性下痢症）

冬季によく流行するため、乳児冬季下痢症とも呼ばれる。

●症状●嘔吐《おうと》と水様性の下痢が続く。便は酸性臭があり白～淡黄色で、米のとぎ汁のような灰白色の水様便が一日に一〇回以上も出ることがある。お乳の飲みが悪く不機嫌になり、軽い発熱やせきなど、かぜに似た症状をともなうこともある。下痢は一週間程度続き、脱水しやすくなる。

●原因●腸にロタウイルスが感染する。便を介してうつるので、オムツの処理に注意を。

●治療●症状に応じて下痢止めや吐き気止めの薬が用いられ、脱水症状が強い場合は、点滴で水分が補給される。

食中毒
（細菌性食中毒）

食事に関連して起こる胃腸

イチゴジャムのような粘血が混じった便が出ましたか？

急げ!
サルモネラ、カンピロバクター、腸管出血性大腸菌などによる細菌性食中毒や急性胃腸炎、まれに赤痢などの感染症が疑われます。大至急、小児科へ

急げ!
腸重積症の疑い。大至急、小児科へ

裂肛など肛門の周囲が傷ついている疑い。小児科へ

炎で、その多くは細菌感染が原因の細菌性食中毒である。子どもの場合はとくに重症化しやすい。

●症状●感染した細菌によって多少異なるが、多くは食後一〇～三〇時間（ぶどう球菌では一～四時間）で吐き気、嘔吐《おうと》、腹痛、下痢、血便など急性胃腸炎の症状が起こる。

原因となる細菌は腸炎ビブリオ、サルモネラ、ぶどう球菌、カンピロバクター、ボツリヌス菌、病原性大腸菌など二〇種類ほどが知られている。このうち腸炎ビブリオ、サルモネラ、カンピロバクター、病原性大腸菌などは、細菌自体の毒性が原因の感染型と呼ばれ、発熱をともなうことが多い。サルモネラ菌の感染では粘血便が一日に何度も出る。腸管出血性大腸菌では激しい水様性の下痢に鮮血が混じる。とくにO-157では、溶血性尿毒症や脳症を起こして死に至る恐れがある。

一方、ぶどう球菌やボツリヌス菌などは、細菌がつくりだす毒素が原因となるので毒素型と呼ばれ、発熱はあまりみられない。しかし、たとえばボツリヌス食中毒では、眼筋まひ、意識障害、呼吸困難などが起こり、死亡することもある。

●治療●点滴などで嘔吐や下痢による脱水症状の治療が行なわれる。感染型に対しては、抗生物質が用いられるが、毒素型のボツリヌス食中毒に特効薬はなく、ボツリヌス菌抗血清が注射されることがある。

潰瘍性大腸炎 クローン病

潰瘍《かいよう》性大腸炎とは、消化管の粘膜にただれや潰瘍ができ、腹痛や下痢、血便が繰り返しみられる病気で、発熱することもある。原因不明で、子どもの場合は重症化しやすい。

症状が似ているクローン病は、消化管に肉芽腫《にくげしゅ》ができるもので、これも原因は不明。いずれも症状を抑えるにはステロイド剤やサラゾスルファピリジンなどが用いられる。

腸重積症

腸管の一部が重なるもので、二歳以下に多くみられる。

●症状●腹痛のために泣き叫び、嘔吐《おうと》する。便はあまり出ないが、粘液のまじった血便となる。発症後二四時間以上たつと、患部が壊《え》死《し》を起こして生命に危険が及ぶ。

●原因●腸管の一部が、それに連なる腸管の下にもぐり込んでしまい、腸が重なった状態になる。乳児の場合はウイルス感染が原因と考えられているが、腸の病気が原因のこともある。

●治療●早期には高圧浣腸を用いた治療が行なわれるが、一二時間以上経過した場合や腸閉塞《へいそく》の症状が強い場合は、開腹手術が行なわれる。

その他の病気

急性肝炎（→P239）
新生児肝炎（→P259）
先天性胆道閉鎖症（→P259）
先天性胆道拡張症（→P259）
新生児メレナ（→P283）
急性胃腸炎（→P280）
胃・十二指腸潰瘍（→P146）
血小板減少性紫斑病（→P292）
血管性紫斑病（→P292）
裂肛（→P162）
赤痢（→P299）

下痢

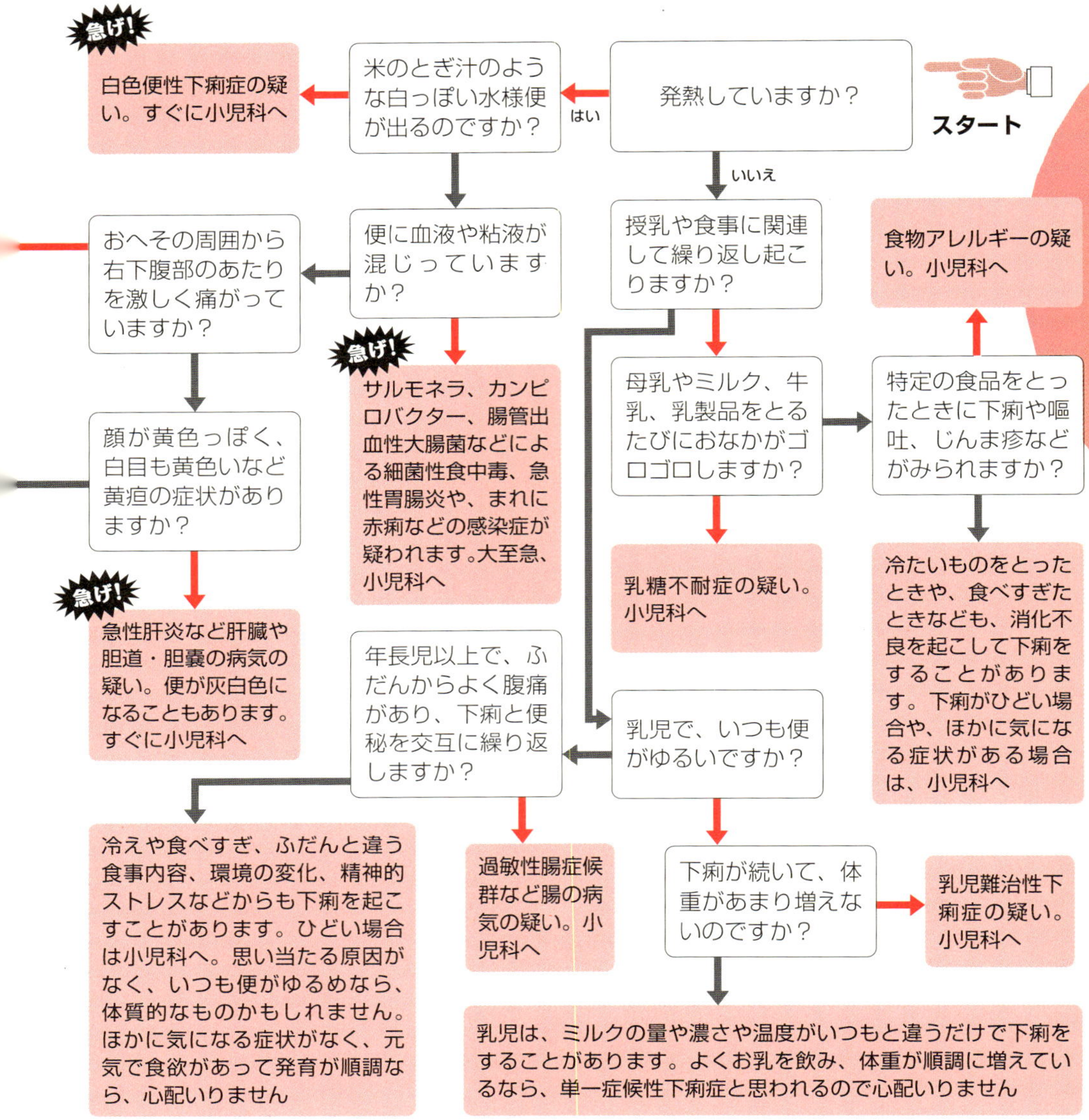
スタート
発熱していますか？
はい
米のとぎ汁のような白っぽい水様便が出るのですか？
急げ！
白色便性下痢症の疑い。すぐに小児科へ
便に血液や粘液が混じっていますか？
急げ！
サルモネラ、カンピロバクター、腸管出血性大腸菌などによる細菌性食中毒、急性胃腸炎や、まれに赤痢などの感染症が疑われます。大至急、小児科へ
おへその周囲から右下腹部のあたりを激しく痛がっていますか？
顔が黄色っぽく、白目も黄色いなど黄疸の症状がありますか？
急げ！
急性肝炎など肝臓や胆道・胆嚢の病気の疑い。便が灰白色になることもあります。すぐに小児科へ
いいえ
授乳や食事に関連して繰り返し起こりますか？
母乳やミルク、牛乳、乳製品をとるたびにおなかがゴロゴロしますか？
乳糖不耐症の疑い。小児科へ
特定の食品をとったときに下痢や嘔吐、じんま疹などがみられますか？
食物アレルギーの疑い。小児科へ
冷たいものをとったときや、食べすぎたときなども、消化不良を起こして下痢をすることがあります。下痢がひどい場合や、ほかに気になる症状がある場合は、小児科へ
乳児で、いつも便がゆるいですか？
年長児以上で、ふだんからよく腹痛があり、下痢と便秘を交互に繰り返しますか？
過敏性腸症候群など腸の病気の疑い。小児科へ
冷えや食べすぎ、ふだんと違う食事内容、環境の変化、精神的ストレスなどからも下痢を起こすことがあります。ひどい場合は小児科へ。思い当たる原因がなく、いつも便がゆるめなら、体質的なものかもしれません。ほかに気になる症状がなく、元気で食欲があって発育が順調なら、心配いりません
下痢が続いて、体重があまり増えないのですか？
乳児難治性下痢症の疑い。小児科へ
乳児は、ミルクの量や濃さや温度がいつもと違うだけで下痢をすることがあります。よくお乳を飲み、体重が順調に増えているなら、単一症候性下痢症と思われるので心配いりません

◆◆考えられる病気◆◆

乳糖不耐症

お乳や乳製品に含まれる乳糖に関連して症状が起こる。

●症状●母乳やミルク、乳製品などの乳糖を含む飲食物をとると下痢を起こす。便は水様性で、すっぱいにおいがする。また、腸管内にガスがたまっておなかが張ったり、ゴロゴロ鳴ったり、嘔吐《おうと》したりする。乳児では体重が順調に増えなくなることもある。

●原因●乳糖は、小腸内で乳糖分解酵素ラクターゼにより、グルコースとガラクトースに分解されて吸収されるが、この酵素が何らかの原因で働かなくなる。生まれつき乳糖分解酵素がないこともまれにある。しかし、乳幼児の場合は、細菌やウイルスに感染して胃腸炎を起こした際に、急な下痢をして小腸粘膜が傷つき、乳糖分解酵素の働きが低下し

急げ!

急性虫垂炎の疑い。至急、小児科へ

せきや鼻水、寒けなどがあればかぜ症候群の疑い。腹痛があるなら急性胃腸炎、食事に関連して起きたなら食中毒の疑い。小児科へ

て起こる、二次性が多い。

●治療●乳児には、あらかじめ乳糖分解酵素が入っている粉ミルクを飲ませる。

食物アレルギー

食べ物が原因で起こるアレルギー反応の総称。

●症状●食後数分～二時間ぐらいのうちに腹痛や下痢、嘔《おう》吐《と》などがあらわれる。

食べ物を口にして間もなく、唇や舌などにかゆみを訴えたり、じんま疹、くしゃみや鼻水、涙、せき、喘鳴《ぜんめい》（息がゼーゼーいう）、頭痛、けいれんなど、人によってさまざまな症状があらわれる。

●原因●主に卵やミルク、大豆、小麦など、食物中のたんぱく質がアレルゲン（アレルギーの原因物質）となり、体内のIgE抗体と結合してアレルギー反応を起こす。

また、ナスなどに含まれているアセチルコリン、牛肉に含まれるニコチン、チョコレートに含まれるテオブロチンなどは仮性アレルゲンといい、たんぱく質ではないがアレルギー反応を引き起こす。

●治療●問診や検査でアレルゲンが特定され、そのアレルゲンを含む食品を避ける除去食療法などが行なわれる。

単一症候性下痢症

これといった病気がないのにやわらかめの便が続けて出るもので、母乳で育てられている乳児にみられることが多い。しかしこれは、生理的な下痢便なので心配ない。

下痢をしていても食欲があり、体重も順調に増えて機嫌がよければ、授乳も食事もふだんどおりでよい。ただし、嘔吐《おうと》や発熱、体重の低下をともなう場合は受診が必要。

乳児難治性下痢症（慢性下痢症）

生後三か月以内に下痢が始まって二週間以上も続き、便を検査しても原因となるような細菌が見つからない。しかし、下痢が長引くと消化・吸収が悪くなるために栄養障害や脱水症状、体重増加不良などを引き起こす。重症の場合には、点滴により水分や栄養分の補給が行なわれる。

過敏性腸症候群

腹痛が主な腹痛型、下痢を繰り返す下痢型、便秘を繰り返す便秘型、そして下痢と便秘を交互に繰り返す下痢・便秘交代型があり、通常、これらが混ざり合う。消化器症状のほかに頭痛などがみられることもある。

はっきりした原因は不明だが、精神的ストレスとの関連が指摘されている。治療には症状に応じた薬が用いられるが、あくまでも対症療法で、根治療法ではない。ときには心理療法が必要なこともある。

赤痢

赤痢菌の腸内感染によって多くは発熱し、腹痛や嘔吐《おうと》、血便、下痢が起こるが、最近ではまれな病気。海外で、あるいは海外からの帰国者と接触して、感染することがある。治療には、抗生物質が用いられる。

その他の病気

急性胃腸炎（→P280）
急性肝炎（→P239）
急性虫垂炎（→P281）
食中毒（細菌性食中毒）（→P296）
白色便性下痢症（→P296）
かぜ／かぜ症候群（→P272）

便秘

子どもの症状と病気

スタート

生後すぐから１週間以上便秘が続き、腹部が張って大きくふくらんでいますか？

- はい → 急げ！ 先天性巨大結腸症の疑い。生まれてから一度も排便がないなら鎖肛（肛門が閉鎖している病気）の疑い。すぐに小児科へ
- いいえ ↓

急な便秘で、吐き気や嘔吐をともないますか？

- → 激しい腹痛を訴え、ほとんど便が出ないものの、わずかに出た便に粘血が混じっていましたか？
  - → 急げ！ 腸重積症の疑い。大至急、小児科へ
  - ↓ 腹部の張りやふくらみが目立ち、便やおならが出ないのですか？
    - → 急げ！ 腸閉塞の疑い。大至急、小児科へ
    - → 急げ！ 急性虫垂炎や急性肝炎などでも、吐き気や嘔吐をともなった腹痛と、下痢または便秘が起こることがあります。小児科へ

↓

年長児以上で、下痢と便秘を繰り返すのですか？

- → 過敏性腸症候群の疑い。小児科へ

↓

汗をたくさんかいたのに水分補給が少なかったり、食事内容が片寄ったり、食事や睡眠の時間が不規則だったりしていますか？

- → 水分不足や線維を含む食品の不足、不規則な生活は、便秘を起こしやすくします。これらを改善しても便秘が改善されないなら小児科へ

↓

ふだんから元気がない、機嫌が悪い、食欲・哺乳力が弱い傾向があり、皮膚のかさつきやむくみ、発達の遅れがありますか？

- → 排便の頻度は個人差があります。数日間排便がなくても元気で機嫌のよい子もいます。浣腸をしたり、水分補給や食事内容に気をつけても改善しなかったり、激しい腹痛など気になる症状がある場合は、小児科へ
- → 先天性甲状腺機能低下症の疑い。小児科へ

◆◆考えられる病気◆◆

先天性巨大結腸症（ヒルシュスプルング病）

生まれつき結腸の全体または一部が異常に拡大する病気。

●症状●結腸が拡張して大量の便がたまる。そのため胎便の排泄が遅れ、出生直後から便秘が続き、腹部が膨満する。胆汁を含む嘔吐《おうと》をともなうこともある。腹部単純X線撮影で、ガスで拡張した結腸と便のかたまりが確認できる。

●原因●直腸からS状結腸への移行部の腸管神経節（腸壁にあって腸のぜん動運動をコントロールしている神経細胞）が、生まれつき変性または欠如している。そのため、この部分の腸管が強く収縮したままの状態となり、便の通りが悪くなって停滞し、結腸が異常に拡張する。

●治療●通常は、生後六か月以降に手術が行なわれ、腸管の神経細胞のない部分が切除される。切除が必要な部分が長い場合は、生後一週間以内に手術が行なわれ、人工肛門がつけられる。

その他の病気

先天性甲状腺機能低下症（→P249）

急性肝炎（→P239）

急性虫垂炎（→P281）

腸重積症（→P297）

腸閉塞（→P283）

過敏性腸症候群（→P299）

子どもの症状と病気

女の子の性器の異常

スタート

外陰部にかゆみやはれ、痛みがあるようですか？

→ はい：ぬれたオムツに密着する部分が赤くなり、かゆそうなのですか？

→ オムツかぶれの疑い。オムツに触れない部分へも広がるなら、乳児寄生菌性紅斑の疑い。小児科へ

→ 腟カンジダ症や外陰炎、外陰腟炎かもしれません。おりものが出て気づくこともあります。小児科へ

↓ いいえ

おりもののような分泌物がみられ、下着やオムツに付着していますか？

→ 白っぽい豆腐状またはヨーグルト状のおりものなら腟カンジダ症の疑い。膿状のおりものなら外陰炎、外陰腟炎の疑い。外陰部が赤くただれることもあります。小児科へ

↓

性器から出血したり、下着やオムツに血がついたりしたのですか？

→ 生後１週間以内の新生児ですか？

→ 生後間もない女児に性器出血がみられることがありますが、母親の胎内の女性ホルモンの影響で起こるもので、心配いりません

→ 多くの女児は10歳以上で初潮を迎えます。９歳未満で性器から生理のような出血があるなら早発月経の疑い。性成熟が異常に早く進み、身長の伸びが止まってしまうこともあるので早めに小児科へ。外傷による出血なら、外科または小児科へ

↓

太もものつけ根に痛みのないやわらかいふくらみがありますか？

→ 鼠径ヘルニアの疑い。小児科へ

→ 性器の形がおかしいのですか？

→ 陰核が異常に肥大しているなら性ホルモン分泌の異常や半陰陽の疑い。小児科へ

→ 性器の色や形には個人差があります。痛みやはれ、かゆみ、おりもの、出血などがないなら心配いりません。ほかに気になる症状があれば該当するチャートへ

◆◆考えられる病気◆◆

外陰炎／外陰腟炎

女児の外陰部に起こる炎症を外陰炎、それに腟炎を併発するものを外陰腟炎という。

●症状●外陰部の痛みやはれ、ただれがあり、排尿時の痛みや、かゆみが起こることもある。オムツや下着に黄色いおりものが付着することがある。

●原因●細菌や真菌の感染、かぶれや皮膚への刺激などによる場合がある。

●治療●原因菌が判明すれば、その菌に効果のある薬が用いられる。かゆみや炎症に対しては、抗ヒスタミン剤や、ときにステロイド剤が用いられる。かぶれや刺激が原因なら、オムツをこまめに替える。

腟カンジダ症（カンジダ腟炎）

カンジダ菌という真菌（カビ）の一種が感染して起こる。乳幼児の腟内には、成人女性のように腟の内部を酸性に保って病原菌の繁殖を防ぐ腟桿《かん》菌《きん》がいないため、比較的よくみられる。主な症状は外陰部のかゆみで、白っぽい豆腐状またはヨーグルト状のおりものがみられる。

治療には、抗真菌剤のクロトリマゾールやピマリシンなどが用いられる。

その他の病気

オムツかぶれ（→P291）

乳児寄生菌性紅斑（→P291）

鼠径ヘルニア（→P235）

半陰陽（→P303）

男の子の性器の異常

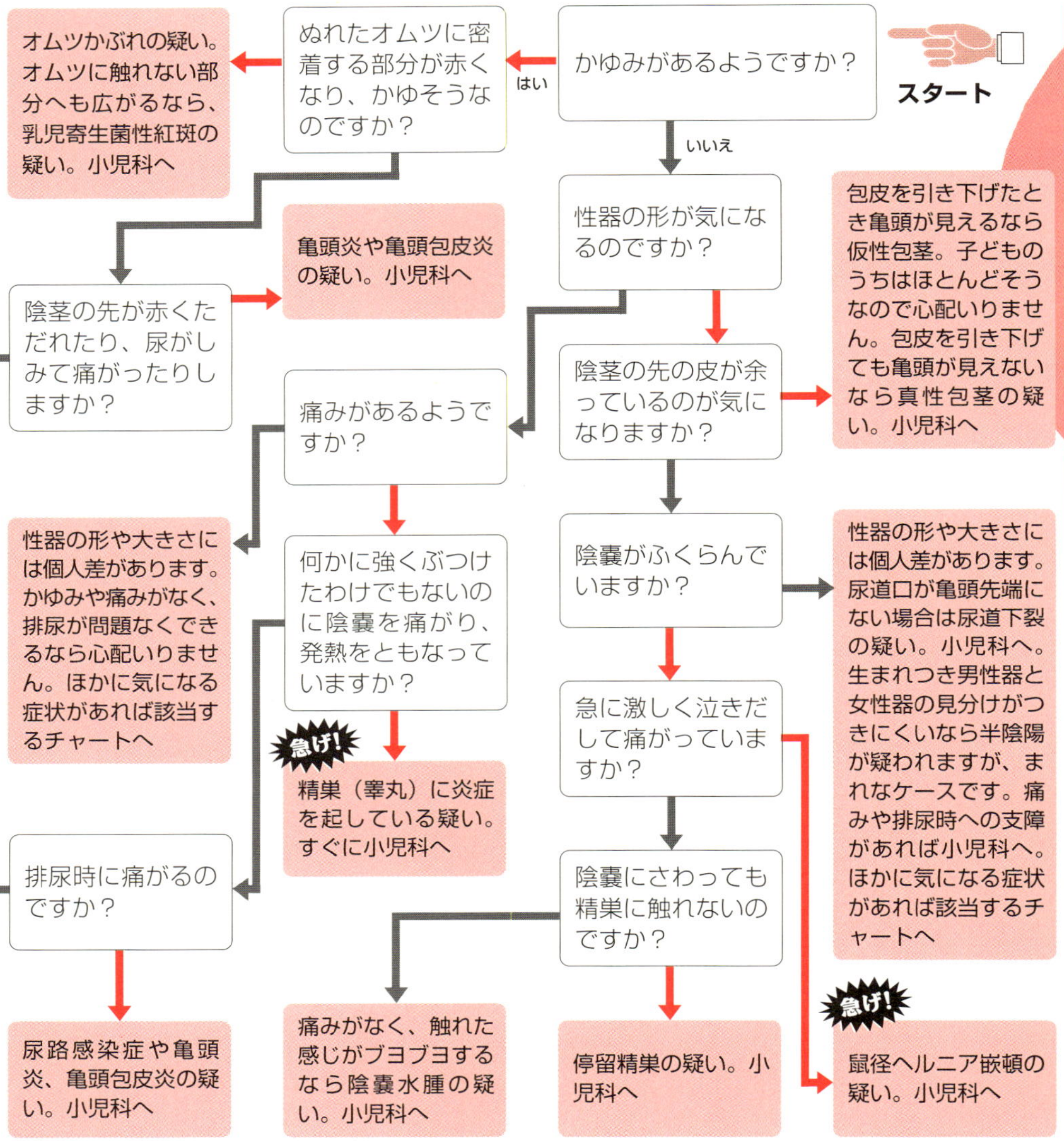
スタート
かゆみがあるようですか？
はい
ぬれたオムツに密着する部分が赤くなり、かゆそうなのですか？
オムツかぶれの疑い。オムツに触れない部分へも広がるなら、乳児寄生菌性紅斑の疑い。小児科へ
陰茎の先が赤くただれたり、尿がしみて痛がったりしますか？
亀頭炎や亀頭包皮炎の疑い。小児科へ
いいえ
性器の形が気になるのですか？
陰茎の先の皮が余っているのが気になりますか？
包皮を引き下げたとき亀頭が見えるなら仮性包茎。子どものうちはほとんどそうなので心配いりません。包皮を引き下げても亀頭が見えないなら真性包茎の疑い。小児科へ
痛みがあるようですか？
性器の形や大きさには個人差があります。かゆみや痛みがなく、排尿が問題なくできるなら心配いりません。ほかに気になる症状があれば該当するチャートへ
何かに強くぶつけたわけでもないのに陰嚢を痛がり、発熱をともなっていますか？
急げ！
精巣（睾丸）に炎症を起こしている疑い。すぐに小児科へ
排尿時に痛がるのですか？
尿路感染症や亀頭炎、亀頭包皮炎の疑い。小児科へ
陰嚢がふくらんでいますか？
性器の形や大きさには個人差があります。尿道口が亀頭先端にない場合は尿道下裂の疑い。小児科へ。生まれつき男性器と女性器の見分けがつきにくいなら半陰陽が疑われますが、まれなケースです。痛みや排尿時への支障があれば小児科へ。ほかに気になる症状があれば該当するチャートへ
急に激しく泣きだして痛がっていますか？
急げ！
鼠径ヘルニア嵌頓の疑い。小児科へ
陰嚢にさわっても精巣に触れないのですか？
痛みがなく、触れた感じがブヨブヨするなら陰嚢水腫の疑い。小児科へ
停留精巣の疑い。小児科へ

◆◆考えられる病気◆◆

陰嚢水腫

精巣《せいそう》（睾丸《こうがん》）がおさまっている陰嚢《いんのう》内に、水がたまる。

●症状●陰嚢が大きくふくらむが、痛みはない。ほとんどは生後間もなくにみられる。

●原因●精巣は、胎児のとき腹腔《くう》につくられるが、成長するにつれて下降し、生まれるころ陰嚢におさまる。このとき陰嚢の下降路は自然に閉じるが、まれに閉じるのが遅れたり開いたままだったりすると、腹水がそこから陰嚢へと流れ込んでたまってしまう。

●治療●乳児の陰嚢水腫《すいしゅ》は、一歳ぐらいまで様子をみるうち自然に治ることが多い。異常な細胞がないか調べるため、陰嚢に針を刺して水を吸いとるが、それで治ってしまうこともある。一歳六か月で陰嚢が異常に大きい場合は、手術が行なわれることもある。

汗をかいたときは、陰部が赤くなり、かゆみが起こることがあります。汗や尿で汚れた陰部をそのままにしておくと、かゆみが悪化しやすくなります。陰部を清潔にし、症状がひどい場合は小児科へ

停留精巣（停留睾丸）

精巣《せいそう》（睾丸《こうがん》）が腹腔《くう》内などにとどまっている状態をいう。

●症状●陰嚢《いんのう》をさわったとき、中にあるはずの精巣に触れない。それ以外に症状はない。

二つある精巣のうち片側だけに起こる場合がほとんどだが、約二割程度は両方の精巣に起こる両側性である。両側性は未熟児に多くみられる。

●原因●胎児のとき腹腔内でつくられ、下降して陰嚢におさまるはずの精巣が、何らかの原因で下降せず、精巣は腹腔内や鼠径《そけい》部にとどまる。

●治療●生後しばらくすると自然に治ることもあるが、一歳近くになっても精巣が下降しない場合、放置すると精巣が徐々に萎縮《いしゅく》してしまうので、正常な位置（陰嚢内）におさめる手術が行なわれる。

小さい子どもは、性器いじりをしているうちに傷をつけてしまうこともあります。オムツや下着がこすれて痛がることもあります。外傷は外科または小児科へ。ほかに気になる症状があれば該当するチャートへ

亀頭炎／亀頭包皮炎

陰茎の先端の亀頭に起こる炎症を亀頭炎、包皮にも及ぶものを亀頭包皮炎という。

●症状●亀頭と包皮の赤みやただれ、膿《うみ》、排尿痛がある。

●原因●乳幼児期はオムツをしており、また、汚れた手で陰茎をさわることがあるため、亀頭や包皮の部分に細菌などの感染が起こりやすい。

●治療●抗生物質や抗炎症剤などが用いられる。

包茎

陰茎の先端の亀頭が常に包皮でおおわれた状態をいう。

●症状●手で軽く包皮を引き下げると自然に亀頭が露出するものを仮性包茎《ほうけい》というが、乳幼児は生理的に包茎なのがふつうで、病気ではない。

心配なのは、包皮を引き下げても皮が突っ張って亀頭が見えない真性包茎で、これは亀頭包皮炎を起こしやすい。

●原因●先天的原因による。

●治療●真性包茎の場合は、学童期までに手術がすすめられることが多い。

尿道下裂

先天的形態異常の中では比較的頻度が高く、ほとんどが男児に起こる。尿道の出口が亀頭の先端にない。尿道口の位置によって亀頭下裂、陰茎下裂、陰嚢《いんのう》下裂、会陰《えいん》下裂に分けられる。最も多いのは尿道口が陰茎のつけ根にある陰嚢下裂で、尿が遠くに飛ばず、立って排尿ができない。そのため手術がすすめられる。

半陰陽

男女両性の性腺・性器の特徴を合わせもつもので、精巣《せいそう》と卵巣の両方が体内にある場合を真性半陰陽という。精巣はあるが陰茎などの外性器が女性化している場合を男性半陰陽、卵巣はあるが外陰部は陰核の肥大など男性化している場合を女性半陰陽という。

性染色体やホルモンの異常が原因で、時期をみて外性器の形成術などが行なわれる。

その他の病気

オムツかぶれ（→P291）

乳児寄生菌性紅斑（→P291）

鼠径ヘルニア（→P235）

尿路感染症（→P294）

性器いじり（→P308）

気になる行動

スタート

オムツはずれのすんだ子どもが、おもらしをするのですか？

はい

おなかが悪いわけでもないのに、トイレ以外の場所やパンツの中に排便するのですか？

遺糞症という排泄障害の疑い。小児科へ

昼間は問題ないのに、夜寝ている間におねしょをするのですか？

いいえ

ふだんから人との会話や意志の伝達がうまくできないようですか？

2歳を過ぎるころまでは問題がなかったのに、それ以降急に周囲の人や物に興味を示さなくなり、会話がなくなりましたか？

小児期崩壊性障害の疑い。小児科へ

発語が少なく、周囲への関心や反応がほとんどなく、自分の興味あることだけに執着しているようですか？

自閉性障害や精神遅滞の疑い。小児科へ

会話の相手によっては、まったくしゃべらなくなってしまうのですか？

緘黙症の疑い。小児科へ

言葉や発声・発音に問題があるのですか？

言葉が頻繁に途切れるなら吃音症、特定の音を発音できないなら音韻障害というコミュニケーション障害の疑い。小児科へ

音への反応が鈍いなら、聴力障害のせいで会話や意志の伝達がうまくできないのかもしれません。耳鼻咽喉科へ。学齢期以上で読み書きによる意志伝達ができないなら学習障害の疑い。小児科へ

ふだんから落ち着きがなく動きまわっていて、よくけがをしたり、ほかの子とけんかになったりしやすいですか？

単に活発な性格なら心配いりませんが、注意力が散漫で、周囲の指示に従って調和できないなら、注意欠陥多動性障害の疑い。小児科へ

夜間睡眠中に気になる行動やしぐさをするのですか？

突然、寝床から起きて動き回るのですか？

少し何かのしぐさをしたり言葉を発したりする程度なら、たんなる寝ぼけなので心配いりません。ひどい場合は夢遊病の疑い。小児科へ

突然、激しく泣き叫ぶのですか？

夜驚症の疑い。大声を出したり暴れたりすることもあります。ひどい場合やひんぱんに続く場合は小児科へ

泣いたり、ぐずったりするものの、ほかにこれといった症状がなければ夜泣きの疑い。空腹や環境の変化、昼間の緊張や興奮などが原因となります。ひんぱんに続いて睡眠不足が心配な場合は小児科へ

病気でもないのにからだの一部がピクピクけいれんしたり、目的のない動作を繰り返したりしますか？

ひんぱんにからだの一部がピクピクしたり、目をパチパチさせたりするならチック障害の疑い。指しゃぶりやからだをゆするなど、目的のない動作を繰り返すなら常同運動障害の疑い。小児科へ

食行動で気になるところがありますか？

食べ物でないものを食べてしまう場合は、異食症が疑われます。また、食事をまったくとろうとしなかったり、ときに大量に食べては吐き戻すことを繰り返す場合は、拒食症の疑いがあります。まずは、小児科で相談を

自分の性器をよくいじっていますか？

夜尿症の疑い。就学年齢以降もひんぱんに続く場合は小児科で相談を

幼児期までの子どもは、遊びに夢中なときや環境の変化、精神的緊張・不安などから、おもらしをしてしまうことがよくあります。また、発達途中で膀胱の働きが未熟なため、尿がもれることもあります。心配な場合は小児科へ

知能や運動機能が発展途上にある子どもの行動はさまざまで、個人差があります。あまり神経質にならずに見守ることも大切です。ほかに気になる行動があり、社会生活が困難と思われる場合は小児科で相談を

乳幼児期は性器いじりをすることがよくありますが、ほかの遊びに熱中するようになるとだんだんしなくなります。食事も遊びも忘れて性器いじりに熱中するなら、精神遅滞の疑い。小児科へ

◆◆考えられる病気◆◆

自閉性障害（小児自閉症）

社会性や言葉、行動などが年齢相応に発達しなくなる、広汎性発達障害（広い範囲にわたる発達障害）の一つ。

●症状●乳児期には、あやしても反応が乏しく、周囲の人や物への関心が薄い。人に笑いかけたり目線を合わせたりすることがほとんどない。

幼児期には、発語がない、話しかけても返事がない、何かをしゃべってもオウム返しで会話が成り立たないなど、コミュニケーション能力に問題がみられる。また、日常の行為や行動は一定のパターンに強くこだわり、パターンどおりでないとパニックを起こして泣いたり、暴れたりすることがある。また、てんかんを合併することもある。

●原因●生育環境とは関係なく、先天的な脳機能の異常が原因で起こる。遺伝的因子が大きな役割を果たしている。

●治療●早期に障害の程度を把握し、専門家の指導による療育に取り組む。落ち着きがなく、パニックを起こしやすい場合は、興奮を抑える薬などが用いられることもある。

小児期崩壊性障害

一度身につけた知的・社会的・言語的機能が損なわれてしまう広汎性発達障害の一つ。それまで正常に進んでいた精神発達が後退し、周囲への関心が薄い自閉的状態になり、精神遅滞（→P231）となる。

●症状●発症年齢は九歳ごろまでで、多くは二～四歳で発症する。それまで口にしていた言葉が出なくなったり、家族や友達に無関心・無反応になったりするなど、自閉性障害や精神遅滞と同様の症状があらわれてくる。

●原因●脳機能に原因不明の異常が起こる。

●治療●早期に障害の程度を把握し、専門家の指導による療育に取り組む。自閉性障害と似ているので、それに準ずる療育が行なわれる。

緘黙症（選択性緘黙）

言葉の発達は問題ないのに、急に話さなくなる（緘黙《かんもく》）。特定の状況下で話さなくなる症状を、選択性緘黙という。

●症状●家庭内や、親しい人とはふつうに話すのに、幼稚園や学校など、話すことを期待される特定の状況にあるとき、まったく話さなくなる。

●原因●入園や入学、引越し、家庭の不和などをきっかけに起こることがある。環境の変化によるストレス、ショックなどが原因と考えられる。

●治療●心理的問題を解決するカウンセリングが行なわれる。自然に治ることもある。

注意欠陥多動性障害（ADHD）

注意力が散漫で、多動性と衝動性のため、社会生活に支障をきたすことのある障害。四～五歳から小学校低学年ぐらいに症状が目立ってくる。

●症状●いつも落ち着きがなく動きまわる（多動性）、イライラと怒りっぽい（衝動性）ことなどから、ほかの子どもとけんかをしたり、うまく遊べなかったりする。また、注意力が持続しないのでけがが多い。不器用で動作がぎこちない、こだわりが強い、集団行動ができないことも目立つ。

しかし、思春期以降は多動は落ち着いてくることが多い。

●原因●詳しい原因は不明。脳の機能障害との関連が考えられているが、脳に問題がない場合にも発症例がある。

●治療●早期に受診し、専門家に相談すれば、よりよい社会生活を送れる。薬物療法も効果があり、精神刺激剤の塩酸メチルフェニデート（リタリン）などが用いられる。

学習障害（LD）

知能や感覚器に異常はないのに、読み書き、計算、聞く、話すなどの特定の能力の習得に問題があり、学習や集団行動などに困難をともなう障害。成長するにつれ、劣等感をもったり、不登校になったりすることがある。

●症状●言葉を認識する能力の障害（読字障害）、計算や数字の認識力が弱い（算数障害）、年齢相応の書字能力がない（書字表出障害）などさまざまなケースがある。注意欠陥多動性障害（ADHD）をともなっていることもある。

●原因●脳の機能障害と考えられているが、遺伝性がある。詳しくは不明。

●治療●習得に問題のある能力のタイプ別に、教育を中心とした治療が行なわれる。

チック障害

ある一定の動作や発声を突発的に繰り返しするもので、四～一一歳ごろにあらわれやすい。女児より男児に比較的多い。

●症状●まばたき、首や肩を動かす、顔をしかめるなどの動作をするものを運動性チックという。ジャンプ、クルクル回る、顔の表情を変えるなどの動作もある。自分で自分をたたく・かむなどの自傷行為をすることも、まれにある。

一方、せきや舌打ち、のどや鼻を鳴らす、叫ぶなど、音を発する動作をするものを音声チックという。脈絡のない単語や汚ない言葉を、わざと発すること（汚言症）もある。

●原因●緊張や不安が高まるとチックの動作が増え、精神的に安定しているとチックの動作が出ない傾向がある。

●治療●心理的問題のカウンセリングなどが行なわれる。軽症なら、動作を無理にやめさせようとせずに見守るうち、自然に治ることもある。

常同運動障害

無目的な動作が繰り返される障害で、不安や緊張、欲求不満、ストレスに対する信号としてあらわれやすい。脳に作用するドパミンという物質の関与も考えられているが、詳細は不明。自閉性障害や精神遅滞にともなうこともある。

●症状と原因●具体的には次のような症状がよく見られる。

爪かみ　退屈時や不安が強いときなどに、とくにひどく爪をかむ。早い場合一～二歳で始まることもあるが、多いのは四～一〇歳ぐらい。思春期になっても続くことがある。

指しゃぶり　乳児期の指しゃぶりは生理的なもので、ふつうは成長するとしなくなる。

しかし、それが成長しても続く。欲求不満や退屈なとき、甘えたいときなどによく指をしゃぶり、ひどい場合は指がふやけたり、化膿《かのう》したりする。

頭突き　頭を振り、壁や家具などに打ちつける動作を繰り返す。強い欲求不満などから起こるといわれ、六～一二か月の乳児期に始まることが多い。ほとんどはやがて治るが、学齢期まで続くこともある。

からだゆすり　意味もなく、からだをゆすり続ける。欲求不満などの心理的要因から起こる場合が多いといわれる。

●治療●心理的問題のカウンセリングなどが行なわれる。

異食症

乳幼児は手に触れたものを何でも口に運んでしまうが、「ばっちい」「だめ」などの注意を理解できるようになると、自然にしなくなる。しかし、成長してもやめず、食べられそうにないようなものまでいろいろ口に運んでしまう。

不安や精神的ストレス、親の養育の欠如、自閉性障害や精神遅滞などが原因のこともある。治療は、専門医のもとでカウンセリングなどが行なわれる。

排泄障害

尿や便の排泄行為に異常があらわれる障害をいう。

夜尿症

夜間のおもらしのことで、昼間のおもらしは遺尿という。

三～四歳ごろまでは、尿意を感じて排尿行為をするというよりも、膀胱《ぼうこう》にたまった尿が自然に排泄されるという形に近いので、おもらしは珍しくない。オムツがとれたあとも、冷えや疲れ、水分のとりすぎなどで、たまにおもらしをする程度なら心配ない。

●症状●五～六歳ごろを過ぎ、これといってからだに異常がないのに、一週間に二晩以上の夜尿が三か月以上続く場合は、夜尿症と診断される。

●原因●五～六歳ぐらいを過ぎてもひんぱんにおもらしをする場合は、排尿機能や精神面に原因があると考えられる。精神面では生活環境の変化や緊張、不安、動揺などが引き金になることがある。

●治療●学童期以降でなかなか症状が改善しない場合は、心理的問題をやわらげるカウンセリングなどの精神療法や、抗うつ剤などを用いた薬物療法が行なわれることがある。

家庭では、おもらしをしても叱りつけたりせず、子どもの排尿に対する緊張をやわらげるよう心がける。

遺糞症

からだには異常がないのにトイレ以外で便をしてしまう。排便機能が整うのは四歳ぐらいなので、たまに失敗しても心配ないが、それより成長してもトイレで排便しない場合は、遺糞《いふん》症が疑われる。

●症状●パンツの中に便を排泄し、そのまま平気で歩きまわったり、ほかの行動をしたりする。トイレ以外の場所で排泄して部屋や衣服を汚してしまうタイプもある。

●原因●排便機能や、精神的なものに原因があると考えられている。また、便秘ぎみの子どもでは、排便時の痛みを避けようとしてトイレで大便をしないこともある。

精神的原因としては、周囲との関係（とくに親子関係）に強い葛藤《かっとう》があり、抵抗から遺糞を繰り返すこともある。

●治療●精神的原因で起こる場合は、心理的問題のカウンセリングなど、精神療法が行なわれる。排便機能の障害が疑われる場合はその検査をしたうえで治療が行なわれる。便秘が原因の場合は、その治療薬が用いられる。

性器いじり

乳幼児は、退屈なときや遊び相手がいなくて手持ちぶさたなときなどに、性器をいじってまぎらわすことがある。遊びなど、ほかのことに興味が移れば自然にしなくなるが、三～五歳ぐらいに成長しても続く場合を性器いじり、または自慰（オナニー）という。

不安や不満が原因のこともあるので、子どもが楽しんで熱中できるほかの遊びの機会をつくることが大切。それで改善するなら治療の必要はないが、食事や遊びも忘れて性器いじりにふける場合は、精神遅滞が原因のこともある。

夜驚症（睡眠時驚愕障害）

単なる夜泣きとは違い、三～六歳ごろによくみられる。

●症状●夜中に突然、寝ていた子どもが起きて激しく泣いたり、大声で叫んだり、暴れたりする。多くは数分間でおさまり、再び眠りについて、本人は覚えていない。

●原因●脳が発達途上で未成熟なことに加え、興奮や緊張、ショックなど心理的なものが原因になると考えられる。

●治療●心理的問題の解決が専門医のもとで行なわれる。

夢遊病（睡眠時遊行症）

ごく軽い症状は「寝ぼけ」といわれることもある。

●症状●夜中に突然、寝ていた子どもが起きて動きまわり、歩いたり、日常的な動作をしたりするものの、やがて寝床に戻って寝てしまい、本人はよく覚えていない。幼児期以降にあらわれやすい。

●原因●何らかの欲求不満やストレス、葛藤《かっとう》、精神的ショックなどが引き金になって発症すると考えられている。

●治療●心理的問題の解決が専門医のもとで行なわれる。

コミュニケーション障害

脳や耳などの聴覚器官に異常はなく、養育環境にも大きな問題はないのに、言語能力が年齢や知能にふさわしいものにならない障害。早期に気づいて専門家による言語療法を受けると改善することが多い。ただし、心理的ケアと、治療を無理じいしないことを心がける必要がある。

吃音症

話すとき語音が反復されたりつまったりし、流暢《りゅうちょう》に話せない。二～五歳の、とくに男児によくみられる。早期に治療するほど回復率は高く、軽度なら自然に治ることもある。

音韻障害

サ行がタ行になったりする音声の置換、ほかの子音の脱落、音声の省略、歪曲《わいきょく》、転倒などがみられる。そのため年齢相応の発音ができず、話し方が幼く聞こえる。八歳を過ぎても自然に治らない場合、専門的治療が行なわれる。

表出性言語障害

他人の話は理解できる。身振りなどで意思を伝達できるが、話す能力が年齢相応に発達していない。学習障害や音韻障害をともなうこともある。

受容−表出混合性言語障害

他人の話を理解できない。身振りでの意思伝達もできず、ほとんど話さないか、話してもオウム返しが目立つ。注意欠陥多動性障害（ADHD）、学習障害（LD）、不安障害などをともなうことがある。

その他の病気

拒食症（→P239）
精神遅滞（→P231）
聴力障害（→P265）
夜泣き（→P235）

ふ

へ

ほ

ま

み

す

せ

き

く

け

さくいん

●配列は50音順です。(子)に続くページはすべて「子どもの症状と病気」のページを示します。

あ

い

う

え

監　修　関根 今生　㈶癌研究会有明病院総合内科部長
牛山 允　牛山医院院長

参考文献
「今日の診断指針」医学書院
「今日の治療指針」医学書院
「内科診断学」医学書院
「医学大事典」医歯薬出版
「標準治療」日本医療企画
「健康の医学大事典」講談社
「メルクマニュアル 日本語版」日経BP出版センター
「臨床精神医学テキスト」メディカル・サイエンス・インターナショナル
「百科家庭の医学」主婦と生活社
「家庭の医学百科」主婦と生活社
「がんの医学百科」主婦と生活社
「心の病気と薬がよくわかる本」主婦と生活社
「症状でわかる赤ちゃん・子どもの病気」主婦と生活社
「家庭の医学百科」保健同人社
「ネルソン小児科学」エルゼビア・ジャパン
「R-BOOK日本版・小児感染症の手引き」日本小児医事出版社
「開業医の外来小児科学」南山堂
「あなたのためのがん用語事典」文藝春秋
「ウィメンズ・メディカ」小学館
「子ども医学館」小学館
「家庭医学大事典」小学館

カバー・本文デザイン ………宮嶋まさ代
カバーイラスト …………………芝野公二
編集 ……………………………尾崎泰則
木村芳世
編集協力 ………………………㈱章英館
成田　潔
高橋淳一
遠藤よしえ
服部淳子
富塚享子
西久保晃治
本文レイアウト・DTP …………木村光春
本文イラスト ……………………原田敬子

最新版 図解 症状でわかる医学百科

編　者——株式会社　主婦と生活社
発行者——永田智之
発行所——株式会社　主婦と生活社
〒104-8357　東京都中央区京橋3-5-7
販売部……TEL 03-3563-5121
編集部……TEL 03-3563-5129
生産部……TEL 03-3563-5125
振替00100-0-36364
ホームページ　http://www.shufu.co.jp
印刷所——大日本印刷株式会社
製本所——小泉製本株式会社

ISBN978-4-391-13506-0　H